개혁주의생명신학 관점의 **헌법**

[교단 선언문과 교리편]

개혁주의생명신학 관점의 헌법 [교단 선언문과 교리편]

초판 1쇄 발행 2025년 9월 5일

지 은 이 ㅣ 설충환

펴 낸 곳 ㅣ 기독교연합신문사(백석출판)
등   록 ㅣ 제2018-000063호 (2018년 3월 15일)
주   소 ㅣ 서울특별시 서초구 남부순환로 2221
전   화 ㅣ (02)587-6885 팩스 02)581-6885
이 메 일 ㅣ book6885@nate.com

디자인&인쇄 ㅣ 기독교연합신문사(백석출판)
ISBN ㅣ 979-11-981080-6-7 93230

이 출판물은 저작권법에 의하여 보호를 받는 저작물이므로
무단 전재와 복제를 금합니다.

개혁주의생명신학 관점의

헌 법

교단 선언문과 교리편

백석출판사

백석교단의 헌법

대한예수교장로회 백석총회의 헌법은 교단의 정체성(Identity)을 담고 있으며, 교회의 신앙과 질서를 유지하기 위한 법규범으로서의 특수한 성격을 가진다. 이 헌법은 단순히 교단의 규정을 명시한 문서가 아니라, 신앙과 삶의 유일한 표준인 성경에 기초하여 개혁주의생명신학의 정신을 반영하고 있다. 이를 통해 예수 그리스도의 몸된 교회의 순전한 신앙을 지키고, 교회의 본질과 사명을 실현하기 위한 비전을 제시한다.

대한예수교장로회(백석)총회의 역사와 헌법의 의미

백석총회의 역사는 곧 예수 그리스도의 몸된 교회의 역사이며, 자생적인 교단인 백석총회는 1978년 9월 11일 설립됐다. 장종현 목사는 말씀과 기도로 성령 충만한 목회자들이 예수 그리스도의 십자가와 부활의 복음을 담대히 전파하는 교회를 꿈꾸며 대한예수교장로회(백석)총회를 설립하였다. 이는 장로교 신학의 전통과 개혁주의생명신학을 바탕으로 시작된 신앙운동이었다.

백석총회는 설립 이후 지난 47년 동안 복음 전파, 신학적 정체성 확립, 한국교회의 연합과 회복을 위해 헌신해 왔다. 이러한 헌신의 역사적 집약체가 바로 백석총회의 헌법이다. 이 헌법은 교단의 신학적 전통과 목회적 사명을 담아내며, 민족과 세계를 살리는 교회의 이상을 구현하는 데 초석이 되고 있다.

헌법의 본질적 기능과 정체성

　백석총회의 헌법은 장로교 전통과 개혁주의 생명신학을 중심으로 교회의 정체성을 규정하며, 신앙과 행위를 위한 기준을 제공한다. 백석총회의 정체성은 출애굽기 19장에서 제사장 나라(מַמְלֶכֶת, Mamlekhet Kohanim)와 하나님의 보석(סְגֻלָּה, Segullah)으로 부르신 이스라엘의 정체성과 깊은 연관성을 가진다. 하나님께서 이스라엘을 자신의 보석으로 삼으셨듯, 백석총회는 그리스도의 몸된 교회로서 거룩한 사명을 감당하는 것을 정체성으로 삼고 있다.

　이 정체성은 단순히 역사적 맥락에 머물지 않고, 개혁주의생명신학을 통해 더욱 구체화된다. 개혁주의생명신학은 성경만을 신앙과 삶의 절대적 표준으로 삼고, 말씀의 권위를 회복하며, 복음을 통한 회개와 용서를 실천하는 신학이다. 이를 바탕으로 백석총회는 민족과 세계를 살리는 교회의 이상을 세워가며, 성경적 원리와 교회의 질서를 헌법으로 체계화해 나아가고 있다.

　결론적으로 백석총회의 헌법은 교단의 신학적 정체성을 명확히 하고, 예수 그리스도의 몸된 교회로서의 사명을 다하기 위한 기준을 제공하는 중요한 법규범이다. 이는 교단의 역사적 뿌리와 개혁주의생명신학의 정신을 반영하며, 한국교회의 연합과 회복을 위한 비전을 담고 있다. 백석총회는 이러한 헌법적 가치를 바탕으로 민족과 세계를 살리는 거룩한 비전을 실현하기 위해 앞으로도 헌신해 나갈 것이다.

　헌법의 체계적 적용과 성경적 원리에 입각한 교단의 사역을 통해, 백석총회는 하나님 나라를 확장하고 복음의 순수성을 지키며, 교회가 거룩하고 생명력 있는 공동체로 서게 하는 데 앞장설 것이다.

저자 서문

본 「헌법해설서」는 대한예수교장로회총회(백석)의 헌법을 성경적 관점에서 체계적으로 해설하고, 실제 목회 현장에서 이를 바르게 적용할 수 있도록 돕기 위해 집필된 책이다. 대한예수교장로회총회(백석)는 웨스트민스터 신앙고백과 대·소요리문답을 신앙과 삶의 표준으로 삼아 개혁주의 신학을 계승해 왔으며, 헌법주의(constitutionalism)의 전통을 따라 교회의 질서와 거룩함을 세우는 데 헌신하고 있다.

오늘날 백석교단의 신학대학원생들과 목회자들이 참조할 만한 체계적인 헌법 해설집이 부재한 현실은 안타까운 일이 아닐 수 없다. 목회와 교회 행정을 수행함에 있어 하나님의 말씀에 기초한 헌법적 기준을 이해하고 적용할 수 있도록 돕는 자료의 부재는 교회의 실천적 사역에 큰 제약이 되고 있다. 이러한 상황 속에서 본 책이 작은 보탬이라도 되고자 하는 마음으로 집필되었다.

이 책은 저자가 23년간의 목회 사역과 교회 정치의 실제를 경험하며 쌓아 온 소중한 통찰과 헌신의 결실이다. 서울강남노회 노회장으로 노회를 섬긴 경험과 총회에서 헌법수개정위원 및 헌법위원장으로 헌법의 개정과 해석에 직접 참여했던 사역들, 백석대학교 실천신학대학원(ATA)에서의 학문적 연구와 강의 경험, 그리고 행정학 박사학위 논문으로 수행했던 교회 행정 조직에 대한 연구를 통해 얻은 성과들을 이 책에 녹여냈다. 목회자와 신학생들에게 헌법적 적용의 실질적 도움을 주길 기대한다.

특히 행정학적 관점에서 교회의 조직과 운영에 대해 연구하며 얻은 통찰은, 교회의 헌법이 단지 규정적 장치로 끝나는 것이 아니라, 성경적 원리에 입각한 행정적 질서를 세우는 데 기여할 수 있음을 확인하게 해주었다. 교회 행정은 복음을 효율적으로 전하고, 성도들의 신앙생활을 체계적으로 돕기 위한 필수적인 도구이며, 헌법은 이러한 행정적 틀을 제공하는 중요한 기초다. 본 책은 이러한 시각을 바탕으로 헌법의 원리를 신학적, 행정학적으로 풀어내고자 했다.

대한예수교장로회총회(백석)는 교회헌법을 단순한 규정의 집합체로 보지 않고, 개혁주의생명신학의 실천적 관점에서 이를 구현하는 데 집중한다. 개혁주의생명신학은 성경만이 신앙과 삶의 절대적 표준임을 고백하며, 말씀의 권위를 회복하는 신앙운동, 하나님 앞에서의 참된 회개와 용서를 통한 교회의 연합운동, 복음으로 변화된 영적 생명운동, 하나님 나라를 세워가는 사명운동, 나눔과 섬김을 통해 세상을 변화시키는 사랑의 운동, 그리고 기도와 성령의 도우심을 의지하는 영적 각성운동으로 그 본질을 이루고 있다. 이러한 신학적 원리는 헌법해설서 전반에 일관되게 반영되었다.

본서는 2023년 헌법 개정의 방향과 해석의 원칙을 바탕으로, 헌법의 조항을 목회 현장에 적용하며 얻은 실제적 경험과 학문적 성찰을 담았다. 교단 선언문과 교리와 정치의 해석에 있어 장로교와 백석총회의 역사적 맥락성과 목회적 실천을 균형 있게 다루었으며, 헌법 조항과 해설을 명확히 구분하여 독자의 이해를 도왔다.

장로교회의 정치가 성경적 원리에 뿌리를 두고 교회의 질서와 복음의 순결을 수호하기 위한 것이라면, 헌법은 그 원리를 실천으로 옮기는 거룩한 도구이다. 헌법이 목회현장에서 바르게 이해되고 적용될 때, 그 과정에서 성령께서 역사하심으로 말미암아 한국교회의 목회 생태계가 새롭게 활성화되기를 바란다. 하나님의 말씀에 기초한 헌법적 질서와 성령의 능력이 함께할 때 교회는 건강하고 생명력 있는 공동체로 서게 될 것이다.

오늘날 한국교회는 세계 개혁교회로부터 놀라운 성장을 인정받으며 주목받고 있다. 백석총회는 개혁주의 신학을 기초로 헌법을 통해 교회의 정체성을 확립하고, 복음의 순수성을 지키며, 하나님 나라를 확장하는 사명을 이루고자 한다.

헌법해설서가 목회자와 성도들에게 실질적이고 구체적인 지침이 되기를 바란다. 이 책이 백석총회의 부흥과 헌법의 발전, 나아가 한국 및 열방 교회에 선한 영향력을 끼치는 도구가 되기를 간절히 소망하며 모든 영광을 하나님께 돌린다.

백석총회헌법위원회 위원장(역임)/기독교 행정학박사(Ph.D)
백석대학교 대학원 헌법/행정학 강사

설충환 목사

CONTENTS

PART 01 | 헌법 총론

제1편 헌법의 원리

제1장 헌법(憲法 / Constitution)
1. 헌법과 교단 · 20
2. 대한예수교장로회(백석)총회의 헌법관 · 22

제2장 헌법의 특성
1. 헌법의 최고 규범성 · 28
2. 헌법의 정치 규범성 · 30
3. 헌법의 조직 규범성 · 32
4. 헌법의 생활 규범성 · 33
5. 헌법의 권력 제한 규범성 · 35
6. 헌법의 역사성 · 36

제3장 헌법의 해석
1. 헌법 해석의 의의 • 41
2. 헌법 해석의 지침 • 42

제4장 헌법의 개정
1. 헌법 개정의 개념 • 46
2. 헌법 개정의 한계 • 49

제5장 헌법의 유권 해석
1. 유권 해석의 질의 절차 • 52
2. 유권 해석의 기관 • 55
3. 해석 질의와 유권 해석의 효과 • 57
4. 헌법 해석의 유보(세칙 제83조) • 59

제6장 헌법과 인접 학문과의 관계 • 63

제7장 법체계(우열관계)와 종류
1. 우열관계 설정의 필요성 • 67
2. 교회에서의 필요성 • 67
3. 위헌, 위법이 되는 사유 • 69

제8장 법령과 교회헌법의 조문 표기 체계
1. 조문 체계의 기본 구조 • 74
2. 표기 방식의 차이 • 75
3. 실제 사용 구분 • 76
4. 전체적 정리 • 76

제2편 백석총회의 역사(헌법)

제1장 백석총회의 설립
1. 대한예수교장로회 복음총회 설립 • 78

제2장 백석총회의 교회통합운동
1. 백석총회의 교회연합과 통합 과정 • 93
2. 어떻게 여덟 차례 교단 통합이 가능했는가? • 94
3. 백석총회의 교회통합운동이 주는 교훈 • 95
4. 교회연합운동에 대한 견해 • 96

제3장 백석 헌법의 변천사
1. 백석총회의 시원(始原) • 104
2. 개혁주의생명신학 선언문 채택의 신학적·법적 의의 • 106

제4장 백석총회와 백석신학
1. 백석의 의미 • 109
2. 백석총회와 백석학원의 정체성 • 111

제3편 백석 교단 헌법의 구성

제1장 헌법의 구성
1. 제1편 : 교단 선언문 • 113
2. 제2편 : 교리 • 114
3. 제3편 : 정치 • 114
4. 제4편 : 권징 • 114
5. 제5편 : 예배 모범 • 115
6. 제6편 : 시행세칙 • 115

제2장 개혁주의생명신학과 율법의 제3 용도

1. 개혁주의생명신학과 율법의 제3 용도 · 117
2. 율법의 제3 용도와 개혁주의생명신학의 7대 실천운동 · 118
3. 헌법과 율법의 제3 용도 · 119
4. 결론 · 119

제3장 개혁주의생명신학 헌법관 : 법적 구조

1. 성경 중심의 헌법 · 120
2. 신앙과 신학의 조화 · 121
3. 공동체적 화해와 연합 · 121
4. 하나님 나라와 교회의 법적 사명 · 122
5. 헌법의 교육적 역할 · 122

PART 02 | 헌법 각론

제1편 교단 선언문

제1부 개혁주의생명신학 선언문(2010년)

1. 개혁주의생명신학의 역사적 배경 · 126
2. 개혁주의생명신학의 형성 · 127
3. 개혁주의생명신학의 확산 · 129
4. 개혁주의생명신학 7대 실천운동의 개정과 그 신학적 의의 · 134
5. 예장 백석총회 신앙고백에 대한 평가 · 136
6. 「개혁주의생명신학 선언문」(2010)과 교회사적 의미 · 138
7. 개혁주의생명신학 선언문(2010년)과 헌법적 의미 · 140

제2부 종교개혁 500주년 선언문
개혁주의생명신학 선언문

I. 총론 : 개혁주의생명신학 선언문과 헌법의 관계
1. 교단 헌법과 신학 선언문의 통합 구조 · 143
2. 2017년 헌법 개정과 종교개혁 500주년 선언문의 법적 채택 · 144
3. 개혁주의생명신학 선언문이 헌법에 포함된 의미 · 145
4. 교단의 신학적 정체성과 헌법적 기초의 일치 · 148

II. 선언문 신학 해설 : 개혁주의생명신학의 내용과 구조
1. 개혁주의생명신학의 정의와 역사적 배경 · 149
2. 개혁주의생명신학의 신학적 구성 · 154
3. 7대 실천운동의 신학적 의미 · 156

III. 개혁주의생명신학 선언문의 교단 헌법의 핵심 가치
1. 서론 · 158
2. 개혁주의생명신학 선언문의 교단 헌법적 기초 · 158
3. 개혁주의생명신학 선언문의 교단 헌법 내 기능과 적용 · 161
4. 개혁주의생명신학 선언문의 교단 헌법으로서의 법적 위상 · 162

IV. 헌법 적용 해설 : 교단 운영에 있어 선언문의 실천
1. 교회 정치와 행정에서의 적용 · 165
2. 교회 재판과 권징에서의 적용 · 165
3. 신학교육과 목회자 양성에의 적용 · 166
4. 예배와 설교에의 적용 · 167
5. 선교와 사회 참여에의 적용 · 168

V. 헌법 개정 방향 : 선언문의 제도적 정착을 위한 제안
1. 선언문을 헌법 각 편에 반영할 필요성 · 171
2. 7대 실천운동의 헌법 내 규범화 방안 · 175

3. 교단 헌법 해석 기준으로서 선언문 기능 강화 • 176
4. 개혁주의생명신학의 제도화가 교단 정체성에 미치는 영향 • 177

VI. 개혁주의생명신학의 성령론
1. 개혁주의 성령론의 역사적 전개 • 177
2. 한국 개혁주의 신학의 은사 중지론 • 179
3. 개혁주의생명신학의 은사 지속론 • 180
4. 개혁주의생명신학과 성령론의 문제의식 • 181
5. 성경을 조명하시는 성령 • 181
6. 지속적인 은사 이해 • 182
7. 결론 • 182

VII. 신학의 세계화 : 선언문을 통한 교단의 선교적 확장
1. 종교개혁의 세계사적 의미와 개혁주의생명신학의 연속성 • 183
2. 개혁주의생명신학의 선교적 구조와 나눔운동 • 184
3. 교단 신학의 세계화를 위한 전략적 과제 • 185
4. 선언문을 선교와 연합운동의 신학적 기반으로 • 186
5. 종말론적 교회로서의 개혁주의생명신학 공동체 • 189

VIII. 생명을 살리는 헌법, 세계를 섬기는 신학
1. 개혁주의생명신학 선언문은 헌법의 심장이다 • 189
2. 선언문은 신학과 제도를 통합하는 실천신학이다 • 190
3. 백석총회는 생명 중심 헌법을 가진 교단이다 • 191
4. 교회 개혁의 완성과 세계 교회의 섬김 • 192
5. 모든 교회와 사역자들에게 : 헌법적 실천의 요청 • 194

PART 03 | 헌법 각론

제2편 교리

제1부 대한예수교장로회 신조

제1장 장로회의 역사
1. 장로교의 기원 • 198
2. 스코틀랜드와 존 녹스 • 199
3. 앤드류 멜빌, 장로교의 기틀을 세우다 • 201

제2장 한국 장로교회의 기원
1. 초기 선교 활동과 조직화 • 205
2. 대부흥운동과 장로교회의 체계적 조직화 • 206
3. 복음주의 연합정신 • 208
4. 대한예수교장로회와 백석총회의 유사성과 차별성 • 212

제3장 대한예수교장로회 신조
1. 12신조에 대한 역사 • 215
2. 12신조 작성 과정 • 216
3. 12신조의 내용 • 221
4. 「12신조」의 교회사적 의미 • 232
5. 12신조를 담고 있는 백석 헌법 • 236
6. 12신조의 헌법적 지위와 헌법 위반 판결 사례 • 238
7. 12신조와 개혁주의생명신학 • 240
8. 12신조의 미래 • 246

제2부 성경 소요리문답

제1장 서론
1. 역사적 배경 • 249
2. 소요리문답 작성 순서 • 250
3. 교리 교육의 도구 • 252
4. 신학과 실천의 연결 • 254

제2장 교리 문답과 신앙고백서의 차이
1. 교리 문서의 헌법적 기능 구분 • 256
2. 신앙고백서 : 교회의 신학을 공적으로 천명하는 기준 문서 • 257
3. 교리문답서 : 실천적 신앙교육을 위한 헌법 교육 문서 • 258
4. 헌법상 교리 문답의 교육적 위상 • 258
5. 교리 문답과 신앙고백서의 상호 보완성 • 259
6. 교회의 신학 계승과 교육 실천의 기반 • 259

제3장 소요리문답의 역사와 교리 교육적 기능
1. 신앙 교육의 헌법적 기초로서의 소요리문답 • 261
2. 역사적 기원과 작성 목적 • 261
3. 헌법적 위치와 교육적 기능 • 262
4. 개혁주의생명신학 선언문과의 연속성 • 263
5. 교리 교육을 위한 살아 있는 헌법 • 264

제4장 신학적·교육적 의의
1. 인간 존재 목적의 신학 • 265
2. 교리 교육의 도구 • 266
3. 신학과 실천의 연결 • 267

제5장 소요리문답의 구조와 신학적 원리

1. 교리 문서로서의 체계적 구성 · 270
2. 소요리문답의 구조 : 세 부분으로 나뉜 교리 흐름 · 270
3. 신학적 원리 : 개혁주의 신학의 조직적 전개 · 272
4. 개혁주의생명신학 선언문과의 구조적 통일성 · 273
5. 신학과 교육, 삶을 통합하는 구조 · 273

제6장 장로교 헌법과의 관계

1. 헌법상 명시 · 274
2. 직분자의 교리 기준 · 276
3. 헌법 해석에 나타난 교리 적용 사례 · 278

제7장 교회법에 미친 영향

1. 신앙고백적 영향 · 280
2. 교회 정치적 영향 · 282
3. 윤리적 영향 · 284
4. 소요리문답과 헌법 적용의 실제 -
교육·권징·임직·공예배에서의 활용 사례 · 286

제8장 현대적 실천과 적용

1. 신앙 교육의 현장 적용 · 289
2. 교리적 혼란에 대한 방패 · 291
3. 개혁주의생명신학과의 조화 · 291

제9장 소요리문답의 오늘의 가치 · 293

제3부 웨스트민스터 신앙고백

제1장 서론
1. 웨스트민스터 신앙고백서의 역사적 배경 • 296
2. 1960년대 한국 장로교회의「웨스트민스터 신앙고백서」채택 배경 • 299
3.「웨스트민스터 신앙고백서」채택 과정과 백석총회의 입장 • 307

제2장 웨스트민스터 신앙고백서의 헌법상 지위
1. 웨스트민스터 신앙고백서의 헌법적 권위 • 309
2. 웨스트민스터 신앙고백서의 적용과 백석총회 • 309
3. 웨스트민스터 신앙고백서의 내용 • 312
4. 백석총회의 웨스트민스터 신앙고백서(1903년) • 317

제3장 개혁주의생명신학과 웨스트민스터 신앙고백서
1. 신앙 고백의 계승과 실천의 확장 • 321
2. 신앙적 기초 : '오직 성경'과 신앙운동의 일치 • 321
3. 신학적 정립 : 신학회복운동과 생명의 복음 • 322
4. 실천적 적용 : 7대 실천운동과 신앙 고백의 구체화 • 322
5. 신앙고백과 실천신학의 통합 • 323

부록 • 326

　노회의 기원과 역할
　　– 백석 교단 헌법을 중심으로

PART 01

[헌법 총론]

CONSTITUTION

대한예수교장로회 총회(백석) 헌법은 교단의 가장 기본이 되는 법이며, 최상위 규범이다. 백석교단 헌법은 헌법 본문과 헌법 시행세칙으로 구성되어 있다. 국가의 헌법에서는 통치 구조가 국민의 기본권을 실현하기 위해 권한을 조직적이고 기능적으로 나누어 작동하게 한다. 이와 마찬가지로, 교단 헌법은 교단 선언문과 교리를 실현하기 위한 체계로서, 정치·권징, 예배 모범, 그리고 시행세칙이 조직적·기능적으로 작동하는 구조이다.

제1편 헌법의 원리

제1장 헌법(憲法 / Constitution)

대한예수교장로회 총회(백석) 헌법은 교단의 가장 기본이 되는 법이며, 최상위 규범이다. 백석교단 헌법은 헌법 본문과 헌법 시행세칙으로 구성되어 있다. 국가의 헌법에서는 통치 구조가 국민의 기본권을 실현하기 위해 권한을 조직적이고 기능적으로 나누어 작동하게 한다. 이와 마찬가지로, 교단 헌법은 교단 선언문과 교리를 실현하기 위한 체계로서, 정치·권징, 예배 모범, 그리고 시행세칙이 조직적·기능적으로 작동하는 구조이다.

1. 헌법과 교단

1) 헌법과 국가의 불가분성

"헌법을 가지지 아니한 나라는 없다"는 통찰은 헌법이 단순한 제도적 장치를 넘어, 국가 존재 자체와 불가분의 관계에 있음을 강조하는 명제이다. 이 표현은 국가라는 실체가 존속하기 위해서는 반드시 통치 규범으로서의 헌법을 갖추고 있어야 한다는 점을 시사한다. 다시 말해, 헌법은 국가의 법적 정체성을 보장하고, 권력의 정당성과 제한을 규정하는 기본 규범으로 작동한다.

국가는 보통 세 가지 구성 요소, 즉 국민,[1] 영토,[2] 주권[3]이라는 정

---

[1] 대한민국 헌법 2조, "대한민국 국민이 되는 요건은 법률로 정한다."
[2] 대한민국 헌법 3조, "대한민국 영토는 한반도 그 부속 도서로 한다."
[3] 대한민국 헌법 1조 1항 "대한민국은 민주공화국이다."
  2항 "대한민국 주권은 국민에게 있고, 모든 권력은 국민으로부터 나온다."

적인 요소를 통해 정의된다. 그러나 이러한 구성 요소만으로는 국가의 역동성과 규범성, 즉 국가의 통치 구조와 가치 지향을 설명하기에는 한계가 있다. 이때 필요한 것이 바로 헌법이다. 헌법은 국가의 권력 구조와 작동 방식, 국민의 기본권 보장, 통치의 정당성과 책임성을 규율함으로써 국가의 가치적·규범적 질서를 형성하고 유지한다.

2) 시내산 언약 : 성경에서의 헌법적 구조

이러한 헌법적 구조는 성경의 구속사에서도 유사한 원리를 찾아볼 수 있다. 하나님의 나라가 역사 속에 구체적으로 나타나는 사건인 출애굽과 가나안 정복의 과정에서도, '백성(이스라엘)', '영토(가나안)', '주권자(하나님)'[4]라는 국가 구성의 전형적인 요소와 더불어, 시내산에서의 언약 체결이라는 '통치 규범'이 핵심을 이루었다. 시내산 언약은 단순한 종교적 의례가 아니라, 하나님의 통치를 실현하기 위한 율법적 질서로서, 하나님과 그의 백성 사이에 맺어진 거룩한 헌법이었다. 이는 하나님의 나라도 본질적으로 규범적 구조를 필요로 한다는 사실을 성경적으로 입증한다.

3) 교회와 통치 규범의 필요성

이러한 관점은 교회라는 공동체에도 적용된다. 교회는 하나님의 말씀 위에 세워진 거룩한 공동체이지만, 역사적 현실 속에서 실체로 존재하는 교회는 인간의 조직적 한계를 피할 수 없다. 네덜란드 개혁신학자 헤르만 바빙크(Herman Bavinck)는 이 점을 명확히 인식하였다. 그는 모든 인간 조직체는 무질서와 혼란의 와해를 방지하고, 그 존재 목적을 정당하게 실현하기 위해 반드시 일정한 규범과 질서를 가져야 한다고

---
4) 출 19:5; 삼상 8:7.

주장한다.5) 교회 역시 이 원리에서 예외가 될 수 없다는 것이다.

4) 교회 헌법의 신학적 기초

그러나 교회가 일반 조직체와 구별되는 점은, 그 통치 규범이 세속적 합리성이나 권력의 효율성이 아니라, 하나님의 말씀이라는 절대적 계시에 근거해야 한다는 데 있다. 교회 헌법은 단순한 제도 운영의 기준이 아니라, 성경의 진리와 교회의 신앙고백을 구현하는 영적 규범 체계여야 한다.6) 따라서 교회의 헌법은 신학과 깊이 연결되어 있으며, 조직신학적·교회법적 원리 속에서 형성되어야 한다.

헌법은 교회의 구성에 필수적인 요소일 뿐 아니라, 교회 공동체의 질서와 정체성을 보존하는 데에도 필수불가결한 규범 체계이다. 역사적으로 실체로 존재하는 교회는 인간 조직의 일반 원리를 부분적으로 수용하면서도, 하나님의 말씀에 의해 통치받는 신적 공동체로서, 그 헌법 역시 신학적 정당성과 성경적 기반 위에 세워져야 한다. 이러한 이해는 교회가 자의적 행정이나 무규범 상태에 빠지지 않도록 방지하며, 동시에 하나님의 나라로서의 교회의 거룩성과 질서를 유지하게 하는 근본적 원리이다.

2. 대한예수교장로회(백석)총회의 헌법관

대한예수교장로회(백석)총회의 헌법관은 개혁주의 신학의 전통을 유지하면서도, 현대 교회의 상황과 성도들의 삶에 적극적으로 적용하는 실천적인 측면을 강조한다. 특히, 백석총회는 개혁주의생명신학을 핵심적인 신학적 원리로 삼아 헌법을 이해하고 적용하는 데 중점을 둔다.

---

5) Herman Bavinck, 「개혁교의학 개요」, 원광연 역 (고양: 크리스찬다이제스트, 2004), 659-660.
6) 대한예수교장로회총회(백석), 「한국교회사: 백석총회설립 45주년 기념」, (서울:기독교연합신문사, 2023), 52.

백석교단은 교회의 연합 정신을 강조하며, 교단 선언문에서 종교개혁의 5대 솔라(Sola Scriptura, Solus Christus, Sola Fide, Sola Gratia,Soli Deo Gloria)를 재해석하여 교단의 신학적 방향성을 명확히 한다. 또한, 장로교 연합 정신을 위해 1903년 웨스트민스터 신앙고백 수정판을 선택하고, 장로교 12신조와 웨스트민스터 소요리문답을 헌법에 반영함으로써 교단의 정체성과 신앙의 일치를 추구하고 있다.

12신조를 통해 백석교단은 한국 장로교의 전통과 신앙 고백을 계승하며, 웨스트민스터 신앙고백서와 소요리문답에 담긴 개혁주의 신앙의 핵심 원칙을 고백한다. 이러한 문서들은 하나님의 주권과 구속사적 의미를 중심으로 교회의 정체성과 예배 규범을 세우는 기초가 된다. 특히, 예배모범을 통해 개혁주의적 예배의 중요성을 실천적으로 강조한다.

백석교단은 개혁주의생명신학을 바탕으로 성경 중심의 신앙과 삶을 실제적으로 구현하는 데 주력한다. 이는 교회의 공동체성과 생명력 있는 신앙 실천을 중시하는 교단의 신학적 특징을 드러낸다.

이 모든 신앙적 기초는 백석교단 헌법에 반영되어 교단의 신앙과 교리, 예배, 교회 운영의 규범을 명확히 제시한다. 백석교단은 이를 통해 성경적이고 개혁주의적인 방향으로 교회의 신앙과 실천을 이끌어가며, 교단의 정체성(Identity)을 확립하고 있다.

1) 개혁주의 신학의 전통 계승과 교육

백석총회는 개혁주의 신학을 계승하며, 성경의 절대적 권위와 웨스트민스터 신앙고백 등 역사적인 개혁주의 문서들을 중요시한다. 특히, 1903년 웨스트민스터 신앙고백 수정판을 선택하여 장로교의 전통과 교리적 일치성을 강화하고 있다. 여기에 더해 웨스트민스터 소요리문답을 헌법에 포함시킴으로써 성도들의 교육을 위한 중요한 교리적 지침을 제공하고 있다. 소요리문답과 12신조는 성경적 신앙교육의 핵심 도구로서 교회 교육과 신앙훈련에 적극 활용되고 있다. 백석총회는 신학교 및 교회 교육을 통해 개혁주의 신학을 체계적으로 교육하며, 이를 통해 성경적 신앙과 신학적 전통을 올바르게 계승하도록 하고 있다. 성도들에게 신학적 기초를 교육함으로써 개혁주의 신앙의 본질을 명확히 하고, 교회의 정체성을 확립하는 데 주력하고 있다.

2) 개혁주의생명신학의 반영

백석총회는 개혁주의생명신학을 통해 헌법의 실천적인 적용을 강조한다. 이는 단순히 교리적인 순수성을 유지하는 데 그치지 않고, 신앙이 실제 삶에서 체험되고 실천되어야 함을 의미한다. 따라서, 교단의 헌법은 성도들의 영적 성장과 성화를 추구하며, 이를 위해 교육과 훈련, 영적 회복과 부흥을 중요시한다. 이는 성령의 역사와 말씀의 능력을 통해 성도들의 삶이 변화되고, 그리스도인의 사회적 책임과 섬김의 사명을 감당하는 것으로 나타난다. 개혁주의생명신학은 헌법에 생동감을 불어넣어 교회의 실제적인 필요와 시대적 상황에 대응하도록 인도하며, 이를 통해 교회의 연합 정신을 강화한다.

3) 장로교 12신조와 예배 모범

백석총회는 장로교 12신조를 헌법에 포함시켜 교단의 신앙과 생활의 지침을 제시한다. 장로교 12신조는 웨스트민스터 신앙고백을 바탕으로 성경 중심의 신앙을 고백하고, 개혁주의 전통을 따른다. 이 신조는 성경의 절대적 권위, 삼위일체 하나님의 존재, 구원의 교리, 성례전의 중요성, 교회의 조직과 운영 등에 대한 원칙을 포함하며, 교회의 신앙과 예배의 표준을 제공한다.

또한, 예배모범에 대한 중요성을 강조하여 예배가 성경적이고 개혁주의 전통에 부합하도록 인도한다. 예배모범을 통해 성도들이 하나님께 드리는 예배가 경건하고 질서 있게 이루어지도록 하고, 설교 중심의 예배와 성례전, 공적 기도를 통해 신앙의 본질을 지키도록 한다.

4) 장로정치와 교회의 권위 존중

백석총회는 장로정치를 표방하여 교회의 조직과 운영을 위한 헌법적 틀을 제공한다. 이는 목사와 장로들이 교회의 치리권을 가지고, 회의를 통해 교회의 중요한 결정들을 내리는 방식으로 운영된다. 이러한 장로정치는 성경에 근거한 교회의 질서와 권위 체계를 강조하며, 성도들의 신앙생활을 지도하고 보호하는 역할을 한다. 또한, 교회의 권위를 존중하고 사회법에 의존하는 것을 차단함으로써 교회 내부의 문제를 성경과 헌법의 원리에 따라 해결하려는 입장을 견지하고 있다. 이를 통해 교회는 세상의 법이 아닌 하나님의 말씀과 교회의 헌법에 따라 자율적으로 운영될 수 있도록 한다.

5) 실용적 접근과 유연성

백석총회는 교회의 현실적인 성장과 사회적 영향력을 위해 헌법을 적용하는 데 있어 실용적이고 유연한 태도를 취한다. 개혁주의생명신학의 정신을 반영하여, 종교개혁의 5대 솔라를 현대적 상황에서 재해석한 원리를 기반으로 교회의 상황과 필요에 맞게 헌법을 해석하고 적용하는 유연성을 보인다. 이는 교회의 성장을 도모하고, 시대적 상황에 맞는 사역을 수행하며, 성도들의 영적 필요에 응답하는 것으로 나타난다.

웨스트민스터 신앙고백 1903년 수정판, 장로교 12조, 소요리문답의 채택은 전통과 현대의 조화를 추구하며, 교회의 다양성과 융통성을 포용하는 교단의 입장을 반영한다. 백석총회는 이러한 헌법적 기반을 통해 성도들이 복음의 본질을 지키면서도 현대 사회 속에서 효과적으로 사역할 수 있는 방향성을 제시한다. 이를 통해 백석총회는 교회의 연합과 조화를 지향하며, 성도들이 하나 되어 하나님 나라를 확장하는 사명을 감당하도록 이끈다.

6) 교육과 연합 정신의 강조

백석총회는 헌법 교육을 체계적으로 시행하여 교회의 영적 성숙과 공동체성을 강화하는 데 힘쓴다. 종교개혁의 핵심 원리인 5대 솔라(Sola Scriptura, Sola Fide, Sola Gratia, Solus Christus, Soli Deo Gloria)를 개혁주의생명신학의 관점에서 재해석하며, 이를 신앙 교육의 기초로 삼아 성도들이 신앙의 본질을 이해하고 삶에 실천할 수 있도록 돕는다. 이와 함께 개혁주의생명신학의 실천적 방향을 따라 7대 실천운동(신앙운동, 신학회복운동, 회개용서운동, 영적생명운동, 하나님나라운동, 나눔운동, 기도성령운동)을 통합적으로 교육하여, 성도들이 복음의 능력을 실제 삶에서 체험하도록 한다.

교단 신학교와 교회 교육 프로그램은 헌법과 교리의 중요성을 성경적이고 개혁주의적인 틀 안에서 가르치며, 웨스트민스터 신앙고백 1903년 수정판, 장로교 12신조, 웨스트민스터 소요리문답을 중심으로 교단의 신학적 정체성을 명확히 한다. 이러한 교육은 성도들이 백석총회의 신학적 전통과 연합 정신을 체득하도록 하며, 교회와 세상 속에서 그리스도인의 역할을 감당하도록 한다.

백석총회의 헌법관은 개혁주의 신학의 전통을 유지하면서도, 개혁주의생명신학을 실천적 신학으로 구현하여 신앙과 삶의 변화를 추구하는 데 중점을 둔다. 특히, 웨스트민스터 신앙고백 1903년 수정판과 장로교 12신조의 선택은 장로교의 합동 정신과 교회의 연합 정신을 실현하는 신학적 기반이 되며, 시대적 상황에 부응하려는 의지를 보여준다. 또한, 장로정치를 통해 교회의 권위를 존중하고, 성경과 헌법에 따라 교회의 문제를 해결하며, 사회법에 의존하지 않는 독립성을 유지한다. 이러한 헌법관은 교회의 질서를 보호하고, 교회의 사명과 사회적 책임을 조화롭게 실현하는 실천적이고 유연한 접근을 통해 현대 교회의 상황에 능동적으로 대응한다.

7) 장로정치제도와 선언, 신조 및 신앙고백

교회의 통치 질서는 성경의 가르침과 교회의 선언, 신조 및 신앙고백에 근거하여 형성되어야 한다. 따라서 하나님의 주권과 성경적 진리에 충실한 교회의 통치 구조는 교회의 모든 권한과 직무 수행의 정당성을 규정하는 기준이 된다. 성경적 원리와 신앙고백을 무시한 채 단순히 교회 통치 기구의 권위적인 시각에서 교회 질서를 이해하는 것은 옳지 않다. 국가 헌법에서 통치 구조는 기본권의 시녀라고 표현되어 진다. 장로교 헌법에서도 교회의 통치 구조는 결코 자기 목적적인 것이 아니라, 하나님의 절대 주권을 존중하고 교회의 선언과 신조에 따라 성경적 가르침을 실천하기 위한 수단이며, 이 과정에서 신앙고백을 보존하고 하나님의 주권을 보호하는 제도적 장치로 기능해야 한다.

교회 통치 구조에 있어서 권력 분립의 원리도 성경과 신앙고백을 보호하는 수단으로 고안되었으며, 교회의 통치 구조는 항상 하나님의 주권을 실현하고 성경의 권위를 수호하는 역할을 해야 한다. 목사, 장로, 집사 등 직분의 권한을 성경과 교회의 신조에 따라 분배하고, 이들 권능이 상호 보완 및 견제되도록 함으로써 하나님의 뜻이 교회 내에서 바르게 실현될 수 있도록 하는 것이 고전적인 장로교적 통치 구조의 핵심이다. 더 나아가 교회의 당회와 노회, 총회, 다양한 위원회 간의 권한 분배와 상호 통제를 통해 신앙고백을 지키고, 교회의 권력 남용을 방지하며 교회의 질서를 유지하는 데 초점을 맞춘 현대적 교회 통치 이론 역시 중요하다.

따라서 장로교 통치 구조의 핵심 과제는 성경의 가르침과 교회의 선언, 신조 및 신앙고백을 최우선으로 존중하고 실현할 수 있는 구조적·기능적 메커니즘을 마련하는 것이다. 교회 당회와 노회의 조직과 권한 분배, 권능 행사에 대한 절차와 방법, 그리고 이들 기관 상호 간의 통제 수단을 설정할 때 언제나 성경의 권위와 신앙고백의 가치를 가장 효과적으로 실현할 수 있는 제도적 장치를 마련해야 한다.

제2장 헌법의 특성

헌법은 '규범성'을 그 내용으로 하기 때문에, 똑같이 '규범성'을 가지는 총회와 노회의 규칙 등과 마찬가지로 규범의 학문인 법학의 연구대상이 되지만, '규범성'을 제외하고는 이들 법률과 구별되는 중요한 몇 가지 특수한 성격을 띠고 있다. 헌법의 최고 규범성, 헌법의 정치 규범성, 헌법의 조직 규범성, 헌법의 생활 규범성, 헌법의 권력 제한 규범성, 헌법의 역사성 등이 그것이다.

1. 헌법의 최고 규범성

장로교 헌법은 교회의 질서를 유지하고 성경적 원칙에 따라 신앙과 생활을 규제하는 최상위 규범으로 존재한다. 교회 헌법은 성경과 신앙고백서, 특히 웨스트민스터 신앙고백서를 바탕으로 제정된 문서로, 교회의 모든 구성원과 조직을 구속하는 힘을 지닌다.

국가 헌법이 사회의 다양한 이해관계를 조정하여 국가의 통일성과 질서를 보장하는 최고 규범으로 작용하는 것처럼, 장로교 헌법은 교단 내 모든 신앙적·행정적 질서의 근간을 이룬다. 장로교 헌법의 최고 규범성은 모든 신앙과 실천의 기준이 되며, 교회의 행정, 목회자의 활동, 그리고 성도 간의 법적 관계 또한 교회 헌법의 규제를 받는다.

따라서 장로교 헌법은 다른 모든 교회 규칙과 지침보다 우선하는 효력을 가지며, 교회의 신앙과 생활에 대한 모든 해석과 적용의 기준이 된다. 헌법에 위배되는 행위나 결정은 무효화될 수 있는 제도적 장치가 마련되어 있으며, 이는 헌법의 최고 규범성이 가지는 당연한 제도적 보장이다.

장로교 헌법은 교회의 질서를 유지하고 성경적 원칙에 따라 신앙과 생활을 규제하는 최상위 규범으로 존재한다. 교회 헌법은 성경과 신앙고백서, 특히 웨스트민스터 신앙고백서를 바탕으로 제정된 문서로, 교회의 모든 구성원과 조직을 구속하는 힘을 지닌다.

국가 헌법이 사회의 다양한 이해관계를 조정하여 국가의 통일성과 질서를 보장하는 최고 규범으로 작용하는 것처럼, 장로교 헌법은 교단 내 모든 신앙적·행정적 질서의 근간을 이룬다. 장로교 헌법의 최고 규범성은 모든 신앙과 실천의 기준이 되며, 교회의 행정, 목회자의 활동, 그리고 성도 간의 법적 관계 또한 교회 헌법의 규제를 받는다.

따라서 장로교 헌법은 다른 모든 교회 규칙과 지침보다 우선하는 효력을 가지며, 교회의 신앙과 생활에 대한 모든 해석과 적용의 기준이 된다. 헌법에 위배되는 행위나 결정은 무효화될 수 있는 제도적 장치가 마련되어 있으며, 이는 헌법의 최고 규범성이 가지는 당연한 제도적 보장이다.

장로교 헌법 역시 최고 규범성을 지니지만, 그와 동시에 몇 가지 한계를 내포하고 있다. 헌법의 효력이 유지되기 위해서는 교회의 모든 구성원들이 그 헌법을 존중하고 따르려는 의지가 반드시 필요하다. 국가 헌법이 국가권력에 의해 적용되고 집행되는 것과 달리, 장로교 헌법은 교회의 자발적인 준수와 실천에 의존한다.

카 헤세(K. Hesse)가 언급한 '헌법에의 의지(Wille zur Verfassung)'처럼, 장로교 헌법도 교인들의 신앙적 헌신과 교회 질서를 유지하려는 의지가 없이는 그 생명력을 유지할 수 없다. 만약 교회의 구성원들이

헌법을 따르려는 의지를 상실한다면, 헌법의 권위와 최고 규범성 또한 의미를 잃게 된다.[7]

따라서 장로교 헌법은 단순히 제정된 규범 이상의 의미를 가지며, 교회의 신앙적·도덕적 공동체 의지와 결속에 의해 유지되고 강화된다. 헌법이 실효성을 발휘하려면, 교회 내 모든 계층의 구성원들이 헌법을 존중하고 지키려는 의지를 지속적으로 유지해야 한다.

2. 헌법의 정치 규범성

장로교 헌법의 정치 규범성에 대한 논의는 국가 헌법의 정치적 특성과 유사하게, 교회의 헌법이 교회 내 다양한 이해관계와 권위 구조를 조정하는 역할을 한다는 점에서 중요한 의미를 가진다. 장로교 헌법은 단순히 교회의 신앙과 교리를 규정하는 것 이상으로, 교회 내 정치적 구조를 형성하고, 교회의 질서를 유지하기 위한 규범적 틀을 제공한다.

1) 유동성

장로교 헌법은 교회 내 다양한 상황 변화와 교회 정치의 유동성을 반영할 수 있어야 한다. 교회는 지속적으로 새로운 도전과 변화를 맞이하며, 이를 반영하지 않는 고정된 헌법은 현실적 대응이 어렵다. 따라서 교회 내에서 일어나는 신학적, 문화적, 사회적 변화를 반영할 수 있도록 헌법 개정이 가능해야 하며, 유동적인 정치 현실에 맞춰 교회의 구조와 정책이 변화할 수 있는 유연성을 가져야 한다.

2) 추상성

장로교 헌법은 구체적인 사안에 대해 일률적인 결정을 내리기보다는,

---

[7] 허영, 「한국헌법론」 (서울: 박영사, 2020), 24.

신앙의 기본 원칙과 교회의 구조를 추상적으로 규정하는 경우가 많다. 이는 다양한 교회 상황에서 적용 가능한 포괄적인 원칙을 제시하기 위함이다. 예를 들어, 교회의 권위 구조나 장로의 역할에 대한 규정은 상황에 따라 다양한 방식으로 해석되고 적용될 수 있도록 추상적인 개념을 사용한다.

3) 개방성

장로교 헌법은 정치적 타협의 산물인 국가 헌법처럼, 교회 내 다양한 이해관계가 충돌하는 과정에서 이루어진 합의에 의해 형성된다. 교회 정치 역시 신학적 차이와 교회의 권위 구조 간의 절충과 타협의 과정을 거치며 발전해왔다. 헌법은 교회의 기본적인 원칙을 규정하되, 지엽적인 사항은 개별 교회의 정치적 환경과 상황에 맞게 총회규칙 등에 유보되는 경우가 많다. 이는 교회 정치가 계속 발전하고 변화하는 상황에서 헌법이 지속적으로 적용될 수 있도록 하는 개방성을 의미한다.

4) 미완성성

장로교 헌법은 미래의 정치적 상황이나 교회 내외의 변화에 의해 계속해서 수정되고 보완될 필요가 있다. 국제적 신학적 논의나 교단 간의 협력, 새로운 사회적 문제들이 교회에 영향을 미칠 수 있으며, 이러한 상황들은 헌법의 미완성성을 반영한다. 헌법은 교회의 신앙과 질서를 규정하는 규범이지만, 완벽한 형태로 고정된 것이 아니라 지속적인 개정을 통해 발전할 수밖에 없다.

장로교 헌법은 단순한 법적 문서 이상의 의미를 가지며, 교회의 신앙적, 정치적 질서를 유지하는 중요한 규범적 도구이다. 이 헌법이 가지는 정치 규범성은 교회의 통치와 질서를 조정하는 역할을 하며, 변화하는 교회 정치 환경에 대응하는 중요한 기능을 수행한다.

3. 헌법의 조직 규범성

1) 교회의 조직 및 기능 구조

헌법은 교회의 공동체가 정치적 일원체로 기능하기 위한 기본 질서를 제공하며, 이는 교회가 헌법에 따라 조직적으로 행동할 수 있게 한다. 따라서 헌법은 공동체가 공동의 관심사를 처리하는 데 필요한 기구를 설치하고 조직하는 것뿐만 아니라, 이러한 기관 간에 발생할 수 있는 갈등과 대립을 해결하기 위한 절차도 규정해야 한다. 요컨대, 헌법은 교회가 정치적 일원체로서 효과적으로 조직되고 기능할 수 있는 구조적 계획을 의미한다. 헌법이 일정한 권한과 교회의 권력을 바탕으로 여러 헌법 기관의 창설에 대한 규정을 두고 있는 이유는, 책임 있고 계획된 협동체계가 있어야만 교회가 일원적으로 기능할 수 있기 때문이다.

조직 규범으로서의 헌법은 세 가지 주요 목적을 지닌다. 첫째, 교회 내에서 발생할 수 있는 권력 투쟁을 일정한 궤도로 유도하려는 것이다. 둘째, 일단 조직된 교회가 충분한 기능을 발휘할 수 있도록 지원하는 것이다. 셋째, 권력이 남용되거나 악용되는 경우를 사전에 방지하기 위해 조직적 측면에서 그 가능성을 배제하는 것이다.

2) 조직 규범성의 한계

헌법의 조직 규범성과 관련하여 주의해야 할 점은, 헌법이 개방성과 미완성성을 갖추고 있기 때문에 교회의 조직에 관한 모든 사항을 스스로 규정할 수는 없다는 것이다. 따라서 형식적 의미의 헌법 이외에도 실질적 의미의 헌법을 인정하여, 헌법전(憲法典) 외에도 교회의 조직 및 활동에 관한 중요한 사항을 규정하는 법률 규범을 모두 실질적 의미의 헌법으로 볼 필요가 있다. 예를 들어, 한국 장로교의 경우 교회 조직법, 예배법, 교인 등록 및 관리에 관한 규정 등은 실질적 의미의 헌법에 해당한다.

또한 형식적 의미의 헌법, 즉 헌법전에 규정된 사항이 반드시 실질적 의미의 헌법에 포함되는 것은 아니다. 예를 들어, 특정한 규정이 헌법전에 포함되어 있더라도, 그것이 실제 교회의 운영 및 기능에 기여하지 않는 경우라면 실질적 의미의 헌법으로 볼 수 없다. 헌법 제정 시의 특수한 입법 기술 때문에 형식적 의미의 헌법과 실질적 의미의 헌법이 완전히 일치하는 것은 드문 경우다. 형식적 의미의 헌법은 특별한 제정 절차를 통해 작성된 헌법전을 의미하므로, 반드시 성문 헌법이어야 한다. 그러므로 특정한 교단에서 형식적 의미의 헌법이 없다는 주장은, 성문헌법이 없다는 뜻으로 해석된다. 하지만 모든 교단에는 실질적 의미의 헌법이 존재할 수 있다. 따라서 오늘날에도 형식적 의미의 헌법은 현대 교회의 필수적인 성립 요건이 아닐 수 있다

4. 헌법의 생활 규범성

1) 생활 규범성의 내용과 성격

장로교 헌법은 공동체의 공존을 위한 기초적 원칙을 제시하며, 이러한 원칙이 교회 구성원들의 일상생활에 실질적으로 적용되도록 규범을 제정하고 있다. 헌법은 인간의 행동을 유도하고, 교인들이 하나님 나라를 이루어 가도록 안내하는 역할을 한다. 따라서 장로교 헌법은 단순한 규정이 아니라, 교인들의 생활 속에 깊이 뿌리내리고, 실천되는 규범으로서의 성격을 지닌다. 헌법이 정하는 행동 지침이 일상생활에서 실제로 적용될 때, 비로소 개혁주의생명신학 실천운동의 일환으로 공동체가 통합되고 하나님 나라를 이루어 가는 과정이 이루어질 수 있다.

2) 생활 규범적 효력의 전제

장로교 헌법이 실제 생활 규범으로 기능하기 위해서는 헌법이 교인들의 태도와 행동에 영향을 미치는 힘을 가져야 한다. 이러한 힘은 헌법이 존재한다는 사실만으로는 생기지 않으며, 교인들이 헌법의 가치를 이해하고 이를 생활 속에서 실천하려는 노력이 필수적이다. 헌법의 효력은 특정한 역사적 상황에서 비롯된 것이며, 시대의 변화에 따라 헌법의 내용과 성격이 조정될 필요가 있다. 따라서 헌법이 현재의 사회적 맥락과 얼마나 잘 연계되어 있는가가 중요하다.

3) 생활 규범성과 헌법 실현

장로교 헌법의 생활 규범성은 헌법이 제시하는 규범이 교회와 사회의 현실에 어떻게 실현되는가에 달려 있다. '헌법의 실현'은 헌법의 정신을 바탕으로 교회와 사회가 발전해 나가는 과정을 의미한다. 교인들이 헌법의 규범에 따라 행동하고, 이를 통해 공동체가 함께 성장할 때, 헌법의 의미가 더욱 깊어지고 그 기능이 강화된다. 이러한 과정은 헌법의 규범적 측면과 사회적 현실의 상호작용을 통해 이루어지며, 두 측면이 조화를 이룰 때 헌법의 효과가 극대화된다.

4) 헌법 실현과 상반 구조적 입법 기술

장로교 헌법은 역사적 배경 속에서 성립된 규범으로, 시대에 따라 그 적용 방식과 생활 규범적 기능이 조정될 수 있다. 헌법은 성도의 신앙적 권리를 보호하는 동시에, 이를 제한할 수 있는 메커니즘도 내포해야 한다. 이는 헌법이 교회의 거룩성과 질서를 유지하면서도, 공동체의 필요에 따라 유기적 조정 기능을 수행할 수 있음을 의미한다. 이러한 상반 구조적 입법 기술은 헌법이 시대 변화에 적응하고, 교회의 본질적 사명을 실현하는 데 필수적이다.

5) 헌법 현실과 헌법 변천

생활 규범으로서의 헌법 기능이 약화되고 사회 현실과의 부조화가 발생하는 현상은 '헌법 현실' 또는 '헌법 변천'으로 설명될 수 있다. 이러한 부조화는 헌법이 시대적 요구와 맞지 않거나, 사회 현실이 헌법의 규범을 무시할 때 발생한다. 장로교 헌법이 교회의 정의로운 사회 구현을 위한 역할을 지속적으로 수행하기 위해서는, 헌법의 규범성을 유지하고, 필요한 경우 헌법 개정이나 현실의 조정을 통해 이 부조화를 해소해야 한다. 이러한 노력이 이루어질 때, 헌법은 진정한 생활 규범으로 자리 잡을 수 있다.

5. 헌법의 권력 제한 규범성

1) 권력 제한의 의미와 기능

장로교 헌법은 교회 내 다양한 정치 세력 간의 공존을 위한 절충과 타협의 결과로 성립된 규범이다. 이 헌법은 각 정치 세력 상호 간에 서로의 힘을 견제하고 감시함으로써, 어떤 세력도 헌법의 테두리를 벗어나지 못하도록 하는 권력 제한적 기능을 수행한다. 권력을 제한하고 합리화함으로써 장로교 헌법은 공존의 정치적 질서를 보장하는 역할을 하며, 이는 헌법의 본질적인 요소로 작용한다.

권력의 남용을 예방하고 권력 담당자를 통제하기 위한 장치로써, 장로교 헌법은 교회의 조직 규범적 특성에 따라 특정한 교회 기관을 설치하고 권능을 부여한다. 그러나 이러한 권능이 남용되거나 악용될 수 있는 가능성을 염두에 두어 감시, 견제, 통제의 방법을 마련해 둔다. 이는 교회의 공존과 신뢰를 바탕으로 한 정치적 질서를 안정시키려는 권력 제한적 기능을 반영한다.

2) 권력 통제의 수단

장로교 헌법의 권력 제한적 기능은 역사적으로 교인들이 직접적으로 권력을 통제할 수 있도록 중요한 교회 사안에 대한 투표권 등을 보장하는 방식으로 나타났다. 그러나 현대의 장로교 정치에서는 이러한 직접적인 권력 통제의 방법보다 간접적인 권력 통제를 채택하는 경향이 있다.

즉, 헌법적 수권에 의해 교회 내의 여러 기관 간에 서로 감시, 견제, 통제하게 함으로써 특정 기관의 과잉 권력 행사를 막는 구조를 갖추고 있다. 장로교 헌법의 권력 분립 원칙에 따라, 당회와 제직회, 공동회, 총회 및 노회 등 다양한 기관이 서로를 감시하고 견제하는 여러 헌법 규정이 마련되어 있다. 이러한 기관들은 각각의 역할을 수행하면서도, 서로의 권한을 견제하여 권력의 남용을 방지하는 데 기여한다. 장로교 헌법은 권력 제한적 특성을 통해 신앙 공동체 내의 질서를 유지하고, 권력의 남용을 방지하여 공존의 기반을 다지는 중요한 역할을 한다. 이를 통해 장로교회는 하나님의 나라를 이루어 가는 과정에서 정의롭고 통합된 공동체로 성장할 수 있도록 한다.[8]

6. 헌법의 역사성

1) 장로교 헌법의 역사성

장로교 헌법의 역사성은 장로교회의 교리와 정치 체제를 형성하는 데 있어 중요한 역할을 해왔으며, 그 본질적인 특성은 역사적 배경 속에서 발전되어 왔다. 헌법은 단순히 어느 시대의 교리나 신학적 이념을 반영하는 것이 아니라, 시대의 변화와 발전을 포용하는 진보적이고 발

---

[8] 허영, 「한국헌법론」, 31.

전적인 역사성을 담고 있다. 이러한 역사성은 장로교회의 헌법이 단순히 과거에만 머물러 있지 않고, 시대의 변천 속에서 교회의 신앙과 행정 체제를 꾸준히 발전시켜 왔음을 의미한다.

장로교 헌법의 역사적 기원은 16세기 종교개혁 시기로 거슬러 올라간다. 존 칼빈을 비롯한 개혁주의 신학자들이 교회의 신앙과 질서를 확립하기 위해 노력했으며, 그 중심에는 성경에 기초한 교회의 통치와 질서가 있었다. 칼빈의 신학은 이후 장로교의 교회 정치 체제의 기초가 되었고, 이는 웨스트민스터 총회(1647-1649)에서 작성된 「웨스트민스터 신앙고백서」와 「대소요리문답」에 구체화되었다. 이 문서들은 장로교회 헌법의 근간을 이루는 중요한 신앙고백으로서, 교회의 신앙과 정치 원리를 명확하게 정리하였다.

장로교 헌법의 역사성은 이처럼 특정한 역사적 상황 속에서 성립된 것임에도 불구하고, 단순히 그 당시의 상황에만 머무르지 않는다. 오히려 헌법은 시대의 발전과 변화를 포용할 수 있는 힘을 가지고 있으며, 이를 통해 교회의 본질을 유지하면서도 시대적 요구에 맞게 변화하고 발전해 나가는 역할을 한다. 예를 들어, 19세기와 20세기에 걸쳐 장로교회는 사회적, 정치적 변화에 따라 헌법을 수정하고 개정하면서 현대 사회 속에서도 성경의 원리를 지키는 교회로서의 역할을 감당해 왔다.

이와 같은 헌법의 유동성은 장로교회가 시간의 흐름에 따라 변화하는 세상 속에서도 신앙의 본질을 지키고, 교회의 정치 체제를 발전시켜 왔음을 보여준다. 따라서 장로교 헌법은 시간의 경과와 함께 교회의 신앙적, 정치적 생활의 틀을 형성해 온 '살아 있는 역사'라고 할 수 있다. 이러한 역사성은 장로교회의 전통 속에서 과거와 현재, 그리고 미래의 동질성을 보장하는 역할을 한다. 장로교 헌법의 역사성은 단순히 과거의 산물에 머물지 않고, 교회의 신앙과 질서가 시대적 요구에 따라 발전해 나가도록 하는 중요한 동력이 된다.

2) 헌법의 역사성과 시대성의 절묘한 조화를 담아낸 백석 헌법

통합 교단의 「신경」 및 「웨스트민스터 신앙고백서」 번역위원회는 미국 북장로교회가 1903년에 수정한 웨스트민스터 신앙고백을 기본으로 삼고 1967년에 수정한 내용도 첨가해서 번역했으며, 총회는 이 번역본을 채택했다. 이것은 통합 교단이 웨스트민스터 신앙고백에 대해서 가지고 있던 관점이 합동 교단의 관점과 차이가 있음을 보여주는 것이다. 당시 합동 교단은 웨스트민스터 신앙고백을 시대를 초월해서 대체 불가한 표준문서로 보는 견해를 고수하고 있었으며 이런 견해에 따라 미국 연합장로교회의 1967년 신앙고백을 비판했다. 이런 입장은 당시 미국 장로교회(PCA) 선교사로 고신과 합동 교단에서 사역했던 스넬러(Alvin Roy Sneller, 申來理)의 글에서도 강하게 드러나는데, 그는 웨스트민스터 신앙고백이 절대적으로 오류가 없다고 할 수는 없지만 불변의 권위를 가지고 있다고 주장했다. 이런 견해에 따라 합동 교단은 1963년부터 웨스트민스터 신앙고백을 채택하는 일을 시작하면서 1647년판 「웨스트민스터 신앙고백」을 사용하게 되었다.

그러나 통합 교단은 내부적으로 견해차가 있기는 했지만 웨스트민스터 신앙고백을 장로교회의 핵심적인 신앙고백으로 인정하면서도 시대적인 상황에 따라 변화가 가능한 신앙고백으로 보는 견해를 견지하고 있었다. 그러므로 웨스트민스터 신앙고백을 번역하는 데 있어서 1647년판만 고집할 필요가 없었으며, 1647년판 이후 미국 장로교회가 시대적 필요에 따라 수정, 첨부한 웨스트민스터 신앙고백을 사용해서 번역했다.

당시 통합교 단의 신경 및 웨스트민스터 신앙고백 번역위원 중 한 명이었던 이종성은 신앙 고백의 역사성과 시대성을 동시에 주장하는 인물 중 한 명이었다. 그는 미국 연합장로교회가 1967년 신앙고백을 작성하게 된 근본적인 필요성에 공감하면서 교회가 현재 처해 있는 상황에 따라 새로운 신앙 고백이 필요하다고 느껴질 때 교회는 새로운 신앙 고백을 만들어 왔으며 또한 현재에도 만들어야 된다는 것에 동의했다. 그리고 미국 연합장로교회가 교회 안에서 어떤 신학자나 목사들이 특정한 신앙고백을 절대화하려는 경향에 대항해서 신앙 고백의 불변성을 거부한 것도 동의하고 있다.9) 따라서 신앙 고백은 특정한 시대에 특정한 교회가 특정한 사회로부터 던져지는 특정한 도전에 대해서 성서 메시지의 토대 위에서 만든 것이며, 동시에 특정한 신앙 고백을 절대화하거나 성서 이상의 것으로 취급해서는 안 되다고 분명히 주장하고 있다.10) 결국 통합교단은 웨스트민스터 신앙고백을 채택해서 헌법의 교리 부분에 넣는 결정을 했지만 이 과정에서 웨스트민스터 신앙고백에 대한 신학적 관점을 분명히 했다. 웨스트민스터 신앙고백을 교단의 신앙고백으로 채택한 것은 합동 교단과 동일하지만 합동교단이 웨스트민스터 신앙고백을 대체 불가한 표준 신앙고백으로 채택한 것과는 달리 통합 교단은 웨스트민스터 신앙고백을 존중하면서도 시대적인 필요에 따른 새로운 신앙고백의 출현 가능성도 열어두는 입장에서 결정을 한 것이다. 이런 결정은 신앙의 역사성과 동시대성 및 개방성을 겸전)해서 추구하려는 통합 교단의 신학적 지향을 보여주는 것이기도 하다. 또한 이런 신학적 지향은 복음주의와 에큐메니즘을 겸전하려는 통합교단의 정체성과 자연스럽게 연결된다고 할 수 있다.11)

그러므로 합동 교단은 현재까지 새로운 신앙 고백의 필요성을 제기하거나 채택하는 시도를 하지 않고 있지만, 통합 교단은 1986년 제71회 총회에서 자체적인 대한예수교장로회 신앙고백서를 제정할 수 있었다. 이 신앙 고백서의 머리말에서도 "현 한국 교회의 시대성을 가미하여

---

9) 이종성, "미국 연합장로교회의 신앙 고백과 한국 교회," 「기독교사상」, 271 (1981.1), 33-34
10) 이종성, "미국 연합장로교회의 신앙 고백과 한국 교회," 「기독교사상」, 38-39.
11) 김일환, "예장 통합 교단의 1971년 헌법 개정과 특징," 「장신논단」, 109-110.

완성한 것이다"라는 신앙고백에 대한 교단의 입장을 재확인하고 있다.

백석총회는 1981년에 발표한 대한예수교장로회(합동진리·연합) '합동 총회선언문' 2번째 항목에서 "2. 우리는 전통적인 한국장로교회가 지켜오는 성경적 개혁주의 신학을 고수하고 총회의 헌법과 규례는 **웨스트민스터 표준문서**인 웨스트민스터 신앙고백서, 대소요리문답, 교회 정치, 권징조례, 예배 모범에 준한다"고 하여 「웨스트민스터 신앙고백서」를 채택했는데 1903년 수정판을 채택하였다.12) 백석을 비롯한 합동, 고신, 그리고 합신과 대신에 이르기까지 「웨스트민스터 신앙고백서」를 비롯한 표준문서들은 현재도 살아있는 신앙의 기준이라 할 수 있다. 그러나 통합교단에서는 새로운 신앙고백서를 작성함에 따라 「웨스트민스터 신앙고백서」를 과거의 신앙고백 유산으로 여기고, 기장은 과거의 유물처럼 여기며 개혁주의와는 다른 길을 가고 있다.13)

1965년 통합총회에서 현재의 한국장로교총연합회(1995)의 전신인 장로교연맹체 운동을 발의할 때 "장로회 신조와 대소요리문답을 그대로 믿는 장로회 명칭을 사용하는 교단의 대화"를 제안할 수 있었던 근거도 같은 신앙고백을 신앙의 표준 문서로 고백하고 있기 때문이다.14) 총회마다 조금씩 차이가 있음에도 불구하고 한국교회 연합과 일치를 위한 공통적 요소로는 「웨스트민스터 신앙고백서」와 「12신조」가 공동의 신앙고백으로 포함되어 있다. 결국 한국교회 연합과 일치를 모색하기 위해서는 공동의 신앙고백을 가진 교단들은 점진적으로 거룩한 하나의 장로교회를 이루어야 한다는 시대적 명령에 순종해야 할 것이다. 백석총회는 교단 설립부터 교단 통합을 이룰 때마다 여러 차례의 신앙고백서를 발표하여 채택한 바 있다.15) 새로운 시대적 요청에 따라 「웨

---

12) 용환규, "개혁주의생명신학의 토대인 백석총회의 신앙고백 연구," 138.
13) 대한예수교장로회총회(백석), 「한국교회사: 백석총회 설립 45주년 기념」, 274-275.
14) 한국교회백주년준비위원회 사료분과위원회 편, 「대한예수교장로회 100년사」(서울: 대한예수교장로회 총회 교육부, 1984), 562-563.

스트민스터 신앙고백서」를 수정하기보다 시의적절한 선언문을 발표하고 채택한 것은 개혁주의 신앙 고백의 유산을 계승하려는 특별한 의지가 있기 때문이다. 또한 백석총회의 설립자인 장종현 목사가 개혁주의 생명신학 입장에서 「웨스트민스터 신앙고백서」의 소요리문답을 강해하여 책으로 저술하였을 뿐 아니라 성도들을 위한 교재를 제작하여 보급하는 것은 개혁주의를 바르게 실천하려는 분명한 의지가 있는 것으로 보인다. 특별히 종교개혁 500주년을 기념하여 2017년 9월 14일 「개혁주의생명신학 선언문」을 교회 선언으로 채택하였음에도 불구하고 「웨스트민스터 신앙고백서」를 신앙의 표준 문서로 고백하고 가르치는 것은 한국교회 연합과 일치를 위한 공동의 신앙 고백으로서 사도들로부터 계승되어 온 건전한 전통과 16세기 종교개혁자들의 신앙을 담고 있는 유산으로서 가치가 있기 때문이다.16)

제3장 헌법의 해석

1. 헌법 해석의 의의

헌법 해석(Interpretation of the Constitution)이란 그 내용이 문제될 때 이를 해결하기 위해 헌법 규범의 의미와 본질을 밝혀내는 법적 인식 작용을 의미한다. 이는 헌법이 성문 헌법이든 불문 헌법이든, 형식적 의미의 헌법이든 실질적 의미의 헌법이든 관계없이 적용될 수 있다. 헌법해석은 넓은 의미에서 헌법 전체의 규범적 체계를 이해하고 적용하는 행위를 포함하며, 구체적인 상황에서 발생하는 문제들을 해결하는 수단으로 작용한다. 좁은 의미에서는 성문헌법, 즉 헌법 문서 자체를 전제로 하여, 헌법 규정의 참된 의미를 찾아내는 과정으로 이해할 수

---

15) 용환규, "개혁주의생명신학의 토대인 백석총회의 신앙고백 연구," 134.
16) 대한예수교장로회총회(백석), 「한국교회사: 백석총회 설립 45주년 기념」, 275-277.

있다. 이는 헌정 질서의 실제적 적용에서, 행정적 또는 사법적 과정에서 헌법 소송이 제기되는 경우 등에서 그 규범이 지닌 본래의 의미를 명확히 밝히고 문제를 해결하기 위한 법적 해석이다.

장로교 헌법의 경우, 그 해석은 신앙적 가치와 종교적 규범에 기초한다는 점에서 일반적인 국가 헌법(사회법)과는 차이가 있다. 장로교 헌법은 성경을 신앙과 생활의 최고 기준으로 삼는 원리에 입각하며, 따라서 헌법의 해석 또한 성경의 가르침에 부합해야 한다. 또한, 교단 선언문, 12신조, 웨스트민스터 신앙고백서와 소요리문답과 같은 교리적 문서를 기준으로 하여 헌법 조항의 의미를 찾는 것이 중요하다. 이러한 문서들은 장로교회의 신앙적 토대를 형성하고 있으며, 교리적 일관성(Doctrinal consistency) 유지가 헌법 해석의 필수 요소로 작용한다. 아울러, 장로교회 정치 체계의 중요한 원칙 중 하나인 교회의 권위를 존중하는 것도 헌법 해석에서 간과할 수 없는 요소이다. 교회의 권위는 치리회에서 행사되며, 헌법 해석은 그 결정과 방향을 존중해야 한다. 이는 교회 내부의 질서와 권위 구조를 보호하는 차원에서 중요한 의미를 가진다.

2. 헌법 해석의 지침

헌법을 해석하는 데 있어서 항상 염두에 두고 그 정신과 취지를 해석의 과정에 반영시켜야 하는 원리 같은 것을 헌법해석의 지침 내지 기준이라고 칭할 수 있는데 어느 범위 내에서 또 어떤 내용의 지침을 인정할 것이냐에 대해서는 견해가 구구하다. 학설과 판례를 통해서 일반적으로 인정된 헌법 해석의 지침으로는 '헌법의 통일성', '헌법의 기능적 과제', '헌법의 공동체 요인' 등을 들 수 있다.

1) 헌법의 통일성

헌법은 그 전체로서 사회 공동체를 정치적인 일원체로 조직하기 위한 법질서를 뜻하기 때문에 하나하나의 헌법 조문이 독립해서 어떤 의의를 갖는 것이 아니고 모든 조문이 불가분의 밀접한 관계를 가지고 서로 보충·제한하는 기능을 나타내는 것이기 때문에 헌법의 이와 같은 일원성 내지 통일성을 언제나 헌법 해석의 지침으로 삼아야 한다는 것이다. 따라서 어느 하나의 헌법 조문을 해석하는 경우에도 해당 조문만을 대상으로 할 것이 아니고 그 조문을 헌법 전체의 통일적인 각도에서 살펴야 한다고 한다.

생각건대 물론 헌법이 전체로서 통일성을 가지는 것은 사실이지만, 헌법은 다양한 이해관계의 갈등과 대립을 바탕으로 해서 공존을 위한 타협의 결과 성립·제정된 것이기 때문에 헌법 규범 상호간(헌법 내재적)의 긴장 내지 부조화 현상을 처음부터 완전히 경시할 수만은 없다고 생각한다. 따라서 헌법의 통일성을 헌법 해석의 지침으로 강조하는 이유는 헌법에 당연히 내포된 어떤 확립된 조화성을 존중한다는 의미보다는 헌법에 내재할 수도 있는 규범 상호간, 헌법적 원칙 상호간의 긴장·부조화 현상 등을 최대한으로 완화시켜 이를 조화적인 전체가 될 수 있도록 헌법의 통일성을 실현시켜야 한다는 의미로 이해해야 하리라고 본다.

이 점과 관련해서 헌법의 통일성을 실현시키기 위한 두 가지 원칙이 헌법 이론과 판례를 통해서 확립되고 있다. '이익 형량의 원칙'과 '조화의 원칙'이 그것이다. 하지만 이 두 원칙은 어느 의미에서는 서로 대립적인 관계에 있음을 주목할 필요가 있다.[17]

---

17) 허영, 「한국헌법론」, 72.

(1) 이익 형량의 원칙

헌법이 서로 상반하는 내용의 규범 내지는 원칙을 내포하고 있는 경우에 두 규범 내지 원칙에 의해서 표현되는 가치 내지 법익을 서로 비교 교량해서 보다 큰 가치 내지 법익을 보호하고 있는 헌법규범 내지 원칙에 효력의 우선권을 주어야 한다는 해석 지침이다. 우리 헌법재판소는 헌법 규정 상호간의 효력상의 차등을 원칙적으로 부인한다.[18]

이 원칙은 헌법 규범 내에도 규범의 계층구조가 있다는 전제하에서 상위 헌법 규범은 하위 헌법 규범의 효력을 정지시키는 힘이 있다는 사상과 직결된다. '헌법에 위반되는 헌법 규범'이라는 개념은 이 사상을 잘 대변해 주고 있다.[19] 이 입장은 특히 헌법 개정에 대한 실정법적 한계를 규정하고 있는 헌법하에서 그 이론적인 뿌리를 내리기 쉽다고 할 것이다.

(2) 조화의 원칙

이익 형량의 원칙이 서로 상반하는 헌법 규범 중에 어느 한 규범을 우선시키는 데 반해서 조화의 원칙은 상반하는 헌법 규범이나 헌법적 원칙을 최대한으로 조화시켜 동화적인 효력을 나타낼 수 있도록 해석해야 한다는 지침을 말한다.

조화의 원칙은 이익형량의 원칙에서와는 달리 헌법 규범 내의 계층구조 내지 '헌법에 위반되는 헌법 규범'이라는 사고방식을 전제로 하지

---

18) 【판시】 이념적·논리적으로는 헌법 규범 상호간의 우열을 인정할 수 있는 것이 사실이다. 그러나 이 때 인정되는 규범 상호간의 우열은 추상적 가치 규범의 구체화에 따른 것으로 헌법의 통일적 해석에 있어서는 유용할 것이지만, 그것이 헌법의 어느 특정 규정이 다른 규정의 효력을 전면적으로 부인할 수 있을 정도의 개별적 헌법 규정 상호간의 효력상의 차등을 의미하는 것이라고는 볼 수 없다(헌재결 1995. 12. 28. 95 헌바 3, 판례집 7-2, 841(847면)).
19) 헌법재판소는 '사이버 명예훼손 방지법' 사건에서 표현의 자유와 타인의 명예 보호가 충돌할 경우, 표현의 자유의 본질적 내용을 침해하지 않는 범위 내에서 타인의 명예를 보호할 수 있도록 이익형량을 해야 한다고 판시하였다(헌재 2010.10.28. 2008헌바157) ; 국가보안법 위헌 소송에서는 표현의 자유와 국가의 안전보장이 충돌할 때, 국가 안보라는 공익이 명백히 우선한다고 보아 국가보안법 제7조를 합헌으로 판단하였다(헌재 1990.4.2. 89헌마113).

는 않는다. 헌법의 통일성이라는 해석 지침의 근본 취지에 비추어 볼 때 이익 형량의 원칙보다는 조화의 원칙을 더 우선시켜야 하리라고 본다. 우리 헌법재판소도 규범 조화적 해석을 강조한다.[20]

2) 헌법의 기능적 과제

장로교 헌법은 교회 공동체를 신앙적 일체로 조직하기 위한 규범일 뿐만 아니라, 교회 내의 권력 관계를 합리적으로 제한하고 통합함으로써 교회의 질서를 유지하는 기능을 가지고 있다. 따라서 장로교 헌법을 해석하는 데 있어서는 이러한 기능적 과제가 최대한 발휘될 수 있는 방향으로 이루어져야 한다.

모든 헌법적 제도는 신앙적 목표와 결부되어 있으며, 그 제도의 구조적 측면보다도 기능적 역할에 중점을 두어 운용되어야 한다. 즉, 교회의 통치와 조직을 운영하는 관점은 '구조적-기능적'이 아닌, '기능적-구조적'이어야 한다. 이는 성경적인 가치를 보호하고 교회 공동체 내에서 권위의 올바른 운용을 보장하기 위한 것이다.[21]

특히, 교회의 질서와 관련된 헌법 규범의 해석에 있어서는 교회의 통합과 질서 유지라는 기능적 관점이 절대적인 기준이 되어야 한다. 결국, 장로교 헌법의 해석은 교회의 신앙적 통합과 그 기능적 과제를 중심으로 이루어져야 하며, 이를 통해 교회의 질서와 통일성을 유지함으로써 교회의 존재와 사명을 더욱 견고히 할 수 있다.

3) 헌법의 공동체 안정적 요인

장로교 헌법의 공동체 안정적 요인은 교회 공동체를 하나로 묶는 법

---

20) 【판시】 인격권이 언론의 자유와 서로 충돌하게 되는 경우에는 헌법을 규범 조화적으로 해석하여 이들을 합리적으로 조정하여 조화시키기 위한 노력이 따르지 아니할 수 없다(헌재결 1991.9.16. 89헌마 165, 판례집 3, 524면).
21) 허영, 「한국헌법론」, 73.

적 질서로서의 역할을 수행하는 과정에서 중요한 역할을 한다. 헌법은 처음부터 완전한 것이 아니라, 미완성성과 개방성을 특징으로 하기 때문에 교회의 역사와 변화 속에서 헌법의 해석이 필요하게 된다. 장로교 헌법에서도 헌법의 '틈'이 존재할 수 있으며, 이러한 틈을 메우는 것은 헌법 해석의 중요한 과제이다.

그러나 헌법의 '틈'을 메우는 해석이 교회의 공동체적 안정과 통합을 저해해서는 안 된다. 교회의 헌법 해석은 신앙 공동체 내부의 질서를 유지하며, 그 결과로 공동체의 안정성을 증대시킬 수 있는 방향으로 이루어져야 한다. 헌법 해석 과정에서 발생할 수 있는 결과는 교회의 일치와 통합적 질서에 기여해야 하며, 교회의 구심력과 사회적 합의를 파괴하지 않도록 주의해야 한다.[22]

따라서 장로교 헌법 해석은 교회 공동체의 통합과 안정성을 중요한 원칙으로 삼아야 하며, 그 결과가 교회의 공동체적 통합을 촉진하는 방향으로 이루어져야 한다. 이는 교회가 신앙 공동체로서의 역할을 다하고, 헌법이 교회의 안정과 질서를 유지하는 중요한 수단임을 확인하는 과정이다.

제4장 헌법의 개정

1. 헌법 개정의 개념

1) 헌법 개정의 의의

헌법의 개정이란 헌법의 규범적 기능을 높이기 위해서 헌법이 정하는 일정한 절차에 따라 헌법전의 조문 내지는 문구를 명시적으로 고치

---

[22] 김학성, 「헌법개론」 (고양시: 피앤씨미디어, 2020), 14.

거나 바꾸는 것을 말한다. 따라서 헌법의 개정은 형식적 의미의 헌법·성문헌법과 관련된 개념이다. 헌법전에 들어 있지 않은 실질적 의미의 헌법과 불문헌법의 개정은 헌법의 개정에 속하지 않고 법률 개정의 문제로 다루어진다.[23] 특히 불문 헌법의 개정은 헌법관행의 변화에 따라 이루어지기 때문에 헌법 개정의 개념에 포함시키지 않는 것이 통례이다.

헌법이 스스로 정하는 일정한 개정절차에 따라 헌법을 고치는 경우에도 그 개정의 규모가 커서 헌법전의 거의 전부를 새로 만드는 것과 같은 전면 개정의 경우에는 헌법 개정이란 말 대신에 특별히 '헌법 개혁'이라는 개념을 사용하는 것이 보통이다. '헌법개혁'은 말하자면 비혁명적인 방법에 의한 헌법의 새로운 창제라고도 볼 수 있다.

우리 교단 헌법을 개정하고자 하면 제3편 정치, 제4편 권징, 제5편 예배와 예식의 분야와 제 1편 교단선언문(개혁주의 생명신학선언문, 종교개혁 500주년 선언문), 제2편 교리(신조, 요리문답, 웨스트민스터 신앙고백, 대한예수교장로회 신앙고백서, 21세기 대한예수교장로회 신앙고백서)의 두 개의 분야로 나누어 개정 절차를 규정하면서 그 의결 정족수와 효력 발생의 요건을 달리하고 있다.

2) 헌법 개정의 제안권자

총회 규칙 헌법위원회 업무 규정 제10조 3항에 따르면, 헌법 수·개정과 관련된 헌의 건은 연구·검토하여 통과된 때부터 3년 주기로 총회에 상정한다.

헌법 정치 제115조 1항에서는, 총회 헌법의 전면 수·개정은 헌법위원회 6명, 규칙국원 3명, 전문성 있는 인사 6인을 총회에서 선정하여 총

---

[23] 오스트리아헌법(1929. 12. 7.: 최후 개정 2019) 제44조 제1항에서 일반 법률에 내포된 실질적 의미의 헌법 개정도 성문 헌법의 개정과 동일한 가중 절차를 밟게 하는 것은 지극히 드문 예에 속한다.

15명으로 구성된 위원회가 수·개정안을 작성한다고 규정하고 있다.

헌법시행세칙 부칙 제2항은, 본 세칙의 개정은 헌법위원회의 제안에 따라 총회에서 3분의 2 이상의 찬성으로 의결하여 개정한다고 명시하고 있다.

그렇다면 이 조문에 의하여 헌법위원회와 헌법수개정위원회만이 헌법과 헌법시행세칙의 제안권을 갖고 있는가?

총회 산하 모든 노회와 각 상임 국·위원회는 총회규칙 제40조(헌의 및 청원 서류 처리) ①항에 "각종 헌의 및 청원 안건"은 소정의 양식대로 총회 개최 전까지 총회 서기부에 각 2부씩 제출하여야 한다. ②항 접수된 헌의, 청원 안건을 서기부에서 정리하고, 임원회에서 심의하여 총회에 안건으로 상정 보고하고 해부서에 배당한다. ⑩항은 헌법과 규칙의 개정에 관련된 안건은' 충분히 심의·연구할 수 있도록 즉시 해당 부서에 이첩한다.

회의 의안은 하회의 합법적인 헌의 및 상소건, 임원회, 각 부원 및 위원회의 제안으로 하되 개회 2개월 전에 제출하여야 한다 .이 규정에 의하면 노회(당회는 노회를 경유하여), 총회의 각 부 및 위원회에서 헌법개정안을 제안할 수 있는 권리가 있다고 본다. 총회규칙 제40조의 제안권으로 총회규칙 헌법위원회 업무규정 제10조에 ③항에 의한 헌법위원회의 헌법개정의 제안권과의 관계이다. 시행세칙이 없어도 총회규칙 제40조에 의하여 헌법위원회도 헌법 개정의 제안권이 있는데, 이런 특별 규정을 둔 이유는 위의 각 국·위원회에서 제안한 헌법개정안은 반드시 헌법 전문기관인 헌법위원회를 경유 또는 수정을 거쳐야 한다는 의미로 해석된다. 그리고 헌법위원회는 임원회를 통하여 개정안을 본회의에 제출. 상정하고, 본회의에서 개정할 것인가 아닌가를 결정하여 개정하기로 하면 다음과 같이 헌법 개정 위원 15인을 선임하여 최종적인 개정안을 작성케 하여 다음의 개정 절차를 밟는 것이다.

백석총회의 각 국·위원회는 상임 부·위원회를 의미하며, 정기 위원회(총규 제14조)나 산하 기관 등(총규 제18조)은 이에 포함되지 않는다고 해석하는 것이 타당하다. 이는 장로 정치의 대의제 원리에 기초한 헌법적 정당성과 직접적으로 연결되기 때문이다. 헌법 개정의 절차는 정치 제17장에서 상세하기 설명하기로 한다.

2. 헌법 개정의 한계

장로교회의 헌법 개정은 단순한 법적 절차가 아니라, 교회의 신학적 정체성과 정치적 구조를 반영하는 중요한 과정이다. 개혁주의생명신학을 신학적 근간으로 삼는 대한예수교장로회 백석총회의 헌법 개정은 신앙 공동체의 합의와 질서를 중시하며, 민주적 정당성과 신학적 통일성을 유지하는 방향으로 이루어져야 한다. 그러나 헌법 개정에는 반드시 지켜야 할 한계가 존재한다.

1) 신학적 원칙의 불변성

헌법 개정은 교단의 신학적 원칙을 훼손해서는 안 된다. 백석총회의 신학운동은 개혁주의생명신학이며, 이는 교회의 신앙 정체성을 형성하는 핵심 요소다. 따라서 개정 과정에서 개혁주의생명신학의 근본 원리를 부정하거나 변질시키는 시도는 결코 허용될 수 없다. 오직 성경을 신앙과 삶의 유일한 표준으로 삼고, 그리스도의 복음을 실천하는 신학운동으로서 개혁주의생명신학은 헌법 개정의 판단 기준이 되어야 한다.

2) 장로회 정치 원칙의 유지

백석총회의 정치 체제는 장로회 정치 원리에 따라 운영되며, 이는 교회의 질서와 합의를 존중하는 대의정치 구조를 갖추고 있다. 장로회 정치의 핵심은 항존직에 근거한 대의정치와 공교회의 결정을 존중하는 질서다. 따라서 이 체제를 해체하거나 다른 정치 모델로 대체하려는 개정은 제한되어야 하며, 대의정치의 기본 원리를 훼손하는 시도는 교회 내 갈등을 유발할 수 있으므로 지양되어야 한다.

3) 교단의 역사적 정체성 보존

백석총회의 명칭은 '대한예수교장로회 백석총회'이며, 이는 교단의 신학과 정치, 역사적 정체성을 함축한다. 교단은 1978년 복음총회로 출발하였고, 이후 백석총회로 발전하였다. 이는 특정 분파에서 분리된 것이 아니라, 독자적 신학과 전통 위에 세워진 자생 교단의 정체성을 의미한다. 따라서 교단의 명칭과 회기의 임의적인 변경은 정체성과 연속성을 훼손할 수 있으며, 이러한 개정은 매우 신중하게 접근되어야 한다.

4) 윤리적 원칙의 유지

헌법 개정은 교회의 도덕성과 윤리적 기준을 보존해야 한다. 백석총회는 금권 선거를 원천 차단하는 선거법을 두고 있으며, 이는 교회의 공정성과 신뢰를 유지하는 핵심 제도다. 금권 선거를 허용하거나 그 가능성을 열어주는 개정은 교회의 공공성과 도덕성을 심각하게 훼손하는 것이므로 결코 받아들여질 수 없다. 오히려 개정 과정에서 선거의 투명성과 공정성을 강화하기 위한 방안을 함께 마련해야 한다.

5) 교회의 독립성과 법적 제한

백석총회의 사법권은 사회법에의 제소를 불허한다. 이는 교회의 자율성과 독립성을 유지하기 위한 중요한 원칙이다. 교회 내부의 분쟁이나 행정적 판단은 교회의 법적 절차에 따라 해결되어야 하며, 이를 사회법으로 해결하려는 시도는 교회의 본질적 자율성을 약화시킬 수 있다. 따라서 이 원칙을 변경하는 개정은 교단의 법적 독립성을 해칠 수 있으므로 제한되어야 한다. 교회 내 분쟁 해결을 위한 자체적인 사법기구의 강화를 통해 자율적 질서를 더욱 확립해야 한다.

6) 신학교육 기관과의 인준 관계 유지

백석총회와 백석대학교 기독교학부, 신학대학원, 평생교육원 간의 인준 관계는 교단의 신학 교육과 인재 양성을 위한 불가분의 관계다. 백석총회의 뿌리는 1976년 대한복음신학교로부터 시작되었고, 이후 1978년 복음총회로 조직되며 독립적인 신학 전통을 세웠다. 따라서 백석대학교와의 인준 관계는 단순한 행정 협약이 아니라, 동일한 신학적 근간을 공유하는 신학적·제도적 연대다. 이 관계를 해체하거나 변경하려는 시도는 교단의 신학적 연속성을 위협할 수 있으며, 헌법 개정을 통해서도 이를 훼손해서는 안 된다. 오히려 신학교육 기관의 자율성을 보장하면서도 교단과의 연계를 강화하는 방향을 모색해야 한다.

7) 개정 절차의 신중한 적용

헌법 개정은 발의, 공고, 수의, 시행의 절차를 거치며, 이는 장로교회의 대의 정치와 합의 정신을 반영하는 구조다. 이러한 절차는 단지 행정적 형식이 아니라, 교회의 법적 질서와 신학적 정체성을 지키기 위한 장치다. 따라서 개정 절차를 악용하거나, 근본 원칙을 우회하기 위한 수단으로 사용해서는 안 되며, 모든 개정은 정당한 절차와 공동체의 합의 속에서 신중하게 이루어져야 한다. 헌법은 교회의 기준이며, 개혁주의생명신학과 장로회 정치의 원리를 존중하는 가운데 개정되어야 한다.

8) 결론

헌법 개정은 단지 제도의 조정이나 행정 절차의 변화가 아니라, 교회의 신학적 정체성과 정치 질서, 윤리 기준, 법적 독립성, 신학 교육의 연속성을 지키는 중대한 사안이다. 따라서 모든 개정은 개혁주의생명신학의 원리, 장로회 정치의 정신, 교회의 역사적 정체성 위에서 이루어져야 하며, 교단의 근본 원칙을 훼손하는 시도는 철저히 제한되어야 한다.

특히 백석총회의 헌법 개정은 신학적 연속성과 정치적 질서를 강화하는 방향으로 이루어져야 하며, 역사성과 공공성을 함께 보존해야 한다. 개정 절차는 반드시 정당성과 투명성을 갖추어야 하며, 교회의 하나 됨과 신학적 일치를 도모하는 방향으로 운영되어야 한다. 이러한 원칙 아래 헌법 개정이 이루어질 때, 백석총회는 더욱 견고한 공동체로 성장하며, 개혁주의생명신학의 정신을 온전히 실현하는 교단으로 나아갈 수 있다.

제5장 헌법의 유권 해석

1. 유권 해석의 질의 절차

교회의 헌법과 시행세칙은 신앙과 행정의 질서를 유지하기 위한 기준이다. 헌법의 조항이 명확하지 않거나 해석이 필요한 경우, 유권 해석을 통해 이를 명확히 해야 한다. 그러나 유권 해석은 임의로 요청할 수 있는 것이 아니라 정해진 절차를 따라야 하며, 건의 및 청원 역시 동일한 원칙 아래 진행된다. 이에 따라 유권 해석의 질의 절차와 건의·청원의 방법을 단계적으로 살펴본다.

1) 유권 해석의 질의 주체

헌법과 헌법 시행 규정의 유권해석을 요청할 수 있는 주체는 제한되어 있다.

유권 해석을 질의할 수 있는 자는 총회의 상임 또는 특별 부서장과 각 노회의 노회장이다(세칙 제74조 ⑤항). 목사, 장로, 직원, 또는 개별 교인은 직접 유권 해석을 요청할 수 없으며, 총회 부서장, 위원장 또는 노회장을 통해 질의를 의뢰해야 한다.

이는 교회의 질서를 유지하고, 개별적이거나 자의적인 해석 요청을 방지하기 위한 조치이다 (세칙 제74조 ⑤항).

2) 건의 및 청원 절차

총회에 건의하거나 청원하는 것도 정해진 절차를 따라야 하며, 자격이 있는 단체나 기관을 통해야 한다.

(1) 건의 및 청원자의 자격

가) 노회 차원: 각 당회 및 노회의 각 부서가 건의 및 청원이 가능하다 (세칙 제74조 ⑤항 1호).
나) 총회 차원: 노회, 총회 임원회, 실행위원회, 각 국위원회, 총회 산하 기관이 결의한 경우 가능하다 (세칙 제74조 ⑤항 1호).

개별 교회나 개인은 직접 총회에 건의할 수 없으며, 반드시 소속 노회나 총회의 해당 기구를 통해야 한다 (세칙 제74조 ⑤항 1호).

(2) 건의 및 청원의 접수 기한

건의안이나 청원은 반드시 정해진 기간 내에 서기에게 접수해야 한다 (세칙 제74조 ⑤항 2호).

정해진 기한을 넘긴 건의안이나 청원은 접수되지 않는다 (세칙 제74조 ⑤항 2호).

3) 헌의 및 청원 서류 처리 규정

총회에서 다루는 헌의 및 청원 서류는 엄격한 형식과 절차를 따라야 하며, 일정 기한 내에 제출해야 한다.

(1) 헌의 및 청원 서류의 형식

헌의 및 청원 서류는 반드시 소정의 양식을 사용해야 한다 (총회규칙 제40조 ①항).

총회에서 효율적으로 검토하고 처리하기 위해 정해진 양식을 준수하는 것이 필수적이다 (총회규칙 제40조 ①항).

(2) 서류 제출 기한

헌의 및 청원 안건은 총회 개최 2개월 전까지 총회 서기부에 제출해야 한다 (총회규칙 제40조 ①항). 각 2부씩 제출해야 하며, 서류가 누락되거나 형식이 맞지 않을 경우 접수되지 않는다 (총회규칙 제40조 ①항).

이와 같은 규정은 총회의 업무가 원활하게 진행되도록 하기 위한 필수적인 절차이다.

4) 결론

유권 해석은 교회의 법적 안정성과 일관성을 유지하는 중요한 절차이다. 그러나 개인이 임의로 요청할 수 없으며, 반드시 노회나 총회의 해당 기구를 통해야 한다. 헌의 및 청원 역시 정해진 자격을 갖춘 기관을 통해서만 가능하며, 소정의 절차를 따라야 한다. 헌의 및 청원서류 또한 형식을 준수하고 기한 내에 제출해야 한다. 이러한 절차들은 총회의 질서를 유지하고 효율적인 운영을 보장하기 위한 장치이며, 교회의 일관된 행정 처리를 가능하게 한다.

2. 유권 해석의 기관

교단의 헌법 해석은 교회의 질서를 유지하고 신학적 일관성을 보장하는 중요한 과정이다. 대한예수교장로회(백석)의 헌법은 총회와 헌법위원회의 역할을 각각 규정하고 있으며, 유권 해석의 권한이 어디에 있는지에 대한 논의가 필요하다. 정치 제90조와 총회규칙, 헌법위원회 업무규정을 종합적으로 검토하면, 총회와 헌법위원회의 관계에서 헌법 해석의 절차와 최종 권한을 명확히 이해할 수 있다. 이를 통해 교단 내 법적 질서를 유지하고, 개혁주의생명신학에 따른 교회의 바른 운영을 도모할 수 있다.

1) 총회의 유권 해석 권한

정치 제90조 제4항 "총회는 대한예수교장로회 헌법을 해석할 전권이 있다." 이 규정은 총회가 헌법 해석에 대한 최종적이고 절대적인 권한을 가진다는 것을 명확히 하고 있다.

여기서 "전권"(全權)이란, 제한 없이 완전한 권한을 의미하며, 교단의 헌법 해석에 대한 최종 결정권은 오직 총회에 있음을 뜻한다.

따라서 총회의 결의가 최종적인 헌법 해석으로 확정되며, 다른 기관은 총회의 결정을 수정하거나 거부할 수 없다.

2) 헌법위원회의 역할과 권한

총회규칙 제14조 제②항 "헌법위원회는 헌법에 관한 사무를 관장한다." 이 규정에서 헌법위원회는 헌법과 관련된 모든 업무를 총괄하는 기구임을 알 수 있다.

"관장한다."는 표현은 실질적인 헌법 해석을 담당하는 기관으로서의 기능을 의미하며, 헌법과 시행세칙의 해석 및 적용과 관련된 전문적 검토와 보고를 담당한다.

즉, 헌법위원회는 헌법 해석의 실무 기관으로서 유권 해석을 제공할 수 있는 권한을 갖는다.

3) 헌법위원회의 유권 해석의 법적 효력

헌법위원회 업무규정 제11조 (항변과 거부) "본 헌법위원회의 유권 해석 사항은, 총회의 결의 외에는 항변 및 거부할 권한이 없다."

이 규정은 헌법위원회의 유권 해석이 교단 내에서 강력한 법적 권위를 가진다는 점을 나타낸다. 즉, 헌법위원회의 해석은 총회의 결의를 통해서만 수정되거나 거부될 수 있으며, 다른 기관이나 개인은 이를 임의로 거부하거나 변경할 수 없다.

따라서 총회의 결의가 없는 한, 헌법위원회의 해석은 사실상 최종적인 해석으로 기능하게 된다. 이를 통해 헌법위원회는 헌법과 헌법시행세칙의 유권 해석을 담당하는 실질적인 전권을 가진다고 볼 수 있다.

4) 종합적 판단

헌법위원회는 실질적 유권 해석 권한을 가지지만, 총회가 최종 결정권을 가진다

가. 헌법위원회는 헌법 해석과 관련된 전문 기구로서, 헌법과 시행세칙에 대한 유권 해석을 담당한다(총회규칙 제14조 제2항).

나. 헌법위원회의 해석은 교단 내에서 법적 효력을 가지며, 총회의 결의가 없는 한 항변 및 거부할 수 없다(헌법위원회 업무규정 제11조).

다. 그러나 총회는 헌법 해석의 최종 전권을 가진다(정치 제90조 제4항). 따라서 헌법위원회의 해석이 최종적인 효력을 가지려면 총회에서 승인되거나 별도의 결의로 변경되지 않아야 한다.

결론적으로, 헌법위원회는 실질적인 유권 해석 권한을 가지지만, 헌법위원회의 해석이 총회의 결의와 충돌할 경우, 총회의 결정이 우선한다.

3. 해석 질의와 유권 해석의 효과 : 기속력(구속력)

1) 유권 해석의 정의와 종류

유권 해석이란 권위 있는 기관이 법규를 해석하여 구속력(羈束力)을 가지는 법적 기준을 제시하는 것을 의미한다. 해석하는 기관에 따라 입법 해석, 사법 해석, 행정 해석으로 구분되며, 우리 교단의 경우 총회(폐회 중에는 헌법위원회)가 유권 해석의 전권을 가진다. 따라서 총회의 유권해석은 입법, 사법, 행정 해석을 모두 포함한다.

2) 유권 해석과 재판의 차이

유권 해석과 재판은 명확히 구별되어야 한다.

재판(사법)은 구체적 사건에 대한 사실 인정과 판단을 전제로 하여 법을 적용하는 과정이다.

유권 해석은 특정 사건과 관계없이 법규의 보편성, 타당성, 공정성, 추상성을 바탕으로 법을 해석하는 것이며, 사실 판단이 아니라 법규 판단에 근거한다.

3) 유권 해석의 기속력과 법적 효력

헌법위원회의 유권 해석은 기속력을 가지며, 교단 내에서 적용해야 할 규범으로 작용한다. 재판(사법)에서는 유권 해석이 법적 기준이 되어 판결의 근거가 되며, 집행(행정)에서는 교회 행정의 통일성을 유지하는 규범으로 작용한다. 따라서 유권 해석은 단순한 권고가 아니라 실질적인 법적 효력을 가지며, 교회의 질서를 유지하고 교단 내 혼란을 방지하는 역할을 한다. 이를 통해 개교회와 노회가 자의적으로 헌법을 해석하는 것을 막고, 동일한 기준 아래에서 운영될 수 있도록 한다.

4) 유권 해석과 입법의 관계

유권 해석은 법 조항의 해석 기준을 제시하는 역할을 하지만, 새로운 입법을 의미하지 않는다.)

가. 새로운 입법 : 총회(수의할 수 있는 노회를 포함)만이 가능하다.
나. 기존 해석의 유지 : 새로운 유권 해석이 내려지기 전까지 기존 해석은 유지된다.
다. 헌법 개정과의 차이 : 유권 해석은 헌법 개정이 아니라 법 조항의 적용 기준을 명확히 하는 역할을 한다.

5) 유권 해석의 역할과 중요성

유권 해석은 교회의 행정, 재판, 신앙교육, 목회적 지도에 중요한 영향을 미친다.

가. 재판 및 징계 절차에서 : 헌법 조항이 모호할 경우, 유권 해석이 법적 기준이 되어 공정한 판결을 돕는다.
나. 교회 행정에서 : 개교회와 노회가 동일한 기준을 따름으로써 일관성과 통일성을 유지한다.

신앙교육과 목회적 지도에서 : 법 조항의 해석이 명확해짐으로써 교회 지도자들이 성도들을 바른 방향으로 인도할 수 있다.

6) 결론

장로교 헌법에서의 유권 해석은 단순한 법적 해석을 넘어 교회의 신학적 정체성을 반영하고, 실천적 신앙생활의 기준을 제시하는 중요한 기능을 수행한다. 따라서 총회의 유권 해석을 존중하고 실천하는 것은 교회의 질서를 유지하고 하나됨을 이루는 데 필수적이다.

4. 헌법 해석의 유보(세칙 제83조)

총회 헌법 해석은 교단의 신학적 정체성과 실천을 결정하는 중요한 기능을 한다. 그러나 재판이 진행 중인 사안에 대한 성급한 해석은 공정한 재판을 저해할 수 있다. 이에 따라 시행세칙 제83조는 총회 재판국에 계류 중인 사건과 관련된 헌법 해석 질의에 대해 일정한 제한을 두고, 공정성과 절차적 정당성을 보장하는 원칙을 명확히 규정하고 있다.

1) 질의의 제한

헌법 해석과 관련하여 총회 재판국에 계류 중인 사건과 관련된 질의가 들어올 경우, 총회 재판국이 공식적으로 해석을 의뢰한 경우를 제외하고는 판결이 나올 때까지 답변을 보류해야 한다고 규정하고 있다.

이는 재판 중인 사안에 대해 성급한 해석을 내림으로써 재판 결과에 영향을 미치거나, 헌법 해석이 사실상 판결의 방향을 결정하는 것을 방지하기 위한 조치다.

2) 총회 재판국의 계류 여부 판단 권한

어떤 질의가 총회 재판국에 계류 중인 사건과 관련이 있는지의 여부는 총회 임원회가 판단한다.

즉, 개별적인 헌법 해석 질의가 들어올 때, 해당 사안이 현재 총회 재판국에서 다뤄지고 있는지 여부는 총회 임원회가 결정하며, 만약 계류 중이라면 해석을 유보해야 한다.

3) 적용 원칙과 의미

가. 공정한 재판 보장 : 헌법 해석이 재판 결과에 직접적인 영향을 미치지 않도록 하여 공정성을 유지한다.

나. 권한의 분리 : 총회 재판국의 사법 기능과 헌법 해석 기능을 혼합하지 않고 분리하여, 특정 해석이 재판 판결을 사전에 결정하는 것을 방지한다.

다. 총회 임원회의 감독 기능 : 재판국 계류 여부를 총회 임원회가 판단하도록 하여, 객관적인 기준을 적용할 수 있도록 한다.

결론적으로 이 조항은 헌법 해석이 총회 재판국의 재판 과정에 영향을 미치지 않도록 하면서도, 재판국이 공식적으로 해석을 요청하는 경우에는 이를 허용하는 절차를 마련한 규정이다.

총회 임원회가 해당 사건이 재판국에 계류 중인지 확인하여, 불필요한 혼선을 방지하는 역할을 한다.

참고) 헌법위원회의 구성

헌법위원회는 교단의 헌법 해석 및 개정을 담당하는 상설 기구로서, 교단의 정체성과 질서를 유지하는 중요한 역할을 한다(총회규칙 제11조 ④항). 헌법위원회의 구성과 관련된 사항은 헌법위원회 업무규정과 총회규칙에서 규정하고 있으며, 이를 종합하면 다음과 같다.

1) 헌법위원회의 조직

헌법위원회는 총회규칙 제11조 제3항, 제4항에 따라 총회에서 배정하는 총대로 조직되며, 정원은 9명이다(헌법위원회 업무규정 제6조). 결원이 발생할 경우 총회 임원회에서 충원하게 된다(총회규칙 제12조 ⑫항).

2) 헌법 위원의 자격 요건

헌법 위원이 되기 위해서는 다음의 요건을 충족해야 한다(총회규칙 제11조 제4항).

가. 목사 안수 후 17년 이상 경과한 자
나. 본 교단 소속 15년 이상 된 자
다. 노회장을 역임한 자

이러한 요건을 충족하는 자들로 헌법위원회를 조직하게 되며, 이는 헌법 해석과 개정이라는 중요한 사안을 다루기 위해 교단 내에서 충분한 경험과 신학적 소양을 갖춘 인물들이 위원으로 활동할 수 있도록 하기 위함이다(총회규칙 제11조 제4항).

헌법위원회 위원은 재공천이 불가하며, 3년이 경과한 후에 다시 공천될 수 있다(총회규칙 제11조 제4항). 이는 특정 인물이 장기간 위원회 활동을 독점하는 것을 방지하기 위한 조치로 볼 수 있다.

3) 헌법위원회 임원 구성

헌법위원회는 한 회기 동안 다음과 같은 임원을 호선(互選, 내부 선출)으로 선출한다(헌법위원회 업무규정 제7조).[24]

위원장, 총무, 서기, 회계로 구성되며, 위원회의 장과 총무는 2, 3년 차에서 선출하고, 서기와 회계는 1년 차에서 선출하며, 총무는 본 교단 소속 15년 이상 된 자로 선출해야 한다(총회규칙 제11조 ⑨항).

4) 헌법위원회 구성의 개선 방안

헌법위원회는 교단의 헌법 해석과 개정을 담당하는 중요한 기구로서, 교단의 질서와 신학적 정체성을 유지하는 역할을 한다. 그러므로 보다 전문적이고 체계적인 법적 판단을 위해 헌법위원회의 구성과 운영에 대한 개선이 필요하다. 이를 위해 다음과 같은 개선 방안을 제안할 수 있다.

---

24) 「총회규칙」, 199.

첫째, 총회공천위원회는 헌법위원회의 전문성을 강화하기 위해 반드시 법학사 이상의 학위를 가진 자 또는 법률자격증을 소지한 자 중 1인 이상을 공천해야 한다. 이는 헌법 해석과 개정이 법적, 신학적 균형을 갖추고 교단의 질서를 유지하는 방향으로 진행되도록 하기 위한 조치이다.

둘째, 헌법위원회는 보다 심층적인 법적 검토를 위해 최대 3인 이내의 자문 전문위원을 둘 수 있도록 한다. 이 전문위원들은 법학사 이상의 학위를 소지한 자 중에서 선정되며, 헌법위원회의 자문을 맡아 보다 정교한 법률적 검토와 조언을 제공하게 된다.

셋째, 이러한 개선 방안이 적용될 경우 다음과 같은 효과를 기대할 수 있다.

헌법 해석과 개정의 전문성이 강화되고, 법률적 지식이 보완됨으로써 보다 정확하고 체계적인 해석이 가능해진다. 이에 따라 교단의 법적 안정성이 확보되며, 법률 전문가의 참여를 통해 교단 헌법이 사회법과 충돌하지 않도록 사전에 조정할 수 있게 된다. 나아가 신학적 원칙을 유지하면서도 법률적 합리성을 갖춘 결정을 내릴 수 있어, 총회 및 교단 내 공정성과 신뢰도가 더욱 향상될 것이다.

5) 결론

헌법위원회는 총회에서 배정된 총대들 중에서 자격 요건을 충족한 9명으로 구성되며, 위원회 내부에서 위원장을 포함한 임원을 선출하여 운영된다(헌법위원회 업무규정 제6조). 또한, 주요 보직을 역임한 후 3년이 지나야 재공천이 가능하도록 하여 공정성과 다양성을 유지하고 있다(총회규칙 제11조 제4항).

헌법위원회의 구성 원칙은 교단 헌법의 권위를 유지하고, 신학적 일관성을 보존하며, 공정한 교회 정치가 실현될 수 있도록 하는 데 중요한 역할을 한다(총회규칙 제11조 제4항, 제12조 제13항). 따라서 위에서 제안한 개선 방안을 제도화할 경우, 헌법위원회는 더욱 전문적이고 공정한 기구로 기능할 수 있으며, 교단의 헌법적 신뢰도와 법적 안정성을 함께 확보할 수 있을 것이다.

제6장 헌법과 인접 학문과의 관계

헌법 교리론은 우리 교단 헌법에 규정된 교리의 규범을 해석, 연구, 체계화하는 학문으로, 이를 헌법 정치론, 헌법 권징론, 헌법 예배 예식론과 결합하면 '교회 헌법학'의 한 부분이 되며, 그중 교리 관련 분야는 '교회 교리법학'으로 부를 수 있다. 일반적으로 교회 헌법학은 헌법 정치론과 헌법 권징론을 의미하지만, 광의의 교회 헌법학은 헌법 교리론과 헌법 예배 예식론까지 포함하며, 최협의로는 헌법 정치론만을 지칭한다.

헌법 교리론과 밀접한 관련이 있는 인접 학문으로는 교의신학(Dogmatic Theology) 또는 조직신학(Systematic Theology)이 있으며, 이들은 존재(Sein)와 당위(Sollen), 사실과 가치의 차이점에서 구분된다. 헌법 교리론은 당위와 가치를 다루는 학문인 반면, 교의신학은 성경에 기반한 진리와 기독교 교리의 존재와 사실을 연구한다. 즉, 헌법 교리론은 교단의 공적 신앙 고백과 제정된 규범의 체계화를 목적으로 하고, 교의신학은 성경적 진리를 신학적으로 탐구하며 교회의 신앙을 이론적으로 정립하는 데 중점을 둔다.

아무리 교리적 발전이 이루어졌더라도, 교단의 헌법에 규범으로 편입되지 않으면 헌법 교리론과는 무관하다. 교리가 대한예수교장로회총회(백석)의 적법한 절차를 통해 제정, 개정, 공포되지 않으면 그 교리는 단순히 개인이나 특정 종교 집단의 신앙적 체험에 불과하며, 학문적 성과로 공인되더라도 교단의 재판 법규로서의 규범력(normativity)이 없다. 이 점은 교단 헌법의 규범성을 보장하기 위해서도 필수적이며, 교단 내 신앙의 공공성과 통일성을 유지하는 핵심 원칙으로 작용한다. 총회 헌법위원회의 해석을 통해 총회 재판국과 헌법위원회 간의 관계도 명확히 이해할 수 있다.

헌법 정치론은 헌법의 정치 규범을 해석, 연구, 체계화하는 이론으로, 헌법 권징론과 결합하여 교회 헌법학의 한 분야인 '교회 정치법학'이 된다. 헌법 정치법학은 당위와 가치를 다루며, 인접 학문인 교회 정치학(Church Politics)은 교회의 정치적 현상, 조직, 구성, 치리 체제 등을 연구하는 학문으로 존재와 사실을 다룬다. 이 두 학문은 서로 상호보완적이며, 헌법 정치법학이 교회 정치 체계의 규범적 측면을 다룬다면, 교회 정치학은 교회 정치의 실제적 운영과 그 결과를 연구한다.

이 외에도 교회 행정학(Church Administration)은 교회의 기획, 조직, 인사, 재무 등을 연구하며, 목회 경영학(Management of Ministry)은 목회자와 성도 간의 신앙 활동과 목회적 업무, 즉 기도, 설교, 예배, 상담 등을 다룬다. 교회 행정학은 교회의 공적 기능을 효율적으로 운영하기 위한 체계를 중점적으로 탐구하며, 목회 경영학은 신앙 공동체 내부의 영적 돌봄과 사역의 실질적 관리에 집중한다. 일반 행정학과 경영학의 차이처럼, 교회 행정학은 공적 교회 행정에, 목회 경영학은 목사와 성도 간의 사적 신앙 행정에 중점을 둔다. 이러한 인접 학문들의 연구 성과가 교회 헌법에 규범으로 편입되면 교회 정치법학의 연구대상이 되며, 규범화된 후 나타나는 현상들은 다시 교회 정치학, 교회 행정학, 목회경 영학의 연구대상이 되어 상호 밀접한 관계를 형성한다. 이러한 관계는 교회의 신학적 원리와 실질적 운영 간의 조화를 이루는 데 중요한 역할을 한다.

우리 교단 헌법은 개혁주의생명신학을 기초로 신앙적 정체성을 확립하고 있다. 개혁주의생명신학은 종교개혁의 '5대 솔라'를 현재 상황에 맞게 재해석하여 신앙과 삶의 실천적 적용을 강조한다. 오직 성경은 성경을 통하여 말씀하시는 성령의 역사를 신뢰하며, 모든 신앙의 기준이 성경에 있음을 확립한다. 오직 그리스도는 십자가와 부활의 복음을 통해 그리스도의 주 되심을 고백하며 그 삶을 실천하는 것을 강조한다. 오직 믿음은 순종하는 믿음을 통해 하나님의 뜻에 따르는 삶을 지향하며, 오직 은혜는 용서와 화해의 복음을 통해 공동체 안에서의 회복과 사랑을 추구한다. 오직 하나님께 영광은 희생과 봉사의 삶을 통해 하나님 나라를 확장하는 것을 목표로 한다.

개혁주의생명신학은 이러한 신학적 기초를 바탕으로 7대 실천운동을 제시한다. 이는 성경을 신앙과 삶의 유일한 표준으로 삼는 신앙운동, 신학을 학문이 아닌 생명의 복음으로 회복하는 신학회복운동, 회개와 용서를 통해 연합을 이루는 회개용서운동, 복음을 통한 영적 성숙과 생명을 회복하는 영적생명운동, 예수 그리스도의 주 되심을 실현하는 하나님나라운동, 받은 은혜를 이웃과 세상에 나누고 섬기는 나눔운동, 성령의 인도하심 속에서 기도로 헌신하는 기도성령운동을 포함한다.

이 신학적 실천운동과 5대 솔라의 재해석은 우리 교단 헌법의 핵심적 기초를 이루며, 교단의 정체성을 명확히 드러낸다. 이를 통해 교단 헌법은 신앙의 공공성과 통일성을 유지하고, 하나님께 영광 돌리는 교회의 본질적 사명을 구체화한다.

제7장 법체계(우열관계)와 종류

법체계 내에서 우열관계의 설정은 법규의 충돌 및 모순을 해결하기 위해 필수적이다. 헌법, 법률, 명령, 조례, 규칙, 조약은 모두 법규성을 지니고 있으며, 이들 간의 상호 우열관계를 설정하는 것이 필요하다.

우열관계는 다음과 같다. 헌법은 법률보다 우위에 있으며, 법률은 대통령령(시행령), 부령(시행규칙), 조례, 규칙보다 우위에 있다. 또한, 헌법은 법령(법률, 명령, 조약)보다도 우위에 있으며, 법령은 자치법규보다 우위에 위치한다. 이러한 우열관계는 사회법 및 교회법의 법적 체계에서도 동일하게 적용된다.

위헌과 위법의 개념은 다음과 같다. 위법(illegality)은 법령이나 법규를 위반하는 경우를 의미하며, 위헌(unconstitutionality)은 헌법을 위반하는 경우를 뜻한다.

위헌 및 위법이 되는 사유는 두 가지로 나눌 수 있다. 첫째, 법의 명문(written)에 반하는 경우이다. 예를 들어, 헌법에서 국회의원의 수를 200인 이상으로 정하고 있음에도 불구하고 법률에서 국회의원 수를 180명으로 정한 경우, 해당 법률은 위헌으로 간주된다. 둘째, 법원리(principle)에 반하는 경우이다. 헌법원리 중 하나인 신뢰 보호(protection of trust) 원칙을 침해하는 법률이 제정된다면, 그 법률은 위헌으로 여겨질 것이다. 한편, 장로교 법체계와 우열관계는 다음과 같다. 헌법은 장로교의 최고 법규로, 교회의 기본 원칙과 신앙의 근본 가치를 규정한다. 교회 운영과 교인들의 권리 및 의무를 명시하며, 모든 하위 규정은 헌법을 준수해야 한다. 헌법 시행 세칙은 헌법의 조항을 구체적으로 시행하기 위한 세부 규정을 포함한다. 헌법의 각 조항이 실제로 어떻게 적용될지를 규정하며, 교회 운영의 실질적인 기준을 제공한다.

총회 규칙(노회 규칙)은 장로회 총회 또는 노회에서 제정한 규칙으로, 교회의 운영 및 의사결정 절차에 관한 구체적인 사항을 명시한다. 각 치리회의 내규를 통해 교회의 행정과 운영을 지원하며, 헌법 및 시행 세칙과 일관되어야 한다. 교회 정관은 개별 교회에서 제정한 규범으로, 해당 교회의 운영과 관리에 관한 세부 사항을 규정한다. 교회의 특성에 맞게 운영될 수 있으며, 헌법 및 상위 규정과 충돌하지 않도록 해야 한다.

1. 우열관계 설정의 필요성

헌법, 법률, 명령, 조례, 규칙, 조약은 모두 법규성을 가지므로, 이들 간의 충돌이나 모순이 발생할 경우 이를 해결할 수 있는 상호 우열관계가 반드시 설정되어야 한다. 상위법과 하위법의 관계를 명확히 정리함으로써 법 체계의 안정성을 유지하고, 국민의 권리와 의무를 명확히 할 수 있다.

예를 들어, 헌법은 국가의 최고 규범으로서 법률·명령·조례·규칙 등이 이를 위배해서는 안 된다. 법률은 헌법에 근거하여 제정되며, 행정부의 명령은 법률의 위임을 받아야 한다. 조례와 규칙은 각각 지방자치단체와 기관의 내부 규율을 정하는 하위 법령으로서 법률과 명령에 위배될 수 없다. 조약은 법률과 동등한 효력을 가지지만, 헌법을 초월할 수는 없다. 이러한 우열관계가 명확히 정립될 때, 법 적용의 혼란을 방지하고 일관된 법치 질서를 유지할 수 있다.

2. 교회에서의 필요성

교회에서도 마찬가지로 헌법과 규범 간의 우열관계를 명확히 설정하는 것이 필수적이다. 예를 들어, 개혁주의생명신학을 따르는 백석총회의 경우, 교단 헌법이 교회의 신앙과 질서를 정하는 최고 규범이 된다. 그 아래에 총회 결의, 시행세칙, 노회 규정, 개교회 정관 등이 있으며, 이들 간의 질서를 명확히 해야 교회 운영의 혼란을 방지할 수 있다.

1) 교단 헌법의 최규범성

교단 헌법은 신앙과 교회 행정의 기본 원칙을 규정하며, 모든 하위 규범은 이에 위배될 수 없다. 예를 들어, 교단 헌법이 장로교 정치 체계를 규정하고 있다면, 개별 교회의 정관이 이를 무시하고 독립적으로 운영될 수 없다.

2) 총회 결의와 시행세칙의 법적 지위

총회 결의는 교단 헌법을 적용하는 구체적인 지침을 제공하며, 시행세칙(세칙 제○조 ○항)은 이를 보완하는 역할을 한다. 따라서 시행세칙이 총회 결의에 반하는 경우에는 총회 결의가 우선한다.

3) 노회 규정과 개교회 정관의 한계

노회는 개교회를 지도하고 행정적 감독을 수행하지만, 교단 헌법과 총회 결의의 테두리 내에서만 운영될 수 있다. 개교회 정관 역시 교단 헌법과 노회 규정에 어긋날 수 없다. 예를 들어, 개교회가 정관을 통해 특정 직분을 배제하는 규정을 만든다면, 이는 교단 헌법에 위배될 수 있다.

이처럼 교회에서도 법적 체계의 일관성을 유지하기 위해 헌법, 총회 결의, 시행세칙, 노회 규정, 개교회 정관 등의 우열관계를 명확히 해야 한다. 이것이 확립될 때 교회 내 행정적 혼란을 줄이고, 신앙 공동체로서의 질서를 유지할 수 있다(고전 14:40).

가) 헌법 〉법률〉대통령령(시행령)〉부령(시행규칙)〉조례〉규칙
나) 헌법〉법령(법률, 명령, 조약)〉자치법규

[그림1-1] 사회법의 우열관계 [그림1-2] 교회법의 우열관계

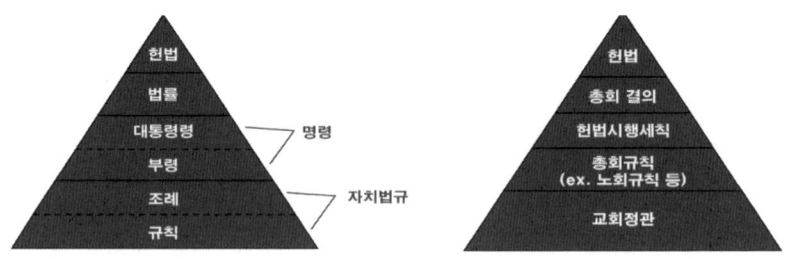

위헌과 위법

위헌, 위법의 개념

가) 법령이나 법규 위반→ 위법(illegality)

나) 헌법 위반→ 위헌(unconstitutionality)

3. 위헌, 위법이 되는 사유

1) 법의 명문(written)에 반해서 위헌, 위법이 되기도 한다.

예 : 헌법에서 국회의원의 수를 200인 이상으로 정했는데, 법률에서 국회의원 수를 180명으로 정했다면, 위헌인 법률이다.[25]

2) 법원리(principle)에 반해서 위헌, 위법이 되기도 한다.

예 : 헌법 원리로 신뢰 보호(protection of trust)라는 것이 있다. 법률이 신뢰 보호 원칙을 침해하는 내용을 두었다면, 위헌인 법률이다.[26]

[그림 1-3] 위헌, 위법이 되는 사유

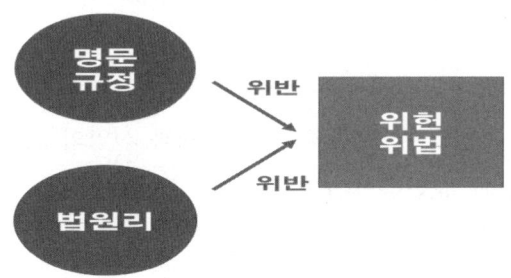

자료: 김해마루(2019), 25.

---

25) 김해마루, 「법학입문 공법」 (서울: 율현출판사, 2019), 25.
26) 김해마루, 「법학입문 공법」, 24-25.

법체계 내에서 우열관계의 설정은 법규의 충돌 및 모순을 해결하기 위해 필수적이다. 헌법, 법률, 명령, 조례, 규칙, 조약은 모두 법규성을 지니고 있으며, 이들 간의 상호 우열관계를 설정하는 것이 필요하다. 우열관계는 다음과 같다. 헌법은 법률보다 우위에 있으며, 법률은 대통령령(시행령), 부령(시행규칙), 조례, 규칙보다 우위에 있다. 또한, 헌법은 법령(법률, 명령, 조약)보다도 우위에 있으며, 법령은 자치법규보다 우위에 위치한다. 이러한 우열관계는 사회법 및 교회법의 법적 체계에서도 동일하게 적용된다.

위헌과 위법의 개념은 다음과 같다. 위법(illegality)은 법령이나 법규를 위반하는 경우를 의미하며, 위헌(unconstitutionality)은 헌법을 위반하는 경우를 뜻한다.

위헌 및 위법이 되는 사유는 두 가지로 나눌 수 있다. 첫째, 법의 명문(written)에 반하는 경우이다. 예를 들어, 헌법에서 국회의원의 수를 200인 이상으로 정하고 있음에도 불구하고 법률에서 국회의원 수를 180명으로 정한 경우, 해당 법률은 위헌으로 간주된다. 둘째, 법원리(principle)에 반하는 경우이다. 헌법원리 중 하나인 신뢰보호(protection of trust) 원칙을 침해하는 법률이 제정된다면, 그 법률은 위헌으로 여겨질 것이다.

한편, 장로교 법체계와 우열관계는 다음과 같다.

헌법은 장로교의 최고 법규로, 교회의 기본 원칙과 신앙의 근본 가치를 규정한다. 교회 운영과 교인들의 권리 및 의무를 명시하며, 모든 하위 규정은 헌법을 준수해야 한다.

헌법 시행 세칙은 헌법의 조항을 구체적으로 시행하기 위한 세부 규정을 포함한다. 헌법의 각 조항이 실제로 어떻게 적용될지를 규정하며, 교회 운영의 실질적인 기준을 제공한다.

총회 규칙(노회 규칙)은 장로회 총회 또는 노회에서 제정한 규칙으로, 교회의 운영 및 의사결정 절차에 관한 구체적인 사항을 명시한다. 각 치리회의 내규를 통해 교회의 행정과 운영을 지원하며, 헌법 및 시행 세칙과 일관되어야 한다.

교회 정관은 개별 교회에서 제정한 규범으로, 해당 교회의 운영과 관리에 관한 세부 사항을 규정한다. 교회의 특성에 맞게 운영될 수 있으며, 헌법 및 상위 규정과 충돌하지 않도록 해야 한다.

참고) 법체계 우선순위 판단

1. 적용 법률/법령의 발견 : 모순·저촉시 우선순위 판단

가. 대법원

"동일한 형식의 성문법규인 법률이 상호 모순, 저촉되는 경우에는 신법이 구법에, 그리고 특별법이 일반법에 우선하나, 법률이 상호 모순되는지 여부는 각 법률의 입법목적, 규정사항 및 그 적용범위 등을 종합적으로 검토하여 판단하여야 하고 입법목적을 달리하는 법률들이 일정한 행위를 관할관청의 허가사항으로 각 규정하고 있는 경우에는 어느 법률이 다른 법률에 우선하여 배타적으로 적용된다고 해석되지 않는 이상 그 행위에 관하여 각 법률의 규정에 따른 허가를 받아야 할 것"이다.[27]

나. 법제처(근거 : 법제처, 법령해석 실무 및 법령해석 사례)
① 법령 소관사항의 원칙
법령 소관사항의 원칙은 법령 상호간의 모순·저촉을 피하기 위하여

---

[27] 근거 : 대법원 1989. 9. 12. 선고 88누6856 판결 참조

법령은 법령의 종류마다 각각의 법령에 따른 담당분야, 즉 소관사항이라는 것을 정하고 서로 그 분야를 지키게 하여 다른 법령의 분야에 관여하지 않도록 함으로써 처음부터 충돌이 일어나지 않도록 하는 원칙이다. 그러나 법령 소관사항의 원칙은 법 형식(법률, 대통령령, 총리령, 부령)별 소관사항의 경계가 명확하지 아니하고 각 법령별 전속적인 소관사항이 정하여져 있기 않기 때문에 실질적인 기준으로 삼기에는 곤란하다.

② 법령의 형식적 효력의 원칙 : 상위법령 우선의 원칙

원칙 : 형식적 효력의 원칙은 모든 법령은 헌법을 정점으로 하나의 단계적 구조를 이루고 있으므로 둘 이상 종류의 법령이 그 내용에 있어서 상호 모순·저촉하는 경우에는 상위법령이 하위법령에 우선한다는 것이다. 따라서 어떤 법령에 대한 특례를 정할 경우에는 적어도 그 법령과 동등하거나 상위에 있는 법 형식으로 규정해야 한다.

예외 : 그러나 이는 법체계의 일반적 위계관념에 기한 것일 뿐이므로 예컨대, 대통령령과 부령이 직접 법률의 위임을 받은 사항을 정하고 있는 경우에는 상호간의 우열관계를 논할 것은 아니다. 즉, 법률의 위임에 의하여 정하여진 대통령령 또는 부령(위임명령)은 본래 법률로 정해야 할 사항을 규정한 것이기 때문에 그 한도에 있어서는 위임의 근거가 되는 법률과 동등한 효력을 갖는다.

대통령령 또는 부령(위임명령)으로서 규정된 사항의 대부분은 법률이 그 대강을 규정하고 남은 세부적 사항 또는 집행을 위한 절차적 사항이기 때문에 통상의 경우는 법률과의 모순·저촉 관계는 생기지 않는다. 그러나 특정한 사항에 대하여 법률이 그 법률의 다른 규정 또는 다른 특정한 법률 규정의 적용을 배제하고, 이를 대신할 예외규정을 두도록 하는 것을 명령에 위임한 경우는 그 위임명령 규정은 위임의 효과로서 본래 상위에 있는 법률규정의 적용을 특정한 경우에 배제할 수

있는 것으로 해석해야 한다.

따라서 이 경우에는 법률과 대통령령 또는 부령(위임명령)은 동등한 형식적 효력을 갖고 있는 것으로 해석해야 하고, 그 사이에 모순·저촉이 발생한 경우에는 형식적 효력의 원칙이 아니라 신법 우선의 원칙이나 특별법 우선의 원칙에 따라 해결해야 한다.

③ 특별법 우선의 원칙

특별법우선의 원칙은 동등한 법형식 사이에서 어떤 법령이 규정하고 있는 일반적인 사항과 다른 특정의 경우를 한정하거나 특정의 사람 또는 지역을 한정하여 적용하는 법령이 있는 경우에 이 두개의 법령은 일반법과 특별법의 관계에 있다고 하고, 이 경우에는 특별법이 일반법에 우선한다는 것으로서 신법우선의 원칙의 예외가 된다.

일반법과 특별법 관계에서는 특별법이 규율하고 있는 사항에 관한 한 특별법의 규정이 우선적으로 적용되고 일반법의 규정은 특별법 규정에 모순·저촉하지 아니하는 범위 안에서 2차적으로 적용된다. 이것은 일반법과 특별법의 관계에 있는 법령사이에서는 어느 쪽이 신법이고 구법인지에 관계없이 특별법 우선의 원칙이 적용된다.[28]

④ 신법 우선의 원칙

신법우선의 원칙은 형식적 효력을 동등하게 하는 같은 종류의 법형식 사이에 법령내용이 상호 모순·저촉하는 경우에는 시간적으로 나중에 제정된 것이 먼저 제정된 것보다 우선하는 효력을 가진다는 것이다. 신법과 구법의 판단기준은 해당 법률의 시행일이 도래하였는지에 따라 결정한다. 또한, 신법우선의 원칙을 적용하기 위해서는 우선 모순·저촉되는 법령간의 관계가 일반법·특별법의 관계인지 여부를 먼저 검토하고 특별법 우선의 원칙을 적용할 수 없는 경우에 신법우선의 원칙을

---

28) 출처 : 국회법제실, 법제실무, 2015, 30면

적용해야 한다.29)

제8장 법령과 교회헌법의 조문 표기 체계

1. 조문 체계의 기본 구조30)

법령과 교단 헌법은 모두 일정한 위계적 구조를 가지고 조문을 배열한다. 이러한 구조는 상위 단위에서 하위 단위로 점차 세분되는 형식으로 구성되며, 각 단계는 특정한 기능을 지니고 있다.31)

1) 조(條)

조(條)는 가장 큰 단위로, 법령이나 헌법의 기본적 조항을 의미한다. 각 조는 독립적인 하나의 규범 단위를 이루며, 전체 규정의 뼈대를 형성한다.

2) 항(項)

항(項)은 조를 세분하여 구성되는 단위이다. 하나의 조에 여러 내용이 포함될 경우, 이를 체계적으로 구분하기 위하여 항이 설정된다. 항은 조의 세부 사항을 구체화하는 역할을 담당한다.

3) 호(號)

호(號)는 항을 다시 세분한 단위로, 열거적인 규정을 나열하거나 구체적인 조건을 명시할 때 사용된다. 호의 존재는 항의 내용을 더욱 정밀하게 다듬어 주는 기능을 한다.

---

29) https://blog.naver.com/easyworldeasylife/ 2024. 9 27 접속.
30) https://www.lawmaking.go.kr/lmKnlg/jdgStd/list,정부입법 지원센터.
31) https://www.law.go.kr/, 법제처 국가법령정보센터를 참조하여 정리,

4) 목(目)

목(目)은 호를 다시 분류한 단위로, 일반적으로 한글 자모 순서인 가, 나, 다 등을 사용한다. 목은 호의 하위 항목으로서 규정을 세밀하게 배열하여 조문의 체계를 한층 더 정돈한다.

이를 예시로 표현하면, 「헌법」 제2조 제3항 제2호 가목은 다음과 같은 구조를 가진다.

제2조(조)
└ 제3항(항)
└ 제2호(호)
└ 가목(목)

2. 표기 방식의 차이

조문을 표기하는 방식에는 차이가 존재하는데, 특히 항(項) 앞에 '제(第)'를 붙이는지 여부가 주요한 구분점이 된다.

1) "제2조 3항"

이는 가장 일반적이고 간략한 표기 방식이다. 조와 항을 단순히 이어서 표현하기 때문에 직관적이고 이해하기 쉽다. 주로 강의안이나 해설서, 비공식 문헌에서 활용된다. 그러나 법적 문헌으로서의 엄밀성은 다소 부족하다.

2) "제2조 제3항"

이는 보다 엄밀한 법률 문헌식 표기이다. 조와 항 모두에 '제(第)'를 붙여 표현함으로써 공적 문서의 성격을 강화한다. 이러한 표기법은 국가법령, 판례, 헌법 주석서, 총회 규칙 등 공적 문헌에서 일관되게 사용된다.

3. 실제 사용 구분
조문 표기는 사용되는 문맥과 성격에 따라 다르게 적용된다.

1) 국가법령정보센터(대한민국 법률)
국가법령에서는 법적 통일성과 엄격성을 보장하기 위하여 항상 정식 표기를 사용한다. 따라서 "제2조 제3항 제2호 가목"과 같이 '제'를 반드시 붙여 표기한다. 이 방식은 국가의 법질서를 유지하기 위한 필수적 요건으로 자리 잡고 있다.

2) 교단 헌법집(예 : 대한예수교장로회 헌법)
교단 헌법은 원칙적으로 국가법령 체계를 따르며 동일한 방식으로 조문을 표기한다. 그러나 실제 교단 출판본이나 교재에서는 간략화를 위하여 "제2조 3항 2호 가목"과 같이 '제'를 생략하기도 한다. 이는 교육적 편의와 실용성을 고려한 선택이다. 그러나 법적 효력과 공식성을 강조하는 문맥에서는 반드시 국가법령과 동일한 방식, 즉 "제2조 제3항 제2호 가목"으로 표기해야 한다.

4. 전체적 정리
법령과 교회헌법의 문언은 단순히 기술상의 문제가 아니라, 법적 효력과 신학적 정체성을 드러내는 중요한 요소이다.

1) 국가법령의 경우
국가법령은 통일성과 엄격성을 유지하기 위하여 항상 '제'를 붙여 표기한다. 이는 법적 혼란을 방지하고, 문헌의 해석에 있어 일관성을 담보하기 위한 것이다.

2) 교단 헌법의 경우

교단 헌법 역시 국가법령의 방식을 준수한다. 다만, 교단 내부 문헌이나 교재에서는 교육적 효과를 고려하여 간략한 표기를 허용한다. 그러나 학문적 연구나 공식 문헌에서는 반드시 정식 표기를 사용해야 한다.

3) 종합적 결론

따라서 학문적·공식적 연구에서는 "제2조 제3항 제2호 가목"과 같은 정식 표기를 채택하는 것이 타당하다. 이는 교회헌법이 단순한 행정 규정이 아니라, 신학적 정체성과 교회의 질서를 담아내는 문서임을 고려할 때 더욱 중요하다

제2편 백석총회의 역사(헌법)

제1장 백석총회의 설립

1. 대한예수교장로회 복음총회 설립

대한예수교장로회 백석총회의 시작은 1978년 대한예수교장로회복음총회 설립이었다. 대한예수교장로회 복음총회는 대한복음신학교 학생들이 졸업 후 소속되어 섬길 교회가 필요하여 설립되었다. 대한복음신학교는 현재 서울 방배동의 백석대학교 신학교육원, 백석예술대학교, 백석대학교 대학원, 그리고 천안 안서동의 백석대학교와 백석문화대학교, 이 모두를 아우르는 백석학원으로 성장했고, 대한예수교장로회 복음총회는 현재 대한예수교장로회 백석총회로 성장했다. 시작부터 지금까지 대한예수교장로회 백석총회와 백석학원은 밀접한 관계 속에 동반 성장해 왔다.

대한예수교장로회 백석총회와 백석학원의 설립자는 동일하다. 따라서 백석총회와 백석학원의 설립자인 장종현 목사의 삶을 되짚어 보면 백석총회와 백석학원의 설립 동기가 자연스레 드러날 것이다.

1) "무릎 꿇고 받은 사명"

장종현은 1948년 충청남도 아산시 영인면에서 태어났다. 유교적 가풍 속에서 자란 그는 정직과 선행을 중요시하는 부모님의 가르침을 받으며 어린 시절 과수원 주인이 되는 꿈을 키웠다. 영인초등학교와 계광중학교를 다니던 그는 중학교 시절 외지 유학 중 봉명동교회 집사의 전도로 예수님을 만났다.

1963년 봉명동교회 부흥회에서 성령의 강한 역사를 체험하며 죄를 회개하고, 예수님을 위해 살겠다는 결단과 함께 선교사가 되겠다는 서원을 했다. 이후 단국대학교에서 영문학을 전공한 그는 사업을 시작했으며, 야간에는 대한신학교에서 신학을 공부했다. 사업이 어려움에 처했을 때 기도원에서 기도하던 중 학생 시절 받은 복음 전파의 사명을 되새기며 신학교 설립을 결심했다.

그러나 신학교 설립의 뜻은 멘토 김영철 목사의 반대에 부딪혔다. 이미 많은 신학교가 있는 상황에서 굳이 새로 설립할 필요가 있느냐는 반대 의견이었지만, 장종현은 세 차례에 걸쳐 설득한 끝에 그의 뜻을 인정받아 신학교 설립에 나설 수 있었다.[32]

2) 대한복음신학교 설립

장종현 전도사는 1976년 11월 1일 서울 용산구 동자동에서 대한복음신학교를 설립했다. 대한복음신학교는 예수 그리스도의 복음을 전파할 사역자들을 양성하기 위한 목적으로 설립되었으며, 복음의 본질을 회복해야 한다는 절박한 소명감 속에서 시작되었다. 당시 한국 교회는 신학적 갈등과 교권 다툼으로 심각한 위기를 겪고 있었다. 장로교회는 1885년 언더우드 선교사의 입국 이후 한국에 복음을 전파하며 성장했고, 1907년 평양 장대현교회에서 조선전국독노회를 조직함으로 공식적으로 출범했다. 이후 1912년 대한예수교장로회 총회를 조직하며 단일 장로교회로서의 모습을 갖추었다.

그러나 한국 장로교회는 일제 강점기의 압제를 견뎌내며 하나의 교회를 유지하던 중, 1950년대부터 교파의 분열이 본격적으로 시작되었다. 1952년 고려신학교를 중심으로 한 고려파의 분립, 1953년 기장측의 분

---

32) 대한예수교장로회총회(백석), 「한국교회사: 백석총회 설립 45주년 기념」, 324-326.

리, 1959년 합동측과 통합측의 분열 등은 교회 안의 신학적 갈등과 교권 다툼의 산물이었다. 특히, 합동측과 통합측의 분열은 WCC 가입 논란, 신학교 부지 관련 갈등, 경기노회 총대 선정 문제 등 복합적인 요인으로 발생했다. 이후에도 한국 장로교회는 교권 다툼을 중심으로 수많은 분열을 겪으며 1970년대에 이르러서는 약 80여 개의 교단으로 나뉘게 되었다. 이러한 상황 속에서 장종현 전도사는 한국 교회의 위기를 깊이 인식했다. 복음이 역사해야 할 목회 현장에서 복음이 뒷전으로 밀리고, 그 자리를 세속적 방식이 차지하고 있음을 심각한 문제로 여겼다.

장종현 전도사는 이와 같은 위기 상황을 타개하고, 복음 전파에 전념할 사역자들을 양성하기 위해 대한복음신학교를 설립했다. 그는 학교의 이름을 '대한복음신학교'로 정하며 예수 그리스도의 구원의 은혜를 담은 '복음'을 온전히 드러내겠다는 의지를 분명히 했다. 대한복음신학교는 설립 초기 통신신학 과정으로 운영되었으며, 군인, 교도소 재소자, 소외 계층 등 기존 신학교가 관심을 두지 않았던 이들을 주요 대상으로 삼았다. 통신신학 과정은 경제적, 지역적, 학력적 제약을 받지 않으며, 누구나 신학 교육을 받을 수 있는 기회를 열어 주었다. 광고를 통해 신학 공부의 문을 열어주며, 각 교회의 직원, 청년회장, 주일학교 교사 등 다양한 대상층을 모집했다.

장종현 전도사와 허광재 목사는 1년여 동안 직접 교재를 제작하고, 통신문서를 발송하며 학생들의 질문에 응답했다. 통신신학 과정의 한계를 극복하기 위해 계절별, 지역별 특별 교육을 도입하여 목회와 신앙에 실질적인 도움을 제공했다. 특히 목회의 소명을 받은 학생들에게는 강화된 교육 과정을 제공하며, 목회자의 자질 향상에 초점을 맞추었다. 교도소 재소자들도 통신신학 과정을 통해 변화된 삶을 살았으며, 출소 후 학교를 방문해 감사의 뜻을 전하는 일도 많았다.

1977년, 대한복음신학교는 신학 교육을 체계화하기 위해 본과 과정을 추가하며 더욱 조직적인 교육을 진행했다. 비록 통신신학 과정은 학생들을 직접적으로 관리하기 어렵다는 아쉬움이 있었으나, 신학 교육의 기회를 갖지 못했던 이들에게 교육의 문을 열어준 점에서 큰 의의를 지녔다. 통신 과정에서 학업을 이어간 학생들 중 다수는 대한복음신학교 본과에 입학해 목사가 되었으며, 다양한 지역에서 복음을 전파하는 사역자로 활동했다.

장종현 전도사는 대한복음신학교를 통해 한국 교회의 가장자리에서 소외된 사람들에게 복음과 신학 교육의 기회를 제공하며, 복음의 본질을 회복하고자 하는 노력을 지속했다. 기존 장로교회가 교권 다툼으로 분열을 거듭하던 시기, 백석학원은 초교파적 신학 교육을 통해 복음의 생명력을 회복하고, 교회 연합을 실현하기 위해 나아갔다. 대한복음신학교의 설립은 단순히 하나의 신학교를 추가한 것이 아니라, 복음이 닿지 못한 곳까지 복음을 전하고자 한 강한 신념의 결실이었다. 이러한 노력은 이후 백석학원과 백석총회의 방향을 결정짓는 중요한 초석이 되었으며, 한국 교회가 복음의 본질을 회복하며 새로운 방향성을 제시하는 전환점이 되었다.33)

3) 대한복음선교회 설립

대한복음신학교는 다른 신학교들과 달리 특정 교단을 바탕으로 세워진 학교가 아니었기에 설립과 더불어 풀어야 할 숙제가 있었다. 대한복음신학교가 설립된 시기는 우리나라에 복음이 전파되고 90년이 지난 후였기에 선교 초기에 세워진 신학교들은 각기 제 나름의 전통과 사상을 가지고 있었다. 그런 역사적 배경 없이 설립자의 소명의식과 사명감으로 시작된 대한복음신학교가 당면한 과제는 기존 신학교들의 전통과

---

33) 대한예수교장로회총회(백석), 「한국교회사: 백석총회 설립 45주년 기념」, 324-326.

관행의 장벽들을 헤치고 나가는 것이었다.34)

　신설 신학교인 대한복음신학교가 오랜 역사를 가진 교단 신학교들 사이에서 살아남기 위해서는 분명한 신학적 정체성이 필요했다. 그것은 1970년대에 새로운 신학교가 설립된 이유, 즉 학교 설립의 당위성을 밝히는 일이기도 했다.35)

　특정 교단에 뿌리를 두지 않아 신학과 교단 배경이 없었던 대한복음신학교를 뒷받침하기 위해 장종현 전도사는 학교 설립과 동시에 대한복음선교회를 세워 교단과 같은 역할을 하도록 했다. 대한복음신학교의 운영은 장종현 전도사가 맡았고, 대한복음선교회는 허광재 목사가 회장이 되었다.36)

　역사가 오랜 교단 신학교들 대부분은 선교사들이 세우거나 선교사들의 후원으로 세운 것이었고, 그 후 분열이 있었을 때 분열된 교단들이 각기 세운 것이었다. 그런데 대한복음신학교 설립에는 선교사들의 후원이 없었지만, 분열의 상처나 앙금도 전혀 없었다. 교단의 후원이 없다는 것이 당장은 힘들었지만, 교회 분열의 상처에서 자유로운 것은 지금 되돌아보면 오히려 큰 장점이었다.37) 교회 분열의 상처와 무관하게 오직 복음전파의 열정으로 설립된 대한복음신학교의 이런 태생적 특성은 그 후 백석학원과 백석총회가 분열로 상처받은 교회들을 모으고 교단들을 아우르는 교회연합운동에 매진할 수 있는 밑거름이 되었다.. 이러한 토양 위에서 성장한 백석총회는 이사야의 말씀처럼 약한 자가 천을 이루고 작은 자가 강국을 이루는 하나님의 역사를 이루어가고 있다(사 60:22).

---

34)　「백석학원 40년사」, 25.
35)　「백석학원 40년사」, 25.
36)　「백석학원 40년사」, 26.
37)　「백석학원 40년사」, 26.

4) 대한예수교장로회 복음총회설립

대한복음선교회는 대한복음신학교를 뒷받침하는 교단과 같은 역할을 하도록 세워진 선교회였다. 하지만 선교회가 교회는 아니었으므로 신학교에서 배우고 졸업할 학생들이 장차 소속되어 섬길교회, 즉 총회가 필요했다. 당시 이미 목회를 하고 있던 허광재 목사는 교회가 소속될 수 있는 총회의 필요성을 절감하고 있는 터였다.[38]

장종현 전도사는 대한신학교 졸업 1년 후인 1978년 2월 12일에 대한예수교감리회 총회(당시 상도동 소재)에서 목사 안수를 받았다. 안수위원은 배창선 감독, 한동훈 학장, 한승기 목사, 정동화 목사, 허광재 목사였다. 장종현 목사가 신앙을 처음 갖게 된 학생 시절 다녔던 봉명동 교회가 감리교회였고 그 후 감리교회에서 신앙생활을 했기에 감리교 목사로 안수를 받았다. 하지만 그가 신학을 배운 대한신학교는 개혁주의신학 전통에 서있는 장로교 신학교였다. 장종현 목사의 신앙이 개혁주의신학 위에 서있으면서도 감리교의 열정적 신앙 색조를 띠고 있는 것은 그의 신앙과 신학 여정의 귀결이라 할 수 있다.[39]

대한복음신학교를 졸업한 학생들이 소속되어 섬길 교회가 필요했기에, 장종현 목사는 대한예수교장로회 복음총회를 설립했다. 대한복음선교회가 대한예수교장로회 복음총회의 선구였음은 물론이다. 1978년 9월 11일 대한예수교장로회 복음총회 제1차 총회가 개최되어 장종현 목사가 초대 총회장으로 선출되었다.[40] 이것이 오늘날 대한예수교장로회 백석총회의 시작이었다.[41]

---

38) 「백석학원 30년사」, 37: 「백석학원 40년사」, 26.
39) 「백석학원 40년사」, 26과 28.
40) 대한예수교장로회총회 역사편찬위원회, 「대한예수교장로회(합동정통) 총회역사(1978-2002)」 (서울: 총회출판위원회, 2005), 42. 이후 각주에서 이 책을 인용하거나 참고할 때는 총회 25년사라고 줄여 쓸 것이다. 「총회 25년사에는 1978년 9월 제1회 총회 회차를 '제63회'라 했다. 이는 복음총회가 합동진리 총회로 바뀐 후 총회 회차를 초기 한국장로회 전통을 따라 사용하기로 결정하므로 1981년 9월 총회를 제66회 총회라 계수한 후 역산한 결과였다.
41) 「백석학원 40년사」, 28.

「대한예수교장로회 복음총회 교단 선언문」

1. 교리
(1) 우리의 교리적 입장은 신율주의적 복음주의이며, 역사적 개혁이다.
(2) 우리는 성경을 근본으로 하는 칼빈주의다. 성경을 근본으로 함은 성경을 절대 무오의 유일한 하나님의 말씀임과 우리의 신앙과 생활의 기준이 됨을 믿기 때문이다.
(3) 우리는 사도적 신앙고백의 터 위에 세워진 기독교회의 전통을 고수하는 전통주의에 입각한다.
(4) 우리의 신학은 개인적 신앙의 학적 표명이 아니라 사도적 신앙의 토대 위에 세워진 기독교 교회가 고백해 온 신조를 학적으로 설명하는 것이다.

2. 정치
(1) 우리는 성경적 교회의 유일한 대의정치 체제로서 장로정치체제를 취한다.
(2) 교회와 국가의 관계는 정교분리의 원칙으로 한다.

3. 생활
(1) 우리는 성경을 우리의 신앙과 생활의 유일한 기준으로 하여 역사적, 전통적, 기독교회의 유신론의 토대 위에서 하나님 중심, 말씀 중심, 교회 중심의 생활태도를 취한다.

4. 본 교단의 사명
(1) 사도적 신앙고백의 터 위에 진정한 성경적 교회를 수립할 것을 사명으로 한다.
(2) 나라와 민족과 지역을 초월하여 예수 그리스도께서 다시 오실 때까지 복음을 전파할 것을 사명으로 한다.
(3) 성경적 기독교 유신론에 입각하여 하나님의 일반 은총 분야를 하나님의 뜻에 순종하여 계발·정진시켜 나아갈 것을 사명으로 한다.

대한예수교장로회 복음총회는 교단 선언문을 통해 본 총회가 칼빈주의 신학 전통에 서 있으며, 장로정치 체제를 취하는 교회임을 표명하고 있다. 교리적 입장이 "신율주의적 복음주의"와 "역사적 개혁주의"이며, "성경을 근본으로 하는 칼빈주의"라고 밝히며, 성경을 절대 무오한 하나님의 말씀으로 믿는 신앙을 강조했다. 선언문에서 "사도적 신앙고백의 터 위에"라는 표현이 두 번 반복되며, 복음총회의 신학이 사도적 신앙의 토대 위에 서 있음을 분명히 했다. 이는 복음총회의 신학이 성경과 건전한 전통 위에 서 있으며, 장로교 신앙고백서의 표준인 웨스트민스터신앙고백서의 토대와 일치함을 보여준다.

이 선언문과 함께 복음총회는 신학교 졸업생들에게 소속 교회의 기반을 제공하며, 오늘날 백석총회의 성장과 발전을 이루는 중요한 출발점이 되었다.42)

5) 복음전파의 열정과 개혁주의신학
예수 그리스도의 교회가 마땅히 그러해야 하듯이, 백석총회는 복음전

---
42) 「한국교회사: 백석총회 설립 45주년 기념」, 313-324.

파를 위해 설립된 총회다. 복음전파를 목적으로 한다는 점에서 백석총회와 백석학원의 설립 취지는 동일하다. 「백석학원의 설립 취지」에 따르면, 참된 인재 양성은 도덕이나 윤리 교육을 통해서가 아니라 예수 그리스도의 복음(Gospel)이 우리 삶 가운데 역사함을 통해 이루어진다는 설립자의 확신에서 출발한다. 이러한 이유로 백석학원의 궁극적 교육 목표는 복음으로 변화된 사람을 세우는 것이다. 이를 위해 복음을 전하고 가르치는 복음전파 사역이 교육의 중심이 되어야 한다고 믿었고, 설립자 장종현 박사는 '복음(Gospel)'이라는 단어를 교명에 명시했다. 이처럼 대한복음신학교의 교명은 백석학원이 무엇을 지향하는지 잘 보여준다. 대한예수교장로회 복음총회 역시 대한복음신학교 졸업생들이 소속되어 섬길 교회가 필요해 설립된 총회로, 복음전파의 열정(passion)에서 탄생한 산물이었다.

　대한복음신학교는 1977년 12월 11일자 「한국복음신보」에 통신신학생 모집 광고를 처음 실으며 "초교파적으로 복음(Gospel)의 역군을 양성하고자 한다"고 명시했다. 이는 복음전파에 초점을 둔 것이며, 복음은 "모든 믿는 자에게 구원을 주시는 하나님의 능력"(롬 1:16)이라는 확신 아래 차별 없이 전파되어야 한다는 선언이었다. 광고 내용 중 "그리스도의 뜻을 본받아 초교파적으로 크리스천의 재무장 교육과 새로운 수련 교육을 시행한다"는 문구는 단순히 목회자 양성을 넘어 성도들의 신앙 함양에도 초점을 맞춘 것으로 볼 수 있다. 하지만 당시 한국교회의 혼란을 고려하면, 이는 신앙적으로 본이 되는 복음의 역군을 양성하겠다는 의지의 표현이라 할 수 있다. 신학이 단순한 지식에 머물러 생명을 낳지 못하는 오류를 범하지 않으려는 설립자 장종현 박사의 의지는 초기부터 분명했으며, 후에 "신학은 학문이 아니다"라는 선언으로 이어졌다.

　1978년 9월 설립된 대한예수교장로회 복음총회는 교단 선언문을 통해 복음총회가 개혁주의신학 전통에 서 있음을 명확히 밝혔다. 성경을 궁극적 토대로 삼으면서도 건전한 신학 전통을 존중하는 복음총회는 장로교 신앙고백서의 표준인 웨스트민스터신앙고백서가 서 있는 동일한 신학적 토대 위에 있음을 분명히 드러냈다.

복음총회에 속한 대한복음신학교의 모든 학년 교육과정에는 장로교 교리, 칼빈신학, 장로교헌법 등이 포함되었다. 이는 대한복음신학교가 학생 모집 첫 광고에서 '초교파적 복음의 역군 양성'을 목표로 천명했음에도 실제 신학교육의 내용은 개혁주의신학(Reformed Theology)에 바탕을 두어 신학적 정체성(identity)을 분명히 지향했음을 보여준다.

결론적으로, 대한복음신학교와 대한예수교장로회 복음총회는 복음 (Gospel) 전파의 열정(passion)으로 설립된 신학교와 총회이며, 그 신학적 정체성(identity)은 성경을 궁극적 토대로 삼으면서 건전한 신학 전통을 존중하는 개혁주의신학(Reformed Theology)이었다.43)

6) 대한예수교장로회 백석총회

대한예수교장로회 합동정통총회가 대한예수교장로회 백석총회로 명칭을 변경했다. 2009년 9월 21일부터 24일까지 수원명성교회에서 개최된 제94회(32회) 총회에서 내린 결정이었다. 1982년 12월 27일 대한예수교장로회 합동진리연합총회에서 총회명을 합동정통총회로 변경하고 27년이 지난 후에 일어난 변화였다.44)

2009년 9월 제94회(32회) 총회가 총회명칭을 '백석총회'로 변경하고 1978년을 기점으로 총회 회차를 잡기로 변경한 것은 '백석총회를 만들자'고 하는 총회원들 내의 주장이 총회에 받아들여진 결과였다. '백석총회'를 추진한 이들은 총회 명칭 변경과 회기 변경, 여성안수와 경안노

---

43) 대한예수교장로회총회(백석), 「한국교회사: 백석총회 설립 45주년 기념」, 324-326.
44) 대한예수교장로회총회(백석), 「한국교회사: 백석총회 설립 45주년 기념」, 465.

회 목사 안수권 부여 건을 하나로 묶어 주장했다. 매우 중대한 사안들이 함께 묶여 있는 주장이라 자칫하면 총회가 위기를 맞을 수도 있는 상황이었다. 하지만 대한예수교장로회 합동정통총회에서 대한예수교장로회 백석총회로 총회 명칭을 변경하고 회기를 변경하는 건 모두 받아들여졌다. 여성안수 건은 노회에 수의하여 시행하자고 하여 받아들여졌다.45) 하지만 여성안수 건은 많은 진통을 겪은 후에야 시행될 수 있었다.

(1) '백석' '우리 것'

백석대학교 신학대학원과 신학교육원은 백석총회 직영 신학교가 아니라 인준 신학교다. 일반적으로는, 직영 신학교와 총회의 관계가 인준 신학교와 총회의 관계보다 훨씬 긴밀하다. 그런데 백석대학교는 물론이고 백석학원 전체와 백석총회의 유대는 우리나라에 있는 어떤 다른 교단 총회와 직영 신학교 사이 유대보다 훨씬 끈끈하다. 백석총회와 백석학원의 이런 긴밀한 유대는 설립자가 동일하기 때문일 것이다.

설립자 장종현 목사는 복음전파에 헌신할 역군을 양성하기 위해 신학교를 세웠고, 제자들이 소속되어 일할 교회가 필요해서 총회를 세웠다. 작은 교단이라서 당하는 서러움을 풀어주기 위해 합동 비주류와 연합했지만 교회 하나 됨에 대한 의지가 없음을 보고 바로 복귀했다. 합동 비주류 함북노회와 평북노회에서 복음총회측에 합류했던 이들이 '합동'이라는 명칭을 유지해야 소속 목회자들이 총회명칭으로 인한 어려움을 덜 겪을 것이라며 요청함으로 총회명칭과 회기도 예장 합동총회를 기준으로 삼아 사용했다.

그 후 하나님이 백석총회에 큰 성장을 허락하셨다. 다른 교단들에서

---

45) 대한예수교장로회 합동정통총회, 〈제94회 총회 촬요〉 (2009. 9. 21-24).

는 유사한 예를 찾기 힘들 정도로 백석총회와 백석학원이 서로 북돋우어 주며 하나가 되어 무럭무럭 성장했다. 이제 다른 총회와 신학교가 '우리 것'을 인정할 뿐 아니라 때로는 부러워하기도 한다. 백석총회는 다른 교단들과 통합하는 과정을 통해 '우리 것'이 무엇인지 깨닫게 되었다. 그 '우리 것'이 바로 '백석'이다. 많은 진통을 겪었지만 그 과정을 통해 백석총회는 '백석'이 바로 '우리것'임을 깨달았다. 총회 명칭 변경과 회기 조정은 백석총회가 '우리 것'을 제자리에 놓은 뜻 깊은 일이었다. 그로 인해 백석총회는, 다른 어떤 교단의 경우에서도 볼 수 없는, 백석학원이라는 친밀한 동반자를 다시금 확인할 수 있었다.

(2) 백석총회의 여성 목사 안수 결의

2009년 9월 21-24일, 수원명성교회에서 개최된 대한예수교장로회 백석총회의 제94회(제32회) 총회(총회장 유만석 목사)에서 여성 목사 안수 문제가 본격적으로 논의되었다. 이 총회에서 중요한 결정들이 함께 다루어졌는데, △총회 명칭을 대한예수교장로회 합동정통총회에서 대한예수교장로회 백석총회로 변경하는 것, △총회의 회기를 1978년 대한예수교장로회 복음총회가 설립된 해를 기준으로 조정하는 것, △경안노회에 목사 안수권을 부여하는 것, △여성 목사 안수를 시행하는 것이 주요 안건이었다.

이러한 중대한 사안들이 동시에 논의되었기 때문에 총회가 혼란에 빠질 위험도 있었다. 그러나 다행히도 총회 명칭 변경과 회기 변경, 그리고 경안노회의 목사 안수권 부여 건은 받아들여졌으며, 여성 목사 안수 건은 노회에 수의를 맡기는 방식으로 결의되었다.46)

여성 목사 안수와 관련하여 경안노회는 총회에 연구를 요청하는 헌

---

46) 대한예수교장로회 합동정통총회, 「제90회 총회 촬요」 (2005. 9. 12-15), 별지 115-118

의를 제출하였다. 신학교수 중에서 여성 목사의 성경적 타당성을 연구할 위원을 선정하여 1년간 연구한 후 그 결과를 차기 총회에 제출하도록 허락해 달라는 내용이었다. 이에 대해 총회는 "여성 목사를 허락하되 1년간 법적, 제도적 장치를 마련하기 위해 학교 측 인사 4인과 총회 측 인사 4인을 두어 연구한 후 차기 총회에 보고하여 노회 수의를 거쳐 시행하자"는 재개의안을 절대다수의 찬성으로 가결하였다.47)

이후, 2011년 제34회 총회에서는 총대들이 여성목사 안수와 관련된 헌법 개정을 확정하였다. 백석총회는 「헌법」 정치 제5장 제28조 '목사의 자격' 조항에 "여성 목사는 남성에 준한다"라는 문구를 삽입하여 여성목사 안수에 대한 법적·제도적 정비를 마무리하였다.48)

2013년 개정된 백석총회 「헌법」에 규정된 '목사의 자격'은 다음과 같다.

제2편 정치, 제5장 제28조 목사의 자격

목사 될 자는 신학대학원(M. Div.) 3년 과정을 졸업하고 학식이 풍부하며 행실이 선량하고 신앙이 진실하며 교수에 능한 자가 할지니, 모든 행위가 복음에 적합하여 범사에 절제와 겸손함과 성결함을 나타낼 것이요, 자기 가정을 잘 다스리며 외인에게서도 칭찬을 받는 자이어야 하며 연령은 27세부터다(딤전 3:1-7).

총회에서 시행하는 강도사 고시에 합격되어 노회의 강도사 인허 후 1년 이상 교역에 종사하고 노회 목사 고시에 합격되고 청빙을 받은 자라야 한다. 〈여성 목사는 남성에 준한다〉.

이 조항을 통해 백석총회는 여성 목사의 자격이 남성과 동일하다는 입장을 헌법적으로 명문화하였다.49)

---

47) 대한예수교장로회 합동정통총회, 「제93회 총회 촬요」 (2008. 9. 22-25).
48) 대한예수교장로회 백석총회, 「제34회 총회 촬요」 (2011. 9. 19-22).
49) 대한예수교장로회총회(백석), 「헌법」 (서울 : 대한예수교장로회 총회(백석) 예장백석출판사, 2013), 제2편 정치, 제5장 목사, 제28조 목사의 자격(세칙 제2장 제25조) [147].

결국 여성 목사 안수 문제는 '전통적 입장을 따를 것인가, 시대의 요청에 부응할 것인가?'라는 해석 차이에 기인했다. 반대하는 측에서는 여성신학과 해방신학 같은 사조가 총회에 침투하는 것을 막아야 한다고 주장했고, 찬성하는 측에서는 여성 사역자들의 현실과 총회의 미래를 위해 여성 목사 안수가 필요하다고 강조했다. 이러한 논쟁 속에서 백석총회는 깊은 고민 끝에 여성 목사 안수를 결의했다.

백석총회가 여성 목사 안수를 결의했을 당시, 개혁신학을 공유하는 형제 교단들은 우려를 표했다. 그러나 백석총회는 논쟁을 피하는 대신, 그들의 우려가 기우가 되도록 스스로 더 삼가고, 형제 교단들과의 연합을 위해 더욱 노력했다.

17년이 지난 지금, 여성 목사 안수를 둘러싼 당시의 우려는 거의 사라졌다. 이는 백석총회의 개혁주의생명신학이 성경적인 신학이라는 점이 입증되었기 때문일 것이다. 앞으로도 백석총회는 개혁주의생명신학을 바탕으로 복음의 본질을 유지하면서도 시대적 필요에 맞게 교단을 이끌어갈 것이다.[50]

예장 백석총회 첫 여성 목사 임직은 2012년 4월 6일, 예장 백석총회에서 역사상 첫 여성 목사가 탄생했다. 안양노회, 충남노회, 서울남노회, 대전노회를 비롯한 여러 노회에서 총 50여 명의 여성 목사가 안수를 받으며 백석총회의 여성 목사 안수 시행이 본격적으로 이루어졌다. 이는 2009년 총회의 여성 목사 안수 결의 이후 3년 만에 실질적인 결실을 맺은 것으로, 백석총회의 여성 사역자들이 더욱 활발히 사역할 수 있는 길이 열리는 계기가 되었다.

---

50) 이현주, "예장 백석총회 '첫 여성 목사' 탄생," 「아이굿 뉴스」, (2012.04.12.), 2025. 2. 14. 접촉.

제2장 백석총회의 교회통합운동

오늘 우리가 백석교단이라고 부르는 백석총회는 1976년 설립된 대한복음신학교로부터 출발했다. 당시 한국교회는 폭발적으로 성장하는 시기였으나 교회는 심각하게 분열되어 복음의 권위를 상실하고 있었다. 이런 상황에서 필요한 전도자를 양성하고 복음의 권위를 회복하기 위해 장종현 목사는 새로운 신학교를 설립했다.51)

복음총회는 기성교회로부터 분립이나 분열로 시작된 교회가 아니라 처음부터 독립적인 자생적인 조직체로 출발하였다. 이때 발표된 선언문을 보면, 복음총회의 이념과 정신을 엿볼 수 있다.

교리에 있어서, '성경을 근본으로 하는 칼빈주의' 신학에 기초하여 '사도적 신앙고백의 터 위에 세워진 기독교회의 전통을 고수하며 기독교 교회가 백해 온 신조'를 중시한다고 말하고 있다.52) 이를 세 가지로 정리하면, ① 대한복음총회는 사도적 교회를 계승하는 정통교회로서 ② 사도시대 이후 정통교회가 고백해 왔던 신조를 수납하는 교회이며, ③ 성경에 기초한 칼빈주의 신학을 추구하는 교회임을 드러낸 것이다. 교회정치 체제는 장로교 제도를 따른다고 말하고 있다. 장로교회 치리회로서 당연한 선언이지만 장로회의 제도를 중시한다는 의미를 담은 것이다.

이렇게 하여 대한예수교장로회 복음총회는 예수 그리스도를 머리로 하는 하나의(One) 거룩한(holy) 보편적인(catholic) 교회(church)의 일원임을 선언한 것이다. 복음총회는 사도들과 선지자들의 터 위에 세워진 교회로서, "외인도 아니요, 나그네도 아니요 오직 성도들과 동일한

---

51) 장종현, 「신학은 학문이 아닙니다」, 172.
52) 장종현, 「신학은 학문이 아닙니다」, 174.

시민이요 하나님의 권속이"(엡 2:19) 된 것이다.

대한복음총회는 처음부터 하나 되기를 힘쓰는 교회(엡 4:1-6)로 출발했고, 한국교회의 분열의 현장에서 분열을 치료하는 교회로 발전하여 오늘에 이르고 있다. 처음에는 대한예수교장로회 '복음총회'로 출발했는데(1978. 9), '합동진리'(1980), '합동정통'(1982)으로 개칭되었고, 2009년 9월에는 교단명칭을 '백석'(白石)으로 개칭하였다. 2015년에는 대신 측과 통합하면서 짧은 기간 '대신'으로 불리기도 했으나 2019년 '백석'으로 환원하여 오늘에 이르고 있다.53)

1. 백석총회의 교회연합과 통합 과정

백석총회는 설립 이후부터 그리스도 안에서의 연합과 일치를 모색하여 2023년까지 여덟 차례의 교단 간 통합을 이루어 교회는 하나이며, 하나 되기를 힘쓰는 교회로 발전해 왔다. 이는 분열로 점철된 이전의 역사를 쇄신하는 의미가 있었다.

1) 합동비주류 함북 및 평북노회의 가입(1979. 12)
2) 연합총회(은혜 측과 연합측이 합동한 교회)과 통합(1981. 12)
3) 개혁(장지동 측)과 통합(2013)
4) 예장 개혁(광주 측 2014. 5), 성경측과 통합(2014 9).
5) 예장 대신측과 통합(2015)

6) 예장 합동진리 측과 통합(2017. 8)
7) 6개 교단과의 통합(2022)

---

53) 헌정논문집 편집위원회, 「개혁주의생명신학 교회를 살리다 ; 한국교회사에 본 백석총회의 교회통합운동」 (서울: 기독교연합신문사, 2023), 1055-1057.

8) 45주년 1만교회운동(2023)

장종현 대표총회장과 백석총회는 분열된 교회를 연합하기 위하여 끊임없이 노력하였고, 그 결과 여덟 차례의 교단간 통합을 이루었다.

2. 어떻게 여덟 차례 교단 통합이 가능했는가?

1) 말씀에 대한 순종.
하나 되기를 힘쓰라는 말씀에 순종했기 때문이다. "사랑 가운데서 용납하고 성령의 하나 되게 하신 것을 힘써 지키라고 하셨고"(엡 4:1, 요: 17:21-22).

2) 지도자의 강력한 리더십.
백석총회가 분열의 현장에서 연합을 이루게 된 것은 백석총회와 백석학원의 설립자이자 설계자인 장종현 목사의 지도력 때문에서 가능했다. 장종현 대표총회장이 교회연합과 일치를 중시하지만 그렇다고 무분별한 연합을 말하는 것이 아니다 그는 신앙고백의 일치를 중시하고, 같은 신앙을 고백하는 장로교회들의 간의 연합이나 통합을 주창할 뿐이다. 한국교회의 연합운동가이다.

3) 기득권의 포기
예수 그리스도의 피값으로 세워진 교회가 하나 되는 교회 연합이라는 대의를 위하여 모든 기득권을 내려놓았기 때문에서 가능했다. 내려놓음은 상대편에 대한 관용적 태도이자 존중과 배려인데, 이를 '연합을 위한 관용'이라 할 수 있을 것이다.[54]

3. 백석총회의 교회통합운동이 주는 교훈

백석총회의 교회통합운동은 단순한 교단 확장이 아니라, 교회의 본질인 하나 됨을 실천하는 과정이었다. 예수 그리스도께서는 교회가 하나 되기를 간절히 원하셨으며(요 17:21-22), 사도 바울 또한 성령이 하나 되게 하신 것을 힘써 지키라고 권면했다(엡 4:3). 백석총회는 이러한 성경의 가르침에 순종하여, 분열된 한국교회의 현실 속에서 연합과 일치를 위한 실제적인 모델을 제시했다.

첫째, 개혁주의생명신학의 실천이다. 백석총회는 개혁주의생명신학의 7대 실천운동 중 "회개용서운동"과 "하나님나라운동"을 바탕으로 교단 간 연합을 이루었다. 과거의 분열을 회개하고, 서로를 용납하며 하나 되기를 힘썼기에 교회통합이 가능했다.

둘째, 올바른 신앙고백 위에서의 연합이다. 백석총회는 신앙고백의 일치를 중시하며, 개혁주의 신학을 근간으로 한 장로교회들과의 연합을 추구했다. 이는 단순한 조직적 결합이 아니라, 성경적 원칙에 따른 연합을 이루기 위한 것이었다.

셋째, 자기희생과 기득권 포기이다. 교회의 하나 됨이라는 대의를 위하여 백석총회의 지도자들은 기득권을 내려놓고 연합을 위해 헌신했다. 이는 사도 바울이 고백한 "내가 그리스도와 함께 십자가에 못 박혔나니"(갈 2:20)라는 말씀과도 일맥상통한다.

넷째, 미래를 향한 비전이다. 백석총회는 단순한 교세 확장을 위한 통합이 아니라, 한국교회의 연합과 세계 선교를 위한 통합을 추구해왔다. 2023년 "45주년 1만교회운동"을 통해 더 큰 도약을 준비하는 것도 이러한 비전의 연장선에 있다.

결론적으로, 백석총회의 교회통합운동은 개혁주의생명신학을 실천하

---

54) 「개혁주의생명신학 교회를 살리다: 한국교회사에 본 백석총회의 교회통합운동」, 1065-1069.

는 장이었으며, 한국교회의 분열을 넘어 연합과 일치를 이루기 위한 중요한 이정표였다. 이는 단순한 과거의 성취가 아니라, 앞으로도 한국교회가 하나 되기 위해 지속적으로 노력해야 할 방향을 제시하는 것이다. 백석총회는 성경적 신앙고백 위에서 한국교회의 연합을 위한 모델을 제시하고 있으며, 앞으로도 개혁주의생명신학을 바탕으로 연합과 일치를 이루는 교회가 되어야 한다(엡 4:1-6).

4. 교회연합운동에 대한 견해

1) 종교개혁당시 루터와 칼빈의 견해

루터주의와 칼빈주의는 두 가지 교리에서 선명하게 구분되기 시작했다. 그것은 예정교리와 성만찬 교리였다.[55] 루터가 공재설을 주장한 반면 칼빈은 영적 임재설을 주장했다. 칼빈은 자신의 입장이 분명했지만 성만찬 교리로 종교개혁자들이 분열되는 것을 원치 않았다. 그는 본질에서는 일치를 비본질에서는 다른 입장과 견해를 관용해야 한다고 생각했다. 성경이 모든 신앙과 신학과 삶의 규범이 되어야 한다는 사실에 일치한다면 그 외에는 다양한 견해를 인정해야 한다는 것이다. 칼빈은 성경에 기초하여 자신의 신학을 집대성하여 나갔지만 성경해석상의 차이를 인정하고 종교개혁 시대 교리로 인해 사분오열된 것을 제일 안타깝게 고민했다. 그것은 그가 캔터베리 대주교에게 보낸 다음과 같은 편지에서 그대로 읽을 수 있다. 대주교 토마스 크랜머(Thomas Cranmer, 1489-1556)에게 보낸 편지에서 칼빈은 이렇게 고백한다.

이 시대의 가장 큰 문제 중의 하나는 교회들이 서로 분리되어 있다는 점입니다. 교회들 간에는 현세적이거나 인간적인 교제가 이루어지지

---

[55] Alister McGrath, 「기독교 그 위험한 사상의 역사」, 171.

않고 있습니다. 그리스도의 몸은 갈기갈기 찢어져 있습니다. 신자들이 분리되어 있기 때문입니다. 이렇게 교회가 찢겨있다면 그 몸은 피를 흘리고 있는 것입니다. 이 일이 저에게 큰 관심거리이므로 제가 도움을 줄 수 있다면, 그리고 필요한 일로 여겨진다면 저는 이 일로 인해 열 개의 바다라도 건너기에 인색치 않을 것입니다. 지금 우리들의 목적이 모든 선한 지도자들의 마음을 하나로 합하는 것이므로 성경의 법칙에 따라 분리된 교회들을 하나로 만들기 위해서는 어떤 노력이나 수고도 아끼지 말아야 할 것입니다.[56]

칼빈은 신학적 입장이 분명했지만 전체 종교개혁의 거대한 하나님의 거룩한 운동을 위해 최선을 다해 연합하고 협력을 아끼지 않았다. 필립 샤프의 지적대로 "그는 어떤 분열주의도 용인하지 않았다". 우리는 칼빈을 본받아야 한다. 성경을 강조하고 성경적인 기독교를 주장하다 보면 그 교리를 이데올로기로 삼고 다른 의견들을 정죄하는 경우가 종종 있다. 존 칼빈은 우리가 생각하는 것 이상으로 근본적인 문제에서 일치한다면 지엽적인 의견 차이는 관용해야 한다는 부처의 입장을 받아들였다. 그 대표적인 것이 바로 마르틴 루터의 후계자 멜랑히톤과의 관계이다. 그는 루터의 후계자였던 멜랑히톤과 깊은 유대관계를 가졌고 심지어 멜랑히톤의 책을 번역하여 소개하는 것도 주저하지 않았다. 멜랑히톤은 자신의 스승 루터보다 칼빈을 더욱 존경했다. 그래서 칼빈을 가리켜 종교개혁의 대표적 '신학자'(the theologian)란 말을 붙였다. 칼빈은 근본적인 문제에 있어서 확고한 입장을 취하면서도 비본질적인 부분에 있어서는 관용의 입장을 취했다.

루터 역시 사익보다 늘 공익을 우선했고, 복음의 대 사회-문화적 변

---

[56] Jean Calvin, Joannis Calvini opera quae supersunt omnia, XIV, 314. 60 Schaff, 스위스 종교개혁, 253.

혁을 중시했다. 그는 성만찬 문제에서는 타협하지 않았지만 문화와 예술에 대한 상당한 식견과 안목을 갖추고 사회 문화 전반의 개혁에 깊은 관심을 기울였다. 루터만큼 시와 음악과 회화와 모든 순수 예술을 사랑한 사람도 드물 것이다. 게다가 루터는 하나님이 주신 재능을 팔아 돈을 벌기를 거부했다. 만약 그가 인세를 챙겼다면 독일어 성경 인쇄만으로도 거액을 벌었을 것이다. 무엇보다도 우리가 루터를 높이 평가해야 할 것은 루터가 그리스도만을 높이고 그만 드러내려고 했다는 사실이다. 루터의 추종자들이 루터파로 불리기를 원했지만 정작 루터는 이를 강하게 말렸다.

제발 당부하건대 내 이름을 그냥 놔두시오. 여러분들을 루터파라고 부르지 말고 그리스도인들이라 부르시오 루터가 누구입니까? 나의 교리는 나의 것이 아닙니다. 나는 어느 누구 한 사람을 위해서도 십자가에 못 박히지 않았습니다. 사도 바울은 누가 자신들을 바울파 혹은 베드로파라 하고 부르는 것을 원치 않고 그리스도인들이라 부르기를 원했습니다. 그럴진대 하물며 나 같이 먼지와 재에 덮인 누추한 자루 같은 나의 이름을 그리스도의 자녀들에게 붙이는 것이 가당키라도 한 일이겠습니까? 사랑하는 친구 여러분, 더 이상 파벌의 이름에 집착하지 말고 그런 이름들은 모두 없애 버리십시오! 그리고 우리 스스로를 우리의 교리의 근원이신 분의 이름을 따라 그리스도인들이라 부릅시다. 교황파가 자신들의 파벌의 이름을 지니고 있는 것은 당연한 일입니다. 그들은 예수 그리스도의 이름과 교훈으로 만족하지 않고 교황파가 되기를 원하기 때문입니다. 그렇다면 그 사람들은 그냥 교황을 자기들의 주인으로 섬기도록 내버려둡시다. 다만 나는 누구의 주인도 아니고 그렇게 되고 싶은 마음도 없습니다. 나는 유일한 주이신 그리스도와 그분의 교단으로 만족합니다.57)

루터 역시 그리스도의 주권을 높이며 연합운동에 깊은 관심을 가지고 자신의 이름을 따라 파벌과 교파가 형성되는 것을 얼마나 우려했는지를 그대로 읽을 수 있다. 칼빈이 강조하고 루터도 동의한 바이지만 개혁자들은 만약 종교개혁의 근본정신에 일치한다면 서로 관용하고 이해하고 함께 하나님 나라를 위해 협력을 아끼지 않아야 한다고 생각했다.

종교개혁 이후 다양한 개신교 교단이 역사에 등장했지만 그것이 교파의 분열이라고 단죄해서는 안 된다. 그 다양한 개신교 교단의 등장은 로마가톨릭이 비판하는 것처럼 개신교가 분열의 종교가 아니라 다양성 속의 통일성, 통일성 속의 다양성을 지녔음을 잘 보여주는 것이다. 개신교의 다양한 교파가 프로테스탄트의 신앙, 곧 성경이 신앙과 행위의 절대적 규범이라는 성경의 우위성, 믿음으로 의롭다 함을 받는다는 칭의론, 그리고 모든 믿는 자들이 사제를 통하지 않고 영원한 대제사장이신 예수 그리스도의 십자가의 구속의 보혈을 통해 하나님의 보좌로 직접 나갈 수 있다는 만인제사장원리를 받아들이다. 그런 가운데 각 교단의 다양성을 인정하고 존중하는 것이다. 이처럼 성경적 기독교를 구현하면서 기독교신앙의 자유를 존중하는 것이 개신교의 특징이라고 할 수 있다.58)

2) 복음주의 연합정신

루터는 오직 그리스도만 높임을 받아야 한다고 믿었기 때문에 자기 이름으로 특정 교파를 만드는 것을 극구 반대했다. 칼빈은 본질적인 문제에서는 일치를 그러나 비본질 문제(아디아포라, adiaphora)는 관용의 입장을 취했다. 한국에 파송된 선교사들은 종교개혁의 연합정신을 계승

---

57) Schaff, 「독일종교개혁」, 382.
58) 박용규, 「기독교역사와 역사의식」 (서울: 기독교역사연구소, 2019), 176-179.

했다. 1885년 4월 5일 입국한 언더우드와 아펜젤러는 서로 교파가 달랐고 출신대학과 신학교가 달랐지만 한반도의 복음화를 위해서는 죽을 때까지 협력을 아끼지 않았다. 언더우드와 아펜젤러는 성경번역, 문서선교, 학교운영, 주일학교운영, 복음전파와 순회전도에 이르기까지 협력과 연합을 아끼지 않았다. 장로교를 대표하는 언더우드와 감리교를 대표하는 아펜젤러의 연합은 곧 장로교와 감리교의 연합이나 마찬가지였다. 독일개혁교회(German Reformed Church)와 그 교단이 세운 프랭클린 마샬대학을 졸업하고 드루신학교를 거쳐 한국에 입국한 아펜젤러는 연합운동에 적극적이었다. 대학 시절부터 괴테문학회 회장을 맡으며 리더십을 보여주었고 신학교 때는 드루신학교 대표로 전국신학교선교대회에 참석하며 몸으로 연합운동을 체득했다. 그는 1885년 4월 5일 부활절에 언더우드와 함께 나란히 제물포에 입국한 후 배재학당을 설립하여 인재를 양성하고 1887년 함께 성서번역위원회를 발족하였으며, 1890년 예수성교서회를 조직하여 성경번역과 문서 선교에 매진하였다. 그만큼 연합운동에 앞장선 사람도 드물 것이다. 언더우드와 함께 한반도 전역을 순회전하며 한국민족의 복음화에 전념하다 마지막에 자신의 생명마저 바친 아펜젤러야 말로 연합운동의 진정한 롤 모델이 아닐 수 없다.

장로교 초대 총회장을 지냈던 언더우드 역시 연합운동에 앞장섰다. 언더우드의 아내 릴리아스는 그의 연합정신과 관련하여 이렇게 기술했다. "그는 결코 종파적이거나 계급적이거나 인종적인 편견을 가진 적이 없었다. 그가 모든 인종, 민족, 계급, 연령, 종파에 속한 사람들과 진정한 형제애를 나누는 모습을 누구보다 잘 볼 수 있었던 사람은 바로 나 자신이다. 그의 존재의 모든 흐름은 연합을 향하고 있었던 것이다. 그는 무의식적으로 모든 살아 있는 영혼에게 도움과 사랑을 베푸는 친밀한 교제를 이루고자 하는 경향이 있었다. 그의 동정과 관심과 사랑 앞에서는 신분의 높고 낮음이나 도량의 넓고 좁음이나 피부색이 희고 검은 것은 전혀 문제가 되지 않았다."59)

특히 언더우드는 네덜란드 개혁교회(Reformed Church in America) 출신이면서도 미국 장로교(PCUSA) 선교사로 파송 받아 다양한 장로교 선교회가 한국선교를 진행할 수 있도록 협력을 아끼지 않았다. 남장로교회(PCUS)가 한국에 들어 올 수 있도록 길을 열어준 사람도 언더우드였고 캐나다 장로교 선교회가 한국선교를 진행할 수 있도록 밑거름을 놓은 사람도 언더우드였다. 한국교회는 칼빈의 연합정신과 초기 언더우드와 아펜젤러가 보여주었던 연합정신을 회복해야 할 것이다.60)

3) 현대교회의 연합운동

오늘날 현대교회는 과거 종교개혁의 정신과 한국교회의 아름다운 유산을 계승하고 발전시켜 나가야 할 것이다. 종교개혁의 온전한 회복을 위해서는 인간의 노력과 힘만으로는 감당할 수 없다. 단순히 개혁안을 만들고 회의를 한다고 문제가 풀리는 것은 아니라는 사실을 우리는 너무도 잘 알고 있다. 중세 말엽만큼이나 회의가 많이 열렸던 시대는 없었다. 그런데도 그들에게 개혁은 요원한 일이었다. 무언가 구상을 하고 조직을 만들고 구호를 외친다고 개혁되는 것은 아니다. 종교개혁 500주년을 넘어 501주년의 참된 의미는 기념이 아니라 그 정신의 계승이라는 사실을 잊지 말아야 할 것이다. 한국교회는 참된 개혁을 감당할 수 있는 힘을 달라고 무릎을 꿇고 하나님께 간절히 매달려야 한다. 진정한 개혁은 한국교회가 다시 위로부터 임하시는 성령의 놀라운 은혜를 힘입을 때 가능하다고 생각한다. 우리는 칼빈이 사도행전 2장 오순절성령

---

59) Lilias H. Underwood, 「언더우드 한국에 온 첫 선교사」 (서울: 기독교문사, 1990), 38-39.
60) 박용규, 「기독교역사와 역사의식」, 190.

강림 사건을 주석하면서 언급한 다음과 같은 말을 주목해야 한다. "당시에 실추되었던 교회의 명성이 하나님의 성령에 의하여 새로워지는 일을 통해서만 회복될 수 있다는 사실을 유대인들이 알도록 하기 위함이다."

오순절성령강림은 물론 1차 대각성운동과 2차 대각성운동 그리고 평양대부흥운동 모두 은혜를 사모하는 간절한 기도가 있었기 때문에 가능했다. 부흥은 하나님의 주권적인 선물이지만 아무 곳에나 임하는 것이 아니라 사모하는 곳에 임한다는 사실을 가장 분명하게 보여준 이들도 바로 초기 한국에 파송된 선교사들이었다.[61]

한국교회의 연합과 개혁은 단순한 제도적 노력이나 인간적인 계획으로 이루어질 수 없다. 역사적으로 모든 개혁과 부흥은 성령의 역사 속에서 이루어졌으며, 한국교회도 다시금 위로부터 임하시는 하나님의 은혜를 간절히 사모해야 한다.

4) 백석총회의 시대적 사명

백석총회는 종교개혁의 정신과 한국교회의 아름다운 유산을 계승하며, 개혁주의생명신학을 실천하는 사명을 가지고 있다. 단순한 교단의 확장이나 행정적 통합이 아니라, 성경으로 돌아가 교회의 본질을 회복하고, 복음의 능력으로 세상을 변화시키는 것이 백석총회의 시대적 사명이다. 그러나 참된 개혁은 인간의 노력과 힘만으로 이루어지는 것이 아니다. 중세 말엽에도 개혁을 위한 수많은 회의가 열렸지만, 성령의 역사가 없었기에 개혁은 요원한 일이었다. 오늘날 한국교회가 직면한 문제 역시 단순한 조직적 해결로 극복할 수 없으며, 오직 하나님의 은혜와 성령의 역사 속에서만 참된 회복이 가능하다.

---

61) 박용규, 「기독교역사와 역사의식」, 189-192.

백석총회는 이러한 시대적 사명을 감당하기 위해 다음과 같은 방향을 실천해야 한다.

첫째, 개혁주의생명신학을 통한 신학적 정체성 확립이다. 백석총회는 종교개혁의 정신을 계승하면서도 한국교회의 상황에 맞는 개혁주의생명신학을 발전시켜 왔다. 이는 단순한 신학 이론이 아니라, 신앙운동과 신학회복운동을 통해 한국교회를 성경의 원리에 따라 개혁하고자 하는 실천적 신학이다. 개혁주의생명신학은 오직 성경, 오직 그리스도, 오직 믿음, 오직 은혜, 오직 하나님께 영광이라는 개혁신학의 본질을 바탕으로 7대 실천운동을 전개하며, 신앙과 삶이 일치하는 신학을 구현하는 것을 목표로 한다.

둘째, 교회의 연합과 일치를 위한 실천적 노력이다. 백석총회는 설립 초기부터 연합운동을 주도해 왔으며, 교단 통합을 통해 교회의 하나 됨을 이루기 위해 노력해 왔다. 이는 단순한 교단 간 조직적 결합이 아니라, 개혁주의생명신학이 강조하는 회개용서운동과 하나님나라운동을 실천하는 과정이었다. 앞으로도 한국교회의 연합을 위한 역할을 감당하며, 신앙고백의 일치를 바탕으로 한 건강한 연합을 추구해야 한다(요 17:21).

셋째, 교회와 세상을 변화시키는 하나님나라운동이다. 교회의 존재 목적은 단순히 내부적 성장이 아니라, 세상을 복음으로 변화시키는 데 있다. 백석총회는 나눔운동과 하나님나라운동을 실천하며, 교회가 세상의 빛과 소금이 되도록 힘써야 한다(마 5:13-16). 이를 위해 성경적 가치관을 바탕으로 교회의 사회적 책임을 다하고, 복음이 한국 사회를 변화시키는 데 기여해야 한다.

넷째, 기도성령운동을 통한 영적 부흥이다. 역사를 돌아볼 때, 교회의 개혁과 부흥은 언제나 성령의 강력한 역사 속에서 이루어졌다. 백석총회는 기도성령운동을 통해 한국교회가 다시 영적 능력을 회복하고, 성령의 인도하심 속에서 성장하는 교회가 되도록 이끌어야 한다(행 1:8). 오순절 성령강림, 1차 대각성운동, 2차 대각성운동, 그리고 평양대부흥운동 모두 은혜를 사모하는 간절한 기도를 통해 이루어졌다. 부흥은 하나님의 주권적인 선물이지만, 아무 곳에나 임하는 것이 아니라 사모하는 곳에 임한다는 사실을 잊지 말아야 한다.

결론적으로, 백석총회의 시대적 사명은 단순한 교단의 유지와 발전을 넘어, 한국교회의 개혁과 연합, 그리고 영적 부흥을 이루는 것에 있다. 성경적 신앙을 바탕으로 교회를 세우고, 개혁주의생명신학을 실천하며, 하나님 나라를 확장하는 것이 백석총회의 핵심적인 사명이다(마 28:19-20). 백석총회는 하나님의 은혜 속에서 교회의 본질을 회복하고, 한국교회가 다시금 성령의 강력한 역사 속에서 새롭게 세워지는 일에 앞장서야 한다.

"성령이 하나 되게 하신 것을 힘써 지키라"(엡 4:3)는 말씀처럼, 연합과 개혁은 인간의 힘으로 이루어지는 것이 아니라, 오직 성령의 역사 속에서만 가능하다. 백석총회는 개혁주의생명신학을 실천하며, 하나님의 뜻 안에서 한국교회의 개혁과 부흥을 이루는 교단으로서의 사명을 다해야 한다.

제3장 백석 헌법의 변천사

1. 백석총회의 시원(始原)

1978년 9월 설립된 대한예수교장로회 복음총회의 교단 선언문은 복음총회가 개혁주의신학 전통에 서있음을 표명하고 있다. 성경을 궁극적 토대로 삼고 있으면서 건전한 신학 전통을 존중함으로, 대한예수교장로회 복음총회가 장로교 신앙고백서의 표준인 웨스트민스터 신앙고백서

가 서있는 신학적 토대와 동일한 토대 위에서 있음을 드러내는 것이다.62)

대한예수교장로회 복음총회에 속한 대한복음신학교의 모든 학년 교육과정에 장로교 교리, 칼빈신학, 그리고 장로교헌법과 같은 과목들이 편성되어 있었음은 대한복음신학교가 학생 모집 첫 광고에 '초교파적 복음의 역군 양성'을 목표로 명시해 복음전파의 사명을 천명하면서도, 실제 신학교육의 내용은 개혁주의신학에 바탕을 둠으로 초기부터 개혁주의신학이라는 신학적 정체성을 지향했음을 보여준다.63)

신학교와 총회의 명칭, 그리고 총회 신앙선언문을 통해 분명히 드러난 대로 대한복음신학교와 대한예수교장로회 복음총회는 복음전파의 열정으로 설립된 신학교와 총회이며, 그 산학정체성은 성경을 궁극적 토대로 삼고 있으면서 건전한 신학 전통을 존중하는 개혁주의신학이었다.64)

[그림 1-4] 백석 헌법의 변천사

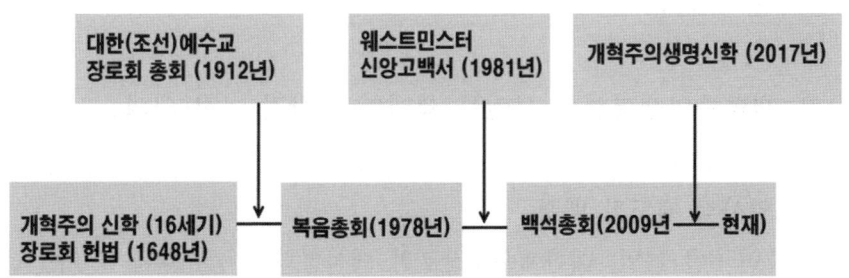

---

62) 백석학원 40년사, 64-65.
63) 백석학원 40년사, 65.
64) 백석총회 설립 45주년 기념, 「한국교회사」, 327.

대한예수교장로회 백석총회

대학예수교장로회(백석)총회는 1912년 평양에서 창립된 "조선예수교장로회 총회"와 1978년 9월에 설립된 "대한예수교장로회 복음총회"로 뿌리를 삼고 있다. 65)

① 1648년에 공포한 웨스트민스터 헌법을 기초로 제정.66)
  대한예수교장로회 백석총회. 독노회의에 채택한 12신조.
② 대한복음신학교(1946년) 졸업생들에게 사역할 총회로 대한예수교장로회 복음총회(1948년)설립됨. 대한예수교장로회 복음총회는 독노회의에 채택한 12신조를 채택과 더불어 대한예수교장회라 정통성을 계승하여 대한예수교장로회 복음총회라 교단 명을 채택. 1981년 12월 29일 웨스트민스터 신앙고백서를(1981년)에 헌법으로 채택.
③ 2017년 9월 14일 종교개혁 500주년 선언문인 개혁주의생명신학선언문을 교단 신앙고백서로 채택. 도르트신조가 아닌 개혁주의 5대 솔라 채택.

2. 개혁주의생명신학 선언문 채택의 신학적·법적 의의

1) 역사적·제도적 배경

2017년 9월 14일, 대한예수교장로회 백석총회는 종교개혁 500주년을 기념하여 「개혁주의생명신학 선언문」을 교단의 신앙고백서로 공식 채택하였다. 이 결정은 단순한 기념 행사나 상징적 조치에 그치지 않고,

---

65) 용환규, 「한국장로교회와 신앙고백」, (서울: 대서, 2013), 274.
66) 헌법총론 ⑤항 "본 대한예수교장로회 백석총회 헌법은 1978년 총회설립 이후 웨스트민스터 헌법을 기초로 제정하였다."

총회의 결의와 헌법 개정 절차를 거쳐 헌법 제1편 '교단 선언문'에 삽입함으로써, 기존의 다른 신조들과 동일한 법적·신학적 효력을 갖게 되었다. 이러한 채택은 교단이 종교개혁 500주년의 역사적 의미를 신학적으로 재확인하고, 교단 정체성을 제도적으로 확립하는 중요한 전환점이 되었다. 특히 이 과정에서 백석총회는 자신들의 신학적 정체성을 보다 명확히 드러내기 위해, 전통적인 신조 선택과는 다른 독자적인 방향을 모색하였다.

2) 도르트 신조 대신 5대 솔라 채택의 의미

백석총회는 채택 과정에서 네덜란드 개혁교회 전통의 대표적 신학 문서인 도르트 신조를 추가적으로 수용하지 않았다. 도르트 신조는 1618년부터 1619년까지 열린 도르트 총회에서 작성된 문서로, 알미니우스주의에 대응하여 전적 타락, 무조건적 선택, 제한 속죄, 불가항력적 은혜, 성도의 견인이라는 '칼빈주의 5대 교리'를 정밀하게 정리하였다. 그러나 그 내용은 주로 예정론과 구원론의 세부 교리에 집중되어 있어 신학적 깊이는 크지만, 일반 성도들이 이해하고 적용하기에는 다소 난해한 한계를 지니고 있었다. 이에 반해, 백석총회는 성경, 그리스도, 믿음, 그리스도, 하나님께 영광을 핵심으로 하는 개혁주의 5대 솔라를 신학적 표어이자 교리적 기초로 명시하였다. 이러한 선택은 교단의 신학적 정체성을 성경과 복음 중심의 보편적 개혁주의 원리에 직접 연결함과 동시에, 교리의 대중성과 목회 현장에서의 실천 가능성을 높이는 결과를 가져왔다.

3) 개혁주의생명신학 선언문과 5대 솔라의 통합

「개혁주의생명신학 선언문」은 "신학은 학문이 아니라 예수 그리스도의 생명의 복음"이라는 핵심 원리를 기초로 하여, 신학과 목회, 그리고 신앙생활이 분리되지 않고 긴밀하게 일치해야 함을 강조한다. 선언문은 7대 실천운동, 곧 신앙운동, 신학회복운동, 회개용서운동, 영적생명운동, 하나님나라운동, 나눔운동, 기도성령운동을 제시하면서, 5대 솔라의 신학적 원리를 실제 목회 현장과 신자의 삶 속에서 구현하는 구체적인 방법을 제시한다. 예를 들어, 오직 성경(Sola Scriptura)은 신앙운동과 신학회복운동의 기초가 되고, 오직 믿음(Sola Fide)과 오직 은혜(Sola Gratia)는 회개용서운동과 영적생명운동에서 실현된다. 또한 오직 그리스도(Solus Christus)는 하나님나라운동의 중심축을 형성하며, 오직 하나님께 영광(Soli Deo Gloria)은 모든 실천운동의 궁극적인 지향점을 규정함으로써, 신학적 원리와 목회적 실천이 유기적으로 결합되도록 한다.

4) 법적·교단적 함의

이 선언문이 교단의 신앙고백서로 채택되었다는 사실은, 헌법상 모든 목회자와 장로, 그리고 각 교회가 이를 신앙의 표준으로 준수해야 한다는 법적 구속력을 지니게 되었음을 의미한다. 더 나아가 교리, 목회 실천, 그리고 행정 전반에서 이 선언문과 5대 솔라의 정신이 최종적 해석 기준으로 기능하게 되었다. 결과적으로 이 결정은 백석총회의 신학적 방향성을 종교개혁의 원리와 개혁주의생명신학의 실천정신으로 일원화하며, 교단의 모든 사역과 제도가 동일한 신학적 토대 위에 서도록 하는 역할을 하였다.

5) 종합 평가

2017년의 결정은 백석총회가 종교개혁 전통에 충실하면서도, 한국 교회의 현실과 목회적 필요에 부합하는 신학 표준을 마련한 사건이었다. 예정론적 정밀성을 강조하는 도르트 신조 대신, 포괄성과 선명성을 지닌 5대 솔라를 선택함으로써, 교단의 신앙고백이 목회 현장과 보다 긴밀하게 연결되도록 한 것이다. 이는 개혁주의생명신학이 추구하는 성경 중심, 복음 중심, 생명 중심의 신학과 실천을 제도적으로 확립한 결정이며, 교단의 사역 방향과 정체성을 명확히 하는 데 중요한 이정표가 되었다.

제4장 백석총회와 백석신학

1. 백석의 의미

대한예수교장로회총회(백석)와 백석학원에서 "백석"의 의미는 '승리하신 그리스도'(벧전 2:4, 행4:11), '승리한 크리스천에게 주시는 상급'(계 2:17)을 상징한다.[67] 더 좀 구체적으로 살펴보면 다음과 같다.

1) '흰 돌'로서의 백석

백석은 요한계시록 2:17에 등장하는 이기는 자에게 주어지는 흰 돌로, 예수 그리스도를 상징한다. 믿음을 통해 세상과 마귀를 이긴 자는 하나님께 새 이름을 받을 자격을 얻게 된다(요일 5:4-5, 요 16:33). 예수님은 십자가와 부활로 승리하셨고, 이를 믿는 자는 영적 승리를 누린다(계 3:21). 백석은 이러한 승리의 증표이며, 예수 그리스도를 따르는 자는 세상의 환난을 이길 수 있다(요일 2:14).[68]

2) '모퉁이 돌'로서의 백석

예수님은 건축의 기초가 되는 모퉁이 돌로, 교회의 기초가 되신다(엡 2:20, 시 118:22). 모퉁이 돌이신 예수님은 믿는 자에게는 생명과 평안

---
67) 〈기독교연합신문〉, 2005년 8월 14일.
68) 장종현, 「백석」 (서울 : 백석, 2019), 10-19.

을, 불신자에게는 걸림돌이 된다(벧전 2:6-7). 그는 시험과 고난을 이기신 승리의 돌로, 믿는 자들은 예수님 안에서 확신과 평안을 누릴 수 있다(사 28:16). 또한, 예수님은 십자가에서 버려진 돌이었으나, 하나님께서는 그를 교회의 머릿돌로 세우셨다(마 21:42).69)

3) '손대지 아니한 돌'로서의 백석

다니엘 2:45에서 손대지 아니한 돌은 예수 그리스도를 상징하며, 세상의 악과 모든 권세를 무너뜨리는 하나님의 능력을 나타낸다. 예수님은 부활의 권세로 우리를 대적하는 모든 악을 파괴하시며, 하나님 나라를 세우신다(마 21:44). 백석은 이처럼 심판과 승리의 상징이다.70)

4) '산 돌'로서의 백석

예수님은 생명을 주시는 '산 돌'로, 믿는 자들을 신령한 집으로 세우신다(벧전 2:4-8). 산 돌이신 예수님 안에서 우리는 영원한 생명을 누리며 교회의 구성원이 된다(엡 2:20-22). 그리스도인은 예수님과 연합함으로 살아있는 돌이 되어 하나님의 거룩한 성전을 이룬다. 이 성전은 진리의 기둥과 터가 되며, 세상에 생명을 주는 구원의 방주로서의 역할을 감당한다(딤전 3:15).71)

"백석"은 예수 그리스도를 상징하며, 그의 승리와 이를 따르는 성도들의 영적 승리를 나타낸다. 첫째, 요한계시록 2:17의 흰 돌은 믿음을 통해 승리한 자에게 주어지는 특별한 상급으로, 예수 그리스도를 통해 얻는 영광을 상징한다. 둘째, 예수님은 모퉁이 돌로서 교회의 기초가

---

69) 장종현, 「백석」, 20-30.
70) 장종현, 「백석」, 30-34.
71) 장종현, 「백석」, 34-38.

되시며, 믿는 자에게 생명과 평안을 주고 불신자에게는 걸림돌이 되신다. 셋째, 손대지 아니한 돌로서 세상의 악과 권세를 무너뜨리고 하나님의 나라를 세우신다. 넷째, 산 돌로서 생명을 주시며, 성도들을 신령한 집으로 세우는 교회의 주춧돌이 되신다. 이로써 백석은 그리스도 안에서 모든 성도에게 승리와 소망의 근거가 된다.

2. 백석총회와 백석학원의 정체성 ⇒ "무릎 꿇고 받은 사명"

백석총회 목사들은 "무릎 꿇고 받은 사명"을 연대하며 공유한다. 백석총회 목사들은 "방배동에서 무슨 선한 것이 나겠느냐!"던 외침을 들으며 뒷산에 올라 기도하던 동지들이다. 백석총회는 2010년 5월 21일, 수원 월드컵 경기장 "백석전진대회"에서 한국교회와 세계 교회를 향해 우리 스스로 각성하고 새롭게 회개하며, 개혁주의생명신학 7대 실천운동을 개혁의 방법으로 도전하였다. 동시에 국제학술대회에서 "신학은 학문이 아니다!"라고 선언하므로 신학이 계시 된 예수 그리스도의 복음이고, 실천해야 할 영적 생명임을 천명(闡明)하였다. 이것이 개혁주의생명신학이고, 예수 그리스도의 복음을 전하는 백석인의 정체성이다.

백석 학원과 백석총회 설립자인 장종현 대표총회장은 백석 학원과 백석총회의 정체성에 대해서 이렇게 말하고 있다.

우리 백석 학원과 백석총회의 신학적 정체성은 '개혁주의생명신학'입니다. 우리 학원과 총회는 설립 당시 역사적 개혁주의 노선에서 출발하였고, 지금도 종교개혁자들의 후예로서 개혁주의 신학을 계승하고 있습니다.

우리는 16세기 종교개혁자들로부터 물려받은 개혁주의 신학이 가장 성경적인 신학이라고 믿습니다. 그런데 개혁주의 신학이 사변화됨으로 예수 그리스도의 생명력을 잃어버렸고, 그 결과 스스로 가르치는 그것을 실천할 수 없게 되었습니다. 개혁주의생명신학은 개혁주의 신학에 예수 그리스도의 생명력을 회복시키려는 운동입니다. 그리스도께서 내 안에 사시고 내가 그리스도 안에 사는 영적 삶을 통해 개혁주의신학을 실천하는 운동입니다.[72]

---

72) 장종현, 「신학은 학문이 아니다」 (서울: 백석정신아카데미, 2022), 77.

제3편 백석 교단 헌법의 구성

제1장 헌법의 구성

대한예수교장로회 백석총회의 헌법은 총 여섯 편으로 이루어져 있으며, 교단의 신학적 정체성과 교회 제도의 질서를 반영하는 근본 규범이다. 이 헌법은 1978년 총회 설립 이후 웨스트민스터 헌법을 기초로 제정되었으며, 이후 개혁주의생명신학의 정신을 바탕으로 한국 교회의 상황과 목회적 요구에 맞게 발전해 왔다. 각 편은 상호 긴밀하게 연결되어 있으며, 신학적 기초에서부터 제도, 권징, 예배, 그리고 집행에 이르기까지 교단의 전 영역을 아우르는 구조를 가지고 있다.

1. 제1편 : 교단 선언문

제1편은 교단의 신학적 고백과 정체성을 천명하는 선언문으로 구성되어 있다. 이 안에는 2010년 백석전진대회에서 발표된 「개혁주의생명신학 선언문」과 2017년 9월 제40회 총회에서 종교개혁 500주년을 기념하여 채택된 「종교개혁 500주년 선언문」이 수록되어 있다. 2010년의 선언문은 성경 중심의 개혁주의 전통을 오늘의 목회 현장과 신학 교육에 재적용하려는 의지를 담고 있으며, 2017년의 선언문은 종교개혁자들의 신앙 정신을 재해석하여 오늘날 한국 교회가 계승해야 할 목회적 방향을 제시하고 있다. 이 두 선언문은 단순한 기념적 성격을 넘어, 교단이 추구하는 신앙의 방향성과 목회적 실천의 기초를 제공하는 헌법상 최고 신학 규범으로서 기능한다.

2. 제2편 : 교리

제2편은 성경에 기초한 신앙의 내용을 체계적으로 요약한 교리 문서들로 구성된다. 여기에는 1907년 독노회에서 작성된 한국 장로교회의 최초 신앙고백인 「대한예수교장로회 신조(12신조)」가 포함되어 있으며, 이는 복음주의적이고 성경적인 신앙의 기초를 제시한다. 또한 소요리문답이 수록되어 있어, 신앙 교육과 교회 교육의 표준 문서로 사용된다. 더불어 웨스트민스터 신앙고백서는 17세기 개혁주의 신학의 집대성으로, 성경 해석과 신앙생활 전반에 걸쳐 교회의 표준 규범 역할을 감당한다. 이 세 문서는 설교와 교육, 목회, 행정 전반에 걸쳐 신앙의 기준이 되며, 교회와 성도의 삶이 성경 중심으로 유지되도록 하는 신학적 기초를 제공한다.

3. 제3편 : 정치

제3편은 교회의 조직과 운영에 관한 기본 원칙과 절차를 규정한다. 백석총회 헌법은 제1편의 선언문과 제2편의 교리를 실현하기 위한 제도적 틀로서 장로교 정치 제도를 채택하고 있다. 장로정치는 회중의 참여, 장로의 치리, 그리고 치리회의 질서를 통해 교회의 연합성과 자율성을 동시에 실현하는 제도이다. 이는 성경적 교회관과 개혁주의 전통에 부합하며, 교회의 민주적 운영과 질서 유지를 보장하는 역할을 한다. 1978년 총회 설립 이후 제정된 정치 편은 웨스트민스터 헌법의 원리를 따르면서도 한국 교회의 현실에 맞게 적용되도록 발전해 왔다.

4. 제4편 : 권징

제4편은 교회의 거룩성과 질서를 유지하기 위한 징계 제도와 절차를 규정한다. 백석총회 헌법은 권징의 목적을 단순한 처벌에 두지 않고, 교훈과 교정, 그리고 훈련에 둔다고 명시한다. 이는 징계가 범한 자를

회복시키고 공동체를 갱신하는 수단임을 분명히 하며, 하나님의 공의와 자비가 교회 안에서 실현되도록 한다. 권징 편은 교회의 질서와 거룩함을 보전하는 동시에, 모든 구성원이 말씀 안에서 성장하고 성숙하도록 돕는 목회적 기능을 수행한다.

5. 제5편 : 예배 모범

제5편은 예배의 규범을 다루며, 종교개혁 이후 장로교 전통이 확립한 예배 원리를 따른다. 교회 정치의 개혁이 주교제도를 폐지하고 장로교 제도를 수립한 것이라면, 예배 제도의 개혁은 공동기도서를 폐지하고 예배모범을 제시한 것으로 나타난다. 웨스트민스터 총회는 획일적인 예식서 중심의 예배에서 벗어나 말씀과 기도를 중심으로 하는 자유롭고 경건한 예배를 확립하였다. 이러한 변화는 예배의 본질을 회복하려는 신학적·역사적 실천으로 평가되며, 백석총회의 예배 규범 역시 이러한 전통을 계승하고 있다.

6. 제6편 : 시행세칙

제6편은 정치 편과 권징 편의 규정을 실제적으로 적용하고 집행하기 위한 기준을 제시한다. 여기서 '법 해석'은 총회의 유권해석을 의미하며, 이는 헌법 조항의 의미와 적용 범위를 공식적으로 확정하는 절차를 말한다. '법 집행'은 각 치리회와 기관, 단체에서 규정을 구체적으로 실현하는 것을 의미한다. 시행세칙은 대한예수교장로회 백석총회와 산하 노회, 당회, 기관, 단체 모두에 적용되며, 헌법의 정신과 규정이 일관되게 실현되도록 한다.

이처럼 백석총회의 헌법은 신학과 교회 제도, 권징과 예배, 그리고 실천적 집행에 이르는 전 과정을 체계적으로 담고 있다. 각 편은 서로 긴밀하게 연결되어 교단의 정체성과 질서를 유지하는 중심 규범으로 기능하며, 예수 그리스도의 몸 된 교회가 덕과 질서 위에 세워져 바르게 사명을 감당하도록 이끄는 역할을 한다.

〈표1-1〉 예장 백석 헌법의 구성표

우리 백석총회 헌법		
1편	교단 선언문	2010년 개혁주의생명신학 선언문 전문과 2017년 9월 총회에서 종교개혁 500주년을 기념하여 채택된 개혁주의생명신학 선언문을 수록하고 있다. 이는 2010년 백석전진대회에서 선언된 개혁주의생명신학을 종교개혁자들의 관점에서 재해석한 것이며, 종교개혁자들의 숭고한 신앙을 오늘날에도 계승하고 있음을 의미한다.
2편	교리 부분 1부, 2부, 3부	제1부에는 1907년 독노회에서 작성된 한국장로교회 최초의 신앙고백인 12신조를 수록하고, 제2부에는 소요리문답, 제3부에는 웨스트민스터 신앙고백을 포함한다. 웨스트민스터 신앙고백과 소요리문답은 한국장로교회의 설립 시점부터 현재까지 신앙의 표준문서로 인정받고 있다.
3편	정치	총론에서 제1편 교단 선언문과 제2편 교리를 실현하기 위하여 장로정치를 선택하고 있다. 대한예수교장로회 백석총회 헌법은 1978년 총회 설립 이후에 웨스트민스터 헌법을 기초로 제정하였다.[73]
4편	권징	권징에서 권징의 목적은 벌하는 데 목적을 두지 말고 교훈과 교정과 훈련에 주목적을 두어야 한다고 규정하고 있다.
5편	예배 모범	예배의 모범은 종교개혁에서 총회가 〈주교제도〉를 폐지하고 〈장로교회제도〉를 수립한 것이 교회정치의 개혁이었다면, 〈공동기도서〉를 폐지하고 〈예배모범〉을 제시한 것은 예배의 개혁이었다.
6편	시행 세칙	대한예수교장로회 헌법의 정치, 권징의 시행에 필요한 내용을 정함으로써 바른 법 해석과 그 집행을 목적으로 한다. 세칙에서 법 해석이라 함은 총회의 유권해석을 말하며, 법 집행이라 함은 법의 구체적인 실현 적용을 말한다. 본 세칙은 대한예수교장로회와 산하 각 노회, 당회와 산하기관, 단체 등에 적용한다.
결론		예수 그리스도의 몸인 교회와 공동체에 덕과 질서를 세워 교회를 바르게 이끌어가기 위한 것이다.

---

73) 대한예수교장로회총회(백석), 「헌법」 (서울: 대한예수교장로회 총회(백석)예장백석출판사, 2023) 제3편 정치, 제1장, 총론 [170].

제2장 개혁주의생명신학과 율법의 제3 용도

장종현 대표총회장은 헌법 서문에서, 헌법과 규칙이 단순한 법적 규정에 그치지 않고, 율법의 제3 용도와 같이 신자들의 신앙과 생활 전반을 인도하는 실천적 지침이 되기를 바란다는 뜻을 밝히고 있다. 이 발언은 교회법이 단순히 제재와 질서를 유지하는 기능만이 아니라, 성경이 말하는 바른 삶의 길을 제시하는 교훈적 성격을 지니기를 원한다는 의미를 담고 있다.

율법의 제3용도는 개신교 신학, 특히 칼빈주의 전통에서 중요한 자리를 차지하는 개념이다. 칼빈은 『기독교 강요』에서 율법의 기능을 세 가지로 구분하였다. 첫째는 시민적·정치적 기능으로, 이는 모든 사람에게 적용되어 사회의 정의와 평화를 유지하며, 죄의 외형적 발현을 억제하는 역할을 한다. 둘째는 교사적·거울적 기능으로, 인간이 하나님의 완전한 거룩함에 이르지 못하는 죄된 상태를 깨닫게 하여, 오직 그리스도의 구원만이 유일한 길임을 인식하게 한다. 셋째는 교훈적·도덕적 기능으로, 구원받은 성도가 성령의 도우심 속에 하나님의 뜻을 따라 살도록 인도하는 것이다.

이 마지막 기능은 율법이 신자에게 짐이 아니라 은혜의 길잡이가 됨을 보여준다. 구원의 조건이 아니라, 이미 받은 구원의 열매로서 감사와 사랑으로 순종하는 삶을 형성하는 것이다. 대표총회장이 강조한 바와 같이, 교단 헌법과 규칙도 이러한 제3 용도의 정신을 품어, 신자의 신앙과 일상에서 하나님의 뜻을 실현하는 길잡이로 작용해야 한다.

1. 개혁주의생명신학과 율법의 제3 용도

개혁주의생명신학은 "신학은 학문이 아니라 예수 그리스도의 생명의 복음"이라는 명제를 통해, 신학이 추상적인 지적 탐구에 머물러서는 안 되고, 반드시 성도의 인격과 행위를 변화시키는 실제적인 능력이 되어야 함을 역설한다. 이는 곧 율법의 제3 용도가 지닌 본질과 맞닿아 있다. 율법의 제3 용도는 신자에게 단순한 규범이 아니라, 성령 안에서 하나님을 기쁘시게 하는 삶의 구체적 지침을 제공한다.

개혁주의생명신학이 강조하는 영적생명운동은 신앙을 삶 속에서 실천하도록 이끄는 운동이다. 이는 단지 신조나 교리의 암송에 그치지 않고, 하나님의 계명을 실제 생활 속에서 구현하는 것을 목표로 한다. 이와 같이 개혁주의생명신학의 실천적 성격과 율법의 제3 용도는 방향성과 목적에 있어 완전히 일치하며, 둘 다 성도의 거룩함과 하나님의 뜻 실현을 향하고 있다.

2. 율법의 제3 용도와 개혁주의생명신학의 7대 실천운동

율법의 제3 용도는 개혁주의생명신학이 제시하는 7대 실천운동과 유기적으로 맞물려 있다.

첫째, 신앙운동은 성경의 절대적 권위를 인정하고 그 가르침을 삶의 전 영역에서 따르는 것을 목표로 하는데, 이는 율법이 신자의 발걸음을 인도하는 기능과 동일하다(딤전 3:10).

둘째, 신학회복운동은 신학을 생명의 복음으로 회복시키는 것을 목표로 하며, 율법 역시 단순한 법 조항이 아니라 하나님의 생명 말씀으로서 신자를 이끌어야 한다는 점에서 같은 맥락을 공유한다(갈 2:20).

셋째, 회개용서운동은 율법의 제2용도를 통해 죄를 깨닫게 하고, 제3용도를 통해 하나님의 뜻에 순종하는 새 삶으로 나아가게 하는 역할을 한다(요일 1:9).

넷째, 영적생명운동은 성령의 인도하심 속에서 신자의 삶을 변화시키는데, 이는 율법이 성령 안에서 신자를 바른길로 인도하는 기능과 맞물

린다(롬 8:14).

다섯째, 하나님나라운동은 하나님 나라의 질서와 주권을 신자의 삶 속에 구현하는 것을 목표로 하며, 율법의 제 3용도 역시 그 질서를 확립하는 역할을 한다(마 6:33).

여섯째, 나눔운동은 하나님 사랑과 이웃 사랑이라는 율법의 핵심 계명을 실천하는 구체적 표현이며(마 22:37-40), 이를 통해 신앙이 사회적 책임으로 확장된다.

일곱째, 기도성령운동은 성령의 도우심을 통해 율법을 올바로 이해하고 삶에 적용하게 함으로써, 제 3용도가 신자의 생활 속에서 실제로 작동하도록 하는 영적 동력을 제공한다(엡 6:18).

3. 헌법과 율법의 제3 용도

헌법이 율법의 제 3용도로 기능하기를 바란다고 한 것은, 헌법이 단순히 교단의 질서를 규정하는 법적 장치가 아니라, 신자의 삶을 인도하고 변화시키는 생명의 규범이 되어야 함을 의미한다. 이는 헌법이 교회의 정치, 권징, 예배, 그리고 모든 규범을 통해 하나님의 뜻이 구체적으로 실현되는 수단이 되어야 함을 시사한다. 개혁주의생명신학은 법과 교리가 실제적인 변화를 만들어 내야 한다는 점을 강조하며, 이로써 헌법이 단지 제재의 수단이 아니라 공동체를 세우는 목회적 도구로 기능하게 된다.

4. 결론

개혁주의생명신학과 율법의 제 3용도는 모두 신자의 삶 속에서 하나님의 뜻을 구체적으로 실천하게 하는 것을 목표로 한다. 개혁주의생명신학이 신학을 생명의 복음으로 이해하고 실천을 강조하는 것처럼, 율법의 제 3용도 역시 구원받은 성도가 성령 안에서 순종과 사랑의 삶을 살아가도록 이끈다. 따라서 헌법이 제 3용도의 기능을 수행하는 것은 곧 개혁주의생명신학의 핵심 가치와 일치하며, 이를 통해 교회와 성도의 삶이 실제로 변화되고, 하나님 나라의 질서와 거룩함이 교회 공동체 안에 확립되는 것을 목표로 한다.

제3장 개혁주의생명신학 헌법관 : 법적 구조

개혁주의생명신학은 성경을 신앙과 삶의 절대적 기준으로 삼으며, 이를 기반으로 개인과 공동체의 신앙과 실천을 형성한다. 헌법은 교회와 신앙 공동체가 이러한 원칙을 체계적으로 구현하는 도구로서, 신학적 근거와 실천적 방향성을 명확히 제시해야 한다. 본 연구는 개혁주의생명신학의 7대 실천운동을 바탕으로 신학적 원리와 교회의 법적 구조를 탐구하고, 이를 통해 교회 공동체의 연합과 질서를 유지하는 법적 틀을 제시한다. 또한, 장로교 전통의 정통성을 유지하면서 한국교회의 현실적 문제를 해결하기 위한 법적 적용 방안을 모색한다.

1. 성경 중심의 헌법

개혁주의생명신학의 헌법은 성경의 절대적 권위를 기반으로 한다. 디모데후서 3장 16-17절은 "모든 성경은 하나님의 감동으로 된 것으로 교훈과 책망과 바르게 함과 의로 교육하기에 유익하니 이는 하나님의 사람으로 온전하게 하며 모든 선한 일을 행할 능력을 갖추게 하려 함이라"고 선언하며, 성경이 신앙과 실천의 유일한 표준임을 강조한다. 이에 따라 교회의 설립, 운영, 권징 등 모든 영역에서 헌법은 성경의 원리를 체계화하여 교회의 신앙생활과 행정을 이끌어야 한다.

성경은 헌법의 최종 해석 기준이 되어야 한다. 교회의 행정과 사역은 성경적 원칙에 따라 이루어져야 하며, 시대적 변화 속에서도 성경의 불변성을 유지해야 한다. 또한, 헌법은 성경적 원칙을 따라 윤리적 문제에 대처하며, 신앙의 실천적 지침을 제공해야 한다.

2. 신앙과 신학의 조화

헌법은 신학적 원리를 실천적 삶과 연결시키는 역할을 해야 한다. 개혁주의생명신학의 핵심 실천운동인 신학회복운동은 교회의 법과 행정이 복음의 생명력을 반영하도록 요구한다. 요한복음 1장 14절에서 "말씀이 육신이 되어 우리 가운데 거하시매"라고 선언하듯, 헌법은 말씀이 구체적인 삶으로 나타나는 통로가 되어야 한다. 헌법은 교회의 신학적 정체성을 유지하고 강화하는 역할을 해야 한다. 교회의 법적 결정은 복음적 사랑과 정의를 반영해야 하며, 헌법의 조항은 신학적 깊이와 실천적 유용성을 동시에 고려해야 한다. 신학적 논의와 법적 규범은 상호 보완적으로 작용하여 교회의 정체성을 보존해야 한다.

3. 공동체적 화해와 연합

헌법은 교회 공동체 내의 갈등과 분쟁을 해결하고, 연합을 이루는 도구로 작용해야 한다. 회개용서운동은 헌법이 교회의 화해와 용서를 추구하는 데 기여할 것을 요구한다. 에베소서 4장 32절은 "서로 친절히 대하며... 서로 용서하기를 하나님이 그리스도 안에서 너희를 용서하심과 같이 하라"고 권면한다. 이에 따라 헌법은 분쟁을 해결하고 화합을 도모하는 구조를 제공해야 한다.

헌법은 분쟁 해결과 화해를 위한 명확한 절차를 포함해야 한다. 연합과 일치를 위해 각 교회의 고유성을 존중해야 하며, 공동체적 화합을 우선시하면서도 권징 과정에서도 복음적 사랑을 강조해야 한다. 또한, 헌법은 지역적 차이를 고려하여 다양한 문화 속에서의 연합을 촉진해야 한다. 사회법 소송을 원천적으로 차단하기 위해 교회법의 권위를 강화하며, 3심제와 특별재판을 유지하고 헌법 소원의 길을 열어 공정성을 확보하는 것이 중요하다. 이러한 원칙들은 총회가 계승하고 발전시켜온 헌법의 기조를 유지하면서도 신학적 정체성과 이념을 벗어나지 않는 범위에서 법 적용을 강화한 결과이다.

4. 하나님 나라와 교회의 법적 사명

개혁주의생명신학의 헌법은 하나님나라운동의 가치를 반영해야 한다. 마태복음 6장 33절은 "너희는 먼저 그의 나라와 그의 의를 구하라"고 명령하며, 하나님 나라의 우선성을 강조한다. 이에 따라 교회의 법적 구조는 이 가치를 실현하는 방향으로 설계되어야 한다.

헌법은 교회의 모든 활동이 하나님 나라의 가치를 추구하도록 유도해야 한다. 정의, 평화, 사랑과 같은 하나님 나라의 핵심 가치는 헌법 조항에 반영되어야 하며, 교회는 이를 통해 세상 속에서 빛과 소금의 역할을 감당해야 한다. 또한, 헌법은 교회가 사회적 책임을 다하도록 격려하며, 약자와 소외된 자를 돌보는 정책을 포함해야 한다. 재판의 본래 목적인 회복과 정상화를 위해 화해와 조정을 강조하며, 증거주의에 입각한 공정한 재판을 실현해야 한다. 헌법은 율법의 제3 용도인 '신자들의 신앙과 삶의 기준'으로 사용되기를 목표로 하며, 이를 통해 교회법과 규칙이 복음적 가치 안에서 실천되도록 한다.

5. 헌법의 교육적 역할

헌법은 교회의 구성원들이 신앙과 신학의 기초를 배우고 실천하도록 돕는 교육적 도구가 되어야 한다. "읽는 것과 권하는 것과 가르치는 것에 전념하라"(딤전 4: 13). 이는 교육의 중요성을 강조하는 말씀으로, 헌법은 성도들에게 신앙의 원칙과 법적 질서를 이해시키고, 이를 통해 신앙적 성숙을 이루도록 도와야 한다.

헌법은 성경적 지식을 체계적으로 전달하는 교육적 구조를 포함해야 한다. 신명기 6장은 하나님을 사랑하고 그 말씀을 후손에게 부지런히 가르칠 것을 명령하며, 신앙 교육이 가정과 공동체에서 지속적으로 이루어져야 함을 강조한다(신 6: 6-9). 이러한 원칙에 따라, 교회는 헌법을 활용하여 신앙교육과 법적 원칙을 통합한 교육 프로그램을 개발해야 한다.

특히 장로교 전통에서 「웨스트민스터 소요리문답」 과 같은 교리 교육 자료는 신앙의 기초를 체계적으로 교육하는 중요한 도구였다. 헌법 역시 이러한 역할을 수행하며, 교리와 신앙 실천을 연결하는 교육적 수단이 되어야 한다. 이를 위해 교회 지도자들은 성경적 원리와 법적 책임을 숙지하도록 훈련을 받아야 하며, 성도들이 실생활에서 복음의 가치를 실천할 수 있도록 실질적인 지침을 제공해야 한다.

또한, 헌법과 시행세칙의 구조와 기능을 명확히 구분하여 헌법의 위상을 강화하고, 실질적 효율성을 높이는 것이 필요하다. 헌법은 신앙의 원칙과 교회의 근본 질서를 정립하는 역할을 하며, 시행세칙은 구체적인 행정적 절차와 실행 방안을 규정하는 역할을 해야 한다. 이를 통해 헌법은 단순한 규범이 아니라, 성도들이 신앙을 배우고 실천할 수 있도록 돕는 교육적 기초가 될 수 있다.

6. 결론

개혁주의생명신학 헌법관은 성경적 원리와 신학적 깊이를 바탕으로 신앙 공동체가 하나님의 뜻을 따라 살아가도록 돕는 법적 체계이다. 헌법은 교회의 정체성을 확립하고, 신학과 실천이 조화를 이루도록 하며, 공동체적 화합과 연합을 촉진하는 중요한 도구로 기능해야 한다. 또한, 하나님나라운동과 교육적 역할을 강조하여 교회가 세상을 변화시키는 사명을 감당하도록 이끈다.

PART 02

[헌법 각론]

CONSTITUTION

우리 백석 총회와 백석학원은 종교 개혁과 역사적 개혁주의 신학의 전통을 계승하고 있다. 그러나 우리의 구원은 신학의 체계를 통해서 이루어지는 것이 아니며, 학문으로서의 신학의 발전이 교회를 부흥시키는 것도 아니다. 신학은 학문이 아니며, 개혁주의 신학도 예수 그리스도의 생명이 빠진 학문적인 노력에 그치면, 생명을 살리는 신학이 되지 못한다.

제1편 교단 선언문

제1부 개혁주의생명신학 선언문(2010년)

1. 개혁주의생명신학의 역사적 배경

하나님께서는 거룩하고 보편적인 교회를 세우셨으며, 그 기초는 변함없는 하나님의 말씀에 두고 있다. 그러나 세상 속의 교회는 시대의 흐름에 따라 변화해 왔다. 중세 교회가 예수 그리스도의 복음을 왜곡했을 때, 성령께서 종교개혁자들을 일으켜 교회를 바른길로 돌이키셨다. 종교개혁 이후에도 교회는 위기마다 성경을 재발견함으로써 개혁되어 왔다. 개혁된 교회는 성령과 말씀의 인도에 따라 항상 개혁되어야 한다.

한반도에 복음의 빛이 비친 지 130여 년이 지났다. 하나님의 은혜로 한국 교회는 부흥과 성장을 이루었으며, 국가 발전과 세계 선교에 크게 기여하였다. 그러나 죄와 허물로 인해 후손들에게 영광스러운 교회를 물려주지 못할 위기에 처해 있다. 우상숭배, 분열, 교권주의, 세속화로 인해 교회의 본질이 흐려졌고 영적 능력을 상실했다. 하나님께서는 이러한 위기의 시대에 새로운 사명을 주고 계신다. 지금은 성경을 통해 말씀하시는 성령의 음성을 듣고 신앙과 교회를 새롭게 해야 할 때이다. 만약 우리가 현실에 안주하며 회개하지 않는다면, 주께서 슬퍼하시며 탄식하실 것이다.

종교개혁은 중세 교회가 예수 그리스도의 복음을 왜곡하고, 교황의 권위와 교회의 전통을 성경 위에 두는 잘못을 범했을 때, 성령께서 개혁자들을 일으켜 교회를 바른 길로 돌이키신 운동이었다. 이 운동은 철저하게 성경에 근거한 가르침으로, 개혁주의 신학(Reformed Theology)의 출발점이 되었다. 그러나 오늘날의 개혁주의 신학은 종교개혁의 정신을 상실했다. 학문과 교리는 중요시하면서도 말씀에 순종하는 삶은 소홀히 하여 복음의 생명력이 약화된 것이다.

개혁된 교회(Reformed Church)가 신학을 성경보다 우선시하면서 교회는 다시 생명력을 상실하게 되었다. 신학은 학문이 아니라 예수 그리스도의 생명의 복음이다. 한국 교회가 예수 그리스도의 생명을 회복하는 길은 오직 말씀과 기도, 그리고 성령 충만에 있다. 이러한 배경 속에서, 개혁주의 신학이 예수 그리스도의 생명을 회복할 수 있도록 '개혁주의생명신학'(Reformed Life Theology)이 주창되었다.74)

2. 개혁주의생명신학의 형성

'신학은 학문이 아니다!'라는 명제로 시작된 '개혁주의생명신학'은 백석학원과 총회의 정체성으로 확고하게 자리를 잡았다. 개혁주의생명신학은 대한예수교장로회 백석 측 총회의 초대 총회장이면서, 백석학원의 설립자인 장종현에 의해 주창되었다. 장종현은 오랫동안 학원 복음화와 한국 교회를 위해 노력해오면서 신학의 발전이 교회의 성장과 번영이 아닌 쇠퇴로 이어지고 있는 근본적인 원인을 생명력의 부재에서 찾았다. 개혁 신학이 진정한 개혁 신학이 되기 위해서는 그 안에 생명이 있어야 한다는 것이 그의 생각이다.

장종현은 신앙과 학문이 분리되는 현상 속에서 우리의 모든 삶이 신앙의 표현이어야 한다는 원칙을 바로 세우길 원했다. 학문을 위한 학문이 아닌 신앙을 위한 학문이 되어야 한다는 것이다. 그래서 그는 '신학

---

74) 장종현, 「생명을 살리는 교리」 (서울: 기독교연합신문사, 2019), 16-17.

은 학문이 아니다!'라고 주장하기에 이른다. 신학은 단순한 이론적인 학문의 차원을 넘어선다는 것이다. 왜냐하면 신학은 인간의 이성과 경험의 한계를 넘어서 하나님께서 우리의 심령 안에 역사하셔서 우리에게 영원한 생명을 주시는 구원의 사역이 그 중심을 이루기 때문이다. 그의 관점은 신학의 주체를 사람에서 성령으로 바꾸어 놓았다. 즉, 인간의 지성이 갖는 한계를 인식하고 성령의 역사하심을 구하는 것이다. 성경에 근거한 신학을 하기 위해서는 성경을 바로 알아야 하며, 성경을 바로 이해하기 위해서는 성령의 조명하심이 필요하다는 것이다. 그렇게 성경에 근거한 신학은 결국 예수 그리스도에게로 향하게 된다. 궁극적으로 생명을 주시는 십자가까지 나아가게 되는 것이다. 신학이 학문이 아니라는 사실을 피력하면서 자연스럽게 드러나게 된 것은 바로 '생명'이다. 대부분 많은 사람들이 장종현에 의해 시작된 개혁주의생명신학의 출발을 2004년으로 보고 있으나, 실제적으로 '개혁수의생명신학'이라는 용어가 정립되기 이전부터 그의 중심에는 예수 그리스도의 생명이 불타고 있었다.

　장종현은 1999년 6월 28일 교직원 예배에서 고린도전서 10장 23절과 31-33절을 본문으로 "우리 학교의 위상을 높이려면"이라는 제목의 설교를 하였다. 그 설교 가운데 '생명'이 언급되어 있다. "우리 학교에 생명 없는 교육, 단순히 지식 전달의 교육만 남아 있다고 한다면, 어떻게 우리 학교가 하나님의 선지 학교요, 하나님의 집이라고 말할 수 있겠습니까?"라는 그의 목소리에는 신학은 단순한 학문을 넘어 삶을 변화시키는 생명력으로 이어져야 한다는 호소가 여실히 드러난다. 사실 장종현이 처음 사용한 용어는 '개혁주의생명신학'이 아니라 '생명신학'이었다. '생명신학'이라는 용어가 자신이 펼치고자 하는 내용을 충분히 담지하고 있다고 생각했기 때문이다. 그러나 오랫동안 묵상하는 가운데 그것이 파생할 수 있는 문제들을 차단하기 위해 '개혁주의생명신학'이라는 용어를 사용하기로 결정했다. 그 시기가 2004년이다.

'개혁주의생명신학'이라고 할 때 이 용어는 우리에게 익숙하지 못하다. '개혁주의' 그리고 '생명'이라는 용어는 각각 저마다 역사적 의의나 신학적 개념을 내포하고 있기 때문이다. 문제가 된 것은 두 개념 중 '생명신학'이라는 용어이다. '생명신학'이라는 용어는 오늘날 거의 고유 명사화 되어, '생명 현상'을 다루는 신학으로서 생태 신학 혹은 환경 신학으로 특정화 되었기에 사용에 주의를 기울여야 했다. 왜냐하면 처음 접하는 사람들은 '생명신학'이라 할 때, 자연 신학적 입장에서 구원을 우주의 완성이라는 차원으로 보는 인본적인 신학으로 오해할 수 있기 때문이다.

따라서 '개혁주의생명신학'이라는 용어가 서구 교회 특히 16세기 종교 개혁을 통해 석명된 개혁 신학의 전통과 유산을 계승하면서도, 이론적인 전통의 승계에만 주력하기 보다는 실제적으로 개혁주의적 삶과 실천의 문제를 진지하게 고려하는 과정에서 태동되었다는 사실을 인식해야 한다.[75]

개혁주의생명신학은 개혁주의 신학의 근본정신을 유지하면서도, 단순한 교리적 계승이 아니라 실제적 삶의 변화와 신앙의 실천을 강조하는 신학이다. 따라서 이는 교회의 성장과 신자의 영적 성숙을 위한 핵심적 신학적 패러다임으로 자리 잡게 되었다.

3. 개혁주의생명신학의 확산

'개혁주의생명신학'은 백석학원이 구심점이 되어서 점차적으로 백석 측 총회로 확대되었다. 사실 백석학원의 설립자인 장종현의 신학 전반에 대한 문제의식은 신학 자체의 문제가 아니라 신학을 대하는 신학자

---

[75] 용환규, 「한국장로교회와 신앙고백」, 304-305.

들과 목회자들의 행동 방식과 관련되어 있다. 자신과 함께 하는 많은 보수신학 출신의 목회자 혹은 신학자들이 개혁 신학과 정통 신학을 언급하면서도 삶은 변화하지 않는 이유가 무엇인가를 주목하기 시작한 것이다. 그리고 그런 교수 혹은 목회자들에 의해서 배출되는 신학생들에게 과연 생명력이 있을 것인지에 대한 고민은 결국 개혁주의생명신학이 백석학원을 넘어 총회까지 확대해야 한다는 공감대로 이어졌다.

우리나라에 복음이 전파된 후 125년 동안 한국 교회는 하나님의 은혜로 성장과 발전을 거듭하였다. 그러나 오늘날 교회는 영적인 생명력을 상실하고 세속의 가치를 따름으로써 세상의 비난을 받기에 이르렀다. 우리는 그 원인과 책임이 신학자와 신학 교육에 있다고 본다.[76]

그는 결국 문제의식의 발단이 자신이 속해있는 백석학원의 신학자와 신학 교육에 있음을 발견했다. 사실 개혁 신학의 핵심은 말씀이 타인을 향해서 가치 기준으로 제시되는 것이 아니라, 나 자신의 삶을 비추는 것이다.

일련의 이러한 움직임은 백석학원과 총회를 중심으로 개혁주의생명신학포럼이 시행되어짐을 통해서 더욱 견고해지고 있으며, 외부적으로는 개혁주의생명신학회를 통해서 국내외적으로 확산되고 있다. 개혁주의생명신학회는 백석학원을 넘어 개혁 신학을 중심 사상으로 하는 신학교 교수들과 목사들을 중심으로 칼빈의 출생 500주년을 맞는 뜻 깊은 해에 창립되었다. 그리고 이러한 노력은 실제적인 결실로 이어져 2010년 5월 21일 백석 전진 대회를 통해 「개혁주의생명신학 선언문」을 발표하기에 이른다.

---

[76] 2010년 5월 21일 백석 전진 대회에서 선언한 "개혁주의생명신학 선언문" 중에서.

{ 개혁주의생명신학 선언문 }

우리나라에 복음이 전파된 후 125년 동안 한국 교회는 하나님의 은혜로 성장과 발전을 거듭하였다. 그러나 오늘날 교회는 영적인 생명력을 상실하고 세속의 가치를 따름으로써 세상의 비난을 받기에 이르렀다. 우리는 그 원인과 책임이 신학자와 신학 교육에 있다고 본다.

우리 백석 총회와 백석학원은 종교 개혁과 역사적 개혁주의 신학의 전통을 계승하고 있다. 그러나 우리의 구원은 신학의 체계를 통해서 이루어지는 것이 아니며, 학문으로서의 신학의 발전이 교회를 부흥시키는 것도 아니다. 신학은 학문이 아니며, 개혁주의 신학도 예수 그리스도의 생명이 빠진 학문적인 노력에 그치면, 생명을 살리는 신학이 되지 못한다.

우리는 우리 안에 예수님의 생명이 있어야 개혁주의를 실천할 수 있다고 고백하면서, 이를 '개혁주의생명신학'이라고 부른다.

그러므로 개혁주의생명신학은 새로운 신학 노선이 아니며, 16세기 개혁신학자들의 가르침에 뿌리를 두고 있는 개혁주의 신학을 회복하여 이를 실천하는 운동이다.

이에 우리는 개혁주의생명신학의 실천을 위해서 다음과 같이 선언한다.

- 우리는 예수님의 생명으로 충만한 신학이 진정한 개혁주의 신학임을 믿으며, 이를 성도와 학생에게 교육하기 위해 최선을 다할 것을 다짐한다.
- 우리는 세상을 변화시키는 것은 지식이 아니라 예수님의 사랑임을

믿으며, 이 사랑으로 성도와 학생을 섬기며 복음을 전할 것을 다짐한다.
- 우리는 하나님께서 백석 총회와 백석학원이 하나 되게 하신 것을 믿으며, 우리의 온 힘과 정성을 다해 교회와 국가를 위해 봉사할 것을 다짐한다.
- 우리는 예수님께서 보여주신 희생과 겸손의 삶이 우리의 모범임을 믿으며, 우리의 것을 이웃과 함께 나누며 섬길 것을 다짐한다.
- 우리는 이 모든 일에 앞서 하나님 앞에 무릎 꿇고 기도하여 성령님의 인도하심을 구하며, 우리 안에 살아 계신 예수님의 말씀에 순종할 것을 다짐한다.

백석 전진대회 이후 교계의 관심이 집중되었으나, 개혁주의생명신학은 단순한 주목에 머무르지 않고 종교개혁의 원리를 현대 한국 교회에 적용하는 실천적 노력을 지속해 왔다. 이를 위해 2010년 8월, '개혁주의 5대 표어(Sola)에 대한 해설' 소책자를 발간하여 일반 성도들도 신학적 원리를 쉽게 이해할 수 있도록 했다. 이 책은 '정의', '문제점', '실천적 제안'의 세 가지 단계로 구성되어 실천적 적용을 강조하며, 개혁주의생명신학의 핵심이 단순한 신학적 논의가 아니라 교회와 신학교를 변화시키는 데 있음을 분명히 한다.

개혁주의생명신학의 목표는 성령의 능력으로 교회를 살리고, 세상에 그리스도의 복음을 전하여 하나님께 영광을 돌리는 데 있다. 이를 실천하기 위해 '신학운동'(성경을 유일한 표준으로 믿음), '신앙회복운동'(무능을 고백하고 하나님의 도우심을 구함), '영적생명운동'(그리스도의 영 회복), '하나님나라운동'(그리스도의 주되심 실현), '기도운동'(하나님의 도우심 간구), '성령운동'(성령의 힘으로 모든 일을 감당), '나눔운동'

(받은 은혜를 이웃과 함께 나눔) 등 7대 실천운동을 강조한다. 이를 통해 개혁주의생명신학은 단순한 신학적 논의가 아니라 삶의 모든 영역에서 실천되는 운동이 되어야 함을 역설한다.

과거 신앙고백이 목회자 및 중직자 임명식에서만 사용되었던 한계를 극복하기 위해, 평신도를 위한 '개혁주의생명신학 선언문 해설'이 제작되었다. 이는 특정 교파의 복잡한 신학적 틀을 배제하고 신앙의 본질을 강조함으로써, 한국 교회의 연합을 이루는 데 기여할 신학적 기초가 될 수 있다. 이러한 개혁주의생명신학의 방향성은 2013년 WCC(세계교회협의회) 부산 총회와 관련하여, 보수주의자들의 무조건적 반대와 진보주의자들의 무분별한 수용 사이에서 성경적 개혁주의 입장을 견지하며 연합을 위한 역할을 수행하는 데서도 확인된다.

장종현은 한국 장로교회의 신학적 논쟁보다는 개혁적 방향성을 제시하는 것이 시급함을 강조하며, WCC가 추구하는 종교다원주의, 종교혼합주의, 사회복음주의, 인본주의 성경관 및 비평학설, 성찬과 칭의 교리에 대한 로마 가톨릭적 이해 등을 극복해야 한다고 주장했다. 그는 개혁주의생명신학이 세계적 보편성을 가지면서도 한국 교회의 독특한 신학적 요소를 바탕으로 세계 교회를 변화시키는 역할을 수행해야 한다고 보았다. 과거 신학적 정체성이 없던 선교지로서의 한국 교회가 이제는 안정된 개혁신학을 갖춘 주체적 교회로서 세계 교회를 변화시키는 사명을 감당해야 한다는 것이다.[77]

---

77) 용환규, 「한국장로교회와 신앙고백」, 306-310.

4. 개혁주의생명신학 7대 실천운동의 개정과 그 신학적 의의

개혁주의생명신학은 백석총회의 신학적 정체성을 구성하는 중심 개념으로서, 교회와 세상의 생명을 살리는 복음 중심의 실천신학이다. 백석총회는 이러한 신학적 지향을 구체화하기 위하여 7대 실천운동을 제시하였으며, 이는 2014년 11월 1일에 개정을 통해 현재의 형태로 확립되었다. 본 논의는 개혁주의생명신학 7대 실천운동의 개정 과정과 그 신학적 의미를 분석하고자 한다.

1) 2014년 개정의 배경과 경과

초기 개혁주의생명신학의 실천운동은 7개 항목으로 구성되어 있었으나, 개정 이전에는 '기도운동'과 '성령운동'이 별개의 실천운동으로 분리되어 있었고, '회개'와 '용서'의 요소는 명시적으로 포함되지 않았다.

2014년 11월 1일, 개혁주의생명신학의 실천운동은 다음과 같은 두 가지 주요 변경을 통해 개정되었다.

(1) 회개용서운동의 신설

셋째 실천운동으로 '회개용서운동'이 추가되었다. 이는 개인과 공동체가 참된 용서를 실현하기 위해서는 먼저 하나님 앞에서의 회개가 전제되어야 함을 강조한 것으로, 교회 공동체의 일치와 갱신을 위한 신학적·윤리적 요청에 따른 것이다. 용서는 관계 회복의 열매이며, 회개는 그 열매를 맺게 하는 근원적인 조건이라는 인식이 반영되었다.

(2) 기도운동과 성령운동의 통합: 기도성령운동

기존의 다섯째 '기도운동'과 여섯째 '성령운동'은 통합되어 '기도성령운동'으로 재편되었다. 이 통합은 단순한 형식적 변경이 아니라, 실천운동 전체를 가능케 하는 능력의 원천으로서 성령과, 그 성령의 역사를 간구하는 기도를 하나의 방법론으로 통합한 신학적 선언이다. 오직 성령께서만이 여섯 가지 실천운동(신앙운동, 신학회복운동, 회개용서운동, 영적생명운동, 하나님나라운동, 나눔운동)을 가능하게 하심을 고백하는 신앙고백적 차원에서 기도성령운동이 실천운동 전체의 대표적인 방식으로 자리 잡게 되었다.

2) 개정의 신학적 의의

(1) 회개와 용서의 공동체 신학
회개용서운동은 개인 신앙의 윤리적 차원을 넘어, 공동체의 영적 생명 회복을 위한 신학적 실천으로서 위치된다. 이는 복음이 가져오는 근본적 변화가 공동체적 삶에서 용서를 통해 나타나야 함을 강조하는 것으로, 갈등과 분열로 고통 받는 한국교회를 향한 개혁주의생명신학의 응답이라 할 수 있다(마 6:14, 눅 17:3).

(2) 기도성령운동 : 방법론적 핵심
기도성령운동은 7대 실천운동 전체를 가능케 하는 방법론적 핵심으로 이해된다. 이는 개혁주의생명신학이 단지 선언적 신학이 아니라, 성령의 능력과 중보적 기도를 통해 구체적으로 실현되는 살아 있는 신학임을 보여준다(롬 8:26, 엡 6:18). 실천운동이 혼자 이루어질 수 없고, 반드시 공동체와의 연합 속에서 가능하다는 인식도 여기에 포함된다.

3) 백석총회의 정체성과 신학 선언
2010년 5월 21일 수원월드컵경기장에서 개최된 '백석전진대회'는 이러한 개혁주의생명신학의 신학적 선언을 대외적으로 공표한 계기로, 약 4만 명의 신학자, 목회자, 신학생, 평신도가 참여하여 「개혁주의생명신학 선언문」을 신앙으로 고백하였다. 이후 이 선언문은 2014년 개정을 거쳐, 현재 백석총회가 신앙의 실천적 기준으로 채택한 7대 실천운동의 기반이 되었다.

4) 결론

2014년의 개정은 개혁주의생명신학의 실천적 정체성을 보다 명확히 하였으며, 그 방법론을 성령의 역사와 기도라는 신학적 기초 위에 확립하였다. '회개용서운동'의 추가와 '기도성령운동'의 통합은 단순한 형식의 변경이 아니라, 한국교회와 백석총회의 회복과 연합을 위한 실천적 지향점이며, 개혁주의생명신학이 지향하는 생명 회복의 운동이 공동체 전체에 의해 이루어져야 함을 천명한 신학적 선언이다.

5. 예장 백석총회 신앙고백에 대한 평가

1) 백석총회의 신앙고백과 신학적 정체성

예장 백석총회의 신앙고백의 발전사를 살펴보면, 총회의 설립부터 개혁주의 신학이 중심이 되어왔음을 확인할 수 있다. 백석총회는 장종현을 중심으로 개혁주의 신학의 교육을 받은 신학자들과 목회자들이 주도하여 설립되었으며, 그 신학적 정체성을 유지하면서 지속적으로 발전해왔다. 이러한 과정 속에서도 백석총회는 신학적 정체성을 잃지 않고 개혁을 지속해 온 총회임을 알 수 있다. 역사적으로 개혁신학을 표방한 교단들이 내부 갈등과 분열을 경험하는 경우가 많았음에도 불구하고, 백석총회는 하나님의 영역 주권을 강조하며 위기를 극복해 온 사례를 가지고 있다.

백석총회의 신학적 정체성은 개혁주의생명신학으로 집약될 수 있으며, 이는 다음과 같은 특징을 가진다. 첫째, 최고의 권위를 교회의 전통이나 인간의 이성에 두지 않고, 하나님의 말씀인 '오직 성경'에 둔다. 둘째, 구원의 근거를 인간의 행위가 아닌 '오직 예수 그리스도의 십자가와 부활'에 두며, 대속적 사건을 강조한다. 셋째, 구원의 유일한 수단으로 믿음을 강조하며, 행위와 윤리적 책임을 배제하는 오해를 극복한다. 넷째, 구원은 인간의 공로가 아닌 하나님의 은혜에 의한 것이며, 믿음조차 하나님의 선물임을 강조한다. 다섯째, 성령만이 참된 하나님의 백성으로 살게 하는 분이심을 믿고, 성령의 역사하심을 간구한다. 마지막으로, 인간을 포함한 모든 피조물의 존재 목적이 하나님을 영화롭게 하는 것임을 천명한다.

이러한 개혁주의생명신학의 원칙에 따라, 백석총회는 신앙고백을 신학적 논쟁을 위한 복잡한 개념으로 접근하기보다는, 성경적 원리를 중심으로 신학자, 목회자, 성도들에게 신앙의 기초를 제공하는 데 집중해 왔다. 예수 그리스도의 신앙과 삶을 강조하고, 성화의 삶을 중시하는 점에서 백석총회의 신앙고백은 실천적 신앙을 지향하는 특징을 가진다.

2) 신앙고백의 역사성과 실천적 평가

백석총회의 또 하나의 중요한 특징은 자생적인 총회이면서도 한국 장로교회의 역사성을 존중한다는 점이다. 백석총회는 선교사들로부터 유입된 신앙과 신학을 수용하면서도, 한국 교회의 정체성과 역사를 고려하여 개혁주의 신학을 실천적으로 적용하는 노력을 지속해 왔다. 또한, 교회 연합을 중요한 원리로 삼아 과거의 분열을 극복하고자 하며, 개혁된 교회는 연합을 위해 힘써야 한다는 신학적 원칙을 실천하고 있다.

그러나 이러한 긍정적인 평가에도 불구하고, 백석총회의 신앙고백과 관련하여 아쉬운 점도 존재한다. 백석총회가 신앙고백의 중요성을 인식하고 있음에도 불구하고, 공식적으로 총회의 결의를 거쳐 채택된 신앙고백은 대한예수교장로회(합동정통)의 「교단 노선 선언문」뿐이다. 나머지 신앙고백들은 총회의 조직 과정에서 일부 인사들의 필요에 의해 작성되었거나, 교단 간 연합 과정에서 선언된 것이며, 백석학원을 중심으로 주도적으로 작성된 경우가 많다. 이러한 신앙고백들이 총회의 신학적 정체성을 반영하고 있으며, 총회 내에서 광범위한 동의를 얻고 있더라도, 공식적인 총회 결의를 통한 신앙고백의 제정 과정이 부족하다는 점은 개선이 필요한 부분이다.

그럼에도 불구하고, 백석총회의 신앙고백은 역사적 상황에 따라 개혁주의 신학적으로 발전해왔으며, 개혁주의생명신학을 중심으로 교회 연합에 기여했다는 점에서 긍정적인 평가를 받을 만하다. 개혁주의생명신학은 단순히 신학적 논쟁에 머무르는 것이 아니라, 정체된 한국 교회에 새로운 생명력을 불어넣는 실천적 운동으로 자리 잡아가고 있다. 이는 백석총회가 개혁신학을 단순히 수용하는 데 그치는 것이 아니라, 이를 시대적 상황에 맞게 발전시키고 적용하고자 했음을 보여준다.

결론적으로, 백석총회의 신앙고백은 개혁주의생명신학을 중심으로 성경적 원리를 강조하며, 교회의 연합과 실천적 신앙을 중시하는 방향으로 발전해왔다. 신앙고백의 공식적인 결의 절차가 부족하다는 아쉬움이 있지만, 개혁주의적 신앙을 바탕으로 지속적인 개혁을 이루어 온 점과 연합을 위한 실천적 노력이 돋보인다. 앞으로 신앙고백의 공식적인 채택과 제정 과정을 보다 체계적으로 구축한다면, 백석총회의 신학적 정체성은 더욱 공고해질 것으로 기대된다.

6. 「개혁주의생명신학 선언문」(2010)과 교회사적 의미

한국 장로교회는 개신교 교파 중에서도 성경적이며 역사적인 전통을 가지고 있다. 그러나 현재 한국 장로교회의 현실은 분열과 갈등 속에서 신학적 정체성을 잃어가고 있다. 교단이 하나에서 수백 개로 나뉘었고,

세속적인 교회 성장과 연합 프로그램들이 도입되면서 장로교회의 본래 모습이 희미해졌다. 한국 장로교회는 종교개혁의 원리에 따라 개혁된 교회를 표방하고 있었지만, 문제의 해결책을 외적인 요소에서만 찾고 내적인 본질을 돌아보지 못했기 때문에 분열과 위기를 겪게 되었다.

「개혁주의생명신학 선언문」은 이러한 위기의 상황 속에서 개혁신학이 강조하는 종교개혁의 5대 표지를 오늘날의 언어로 재해석하여 제시하고 있다. 선교사들에게 받은 신앙의 전통과 유산을 소중히 여기면서도, 한국 교회의 현실과 신학적 문제점을 적절하게 분석하여 목회자, 신학자, 그리고 일반 신자들에게 신앙과 신학의 방향을 제시하였다.

이 선언문은 신학적 차이가 믿음의 본질을 훼손하지 않으며, 오히려 공통된 신앙의 내용을 중심으로 연합할 수 있음을 강조한다. 이를 통해 한국 교회를 넘어 세계 교회의 하나 됨을 확인하는 계기를 마련하고 있다.

또한 신학이 인간의 이성을 움직이는 것이라면, 신앙은 마음을 움직이고 삶의 변화를 일으켜야 한다는 점을 강조하고 있다. 신학은 단순한 학문이 아니라 성령의 도우심으로 실천으로 이어져야 하며, 신자들이 특정한 목회자나 신학자의 권위에 의존하는 것이 아니라, 오직 예수 그리스도를 유일한 삶의 모범으로 삼도록 인도하는 것이 중요하다고 선언하고 있다.

결국, 「개혁주의생명신학 선언문」은 한국 장로교회의 분열과 신학적 위기 속에서 개혁신학의 본질을 회복하고, 신학과 신앙이 실천적으로 연결되도록 방향을 제시하며, 복음의 본질과 교회의 연합을 강조하는 중요한 선언이라고 할 수 있다.[78]

---

78) 용환규, 「한국장로교회와 신앙고백」, 313.

7. 개혁주의생명신학 선언문(2010년)과 헌법적 의미

1) 종교개혁 원리의 계승과 헌법 제1편의 공적 고백

2010년에 발표된 「개혁주의생명신학 선언문」은 종교개혁의 5대 원리(Sola Scriptura, Solus Christus, Sola Fide, Sola Gratia, Soli Deo Gloria)를 계승하며, 백석총회의 신학적 정체성과 헌법적 기준을 형성하는 근거가 된다. 이 선언문은 단순한 신학적 제안이 아니라, 헌법 제1편 제1부에 편입됨으로써 교단 전체가 공적으로 고백하는 신학과 신앙의 표준이 되었고, 이는 교회의 법과 실천을 인도하는 기준 조항으로 기능한다. 백석총회의 헌법은 이 선언문을 통해 개혁주의신학의 전통을 단순히 계승하는 데 그치지 않고, 성령의 역사 속에서 실천적 신앙으로 전환시키려는 신학적 비전을 명문화하고 있다.

2) 신학과 신앙의 일치와 헌법 적용의 근거

개혁주의생명신학은 신학과 신앙이 분리되지 않으며 반드시 통합되어야 함을 강조한다. 이는 헌법학적으로 교회의 법이 단순한 조직 운영을 위한 규범이 아니라, 신앙과 삶을 규율하는 성경적 질서의 표현이어야 한다는 원칙과 부합한다. 장로교 정치의 핵심 정신인 '성경의 유일성과 그리스도의 주권'은 이 선언문을 통해 실제적 법리로 구현된다. 이에 따라 교회의 치리, 행정, 교역자 자격, 신학교육의 기준 등은 모두 이 선언문의 원리에 따라 해석되고 실천될 수 있다. 헌법은 선언문의 정신을 따라, 신앙의 본질과 복음의 생명력 위에서 살아 있는 질서로 작동해야 하며, 이는 헌법의 해석과 집행에도 직접적인 영향을 미친다.

3) 신학적 실천운동과 교회의 법적 정체성

개혁주의생명신학이 제시한 7대 실천운동(신앙운동, 신학회복운동,

회개용서운동, 영적생명운동, 하나님나라운동, 나눔운동, 기도성령운동)은 단순한 신앙 운동이 아니라, 교단 헌법의 실천적 원칙으로 기능한다. 이 운동들은 백석총회 산하의 모든 교회와 기관이 따라야 할 신앙적 실천의 기준이며, 헌법적 적용의 방향성을 제공한다. 특히 목회자 안수, 신학교육, 치리회 활동, 교회 행정 등에서 이 실천운동들은 신학적 배경이자 규범적 기준으로 작동할 수 있으며, 이를 통해 교회가 단순한 제도 조직이 아니라 성경적 삶을 구현하는 공동체가 되도록 법적 기틀을 마련한다. 개혁주의생명신학은 곧 교회의 법적 정체성을 정의하는 기준이며, 교회의 모든 공식적 활동은 이 신학에 근거할 때 정당성을 갖는다.

4) 교회 연합의 법적 기초로서의 선언문

개혁주의생명신학은 헌법상 교회의 신학적 통일성과 동시에 연합의 가능성을 담고 있다. 백석총회는 다양한 교회와 신학의 전통을 수용하면서도, 이 선언문을 통해 성경과 복음이라는 공통의 근거 위에 신앙의 연합을 이룰 수 있는 법적 기틀을 제공하고 있다. 헌법 제1편에 포함된 선언문은 교단의 정체성을 확립하는 동시에, 신학적 분열을 막고 하나 됨을 추구하는 근거 규범으로 기능한다. 이는 헌법적으로 선언문이 신학의 다양성을 수용하면서도 신앙의 본질을 고백하는 공동체적 기준을 제시한다는 점에서 큰 의의를 지닌다.

5) 결론 : 헌법적 고백으로서의 선언문

「개혁주의생명신학 선언문」은 단순한 신학 담론이 아니라, 백석총회가 공적으로 채택한 헌법 제1편의 기준 문서로서 기능한다. 이 선언문은 교단의 신학적 방향성과 실천적 과제를 동시에 제시하며, 헌법 해석의 출발점이자 기준점이 된다. 교회의 신학과 제도, 행정과 치리가 살아 있는 복음의 질서로 구현되기 위해, 선언문은 필수적 헌법 문서로서 위치한다. 특히 개혁주의생명신학은 교회의 법과 신앙의 일치를 이루는 데 결정적 역할을 하며, 교회의 본질을 회복하고 시대적 소명을 실현하는 데 필요한 법적·신학적 기준을 제시한다. 따라서 이 선언문은 백석총회의 정체성과 방향을 규정하는 최고 준거 문서로서, 헌법 전체의 해석과 적용에 우선적으로 고려되어야 한다.

제2부 종교개혁 500주년 선언문

개혁주의생명신학 선언문

I. 총론 : 개혁주의생명신학 선언문과 헌법의 관계

1. 교단 헌법과 신학 선언문의 통합 구조

대한예수교장로회 백석총회의 헌법은 교회의 제도와 질서를 유지하는 규범일 뿐 아니라, 신학적 정체성과 신앙 실천의 방향을 담은 신앙고백 문서이기도 하다. 이러한 특징은 백석총회 헌법이 단지 행정적 규율만을 담은 것이 아니라, 교회의 신학과 영성을 체계적으로 통합하려는 의도를 분명히 보여준다.

특히 백석총회 헌법 제1편은 교단의 정체성을 천명하는 신학 선언문으로 구성되어 있으며, 그 안에는 두 개의 핵심 문서가 포함되어 있다.

첫째, 「개혁주의생명신학 선언문」(2010)은 백석총회의 신학적 정체성을 대내외에 천명한 신학 선언이자, 이후 교단 신학과 목회방향을 결정짓는 기준 문서가 되었다.

둘째, 「종교개혁 500주년 선언문」(2017)은 종교개혁 500주년을 맞아 종교개혁의 신앙 원리를 오늘의 한국교회와 교단 상황에 맞게 재해석하고, 그 신학을 실천의 영역으로 확대하겠다는 신학적 의지를 담고 있다. 이 두 선언문은 단순한 고백문이나 이념적 표방이 아니라, 교단 헌법의 제1편에 편입되어 정식 신앙고백서로 기능한다.[79]

---

79) 장종현, 「개혁주의생명신학」, 24.

즉, 백석총회는 헌법의 서두에 신학 선언문을 배치함으로써, 정치·권징·예배·행정의 모든 구조가 이 신학적 토대 위에 세워지도록 체계를 구성한 것이다.

따라서 교단의 헌법은 제1편 교단 선언문(신학 고백)에서 시작하여, 제2편 교리(신조, 소요리문답, 신앙고백서), 그리고 제3편부터 제6편까지 정치, 권징, 예배모범, 시행세칙으로 이어지는 구조를 통해, 신학과 제도의 유기적 통합을 이룬다. 이러한 통합 구조는 개혁주의생명신학이 단지 교단의 사상을 규정하는 선언이 아니라, 실질적인 교회 운영과 신앙 실천의 법적·제도적 기초임을 뜻한다.

2. 2017년 헌법 개정과 종교개혁 500주년 선언문의 법적 채택

2017년은 종교개혁 500주년을 기념하는 해였다. 이 해에 백석총회는 한국교회의 개혁과 교단의 신학 정체성을 더욱 분명히 하기 위해, 기존의 「개혁주의생명신학 선언문」에 더하여 「종교개혁 500주년 선언문」을 헌법 제1편 제2부로 공식 채택하였다. 우리 총회는 종교개혁 500주년을 기념하여, 2017년 9월 14일 정기 총회에서 「개혁주의생명신학 선언문」을 총회의 공식 신앙고백서(confessio fidei)로 채택하였다.[80] 이 선언문은 단순한 기념행사 차원의 선언이나 목회적 권고에 그치는 것이 아니라, 총회 결의를 통해 헌법 개정의 정식 절차를 거쳐 교단 헌법에 삽입된 법적 문서이다. 이에 따라, 동 선언문은 교단 헌법의 일부로서 다른 조항들과 동일한 법적 효력과 구속력을 갖는다. 신학적으로는 총회의 정체성과 교리적 방향성을 규정하는 기준이 되며, 법리적으로는 교회정치, 권징, 예배모범 등 헌법의 해석과 적용에 있어서 최고 규범적 기준(normative criterion)의 지위를 가진다.

---

80) 장종현, 「개혁주의생명신학」, 24.

이 선언문은 종교개혁의 5대 솔라(Sola)를 기초로 하여, 개혁주의생명신학의 신학적 원리를 더욱 구체화하고, 이를 7대 실천운동이라는 목회적 원리로 제시함으로써 교회와 사회를 변화시키는 복음 운동으로서 기능하도록 구성되었다.

특히 이 선언문은 교단이 표방하는 신앙고백의 방향성을 재정립하고, 각 교회가 따르도록 명문화함으로써, 이후 교단 신학교육, 교회 행정, 권징과 목회 정책에 일관된 신학적 기준을 제시하게 되었다.

이 선언문이 헌법 제1편 제2부에 수록되었다는 것은, 단지 일시적인 기념문서가 아니라 항존적인 법적 문서로서 교단의 운영 원리로 작용한다는 뜻이다. 그러므로 모든 총회 산하 교회와 기관은 이 선언문을 법적 기준으로 삼고 목회 방향을 수립하며, 교육과 행정, 권징의 기준으로 활용해야 한다.

3. 개혁주의생명신학 선언문이 헌법에 포함된 의미

개혁주의생명신학 선언문이 대한예수교장로회 백석총회의 헌법에 포함되었다는 것은, 단순히 교단의 신학적 정체성을 요약하거나 설명하는 부속문서가 아니라, 헌법 전체의 구조와 정신, 해석과 적용에 있어 결정적인 기준과 방향을 제시하는 헌법적·신학적 기초 문서로 자리매김하고 있음을 뜻한다. 다시 말해, 백석총회의 헌법은 단지 조직 운영을 위한 제도적 규율을 담은 법규집이 아니라, 신앙고백과 신학 원리에 따라 구성된 실천적 지침서이며, 신앙 공동체의 신학적·영적 정체성을 구현하는 규범집이라는 것이다.

개혁주의생명신학 선언문이 헌법 속에 명문화되어 있다는 사실은, 교회가 추구해야 할 복음의 본질과 방향성을 헌법적 권위를 가진 문서 안에 천명함으로써, 교단 전반의 신학적 일치와 실천적 통일성을 도모하고자 하는 총회의 의지를 반영한다. 선언문은 다음과 같은 법적·신학적 의미를 지닌다.

1) 헌법 해석의 기준

헌법 제3편 정치, 제4편 권징, 제5편 예배모범 등 모든 조항은 개혁주의생명신학 선언문이 밝히는 핵심 원리들인 5대 솔라(Sola)와 7대 실천운동의 정신에 비추어 해석되어야 한다.

이는 단순한 신학의 적용이 아니라, 헌법 해석의 전제가 되는 신학적 해석틀이 제공되었다는 점에서 중요하다. 예컨대, 정치편의 직분과 당회 구성 원리, 권징편의 권징 목적과 절차, 예배모범의 설교와 성례 규정은 모두 '오직 성경(Sola Scriptura)', '오직 그리스도(Solus Christus)', '오직 믿음(Sola Fide)', '오직 은혜(Sola Gratia)', '오직 하나님께 영광(Soli Deo Gloria)'이라는 개혁주의 생명신학의 토대 위에서 재해석되어야 한다.

이는 법의 조문을 기계적으로 적용하는 것이 아니라, 그 안에 담긴 영적 의도와 신학적 정신을 존중하며 공동체의 생명을 살리는 방향으로 적용하도록 하는 신학적 안전장치를 마련한 것이다.

2) 교단 정책의 방향

개혁주의생명신학 선언문은 교단의 교육 정책, 선교 방향, 목회 지도방침 등 전반적인 정책 결정의 신학적 기준점으로 작용한다. 이는 총회뿐 아니라 각 노회, 신학교, 지교회에 이르기까지 공적 신학에 입각한 일관된 정책 수립과 실행을 요청한다.

예를 들어, 교단 신학교는 '말씀과 기도와 성령의 운동'을 강조하는 말씀중심 교육, '회개와 용서의 공동체성'을 기르는 공동체훈련, '영적 생명을 살리는 목회자 양성'을 위한 소명교육을 실천함으로써, 선언문의 정신을 체현해야 한다.

또한 국내외 선교, 교회개척, 목회자 지도편람 작성, 여성사역의 신학적 토대 마련 등 모든 사역 영역에서 생명신학의 핵심 가치인 하나님 중심, 말씀 중심, 교회 중심, 회개와 용서, 화해와 치유, 생명 살림, 나눔과 섬김이 구체적으로 반영되어야 한다. 선언문은 교단이 신학적 이념과 실제 정책 사이의 괴리를 최소화하도록 하는 신학적 나침반 역할을 한다.

3) 권징과 재판의 윤리 기준

개혁주의생명신학 선언문은 교회 내 권징과 재판이 율법적 정죄나 처벌 중심이 아니라 복음 중심의 회복과 생명 살림의 원리에 기초해야 한다는 윤리적 기준을 제공한다.

교회 권징이 단지 질서 유지를 위한 제재 수단이 아니라, 회개와 용서, 화해와 치유를 목적으로 하는 복음적 질서의 회복 수단이라는 점에서, 선언문은 권징과 재판의 목적과 방향을 분명히 설정해 준다.

특히, 권징 절차에서의 공정성, 회개 기회의 제공, 소명의 존중, 공동체적 회복의 지향은 선언문에 담긴 생명신학의 윤리적 요청이며, 이는 단순한 도덕률이 아닌 복음의 실천이다. 이로써 선언문은 교회 재판의 근간이 되는 신학적 윤리 규범으로 기능하며, 권징과 행정의 경직성을 방지하는 생명력 있는 기준을 제공한다.

이처럼 선언문이 헌법에 포함되었다는 것은, 교회의 신학이 교회의 제도와 분리되지 않고, 제도 안에서 신학이 구현되어야 함을 선포하는 교단의 신학 정치적 고백이다. 다시 말해, 신학과 제도의 통합, 교리와 행정의 통합, 말씀과 제도법의 통합을 지향하는 백석총회의 정체성과 방향이 헌법 전반에 반영되어 있는 것이다.

이는 헌법이 단지 운영 규칙이 아니라, 복음과 신앙의 생명력이 흘러드는 도관이 되어야 한다는 신학적 요청에 대한 응답이며, 총회가 표방하는 '개혁주의생명신학 실천 공동체'로서의 자기 인식을 헌법적 문서로 구체화한 것이다. 교회는 더 이상 제도와 신앙 사이에서 갈등하는 이원적 구조가 아니라, 신학적 일관성 속에서 살아 움직이는 유기적 공동체임을 헌법으로 증언하는 셈이다.

4. 교단의 신학적 정체성과 헌법적 기초의 일치

백석총회는 그 설립 초기부터 개혁주의신학을 기초로 하되, 협소한 교리주의를 넘어서 복음 중심의 실천신학을 강조해왔다. 이러한 방향성은 곧 개혁주의생명신학이라는 독자적인 신학 체계로 발전하였고, 그 핵심은 "신학은 학문이 아니라 예수 그리스도의 생명의 복음이다"라는 고백에 있다.

그 결과, 교단 헌법의 중심에는 단지 장로교 제도의 기술이 있는 것이 아니라, 예수 그리스도의 생명을 중심에 둔 복음 신학이 헌법의 근간을 이루게 되었다.

특히 제1편에 위치한 「개혁주의생명신학 선언문」과 「종교개혁 500주년 선언문」은 헌법 전체의 신학적 정체성을 제시하며, 백석총회가 어떤 신학을 따르고, 어떤 교회를 지향하는지를 분명히 규정한다.

이는 곧 백석총회의 헌법이 교리적 표준과 실천적 지침의 통합, 제도와 생명의 복음의 통합, 조직과 영성의 통합을 지향함을 의미한다. 이러한 구조 속에서 교단 헌법은 생명 있는 복음, 곧 예수 그리스도의 주 되심을 교회의 실제 운영과 목회 방향 속에서 구체화하도록 돕는 신학적-법적 기준으로 기능한다.

결론적으로, 개혁주의생명신학 선언문은 단지 교단의 정체성을 소개하는 선언이 아니라, 백석총회 헌법 전체의 출발점이자 해석의 열쇠이며, 모든 교회가 따라야 할 생명의 법이요 신앙의 지침서이다.

결론적으로, 개혁주의생명신학 선언문은 단지 교단의 정체성을 소개하는 선언이 아니라, 백석총회 헌법 전체의 출발점이자 해석의 열쇠이며, 모든 교회가 따라야 할 복음의 마그나 카르타(Magna Carta of the Gospel)요 신앙의 지침서이다.

II. 선언문 신학 해설 : 개혁주의생명신학의 내용과 구조

1. 개혁주의생명신학의 정의와 역사적 배경

1) 개혁주의생명신학

개혁주의생명신학은 백석학원과 백석총회의 신학적 정체성이다. 이는 개혁주의신학과 다른 신학이 아니라, 개혁주의신학을 바르게 실천하자는 신학적 요청이며, 동시에 개혁주의신학에 예수 그리스도의 생명을 불어넣고자 하는 실천적 신학운동이다.[81]

2) 개혁주의생명신학의 주창 배경

개혁주의생명신학은 2003년 백석학원 설립자 장종현 목사가 "신학은 학문이 아니다"라고 선언하면서 공식적으로 출발하였다. 이 선언은 생명을 살리지 못하는 사변적 신학과 이론 중심의 신학교육에 대한 깊은 반성에서 비롯되었다. 당시 한국교회는 신학이 교회를 살리지 못하고, 교회가 세상을 변화시키지 못하는 구조적 한계에 직면해 있었으며, 신학교육 역시 목회 현장과 괴리된 채 이론 전달에만 집중하는 현실에 머물러 있었다.

장종현 목사는 이러한 상황을 비판하며, 신학은 예수 그리스도의 생

---

81) 장종현, 「개혁주의생명신학」 (서울: 기독교연합신문사, 2023), 14.

명을 전하고, 교회를 살리며, 세상을 복음으로 변화시키는 생명의 복음이어야 한다고 천명하였다. 그는 2003년 10월 24일부터 25일까지 백석대학교에서 열린 한국복음주의신학회 제2차 국제학술대회에서 이 선언을 공적으로 발표하였으며, 이후 약 20년에 걸쳐 한국교회의 신학 개혁과 생명 회복을 지속적으로 외쳐왔다.

이 선언은 곧 「개혁주의생명신학」이라는 이름으로 구체화되었고, 이후 백석총회의 신학적 정체성을 형성하는 중심이자 헌법의 구조와 원리를 형성하는 근간으로 자리잡게 되었다. 개혁주의생명신학은 전통적인 개혁주의신학을 계승하면서도, 오늘날의 목회 현실과 교회 상황 속에서 살아 움직이는 실천신학을 지향한다.

개혁주의신학은 성경을 절대 기준으로 삼아 옳은 것은 따르고, 잘못된 것은 수정하며 항상 개혁되어야 한다는 원리에 기초한다. 16세기 종교개혁이 성경보다 전통과 제도를 앞세운 중세교회의 오류를 바로잡고 성경의 권위를 회복한 역사적 운동이었다면, 개혁주의생명신학은 오늘의 신학자와 목회자들이 배운 학문과 교리 체계를 넘어 하나님의 말씀을 우선시하고, 성경의 권위를 회복하려는 실천적 운동이다.

오늘날 한국교회, 특히 장로교회를 포함한 다수 교회들이 개혁주의를 표방하면서도 실제 삶과 목회에서는 성경의 가르침을 따르지 않는 현실 속에서, 「개혁주의생명신학」은 말씀이 교회를 이끌고, 교회가 세상을 섬기는 새로운 신학적 대안을 제시한다. 이는 단지 이론이나 교리 체계가 아니라, 신학과 교회, 세상을 생명으로 연결하는 복음 중심의 실천운동이며, 오늘의 교회를 살리고 다음 세대를 회복시키는 새로운 신학적 패러다임으로 자리매김하고 있다.[82]

이처럼 "개혁주의생명신학은 백석총회 헌법의 근간이자, 그 헌법에

---

82) 장종현, 「개혁주의생명신학」 (서울: 기독교연합신문사, 2023), 16.

생명을 불어넣는 심장"이다. 이 신학 위에 헌법은 세워졌고, 이 신학으로 인해 헌법은 단지 헌법 조항의 집합이 아닌, 살아 있는 교회 공동체를 위한 생명의 질서로 작동하게 된다.

3) 개혁주의생명신학의 본질

(1) 개혁주의를 실천하기 위한 운동

개혁주의생명신학은 개혁주의신학과 동일한 신학으로, "신학은 학문이 아니라 예수 그리스도의 생명의 복음"임을 강조한다. 개혁주의생명신학을 다음과 같이 정의할 수 있다.

"개혁주의생명신학은 성경의 가르침과 개혁주의신학을 〈계승하여, 사변화된 신학을 〈반성〉하고, 회개와 용서로 하나 되며, 예수 그리스도께서 주신 영적 생명을 〈회복하고자 하는 신앙운동이다. 그리하여 성령의 도우심으로 삶의 모든 영역에서 예수 그리스도의 주권을 실현함으로써 오직 하나님께 영광을 돌린다. 이를 위해 나눔운동과 기도운동과 성령운동을 통해 자신과 교회와 세상을 변화시키는 역동적인 실천을 도모한다."[83]

(2) 성경의 권위를 회복하는 운동

에베소서 1장 17절에 "우리 주 예수 그리스도의 하나님, 영광의 아버지께서 지혜와 계시의 영을 너희에게 주사 하나님을 알게 하시고"라고 말씀하신 것 같이, 성경은 성령의 감동으로 기록된 것으로 오직 하나님께서 지혜와 계시의 영을 부어 주실 때에만 바르게 이해할 수 있다.

---

[83] 장종현, 「신학은 학문이 아니다」 (서울: 백석정신아카데미, 2022), 181-182.

그러므로 한국교회가 영적 생명력을 회복하기 위해서는 성경의 권위를 인정하고 성령님께 귀를 기울여야 한다.84)

우리는 각종 은사나 체험, 꿈과 환상을 성경의 권위보다 앞세우는 잘못을 범하는 목회행태를 종종 목격하게 된다. 중세교회 역사를 통해 경험했듯이 교회가 성경의 권위를 인정하지 않으면 영적 생명력의 상실은 불가피한 일이다. 성경은 인간의 저작물이 아니며 하나님께서 친히 저술하셨기에 인간의 이성과 지식이 아닌, 성령의 조명하심을 통해서만 제대로 해석될 수 있다. 그러므로 교회가 성경의 권위에 온전히 순복할 때, 생명의 말씀은 우리 안에 더욱 역동하게 될 것이다.

(3) 교회를 회복시키는 성령운동

개혁주의신학을 계승하는 개혁주의생명신학은 성경의 권위와 중심성을 강조할 뿐 아니라, 전통적인 개혁주의신학이 사변화되며 간과했던 성령의 역사를 함께 회복하고자 한다. 초대교회로부터 이어진 교회의 역사는 본질적으로 성령의 역사였으며, 성령의 충만함을 통해 교회는 예수 그리스도의 증인으로 세워질 수 있었다. 이는 오순절 성령강림을 통해 시작된 교회의 본질이 성령의 능력에 뿌리를 두고 있음을 보여준다.

오늘날 교회가 다시 그 생명력을 회복하기 위해서는, 말씀의 권위와 진리뿐 아니라 성령의 능력과 사역 또한 균형 있게 인정해야 한다. 성령은 단지 감정적 체험의 영역에 머무는 분이 아니라, 구원의 실제 적용을 이루시는 유일한 동인이시다(「웨스트민스터 신앙고백서」 제9장 3항). 이는 성령께서 택한 자들의 마음을 열어 복음을 믿게 하시고, 회개케 하시며, 그리스도와 연합하게 하시는 구원의 실질적 사역을 감당

---

84) 장종현, 「개혁주의생명신학」, 20-21.

하신다는 의미이다. 따라서 구원에서 성령이 하시는 역할은 아무리 강조해도 지나치지 않다.

뿐만 아니라, 우리는 성령의 은사뿐 아니라 성령의 열매에도 깊은 관심을 기울여야 한다. 사랑과 희락, 화평, 오래 참음, 자비, 양선, 충성, 온유, 절제(갈 5:22-23)는 모두 성령께서 역사하실 때에만 맺을 수 있는 열매들이며, 교회가 그리스도의 인격을 드러내기 위해 반드시 회복해야 할 모습들이다. 하나님께서는 "이는 힘으로 되지 아니하며 능력으로 되지 아니하고 오직 나의 영으로 되느니라"(슥 4:6)고 말씀하셨다.

오늘의 한국교회가 다시 예수 그리스도의 생명력을 회복하기 위해서는, 무엇보다 성령의 역사와 도우심을 구하는 교회가 되어야 한다. 이를 위해 개혁주의생명신학을 신학적 정체성으로 삼고 있는 백석총회의 헌법과 「개혁주의생명신학 선언문」은 교회를 살리는 성령운동의 중요한 틀이자 방향이 될 것이다.

4) '신학은 학문이 아니다'의 의미

개혁주의생명신학은 신학이 단순한 지식이나 교리 체계가 아니라, 예수 그리스도의 생명의 복음이며 교회를 살리는 능력이라고 고백한다. 이는 곧, 신학이 목회와 분리되어서는 안 되며, 교회 현장 속에서 복음의 능력으로 작동해야 함을 의미한다.

신학은 인간이 하나님을 논하는 학문이 아니라, 하나님께서 인간에게 말씀하시는 계시의 통로이며, 성령의 조명과 말씀을 통해 예수 그리스도의 생명이 전달되는 생명의 통로라는 점에서, 개혁주의생명신학은 전통적인 신학 개념을 실천적으로 전환시킨 신학운동이다.

2. 개혁주의생명신학의 신학적 구성

1) 5대 솔라(Sola)의 재해석

대한예수교장로회(백석) 총회는 개혁주의 신학의 전통을 따르되, 협소한 의미의 칼빈주의 5대 강령(TULIP)[85]보다는 종교개혁의 보편적 신학 원리인 5대 솔라(Sola)를 중심에 둠으로써, 신앙의 본질과 실천을 아우르는 통합적 신학을 지향한다. 이러한 관점에서 발전한 개혁주의생명신학은 단지 정통 교리를 계승하는 데 머무르지 않고, 신학이 교회를 살리고 생명을 일으키는 실천적 운동이 되어야 함을 강조한다. 이는 단순한 신학적 논쟁을 넘어, 교회의 갱신과 시대적 소명을 위한 신앙운동으로서 개혁주의신학을 다시 살아 있게 만드는 시도라 할 수 있다.

16세기 종교개혁자들은 중세교회가 교황의 권위와 교회의 전통을 성경보다 우위에 두는 오류에 맞서 싸우며, 성경에 근거한 다섯 가지 신앙 원리를 선언하였다. 이것이 바로 5대 솔라, 즉 오직 성경(Sola Scriptura), 오직 그리스도(Solus Christus), 오직 믿음(Sola Fide), 오직 은혜(Sola Gratia), 오직 하나님께 영광(Soli Deo Gloria) 이다. 이 다섯 가지 원리는 개혁주의신학의 핵심이며, 신앙의 본질을 회복하려는 종교개혁의 중심 사상이었다.[86]

개혁주의생명신학은 이 5대 솔라를 단지 과거의 교리로 보지 않고, 오늘날의 교회 현실과 신앙적 위기 속에서 다시 살아 움직이게 해야 할 현재적 원리로 받아들인다. 따라서 백석총회는 이 다섯 가지 신앙

---

[85] 칼빈주의 5대 강령(TULIP)은 1618-1619년 도르트 총회에서 정리된 도르트 신조에 근거한다. 다섯 가지 교리는 ① 전적 부패 (Total Depravity) ②무조건적 선택 (Unconditional Election) ③제한 속죄 (Limited Atonement) ④불가항력적 은혜 (Irresistible Grace) ⑤ 성도의 견인 (Perseverance of the Saints).
[86] 장종현, 「신학은 학문이 아닙니다」 (서울: 기독교연합신문사, 2021), 186.

원리를 다음과 같이 실천적이고 생명 중심적인 관점에서 재해석하고 있다.

〈표2-2〉 5대 솔라와 개혁주의생명신학의 현재적 상황에 재해석

종교개혁자들의 5대 솔라	개혁주의생명신학의 현재적 상황에 재해석
오직 성경	성경을 통해 말씀하시는 성령
오직 그리스도	십자가와 부활의 삶
오직 믿음	순종하는 믿음과 기도
오직 은혜	용서와 화해의 복음
오직 하나님께 영광	희생과 봉사의 삶

7대 실천운동은 종교개혁자들의 개혁 원리를 구체적으로 실천할 수 있는 방법이다. 「개혁주의 생명신학 선언문」은 "우리는 16세기 종교개혁자들로부터 물려받은 개혁주의신학이 가장 성경적인 신학이라고 믿는다. 개혁주의생명신학은 그리스도께서 내 안에 사시고 내가 그리스도 안에 사는 영적 삶을 통해 개혁주의 신학을 실천하는 운동"이라고 명시하고 있다.[87]

2) '오직 그리스도'를 중심으로 한 신학 구조

개혁주의생명신학은 종교개혁의 전통적 신학 구조를 계승하되, 그 구성의 중심을 '오직 그리스도(Solus Christus)'에 두는 독자적 신학적 체계를 형성한다. 이는 백석총회가 신학의 본질을 예수 그리스도의 생명에 두고, 그리스도와의 연합(갈 2:20)을 모든 신학적 탐구와 실천의 출

---
[87] 장종현, 「개혁주의생명신학」, 25.

발점이자 궁극적 목표로 삼고자 하는 의지를 반영한다. 전통적인 5대 솔라(Sola Scriptura, Sola Fide, Sola Gratia, Solus Christus, Soli Deo Gloria) 가운데 '오직 그리스도'를 가장 중심에 두는 방식은 단순한 배열의 차원이 아니라, 신학의 방향성과 본질을 생명 중심, 곧 그리스도의 인격과 사역에 초점을 맞추는 구조적 전환을 의미한다.

이 신학 구조는 다음과 같은 유기적 연계를 따른다. 먼저, 신학은 〈오직 성경〉과 〈오직 은혜〉라는 신적 계시와 구원의 근거 위에 세워지며, 이 기초 위에서 〈오직 그리스도〉만을 유일한 구주로 받아들이게 된다. 이러한 인식은 〈오직 믿음〉이라는 인간의 응답을 통해 수용되며, 그 전 과정은 〈오직 하나님께 영광〉이라는 궁극적 목적을 지향한다. 이와 같은 구성은 전통적인 개혁주의의 논리적 구조를 유지하면서도, 예수 그리스도의 십자가와 부활이라는 복음의 중심 사건을 신학의 핵심으로 부각시키는 특징을 지닌다.

결국 이는 신학을 단순한 사변적(思辨的) 체계로 이해하지 않고, 생명과 영성, 곧 실존적이며 인격적인 하나님과의 관계 안에서 구성하려는 선언이며, 신학과 목회, 교육과 실천, 예배와 선교의 모든 영역이 예수 그리스도의 생명과 연합의 관점에서 재정립되어야 함을 시사한다. 개혁주의생명신학은 이와 같은 구조적 신학을 통해 교회의 존재와 사명을 다시 해석하고, 오늘날의 위기에 처한 교회를 회복하는 생명운동으로 나아가고자 한다.

3. 7대 실천운동의 신학적 의미

개혁주의생명신학은 5대 솔라의 신학 원리를 구체적인 목회 실천으로 발전시킨 7대 실천운동을 제시한다. 이는 선언문 후반부에 나오는 핵심 내용으로, 백석총회 산하 교회들이 실제로 삶과 사역 속에서 실천해야 할 신학적 방향성을 제시한다.

순번	실천운동	핵심내용
1	신앙운동	성경만이 우리의 신앙과 삶의 표준임을 믿고, 개혁주의신학을 계승하는 운동
2	신학회복운동	신학은 학문이 아니라 예수 그리스도의 생명의 복음을 고백하는 운동
3	회개용서운동	하나님 앞에서 자신을 돌아보고 회개하며, 서로 용납하여 하나됨을 추구하는 운동
4	영적생명운동	우리 속에 예수 그리스도의 영을 회복하여 복음으로 사람을 변화시키는 운동
5	하나님나라운동	성령의 도우심으로 삶의 모든 영역에서 예수 그리스도가 주 되심을 실현하는 운동
6	나눔운동	예수님과 같이 우리가 받은 모든 것을 세상과 이웃을 위하여 나누고 섬기는 운동
7	기도성령운동	성령만이 실천운동을 가능하게 하심을 고백하며, 모든 일에 성령의 인도하심과 역사하심을 구하는 운동

〈표 2-3〉 개혁주의생명신학 7대 실천운동

이 실천운동은 각 항목이 독립된 프로그램이 아니라, 개혁주의생명신학이 교회에 구체적으로 요청하는 목회 원리이자 영적 지표다. 특히 기도성령운동은 나머지 6개 실천운동을 가능하게 하는 영적 동력이며, 개혁주의생명신학이 단순한 신학 이론이 아닌 실제적인 교회 개혁의 기초임을 보여준다.

III. 개혁주의생명신학 선언문의 교단 헌법의 핵심 가치

1. 서론

대한예수교장로회(백석)총회는 종교개혁 500주년을 맞아 2017년 9월 14일 '개혁주의생명신학 선언문'을 공식적인 교회선언으로 채택하였다. 이 선언문은 단순한 신앙고백서가 아니라 대한예수교장로회 총회의 신학적 정체성을 명확히 하고, 교단의 신앙과 실천의 기준을 제시하는 문서로서 교단헌법의 핵심 가치로 자리 잡고 있다.

특히, 개혁주의생명신학 선언문은 교단헌법 제1편 교단 선언문으로 포함되며, 이는 대한예수교장로회 총회의 신학적 정체성을 구체적으로 담고 있다. 선언문은 개혁주의 신학의 근본 원리를 천명하고, 교단의 신앙과 실천 방향을 명확히 규정하는 기준이 된다. 본 논의에서는 개혁주의생명신학 선언문이 가지는 교단헌법의 핵심 가치를 분석하고, 이를 한국교회의 개혁과 갱신이라는 측면에서 살펴보고자 한다.

2. 개혁주의생명신학 선언문의 교단 헌법적 기초

교단헌법은 교단의 신앙과 실천을 규범화하는 역할을 하며, 대한예수교장로회(백석)총회의 헌법 또한 개혁주의 신학의 원리를 바탕으로 교회의 조직과 운영을 규정하고 있다. 개혁주의생명신학 선언문은 이러한 교단헌법의 신학적 기초를 보다 명확하게 제시하며, 교단의 신학적 방향성을 헌법적으로 정립하는 기준이 된다.

1) 헌법적 원리로서의 5대 솔라(Sola)

개혁주의신학은 좁은 의미에서는 칼빈주의 5대 강령(TULIP)을 중심으로 발전한 교리적 체계를 의미하며, 넓은 의미에서는 16세기 종교개혁 신학의 5대 솔라(Sola)를 포함하는 신학적 전통을 의미한다. 개혁주의생명신학은 후자의 신학적 전통을 계승하면서도, 종교개혁 신학을 현대적으로 재해석하여 신앙의 실천적 적용을 강조하는 신학이다.

따라서 개혁주의생명신학은 개혁주의신학의 전통을 계승하면서도 신앙을 실천적으로 구현하는 신학적 운동으로 자리 잡고 있으며, 이를 통해 개혁신학이 단순한 교리적 원리를 넘어 신앙과 삶을 변화시키는 능동적 신학으로 발전하도록 기여하고 있다.

개혁주의생명신학 선언문은 '오직 성경(Sola Scriptura)', '오직 그리스도(Solus Christus)', '오직 믿음(Sola Fide)', '오직 은혜(Sola Gratia)', '오직 하나님께 영광(Soli Deo Gloria)'이라는 종교개혁의 5대 솔라(Sola)를 교단 신앙의 본질로 규정한다. 이는 개혁주의 교회의 기본 원칙이자 대한예수교장로회(백석) 총회의 헌법적·신학적 기초로 자리 잡고 있다.

특히, 개혁주의생명신학 선언문은 5대 솔라를 단순한 신학적 구호가 아니라, 교단의 법적·제도적 기반으로 확립할 것을 명확히 한다. 이는 교회의 신앙적 정체성을 공고히 하며, 개혁주의생명신학이 단순한 이론이 아니라 실제적 실천과 교회 운영 원리로 기능하도록 함을 의미한다.

2) 교단 신앙고백의 연장선상에서의 의의

대한예수교장로회(백석) 총회는 개혁주의 신학과 장로교 신앙고백의 역사적 전통을 계승하고 있으며, 그 위에 개혁주의생명신학을 발전시켜 왔다. 개혁주의생명신학은 전통적 개혁주의신학과 본질적으로 동일한 신학체계 안에 있으나, 예수 그리스도의 생명을 중심으로 신학을 실천적으로 재해석하고 역동적으로 확장한다는 점에서 새로운 생명력을 부여하는 신학이다.

특히 「개혁주의생명신학 선언문」(2010)과 「종교개혁 500주년 선언문」(2017)은 이러한 신학적 방향을 시대적 요청 속에서 구체화한 신앙고백적 문서로서, 단지 선언의 차원을 넘어서 교단의 신학, 제도, 실천 전반을 아우르는 헌법적 지침으로 기능한다. 두 선언문은 2017년 헌법 개정을 통해 백석총회 헌법 제1편에 공식적으로 포함됨으로써, 교단의 신학적 정체성과 사명을 헌법적으로 제도화하는 결정적인 전환점을 마련하였다.

이처럼 백석총회의 헌법은 단순한 법적 규범을 넘어, 총회의 모든 생명력을 공급하는 신학적 원천으로 작동한다. 곧, 이 헌법은 과거의 신앙고백을 보존하는 정적 체계가 아니라, 성령 안에서 교회를 새롭게 하고 시대를 분별하며 사명을 감당하게 하는 생명력 있는 헌법(living constitution)으로 기능한다. 이는 개혁주의생명신학의 7대 실천운동 중 하나인 기도성령운동과 긴밀히 연결되며, 성령의 바람이 교회와 성도를 살리는 것처럼, 이 헌법 역시 기도와 성령의 역사 속에서 교단 전체에 생기를 불어넣는 역할을 한다.

3) 교회법과 신앙실천의 연결

개혁주의생명신학 선언문은 단지 신학적 선언에 그치지 않고, 교단 헌법의 근간을 형성하는 신앙 고백으로서 교회의 실제 운영과 성도들의 신앙생활에 깊이 연결되어 있다. 특히, 이 선언문에 기초한 7대 실천운동(신앙운동, 신학회복운동, 회개용서운동, 영적생명운동, 하나님나라운동, 나눔운동, 기도성령운동)은 교단 헌법조항이 지향하는 신앙의 실천적 형태를 구체화하며, 교회의 정책과 목회 행정, 교육과 예배, 그리고 성도의 삶 전반에 적용 가능한 실천적 기준을 제공한다.

이러한 점에서 백석총회의 헌법은 단순한 제도적 문서가 아니라, 신앙과 신학, 제도와 실천을 통합하는 「헌법적 신학체계」로 자리매김한다. 개혁주의생명신학은 성경을 신앙과 삶의 유일한 표준으로 삼는 개혁주의 전통을 충실히 따르면서도, 오늘날의 교회가 직면한 위기와 도전에 응답할 수 있는 실천 신학적 능동성을 제공한다. 이로써 백석 헌법은 생명력이 없는 제도와 정형화된 헌법 조항 아니라, 성령의 인도하심 속에서 공동체를 세우고 갱신하는 살아 있는 제도와 헌법조항으로 기능하게 된다.

3. 개혁주의생명신학 선언문의 교단 헌법 내 기능과 적용

개혁주의생명신학 선언문은 교단헌법의 기초 원리를 명확히 하며, 헌법이 실천적으로 적용될 수 있도록 하는 역할을 수행한다.

1) 교단 정체성의 강화

개혁주의생명신학 선언문은 대한예수교장로회 총회의 신학적 정체성을 더욱 확립하는 데 기여한다. 5대 원리와 7대 실천운동은 교단의 신학적 정체성을 유지하면서도 변화하는 시대 속에서 교단이 나아갈 방향을 제시하는 기준이 된다.

2) 교회 행정과 목회적 실천의 지침 제공

개혁주의생명신학 선언문은 단순한 신학적 선언이 아니라 교회 행정과 목회적 실천을 위한 구체적 지침을 제공한다. 교단헌법이 교회의 조직과 운영을 규정하는 법적 틀이라면, 선언문은 그 신학적 기초와 실천적 방향을 제시하는 역할을 한다. 예를 들어, 나눔운동과 기도성령운동은 교회의 목회 방침과 선교 전략을 수립하는 데 중요한 기준이 된다.

3) 교회 재판과 윤리적 판단 기준

개혁주의생명신학 선언문은 교회 재판과 윤리적 판단의 기준이 될 수 있다. 대한예수교장로회 총회의 헌법은 교회의 법적 분쟁과 윤리적 문제를 다루는 기준을 제시하지만, 선언문은 이러한 판단의 신학적 근거를 제공한다. 예를 들어, 교회 분쟁 해결이나 성도 간의 화해 과정에서 회개용서운동의 원리를 적용하여 개혁주의적 신앙 원칙을 유지할 수 있다.

4. 개혁주의생명신학 선언문의 교단 헌법으로서의 법적 위상

개혁주의생명신학 선언문은 교단헌법의 핵심 가치로서 교회의 신학과 실천을 이끄는 기준이 된다.

1) 교회 분열과 세속화 문제의 해결

개혁주의생명신학 선언문은 한국교회가 직면한 분열과 세속화의 문제에 대해 단순한 행정적 조정이나 조직 개편이 아닌 근본적 신앙 회복을 통한 해법을 제시한다는 점에서 중요한 의의를 지닌다. '오직 성경(Sola Scriptura)'과 '오직 그리스도(Solus Christus)'라는 개혁주의 전통의 핵심 원리는, 교회의 본질을 회복하고, 교단 내 신학적 혼합주의와 교회 정치의 왜곡을 바로잡는 기준점이 된다. 선언문은 교회가 본질적으로 하나님 말씀 위에 세워진 공동체임을 다시 상기시키며, 성경적 원칙에 따라 공동체의 삶과 사역이 재조직되어야 함을 강조한다. 이러한 원칙은 단지 이론적 구호에 그치지 않고, 실천적 개혁 운동의 토대로 기능함으로써, 교단 내 다양한 이념과 분파적 충돌을 하나로 통합하고, 세속문화에 휩쓸린 교회의 정체성을 회복하는 데 기여할 수 있다.

2) 목회적 방향 설정

개혁주의생명신학 선언문은 단순한 신학적 선언이 아니라, 현장 목회를 위한 실제적인 지침서로 기능한다. 선언문은 '5대 솔라'의 신학적 중심 위에 '7대 실천운동'을 덧붙임으로써, 목회자와 신학자들이 교회의 영적 생명을 어떻게 보존하고 실천할 것인지에 대한 구체적인 방향을 제시한다. 특히 교회가 조직 중심이나 성장 중심의 구조가 아니라, 하나님의 생명이 역사하는 신앙 공동체가 되어야 함을 명시하면서, 목회적 행위의 기준과 목적을 명확히 정립한다. 목회자는 이 선언문을 바탕으로 교회를 치리하고 양육하며, 성도들을 말씀과 성령 안에서 성숙하게 자라도록 인도할 수 있다. 또한 이는 목회적 사역을 수행하는 데 있어 혼란을 줄이고, 교회마다 일관된 신학적·실천적 방향성을 유지하는 데 큰 도움이 된다.

3) 교단헌법의 보완 및 개정 방향 제시

개혁주의생명신학 선언문은 단지 신앙 고백의 차원을 넘어, 교단 헌법의 신학적 기반을 강화하는 역할을 수행한다. 교단의 헌법은 행정과 치리를 규정하는 법률 체계인 동시에, 교회의 정체성과 목적을 반영하는 신학적 문서이기에, 그 기초가 되는 신학의 정당성과 일관성이 매우 중요하다. 선언문은 교단 헌법이 다루는 정치, 권징, 예배 등의 조항들이 개혁주의 신학에 근거한 원리에 따라 해석되고 운영되도록 돕는다. 뿐만 아니라, 향후 교단 헌법의 개정이 필요할 때, 생명신학의 실천적 정신을 반영하여 교회의 윤리적 기준, 직분자 자격, 치리 절차 등을 더욱 명확히 하고 강화할 수 있는 방향을 제시한다. 이러한 점에서 선언문은 교단 법제도의 지속적 갱신과 개혁을 위한 정신적 나침반 역할을 하며, 교단 전체의 신학적 일관성과 실천적 통일성을 뒷받침한다.

5. 결론

「개혁주의생명신학 선언문」은 대한예수교장로회(백석) 총회의 신학적 정체성을 확립하고, 교단 헌법의 신학적 기초를 보완하며 그 실천 방향을 제시하는 핵심 문서이다. 이 선언문은 종교개혁의 5대 원리, 곧 오직 성경(Sola Scriptura), 오직 그리스도(Solus Christus), 오직 믿음

(Sola Fide), 오직 은혜(Sola Gratia), 오직 하나님께 영광(Soli Deo Gloria)를 총회의 신앙의 본질로 천명하며, 이를 단순한 신학적 원리에 그치지 않고 교단의 법과 제도, 목회와 신앙 실천 전반을 관통하는 기준으로 확립하고 있다.

개혁주의신학은 좁은 의미로는 칼빈주의 5대 교리(TULIP)를 중심으로 한 예정론적 구원 체계를 가리키며, 넓은 의미로는 '오직 성경(Sola Scriptura), 오직 그리스도(Solus Christus), 오직 은혜(Sola Gratia), 오직 믿음(Sola Fide), 오직 하나님께 영광(Soli Deo Gloria)'이라는 종교개혁의 핵심 정신을 포함하는 신앙 전통을 말한다. 대한예수교장로회 백석총회가 계승한 개혁주의생명신학은 이러한 전통에 뿌리를 두되, 도르트신조의 교리 체계를 그대로 따르기보다는 넓은 의미의 개혁주의, 곧 5대 솔라를 중심으로 한 복음적 신앙 정신을 신학적 기반으로 받아들였다. 이 신학은 예수 그리스도의 십자가와 부활에 기초한 '생명에 근거한 복음의 신학'으로서, 단순한 교리 해석을 넘어 교회와 성도의 실제 삶을 변화시키는 실천적이며 통합적인 신학으로 전개된다.

이러한 의미에서 개혁주의생명신학 선언문은 교단 헌법 제1편에 속한 신앙고백적 헌법 문서로서, 단지 교리의 해설이 아닌 신학과 헌법, 교회와 실천을 하나로 묶는 중심축 역할을 한다. 이 선언문은 개혁주의신학의 본질을 유지하면서도, 변화하는 시대 속에서 교회가 복음적 사명을 감당할 수 있도록 이끄는 생명력 있는 기준이다.

결국, 「개혁주의생명신학 선언문」은 백석총회의 과거와 현재, 그리고 미래를 연결하는 신학적 중심이자 헌법적 기초이며, 교회 갱신과 신앙 실천을 위한 살아 있는 기준이다. 이를 통해 백석총회는 정체된 제도나 교리에 머무르지 않고, 성령의 역사 속에서 생명력을 공급받는 공동체로서 오늘의 교회와 세상을 섬기며 시대적 소명을 감당할 것이다. 나아가 개혁주의생명신학을 통해 민족을 살리고 세계를 살리는 교단으로 자리매김할 것이다.

IV. 헌법 적용 해설 : 교단 운영에 있어 선언문의 실천

개혁주의생명신학 선언문은 단지 교단의 신학적 정체성을 설명하는 문서가 아니라, 실제로 교회 정치, 권징, 예배, 교육, 선교 등 모든 교회 운영의 실천 원리이자 기준으로 기능한다. 백석총회의 헌법은 이 선언문을 제1편 서두에 배치함으로써, 모든 조항의 해석과 적용이 개혁주의생명신학의 원리에 기초해야 함을 법적으로 명시한 것이다.

1. 교회 정치와 행정에서의 적용

백석총회의 정치 원리는 장로교회의 전통을 따라 대의정치와 공적 질서를 존중하되, 그 운영 방식은 단순한 제도적 질서가 아니라 예수 그리스도의 생명력을 중심으로 한 영적 공동체의 회복을 지향한다.

개혁주의생명신학은 '하나님나라운동'을 통해 정치와 행정의 목적이 그리스도의 주 되심을 실현하는 데 있다는 점을 분명히 한다. 교회 정치와 행정은 성령의 질서 안에서 이루어져야 하며, 행정 결정은 성경과 기도, 공동체의 신앙적 합의에 따라 수행되어야 한다.

특히 신앙운동, 회개용서운동의 원리에 따라 정치 운영의 전 과정은 교권적 다툼이나 정파적 경쟁이 아닌 복음적 연합과 회복을 지향해야 하며, 이는 정치편의 해석에도 큰 기준이 된다.

2. 교회 재판과 권징에서의 적용

교회 재판과 권징은 단순한 규율의 집행이나 징벌의 수단이 아니다. 백석총회는 이를 복음적 회복의 과정으로 이해하며, 교회의 거룩성과 공동체의 본질을 보존하기 위한 사역으로 여긴다. 이러한 이해는 개혁주의생명신학 선언문에서 제시한 회개용서운동에 기초한다. 회개용서운동은 권징의 목적과 방향을 근본적으로 전환시킨다. 회개는 용서의 전제이며, 용서는 공동체 안에서 하나 됨을 이루는 열매이다. 그러므로 권징은 단죄를 위한 것이 아니라, 자기 성찰과 회개의 기회를 제공하는 복음적 치유의 과정이 되어야 한다.

이러한 원리 아래에서 교회의 재판은 단순히 헌법과 시행세칙에 따른 법리적 판단에 머물러서는 안 된다. 교회 재판국과 노회 재판부는 판결에 있어서 신앙적 회개를 촉진하고, 공동체적 화해를 도모하며, 목회적 회복을 지향해야 한다. 이를 위해 교회 권징의 기준은 법 조항만이 아니라 개혁주의생명신학 선언문이 제시하는 영적 원리, 곧 복음의 본질과 공동체의 생명을 회복시키는 방향에 따라야 한다. 선언문은 교회 재판과 권징을 생명을 살리는 도구로 사용할 수 있도록 기준과 정신을 제공한다. 따라서 백석총회의 모든 권징 절차는 회개와 용서를 통하여 하나 됨을 이루고, 그리스도의 몸 된 교회를 거룩하게 세우는 데 목적을 두어야 한다.

3. 신학교육과 목회자 양성에의 적용

개혁주의생명신학은 신학이 단순한 학문 체계가 아니라 예수 그리스도의 생명의 복음임을 분명히 한다. 이로 인해 신학교육은 이론 중심의 교리 전달에 그치는 것이 아니라, 말씀과 영성, 복음과 실천, 기도와 성령의 통합을 지향하는 전인적 훈련으로 구성되어야 한다.

신학회복운동은 신학을 하나님의 말씀으로 회복하는 운동이며, 기도성령운동은 그 말씀을 삶에서 실현하기 위해 성령의 역사하심을 구하는 운동이다. 이 두 운동은 신학교육의 방향을 결정짓는 중요한 기준이다. 신학은 하나님을 아는 지식이며, 곧 영생이다(요 17:3). 따라서 목회자는 성경을 바르게 해석하는 능력과 더불어, 성령의 능력으로 말씀을 실천할 수 있는 영적 사역자가 되어야 한다.

이를 위해 신학교육은 성경과 교리를 중심으로 하되, 기도와 영성 훈련, 공동체 생활, 실제 목회 현장의 실습 등으로 구성된 통합적 교육을 통해 전인격적 목회자를 양성해야 한다. 백석총회 산하의 모든 신학교는 개혁주의생명신학 선언문을 교육철학의 토대로 삼고, 그 신학을 커리큘럼 전반에 통합하여 적용해야 한다. 이로써 신학교육은 단지 지식을 전달하는 과정을 넘어, 교회를 살리고 시대를 개혁하는 생명운동의 중심이 되어야 한다.

4. 예배와 설교에의 적용

개혁주의생명신학은 예수 그리스도의 생명 회복을 신학의 중심 주제로 삼으며, 이는 곧 예배와 설교의 본질을 규정하는 핵심 개념이다. 예배는 단순한 종교적 의례나 형식적 절차가 아니라, 살아 계신 하나님을 인격적으로 만나는 생명의 사건이다. 또한 설교는 단순한 도덕적 훈계나 교리 해설이 아니라, 교회를 살리고 세상을 변화시키는 하나님의 복음 선포로서의 능력이어야 한다.

개혁주의생명신학 선언문이 제시하는 "영적생명운동"은 성령을 통해 그리스도의 생명을 회복하는 것을 지향하며, "오직 성경"의 원리는 예배와 설교가 인간 중심이 아니라 말씀 중심, 복음 중심으로 이루어져야 함을 요청한다. 이에 따라 예배는 성경의 권위에 입각한 말씀 중심의 예배로 구성되어야 하며, 설교자는 성령의 조명 아래 하나님의 말씀을 생명의 메시지로 선포해야 한다. 설교는 단순히 성경 지식을 전달하는 행위가 아니라, 성령의 능력으로 살아 있는 하나님의 말씀을 전하는 예언적 행위이며, 그 본질은 복음의 선포이다.

또한 예배의 모든 순서(찬양, 기도, 성례전 등)는 단지 전통적 요소로 기능하는 것이 아니라, 예수 그리스도의 주 되심과 하나님의 나라를 드러내는 거룩한 신학적 행위로 이해되어야 한다. 이러한 관점은 예배모범의 해석에도 직접적으로 적용되며, 예배모범은 단지 예전의 형식이나 규범을 제시하는 문서가 아니라, 예배의 신학적 의미와 실천적 방향을 제시하는 기준으로 이해되어야 한다.

특히 개혁주의생명신학이 강조하는 "기도성령운동"은 예배의 전 과정이 성령의 인도하심 속에서 이루어져야 함을 분명히 한다. 이는 예배의 기획, 진행, 응답의 모든 과정이 인간의 기획이나 정서적 감동이 아니라, 성령의 감화와 감동, 그리고 말씀과 기도의 통합 속에서 이루어져야 한다는 원리를 제공한다.

이러한 신학적 기초 위에서, 개혁주의생명신학(2010년)의 정신을 목회 현장에서 실제적으로 적용할 수 있도록 장종현 박사는 「개혁주의생명신학 설교 안내서」를 집필하였다.[88] 이 안내서는 예배와 설교가 단순한 기술이 아니라 생명의 복음을 전하는 도구임을 일깨워주며, 현장 목회자들이 개혁주의생명신학의 원리를 따라 바른 신학 위에 생명력 있는 설교를 준비하고 선포할 수 있도록 실제적인 방향을 제시한다. 따라서 이 안내서는 설교자들에게 신학과 실천을 연결하는 중요한 자료가 되며, 예배와 설교를 통해 교회를 살리고 시대를 변화시키는 데 유익한 길잡이가 될 것이다.

5. 선교와 사회 참여에의 적용

개혁주의생명신학은 교회의 내적 갱신을 넘어, 세상 속에서 하나님의 나라를 실현하고자 하는 선교적 지향을 지닌 실천 신학이다. 이는 단지 교회 내부의 교리적 정당성과 제도적 정비에 머무르지 않고, 복음이 개인과 공동체, 나아가 사회 전체에 생명력을 불어넣는 역사임을 전제로

---

88) 장종현, 「개혁주의생명신학 설교안내서 : 5대 솔라·7대 실천운동」, (서울: 기독교연합신문사, 2024), 8.

한다. 이러한 신학적 방향은 백석총회 헌법 제1편 제1부 「개혁주의생명신학 선언문」에 명시된 '하나님나라운동'과 '나눔운동'을 통하여 구체화된다. 이 두 가지 실천운동은 교회의 선교와 사회 참여를 단지 선택적인 활동이 아니라, 복음의 본질로부터 필연적으로 수반되는 책임으로 이해하도록 요청한다.

첫째, 개혁주의생명신학은 복음을 죽은 영혼을 살리는 생명의 역사로 규정한다. 이는 복음이 단순한 교리적 진술이 아니라, 생명을 창조하고 변화시키는 하나님의 능력이라는 점을 강조하는 것이다(롬 1:16). 따라서 선교는 단지 정보 전달이나 종교 확산의 차원을 넘어서, 생명의 회복과 하나님 형상의 회복이라는 존재론적 차원에 뿌리를 둔다.

둘째, 선교는 교회의 선택이 아니라 존재의 본질이다. 교회는 부르심을 받은 공동체이며, 그 부르심은 곧 '보냄받은 자'로서의 사명을 내포한다(요 20:21). 그러므로 선교는 선택적 사역이 아니라, 교회의 정체성 그 자체이며, 교회의 생명은 선교적 삶 속에서 유지된다. 이는 단지 해외 선교나 전통적 전도에 국한되지 않으며, 도시와 지역사회, 문화와 학문, 노동과 정치 속에서 하나님의 통치를 드러내는 전인격적 사명을 의미한다.

셋째, 나눔은 단순한 구제가 아니라, 예수 그리스도의 사랑을 실현하는 삶의 방식이다(요일 3:17-18). 개혁주의생명신학이 강조하는 나눔운동은, 자선적 시혜를 넘어서 복음의 사랑이 공동체적 삶을 통해 구체화되는 '살아있는 신학'이다. 이는 공의와 정의를 실현하고, 고통받는 이웃과 함께하며, 사회적 약자를 향한 책임을 실천하는 방식으로 나타난다. 여기서 나눔은 사회 참여의 수단이자 복음 선포의 한 방식으로 이해되며, 교회는 이 세상의 고통에 대해 무관심하지 않고, 하나님의 긍휼로 응답하는 공동체가 되어야 한다.

따라서 개혁주의생명신학에 기반한 선교와 사회봉사는 단지 교회의 외부활동이나 사역 프로그램이 아니라, 교회의 신학적 정체성과 실천적 사명을 통합적으로 드러내는 생명운동이다. 이 신학은 교회가 성령의 능력으로 복음의 본질을 세상 가운데 구현하도록 요청하며, 그 실천은 지역교회의 사회봉사, 교육, 구제, 환경, 정의 실현 등 다양한 영역에서 구체화되어야 한다. 이에 따라 백석총회는 개혁주의생명신학 선언문에 기초하여 선교와 사회적 책임을 하나로 통합하는 전략을 수립하고, 교회들이 이 신학을 실천적 차원에서 구현할 수 있도록 제도적, 교육적, 정책적 지원을 강화해 나가야 한다.

이러한 구조적 적용을 통해 개혁주의생명신학은 교회로 하여금 단지 교리적 정체성을 유지하는 공동체가 아니라, 생명의 복음을 온 세상에 나누며 하나님의 나라를 확장하는 선교적 교회로 살아가게 한다. 이는 교단의 정체성 뿐만 아니라, 오늘날 교회가 사회 속에서 감당해야 할 시대적 소명을 신학적으로 정당화하고 실천적으로 뒷받침하는 기반이 된다

V. 헌법 개정 방향 : 선언문의 제도적 정착을 위한 제안

개혁주의생명신학 선언문은 백석총회의 신학적 정체성이자 신앙 실천의 기준이며, 이미 헌법 제1편에 편입되어 공식적인 헌법 문서로 기능하고 있다. 그러나 여전히 헌법 제3편 이하의 실제 조항들(정치, 권징, 예배모범, 시행세칙 등)에는 선언문의 정신과 원리가 구체적으로 명문화되지 않았다는 점이 현행 헌법의 한계로 지적된다.

이 장에서는 개혁주의생명신학 선언문의 헌법 조항화와 헌법 전반에 걸친 통합 적용을 위한 개정 방향을 제안한다.

1. 선언문을 헌법 각 편에 반영할 필요성

1) 정치편(제3편)과의 연계

백석총회 헌법 제3편 정치편은 장로회 정치 원리에 따라 교회의 조직과 치리회의 권한, 목회자의 직무 및 각급 치리회의 행정과 질서를 기술하고 있으나, 그 정치의 목적과 운영 정신이 총회의 신학 정체성인 개혁주의생명신학의 원리에 따라 명확히 천명되어 있지 않다. 특히 제9조(교회의 정의)는 교회를 하나님의 백성, 그리스도의 몸, 성령의 전으로 규정하지만, 복음적 생명공동체로서의 실천적 정체성은 드러나지 않으며, 제72조(치리회의 권한)는 행정과 권징의 기능을 강조하고 있으나 치리회의 신학적 지도 기능은 언급되어 있지 않다. 또한 제76조(당회), 제83조(노회), 제90조(총회)의 직무 조항도 실무적 기능 중심으로 서술되어 있어, 총회의 신학 선언문(개혁주의생명신학 선언문 및 종교개혁 500주년 선언문)이 정치 편에 실질적으로 반영되지 못하고 있다.

따라서 정치편에는 다음과 같은 방향의 개정이 필요하다.

첫째, 제1장 총칙 또는 제9조(교회의 정의) 안에 "개혁주의생명신학에 따라 예수 그리스도의 생명력을 중심으로 한 복음 공동체를 세운다"는 조항을 신설하여, 정치 편 전체의 신학적 기초를 분명히 해야 한다.

둘째, 제72조(치리회의 권한)에 "7대 실천운동의 실현을 위한 교회 운영 지도와 감독"의 책임을 명시하여, 치리회의 정치 기능이 단순한 행정이 아니라 신학적 사명을 수행하는 도구임을 선언해야 한다.

셋째, 제76조(당회의 직무), 제83조(노회의 직무), 제90조(총회의 직무)에 각각 "개혁주의생명신학의 실천 원리에 따라 복음 공동체를 세우는 지도와 정책 기능"을 신설하여, 각 치리회가 생명신학의 구체적 실행 주체로서 헌법적 정당성을 갖추도록 해야 한다.

이러한 개정은 헌법 제1편 교단 선언문과 제3편 정치 편을 신학적으로 연결시켜, 교회 정치가 생명신학을 실현하는 실제적 수단이 되게 하며, 총회와 치리회, 그리고 각 교회의 일치된 신학적 실천을 가능하게 한다.

2) 권징편(제4편)에의 반영

백석총회 헌법 제4편 권징편은 교회의 질서와 거룩함을 유지하기 위한 치리의 절차와 방식을 매우 상세히 규정하고 있다. 그러나 그 전반적인 내용은 권징의 절차적 정당성과 법적 요건에 초점이 맞추어져 있으며, 권징의 신학적 본질과 복음적 목적이 분명히 드러나지 않는다는 한계가 있다.

특히 개혁주의생명신학 선언문은 일곱 가지 실천운동 가운데 하나로 회개용서운동을 제시하고 있다. 이 운동은 회개를 통해 하나님 앞에서 자신을 돌아보고, 용서를 통해 공동체 안에서 치유와 일치를 이루는 것을 목적으로 한다. 이는 곧 교회 권징의 가장 본질적인 목적이 단순한 징벌이 아니라, 회개와 화해를 통한 공동체의 복음적 회복임을 뜻한다.

하지만 현재 권징편은 이러한 신학적 방향을 선언문 수준에서는 간접적으로 연결할 수 있을지 모르나, 헌법 조문 자체에는 명확히 드러나 있지 않다. 따라서 권징 편에도 개혁주의생명신학의 정신을 반영하여 다음과 같은 개정이 요청된다.

첫째, 제1장 제1조(권징의 의의)에 "권징의 목적은 예수 그리스도의 복음에 따라 회개와 화해, 공동체 회복에 있다"는 문구를 삽입함으로써, 권징의 출발점이 징계가 아니라 복음이라는 점을 명확히 해야 한다. 이는 징계를 복음적 통찰과 교회 회복의 도구로 재정립하려는 선언문의 정신과 일치한다.

둘째, 권징 절차 중 징계 이후의 회복 과정에 대한 규정을 신학적으로 재정의할 필요가 있다. 단순히 '복권'이나 '직분 회복' 같은 행정적 복귀 절차가 아니라, 영적 돌봄의 과정으로 규정하고, 그에 따른 실천적 지침을 마련해야 한다. 이를 통해 치리회는 징계받은 이들이 다시 공동체 안에서 온전히 회복되고, 복음의 진정한 치유와 용서가 구현되도록 이끌 수 있어야 한다. 이러한 개정은 권징을 형식적인 치리가 아니라 복음의 실제적 적용으로 전환시키며, 치리회가 생명력 있는 회복 공동체를 세우는 사명을 다하도록 돕는 중요한 기초가 될 것이다.

상세한 개정 방향과 조문 구성은 헌법 제4편 권징 편의 항목에서 별도로 다루기로 한다.

3) 예배모범(제5편)과의 신학적 통합

백석총회 헌법 제5편 예배모범은 현재 예배의 절차와 형식, 예전의 구조를 중심으로 기술되어 있으며, 정돈된 예배 질서를 위해 유익하게 사용되고 있다. 그러나 예배의 신학적 본질과 복음적 의미를 충분히 드러내기에는 한계가 있다.

개혁주의생명신학은 예배를 단순한 순서나 형식의 집합이 아니라, 성령의 도우심 속에서 예수 그리스도의 생명에 참여하는 거룩한 만남으로 이해한다. 이는 곧 예배가 하나님의 말씀과 성령의 역사를 통해 생명의 회복이 일어나는 시간이며, 교회가 살아 움직이는 복음 공동체로 형성되는 은혜의 자리임을 의미한다. 따라서 예배모범 안에는 이러한 생명신학의 예배 정신이 분명히 드러나야 하며, 선언문에 근거한 예배의 정의와 목적이 구체화될 필요가 있다.

또한 설교자에 대한 인식 역시 단순한 말씀 전달자의 역할을 넘어, "신학은 학문이 아니라 예수 그리스도의 생명의 복음이다"라는 개혁주의생명신학의 고백에 따라, 회개의 열매를 맺게 하고 생명을 증언하는 복음의 사자로서의 책임을 명시할 필요가 있다. 설교자는 청중의 지식을 확장하는 자가 아니라, 성령의 능력 안에서 말씀으로 생명을 전하고 교회를 살리는 사명자로 세워져야 한다.

이러한 개정은 예배모범이 단순한 절차 규범을 넘어, 총회의 신학적 정체성과 맞닿은 생명의 예배 지침서가 되도록 이끌 것이며, 예배를 통해 교회가 말씀과 성령 안에서 살아 움직이는 복음 공동체로 세워지도록 돕는 중요한 헌법적 근거가 될 것이다. 구체적인 내용은 헌법 제5편 예배모범 항목에서 별도로 다루기로 한다.

4) 시행세칙에의 반영

백석총회의 신학 정체성은 개혁주의생명신학 선언문에 뿌리를 두고 있으며, 이는 단지 선언에 그치는 것이 아니라 총회 산하 모든 제도와 교육, 훈련, 고시 체계에 반영되어야 할 근본 철학이다. 그러나 현재 헌법 제6편 시행세칙에는 개혁주의생명신학의 실질적 언급이 거의 없으며, 고시 과목이나 목회자·장로 후보자 훈련 과정, 신학교육 기준 등에서 신학적 정체성이 제도적으로 반영되지 않는 실정이다.

따라서 시행세칙에는 다음과 같은 방향에서 개정이 필요하다.

첫째, 목사 고시와 강도사 고시, 장로 고시 등 주요 인준과정에 "개혁주의생명신학"을 명시적 고시 항목으로 신설하고, 신학 논문, 실천 계획서 등을 통해 선언문과 7대 실천운동에 대한 이해와 적용 능력을 평가하도록 해야 한다. 이는 교단의 신학 정체성을 충실히 고백하고, 이를 목회와 교회 운영에 실제로 구현할 수 있는 준비된 사역자를 세우기 위한 핵심 장치가 될 것이다.

둘째, 목사·장로·권사·집사 등 교회 직분자 임직 선서 항목에 교단 선언문을 포함시킴으로써, 교회의 지도자들이 동일한 신학적 기준 안에서 헌신하도록 이끌 수 있어야 한다.

셋째, 총회 인준 신학교의 교육과정과 목회자 양성 프로그램에도 개혁주의생명신학의 내용을 반영할 수 있도록, 7대 실천운동을 중심으로 한 과목 및 프로그램을 커리큘럼에 포함시키는 것을 지침으로 명시해야 한다. 예를 들어, '생명신학과 현대 목회', '7대 실천운동과 교회 리더십', '복음적 공동체와 회개용서 실천'과 같은 실천적 과목이 신학교육에 포함되어야 하며, 이를 통해 신학생들이 총회의 정체성과 사명을 내면화하도록 이끌어야 한다.

이러한 개정은 선언문과 헌법이 실제 제도와 교육 현장에 구체적으로 구현되도록 하는 기초이며, 총회의 신학이 사역자 한 사람 한 사람의 영성과 실천으로 뿌리내리는 데 결정적인 역할을 하게 될 것이다. 구체적인 사항은 헌법 제6편 시행세칙 항목에서 별도로 다루기로 한다.

2. 7대 실천운동의 헌법 내 규범화 방안

7대 실천운동은 단지 신앙적 권면이 아니라, 총회가 공적으로 실현해야 할 헌법적 사명이다. 이는 교회 조직과 운영, 목회 계획, 교육과 선교 등 총체적 사역의 기초가 되어야 한다.

1) 목회 원리로서 명문화

각 실천운동의 핵심 내용을 교단 헌법 정치 편 제1장 또는 제2장, 혹은 별도의 부록에 목회 원리 또는 사역 지침으로 명시할 수 있다. 이 경우 각 실천운동은 단순한 선언을 넘어, 교단 전체가 공유해야 할 목회의 방향성과 기준으로 기능하게 된다. 예컨대, 본 교단은 '오직 성경'의 정신에 따라 신앙운동을 실천하며 이를 모든 목회의 기초로 삼는다. 또한 모든 교회는 예수 그리스도의 생명을 회복하는 영적생명운동에 전념해야 하며, 목회자는 그 중심에서 이를 지도하고 실현할 책임이 있다. 이처럼 실천운동의 내용이 정치 조항 속에 명문화될 때, 이는 곧 교단의 목회 철학을 공식화하고, 교회 사역 전반에 걸쳐 개혁주의생명신학의 정체성과 방향을 구체화하는 역할을 하게 된다

2) 교회 정책 및 행정 지침과 연계

개혁주의생명신학의 7대 실천운동은 단지 신학적 선언에 머물지 않고, 교회의 실제 사역과 행정 전반에 걸쳐 구체적으로 구현되어야 한다. 이를 위해 총회, 노회, 개별 교회의 정책과 행정 지침은 모두 이 실천운동을 중심축으로 삼아야 한다. 특히 연례 계획서, 청지기 훈련, 목회 세미나, 각종 행정 문서 등 모든 공식 문서와 교육 자료에는 7대 실천운동이 실천적 사역 영역으로 명시되어야 하며, 이를 통해 개혁주의생명신학의 신학적 방향이 실제 목회와 사역의 기준으로 작동되도록 해야 한다.

또한 총회 산하의 교육부, 선교부, 사회부, 신학교육부 등 각 부서는 정책 수립 및 실행 과정에서 7대 실천운동을 핵심 기준으로 삼아야 하며, 각 부서의 실적 평가와 미래 목표 설정에도 이 기준이 반영되어야 한다. 이와 같은 구조적 통합은 교회 조직 전체가 생명운동의 정신 아래 일관되게 운영되도록 하며, 궁극적으로는 개혁주의생명신학이 교회를 살리고 세상을 변화시키는 실제 동력으로 작용하게 한다.

3. 교단 헌법 해석 기준으로서 선언문 기능 강화

1) 해석 기준 조항 신설 제안

헌법 서론 혹은 정치 편 제1장 말미에 다음과 같은 조항을 삽입할 수 있다.

"본 헌법의 모든 조항은 제1편 교단선언문에 포함된 개혁주의생명신학 선언문의 원리에 따라 해석하고 적용한다."

이 조항은 헌법 해석의 기준을 명확히 하여, 신학적 일관성과 해석의 통일성을 확보할 수 있게 한다.

2) 선언문을 기준으로 한 '헌법 주해집' 발간

총회 헌법위원회과 교육부의 연대로 개혁주의생명신학 선언문을 기준으로 하는 헌법 주해집을 제작하여, 교회 현장 목회자들이 각 조항을 개혁주의생명신학의 관점에서 해석하고 적용할 수 있도록 돕는 장기 과제를 추진해야 한다.

4. 개혁주의생명신학의 제도화가 교단 정체성에 미치는 영향

헌법 개정은 단지 기술적 수정이 아니라, 신학과 제도의 일치를 위한 복음적 재구성의 작업이다. 개혁주의생명신학은 그 자체로 헌법의 해석 기준이자, 미래 헌법 개정의 방향이기도 하다.

그 목적은 교단의 제도와 규칙이 예수 그리스도의 생명과 성령의 역사 안에서 작동하는 질서로 갱신되는 것이며, 이를 통해 백석총회는 신학-제도-영성-실천이 유기적으로 통합된 교단 모델을 세계 교회 앞에 제시할 수 있다.

VI. 개혁주의생명신학의 성령론

1. 개혁주의 성령론의 역사적 전개

개혁주의 전통에서 성령론은 삼위일체론과 구원론의 핵심 축을 이루며, 교회론과 종말론에도 직접적인 영향을 미치는 교리적 중심부에 위치한다.

아브라함 카이퍼(Abraham Kuyper)는 1888년 저서 성령의 사역에서 성령의 활동을 세 영역으로 체계화하였다.[89]

첫째, 계시의 역사 속 사역이다. 성령은 하나님의 말씀을 주관하고 보존하며, 계시가 인간에게 전달되는 모든 과정에 주도적으로 관여하신다. 이 과정에서 성령과 말씀은 불가분리적 관계를 가지며, 계시의 전달과 성령의 역사는 동일한 차원에서 이해되어야 한다. 성령이 말씀을 떠나 독자적으로 역사하지 않으며, 말씀 또한 성령의 내적 조명 없이는 온전히 이해될 수 없다는 점이 강조된다.

둘째, 구원의 서정(ordo salutis)과 관련된 사역이다. 성령은 중생, 소명, 회심, 칭의 등 구원의 적용 전 과정에서 결정적인 역할을 수행한다. 이는 단순한 한 시점의 사역이 아니라, 구원의 시작에서 완성에 이르기까지 성령의 지속적이고 점진적인 사역을 포괄한다.

셋째, 신자의 삶 속 사역이다. 성령은 신자의 성화를 이루시고, 사랑과 기도의 삶을 가능하게 하며, 지속적으로 신자를 거룩하게 변화시키신다. 이 과정에서 성령은 단순한 도덕적 감화자가 아니라, 신자 안에서 직접 역사하시는 하나님으로서, 인격과 삶 전반을 새롭게 하신다.

루이스 벌코프(Louis Berkhof)는 성령론을 독립된 교리로 분리하지 않고, 삼위일체론의 틀 안에서 해석하였다. 그는 성령이 성부와 성자와 동일 본질·동일 영광 속에서 역사하심을 강조하였으며, 성령의 사역을 삼위 하나님의 통일된 역사로 이해했다.

헤르만 바빙크(Herman Bavinck)는 성경을 외적 인식 원리로, 성령의 조명을 내적 인식 원리로 규정하며 성경과 성령의 불가분리성을 강조했다. 그는 성경이 삼위일체 교리를 세우기에 충분하며, 성령의 위격성과 인격적 사역이 성경 안에 분명히 나타난다고 보았다.

B. B. 워필드(B. B. Warfield)는 칼빈을 '성령의 신학자'로 규정하며 성령론의 구원론적 측면을 부각했으나, H. 볼트(H. Volz)는 칼빈 성령

---

89) 김진수, "아브라함 카이퍼와 구약에 나타난 성령의 사역," 「교회와 문화」 33 (2014): 10.

론의 우주적 측면, 즉 창조와 질서 유지의 사역을 강조했다.90) 그러나 칼빈에게 있어 성령의 우주적 활동 역시 구속사의 범주 안에서 이해되었으며, 이는 모든 피조세계가 하나님의 구원 계획 속에서 궁극적으로 회복될 것을 지향한다.

2. 한국 개혁주의 신학의 은사 중지론

한국 개혁주의신학은 성령과 성경, 성령과 구원 적용에 있어서는 전통 개혁주의와 신학적 연속성을 유지하나, 은사 이해에서는 전통적 중지론(cessationism)을 따른다. 이러한 입장은 은사를 하나님의 주권적 섭리 안에서 특정 시기와 목적에 맞게 주어진 것으로 보고, 그 기능이 완성되면 중단된다고 이해한다.

박윤선은 은사의 목적을 교회의 통일과 공동 유익에 두었으며, 은사는 본질적으로 주님의 것이므로 반드시 사랑으로 사용되어야 한다고 주장했다. 그는 신유와 방언을 사도시대와 오늘날로 구별하였으며, 오늘날의 신유는 사도시대의 완전하고 재발 없는 치유와 구별된다고 보았다. 또한, 공적 예배에서의 방언을 금지하되 사적 기도에서는 허용하였다.91)

차영배는 오순절 운동의 방언 중심성과 성경 경시를 강하게 비판하였다. 그는 은사의 다양성과 목적 이해가 결여될 경우, 방언이 특정 영적 자격이나 우위의 증표로 오해되는 심각한 문제가 발생한다고 경고했다.92)

서철원은 모든 성도가 성령을 통해 은사를 받지만, 그 목적이 성취되면 은사는 중단된다고 보았다. 그는 신유와 방언은 그 기능을 다했기

---

90) John Bolt, "Spirtus Creator: The use and abuse of Calvin's Cos Pneumatology," theCalvin Theological Seminary May(1987): 13-33
91) 최윤배, "정암 박윤선의 성령신학," 「한국개혁신학」 42.
92) 차영배, "오순절 운동의 문제점," 「신학지남」 48(2) (1981):4-5.

에 역사 속에서 사라졌으나, 말씀 가르침·봉사·치리 등의 은사는 교회 사역에 필수적이므로 지속적으로 필요하다고 하였다. 특히 은사의 주권적 분배는 사람의 요구나 공로로 얻어질 수 없으며, 자랑의 근거가 되어서는 안 된다고 강조했다.93)

3. 개혁주의생명신학의 은사 지속론

개혁주의생명신학은 전통 개혁주의신학과 달리, 정경이 완성된 이후에도 모든 은사가 역사 속에서 소멸했다고 보지 않는다. 이는 성령의 주권적 사역과 자유로운 은사 부여를 인위적으로 제한하지 않으려는 신학적 태도에서 비롯된다. 개혁주의신학이 전통적으로 취하고 있는 은사 중지론과 달리 개혁주의생명신학은 은사 중지론에 반대한다. 물론, 성경과 동일한 권위를 지니는 계시적 은사는 인정하지 않지만, 은사의 가능성을 전면 부정하지 않는다. 이러한 입장은 은사가 시대와 상황에 따라 다르게 나타날 수 있음을 전제하며, 성령께서 필요에 따라 특별한 방식으로 역사하실 수 있음을 인정한다.94)

개혁주의생명신학은 은사의 목적을 교회의 덕 세움에 두며, 개인의 영적 과시가 아니라 공동체의 유익을 위한 도구로 이해한다. 특히 은사의 올바른 사용은 예배와 섬김이라는 두 축에서 실현된다.95) 하나님을 향한 예배는 교회의 중심 사명이며, 사람을 향한 섬김은 예배의 열매이다. 이러한 은사 이해는 교회의 선교 사명과 직결되며, 복음을 전하여 하나님을 예배하는 공동체를 세우는 것이 은사의 궁극적 목표로 제시된다.96)

---

93) 서철원, 「성령신학」 (서울: 총신대학교출판부, 1998), 195.
94) 장종현, 「생명을 살리는 교리: 조직신학 개론」 (서울: 기독교연합신문사, 2019),160-161.
95) 장종현, 「생명을 살리는 교리: 조직신학 개론」, 218.
96) 장종현, 「생명을 살리는 교리: 조직신학 개론」, 219.

4. 개혁주의생명신학과 성령론의 문제의식

개혁주의생명신학은 신학이 발전할수록 교회가 쇠퇴하는 현상을 지적하며, 그 원인을 신학의 이성화와 실천 분리에서 찾는다. 이 과정에서 신학이 단순한 학문 연구로 전락하여, 하나님과의 인격적 교제와 삶의 변화로 이어지지 않는 것을 심각한 위기로 본다.

장종현 박사는 신학의 본질을 하나님을 아는 지식과 실천적 경건의 결합으로 규정하며, 성경과 경건훈련 중심의 신학교육 회복을 촉구한다. 이를 위해 종교개혁의 5대 솔라와 7대 실천운동을 제시하며, 성령의 인도하심 속에서 기도와 실천이 결합된 신학을 지향한다. 이러한 접근은 성령론이 단순한 교리 체계에 머물지 않고, 실제 교회와 성도의 삶 속에서 구체적으로 구현되어야 함을 전제한다.

5. 성경을 조명하시는 성령

박형룡은 성경 이해의 기초로 영감론과 하나님의 절대주권 사상을 제시하며, 칼빈주의의 균형성을 유지했다. 그의 신학은 자유주의 진영에서 교조주의로, 보수 진영에서는 벌코프 의존적 사변신학으로 평가되기도 했다.

개혁주의생명신학은 성경 중심 신학을 계승하며, 성령이 말씀을 통해 하나님을 계시하신다는 칼빈의 견해를 따른다.

박윤선은 "성령 없는 말씀사역은 율법주의"이고, "말씀 없는 성령사역은 반율법주의"라고 하여, 말씀과 성령의 불가분성을 강조했다. 이는 말씀과 성령의 역사적·실천적 통일성을 유지하려는 개혁주의생명신학의 핵심 원리와 직결된다.[97]

---

97) 최윤배, "정암 박윤선의 성령신학," 61.

6. 지속적인 은사 이해

1) 교회 설립과 양육을 위한 은사
칼빈은 모든 인류에게 주어진 일반적 합리성과 교회를 세우기 위한 특별은사를 구분했다. 성경은 은사를 하나님이 주신 은혜의 선물로 규정하며, 다양한 은사가 교회의 통일성을 위해 조화를 이루어야 함을 가르친다. 이는 은사의 다양성이 오히려 교회를 풍성하게 한다는 사도 바울의 가르침(고전 12장)과 일맥상통한다.

2) 봉사를 위한 은사
성령은 각 지체가 믿음의 분수대로 봉사하도록 다양한 은사를 부여하신다. 신약성경은 기적적 은사의 지속 여부를 명시적으로 규정하지 않으나, 말씀 선포와 기도 가운데 나타나는 초자연적 역사도 성령의 사역 안에서 수용한다. 은사는 자기 유익이 아닌 공동체의 유익과, 핍박 가운데서 성도들에게 위로를 주기 위해 주어진다.

3) 성령의 권위와 목적
칼빈은 은사를 '성령의 가시적 은혜'로 규정하며, 복음을 장식하고 하나님의 영광을 드러내는 도구라 했다. 개혁주의생명신학 역시 은사를 교회의 통일성과 거룩성을 증진하는 수단으로 이해하며, 이러한 통일성은 성령이 주시는 영적·가시적 선물이다.[98]

7. 결론
개혁주의생명신학의 성령론은 성령의 절대적 주권과 권위를 인정하

---

98) 박진성, "칼빈과 개혁주의생명신학의 성령론 비교연구."(서울 : 백석대학교 대학원, 2025),

며, 하나님께서 주시는 모든 은사는 교회를 세우고 그 통일성을 유지하는 목적을 위해 사용되어야 한다고 강조한다. 은사는 그 시작과 끝이 모두 하나님께 있으며, 이를 통해 교회는 머리 되신 그리스도를 닮아가는 거룩한 공동체로 성숙하게 된다.

특히 이러한 은사 이해는 세 가지 중요한 원리에 기초한다. 첫째, 성령과 말씀은 결코 분리될 수 없다는 불가분성의 원리이다. 성령의 역사는 항상 말씀과 함께하며, 말씀은 성령의 조명과 인도하심 속에서만 온전히 이해되고 실천될 수 있다. 둘째, 은사는 예배와 섬김의 균형 속에서 사용되어야 한다는 원리이다. 예배는 하나님을 향한 봉사의 중심이며, 섬김은 예배의 열매로서 공동체 안에서 구체적으로 나타나야 한다. 셋째, 은사는 교회의 통일성과 선교 사명을 이루기 위한 도구라는 원리이다. 은사는 공동체를 하나 되게 하고, 복음을 전하여 새로운 예배 공동체를 세우는 선교적 사명을 수행하는 데 기여한다.

이 세 가지 원리가 조화롭게 작동할 때, 성령론은 단순한 교리적 지식에 머물지 않고 교회의 실제 사역과 삶 속에서 살아 움직이는 능력 있는 교리로 기능하게 된다.

Ⅶ. 신학의 세계화 : 선언문을 통한 교단의 선교적 확장

1. 종교개혁의 세계사적 의미와 개혁주의생명신학의 연속성

종교개혁은 1517년 마르틴 루터의 95개조 반박문으로 시작되었지만, 이는 단지 유럽 교회의 개혁 운동에 머무르지 않고 세계 교회의 역사와 구조, 신학에 지대한 영향을 미친 세계사적 사건이었다.

그 중심에는 오직 성경, 오직 그리스도, 오직 믿음, 오직 은혜, 오직 하나님께 영광이라는 5대 솔라의 고백이 있었고, 이는 오늘날 세계 복음주의 교회의 신학적 기초로 이어지고 있다.

개혁주의생명신학은 바로 이 종교개혁의 정신을 계승하면서도, 오늘날의 목회와 선교의 위기 속에서 복음의 본질을 회복하고, 신학을 생명의 복음으로 실천하려는 현재적 개혁운동이다.

따라서 백석총회는 개혁주의생명신학 선언문을 단지 한국 교회의 개혁을 위한 선언으로 국한할 것이 아니라, 세계 교회와 연대하는 신학의 언어, 세계 선교와 연결되는 복음의 구조로 발전시켜야 한다.

2. 개혁주의생명신학의 선교적 구조와 나눔운동

개혁주의생명신학은 선교를 단순히 교회 성장이나 프로그램의 도구로 보지 않는다. 오히려 예수 그리스도의 생명을 온 세상에 전하는 생명운동으로 이해한다. 이는 백석총회의 「개혁주의생명신학 선언문」이 제시하는 '하나님나라운동'과 '나눔운동'의 실천 구조 안에서 분명히 드러난다. 선교는 그리스도의 주 되심을 온 세상에 선포하고 실현하는 복음의 확장이다. 이는 단지 지역이나 인구를 기준으로 한 확산이 아니라, 생명을 전하는 하나님 나라의 실제적 실현을 의미한다. 이 복음의 확장은 곧 하나님의 통치가 개인과 공동체, 나아가 문화와 역사 속에 드러나는 과정이다. 나눔은 성육신하신 예수 그리스도께서 자기 생명을 주심으로써 인간을 살리신 복음의 실제다. 그리스도의 자기 나눔은 인간 구원의 출발점이며, 이 나눔은 곧 선교의 본질이 된다. 따라서 선교는 예수 그리스도의 생명을 나누는 나눔의 연장이며, 그리스도의 십자가를 본받아 세상에 생명을 흘려보내는 행위다.

하나님나라운동은 복음을 통해 사람을 살리고, 사회를 바꾸며, 역사를 새롭게 하는 거룩한 문화운동이다. 이는 단순히 교회를 세우는 것이 아니라, 복음으로 사람과 공동체를 변화시키고, 하나님의 공의와 사랑이 실현되는 문화를 만들어가는 사명이다.

이러한 구조 안에서 백석총회의 선교 정책은 선언문에 기초해야 한다. 파송 중심이나 양적 확장을 우선하는 방식이 아니라, 복음의 본질 곧 생명을 나누는 선교가 되어야 한다. 선교는 '복음이 사람이 되는 운동'이며, 나눔은 '사람이 복음이 되는 삶'이다. 개혁주의생명신학은 바로 이 둘이 하나로 엮인 선교의 구조를 보여준다.

3. 교단 신학의 세계화를 위한 전략적 과제

개혁주의생명신학을 세계적 신학으로 발전시키기 위해, 백석총회는 다음과 같은 전략을 설정해야 한다.

1) 국제 신학 연대 형성

복음주의 개혁 신학 네트워크(Evangelical Reformed Theology Network)를 구축하고, 개혁주의생명신학에 동의하는 전 세계의 신학교 및 교단과 정기적인 포럼과 학술 교류를 개최할 수 있다. 이를 통해 개혁주의생명신학이 단지 한국적 상황에만 국한된 신학이라는 오해를 넘어, 보편적 교회 신학으로 자리 잡도록 인식을 전환해 나가야 한다.

2) 선교지 기반의 신학 전파

해외 선교사 훈련 과정에 개혁주의생명신학의 기본 교리와 실천 내용을 의무적으로 포함시켜야 하며, 선교 현장에서 교회를 설립할 때 생명 중심의 신학과 예배 구조가 정착될 수 있도록 실천 매뉴얼을 제작할 필요가 있다. 아울러 개혁주의생명신학 선언문을 영어, 스페인어, 프랑스어 등으로 다국어 번역하고, 국제 신학 컨퍼런스를 위한 자료로 체계화함으로써, 선교지에서의 교육과 전파가 효과적으로 이루어질 수 있도록 해야 한다.

3) 한국적 신학의 세계적 기여

개혁주의생명신학은 한국 교회의 부흥과 위기, 그리고 갱신에 대한 갈망 속에서 형성된 신학으로, '한국의 신학'이 '세계 교회의 신학'이 될 수 있는 하나의 사례가 된다. 백석총회는 이를 통해 교회의 생명성과 선교의 확장성을 결합한 새로운 신학 모델을 세계 교회에 제시할 수 있으며, 이는 한국 교회의 신학적 성숙과 세계 교회의 상호 연대를 동시에 이끌어내는 역할을 할 수 있다.

4. 선언문을 선교와 연합운동의 신학적 기반으로

1) 선교와 연합의 통합 : 생명의 복음을 중심으로

선교는 교회의 존재 목적이며, 연합은 교회의 본질적 사명이다. 이 두 요소는 교회가 하나님의 부르심을 따라 이 땅에서 수행해야 할 사역의 양대 축으로서, 단절되거나 분리되어 이해될 수 없다. 개혁주의생명신학 선언문은 이 두 축을 긴밀하게 통합함으로써, 교회가 단지 복음을 전파하는 기관에 그치지 않고, 생명이 역사하는 공동체로 존재해야 함을 분명히 한다.

선교란 무엇보다 그리스도의 생명을 죽은 영혼에게 전하는 일이다. 이는 복음을 단순한 정보 전달이나 교리 교육으로 축소시키는 것이 아니라, 예수 그리스도의 십자가와 부활의 생명을 성령의 능력으로 전하고 나누는 '생명의 사역'으로 이해한다. 따라서 개혁주의생명신학은 선교를 삶을 변화시키는 생명의 운동으로 규정하며, 복음이 전해지는 곳마다 새로운 생명이 탄생하고, 하나님 나라의 표징이 나타나는 것을 지향한다.

한편, 연합은 그 생명이 실제로 역사하는 공동체의 모습이다. 교회의 연합은 조직의 결속이나 외형상의 일치를 넘어서, 그리스도의 생명 안에서 이루어지는 유기적 일치를 의미한다. 이는 에베소서가 말하는 바와 같이 "한 성령, 한 소망, 한 주, 한 믿음, 한 세례, 한 하나님"(엡 4:4-6) 안에서 이루어지는 본질적 연합이며, 이는 성령께서 생명의 역사로 만들어 가시는 거룩한 공동체의 실체다. 연합은 단지 전략이나 외교적 협력을 위한 것이 아니라, 성령이 교회 안에 부으시는 생명의 본질적 표현이다.

개혁주의생명신학 선언문은 이러한 선교와 연합의 본질을 하나의 축으로 통합하고, 이를 통해 백석총회가 단지 교단 내부의 정체성을 정립하는 데 머무르지 않고, 세계 교회를 향한 생명의 신학을 실천하도록 요청한다. 특히 선교지에서의 교회 개척 사역은 단지 숫자의 확장이 아니라, 예수 그리스도의 생명을 심는 사역이며, 연합 운동에의 참여(예: WEA, CEA)는 조직적 협력을 넘어, 생명 중심의 신학을 나누고 함께 살아내는 공동체적 증언이어야 한다.

이러한 통합적 선교와 연합의 신학은 이미 20세기 후반 로잔운동을 통해 그 방향성을 제시받은 바 있다. 1974년 로잔 세계복음화대회(The Lausanne Congress on World Evangelization)는 복음 전도의 중요성을 강조하는 동시에, 사회적 책임과 교회의 연합에 대한 관심을 함께 견지함으로써, 선교와 연합, 복음과 정의, 교리와 실천이 통합되어야 함을 천명했다. 로잔언약(Lausanne Covenant)은 복음의 온전한 증거는 단지 전도의 열매에 있지 않고, 복음을 살아내는 공동체의 삶에 있다는 점을 강조함으로써, 선교와 연합의 관계를 성경적이고 신학적으로 제시한 이정표라 할 수 있다.

백석총회는 이러한 흐름을 이어받아, 국내외 선교 현장과 연합운동 속에서 개혁주의생명신학 선언문을 기반으로 한 '생명 중심 신학'을 소개하고 실천하는 사명을 지닌다. 이는 선언문의 국제적 보편성과 실천 가능성을 확장하는 일이자, 백석총회가 세계 교회를 섬기는 방식으로

'신학으로 교회를 살리고, 교회로 세상을 섬기는' 그리스도의 지체로 존재하는 길이다.

결국 선교는 생명을 나누는 일이요, 연합은 생명이 하나 되는 자리다. 이 두 사명을 함께 품는 신학이 바로 개혁주의생명신학이며, 그것이 선언문이 오늘의 한국교회를 넘어 세계 교회가 함께 공유해야 할 복음적 자산이 되는 이유다.

2) 복음전파에 힘쓰는 선교공동체

개혁주의생명신학은 선교를 "생명의 복음 전파"로 재정의 한다. 이는 단순한 활동이나 프로그램을 넘어, 예수 그리스도의 생명을 나누는 선교, 즉 존재와 삶을 통해 복음을 전하는 방식으로 전환되었음을 의미한다.

이러한 생명 중심 선교는 해외 선교뿐 아니라 국내 농어촌 목회, 도시 빈민 사역, 청년과 다음 세대, 다문화 가정과 같은 다양한 영역에서 '살리는 복음'으로 나타나야 하며, 회복과 부흥의 열매를 맺어야 한다.

결국 교회는 예수 그리스도 안에서 생명을 나누는 "예수 생명공동체"가 되어야 하며, 이 공동체는 요한계시록 2:17에서 말하는 '감추었던 만나'와 '흰 돌'의 은혜를 누리는 존재로서, 세상 속에서 구별된 정체성을 지니고 살아간다.[99]

백석총회는 이러한 공동체를 "복음전파에 힘쓰는 선교공동체"로 규정하며,[100] '생명 살리는 교회', '복음을 나누는 교회', '예수의 생명으로 연결된 교회'로 세워가야 함을 강조한다.

이것이 바로 개혁주의생명신학이 지향하는 참된 선교이며, 하나님의 나라가 이 땅에 실제로 임하게 하는 공동체적 실천이다

---

99) 장종현, 「백석 : 이기는 그에게는 흰 돌을 주리라」, (서울 : 기독교연합신문사, 2019), 84.
100) 장종현, 「신학은 학문이 아닙니다」, 208.

5. 종말론적 교회로서의 개혁주의생명신학 공동체

개혁주의생명신학 공동체는 종말론적 교회로서 예수 그리스도의 재림과 심판을 두려움이 아닌 소망으로 받아들이는 신앙 위에 서 있다. 이 공동체는 심판을 피하기 위해 존재하는 것이 아니라, 그리스도의 생명을 지닌 자들의 공동체로서 이미 종말의 생명을 살아가는 사명적 정체성을 가진다. 교회는 미래를 대비하는 공간이 아니라, 오히려 미래를 앞당겨 사는 장소이며, 재림의 주를 현재 속에서 증언하는 생명의 공동체이다.

따라서 교회의 선교는 외적인 확장에 머무르지 않고, 내적으로 충만한 생명의 복음에서 흘러나오는 실존적이고 존재론적인 사역이 되어야 한다. 이는 단순히 사람을 많이 모으는 전략이 아니라, 그리스도의 생명을 나누는 생명 중심의 선교로 나타나며, 종말론적 희망 속에서 현재를 충실히 살아가는 복음의 표현이다.

이러한 종말론적 선교관은 백석총회가 세계 교회 속에서 자신의 신학적 정체성을 더욱 분명히 세워가는 기준이 되며, 단지 교회를 유지하는 교단이 아니라 생명을 전하는 선교적 교단, 선교적 교회를 이루어가는 비전으로 작동한다.

Ⅷ. 생명을 살리는 헌법, 세계를 섬기는 신학

1. 개혁주의생명신학 선언문은 헌법의 심장이다

백석총회는 2017년 종교개혁 500주년을 맞아 「개혁주의생명신학 선언문」을 교단 헌법 제1편에 공식적으로 포함시켰다. 이는 단순한 신앙의 외침이나 일회적 선언에 머무는 문서가 아니다. 선언문은 백석총회 헌법 전체에 생명력을 불어넣는 신학적 심장이며, 개혁주의생명신학이라는 복음의 맥박을 가장 본질적으로 구현한 핵심 고백이자 복음의 마그나 카르타(The Magna Carta of the Gospel)이다.

이 선언문은 교리적 토대 위에 세워졌지만, 그것을 넘어서 교회 정치, 권징, 예배, 신학교육, 선교와 봉사, 치리회 운영에 이르기까지 교단의 모든 제도와 실천을 재해석하고 새롭게 조직하는 중심축이 된다. 「개혁주의생명신학」은 단지 '말'로 끝나는 개혁이 아니다. 성경으로 돌아가고, 예수 그리스도의 생명을 회복하며, 성령의 능력 안에서 실천되는 복음 중심의 신학운동이다. 선언문은 바로 그 생명의 복음이 구체적이고 헌법적으로 표현된 형태이며, 교단의 신학과 제도를 연결하는 헌법적 선언이자 실천적 신학의 지침서이다.

개혁주의생명신학은 단지 교단의 한 부분을 장식하는 구호가 아니라, 헌법 전편에 생명력을 공급하는 박동이며, 각 치리회, 총회 산하의 모든 부서, 교회 현장, 목회 시스템, 심지어 가장 작은 행정 조항 하나까지도 이 생명의 피가 흐르도록 하는 심장 그 자체다. 이 선언문은 개혁주의생명신학의 심장박동을 만들어내고, 그 박동이 교단 전체의 모세혈관을 타고 끝까지 흘러가야 건강한 교단, 살아 있는 신학, 능력 있는 복음이 실현된다.

생명은 심장에서 시작되어 온몸으로 퍼진다. 개혁주의생명신학의 강력한 심장 박동이 헌법 전체와 총회의 실천을 힘 있게 뛰게 할 때, 비로소 교단은 진정으로 살아 있는 공동체가 된다. 이 선언문은 백석총회의 존재 이유를 설명하며, 교단의 오늘을 숨 쉬게 하고 내일을 향해 뛸 수 있게 하는 본질적 에너지다. 「개혁주의생명신학의 심장」이 멈추면 교단도 멈추고, 이 심장이 강하게 뛸 때 교단은 살아 있는 하나님의 나라를 이 땅에 구현할 수 있다.

2. 선언문은 신학과 제도를 통합하는 실천신학이다

개혁주의생명신학 선언문은 단순한 이론적 진술을 넘어서, 신학과 제도를 통합하는 실천신학으로 기능한다. 오늘날 많은 교회와 교단들이 신학과 제도의 분리, 이론과 실천의 괴리, 교리와 영성의 단절 속에서 방향을 잃고 고통받고 있는 현실에서, 개혁주의생명신학은 이 모든 것을 하나의 생명 구조로 통합한다.

개혁주의생명신학에서 신학은 추상적 개념이나 학문이 아니라, 예수 그리스도의 생명 그 자체이며, 교리는 단지 지식의 체계가 아닌 실천을 위한 구조로 이해된다. 제도 역시 형식적 틀에 머무는 것이 아니라, 복음을 구체적으로 구현하고 드러내는 통로가 된다. 이처럼 신학, 교리, 제도가 생명 중심의 유기적 질서 안에서 조화를 이루게 될 때, 교회는 참된 영적 공동체로서 갱신되고, 성도의 신앙은 실제 삶 속에서 구체적인 변화로 이어지게 된다.

결국 개혁주의생명신학은 선언문을 통해 교단 헌법 전반에 복음의 생명력을 흘려보내며, 교회를 새롭게 하고, 신자의 삶을 복음에 합당하게 재구성하는 실천적 동력이 된다. 이는 이론과 실천, 신앙과 제도의 분리를 극복하고, 다시금 복음 중심의 통합을 이루려는 시대적 요청에 대한 신학적 응답이다.

3. 백석총회는 생명 중심 헌법을 가진 교단이다

백석총회는 개혁주의생명신학 선언문을 헌법의 중심에 둠으로써, 단순히 보수적이거나 전통적 가치에 머무는 교단이 아니다. 오히려 신학과 제도, 영성과 실천을 유기적으로 통합함으로써, 생명을 살리고 복음을 구현하는 사명을 실질적으로 수행하는 복음 중심 교단이다. 이는 백석총회의 헌법이 개혁주의생명신학에 기초한 생명 중심적 구조를 갖추고 있으며, 교회의 모든 제도적 구성과 운영 원리가 복음의 생명력에 근거하고 있음을 의미한다.

정치, 권징, 예배, 교육, 선교, 치리 등 교회의 전 영역은 생명 회복과 복음 실천이라는 목적 아래 조직되어야 하며, 교단의 모든 기구와 구조는 개혁주의생명신학 선언문이 제시한 7대 실천운동을 중심 원리로 삼아야 한다. 이 7대 실천운동은 단순한 활동 지침이 아니라, 교단 전체의 존재 방식과 방향성을 결정짓는 신학적 프레임으로 작동한다.

따라서 백석총회는 헌법 자체가 개혁주의생명신학을 실현하는 실천적 도구로 기능하며, 이는 다른 교단이 쉽게 모방할 수 없는 고유한 복음적 정체성과 생명 중심의 실천 능력을 제공한다. 이와 같은 헌법 구조는 단지 제도 운영의 기준을 넘어, 교회를 살리고 세상을 변화시키는 신학적 동력이 된다.

4. 교회 개혁의 완성과 세계 교회의 섬김

개혁주의생명신학은 단지 한국교회의 개혁을 위한 신학적 시도가 아니다. 그것은 세계 교회를 섬기기 위한 성경적이고도 실천적인 신학적 모델로 자리매김하고 있다. 종교개혁의 정신이 16세기 유럽의 한 지역에서 시작되어 전 세계 교회로 확산되었듯, 개혁주의생명신학은 21세기 한국 교회 안에서 출발했지만, 그 본질은 국지적인 운동이 아니라 보편 교회를 향한 신학적 기여를 지향한다.

이 신학의 핵심은 복음을 교리적 체계로 가두는 것이 아니라, 그 복음이 실제 삶을 살리고 변화시키는 생명의 능력임을 회복하는 데 있다. 다시 말해, 개혁주의생명신학은 복음이 단순한 지식이나 교리의 동의에 머물지 않고, 인간 존재 전체를 변화시키는 살아 있는 능력이 되어야 함을 천명한다. 이는 복음의 본질을 그리스도의 십자가와 부활에서 찾고, 그 능력이 성령을 통해 교회와 세계에 실재적으로 나타나야 함을 강조하는 신학적 시도다.

또한 이 신학은 신학 자체를 하나의 학문적 분과로 이해하는 근대 신학의 한계를 넘어선다. 개혁주의생명신학은 신학을 '예수 그리스도의 생명의 복음'으로 재정의하며, 이는 곧 신학의 본질이 이론이 아니라 구속사적 실재, 곧 살아계신 하나님의 자기계시라는 점을 분명히 한다. 신학은 삶의 구심점이며, 교회를 살리고 세상을 변화시키는 하나님의 말씀이다. 따라서 이 신학은 신학의 실천성과 구원사적 총체성을 회복하려는 노력이며, 교회를 위한 신학이자 세상을 향한 신학이다.

교회론에 있어서도 개혁주의생명신학은 교회를 제도나 조직의 집합으로 보지 않는다. 오히려 교회는 예수 그리스도의 생명이 실제로 흐르는 유기체이며, 성령 안에서 살아 있는 공동체임을 증언한다. 이러한 이해는 교회가 단지 행정적 기구나 프로그램 중심의 공간이 아니라, 말씀과 성례와 성령의 역사를 통해 생명을 나누는 장소라는 점을 부각시킨다. 교회는 하나님의 생명이 머무는 처소이며, 세상을 향해 생명을 흘려보내는 생명의 통로다.

궁극적으로 개혁주의생명신학은 세계 교회를 향한 섬김의 신학이다. 이 신학은 지역 교회의 자족에 머물지 않고, 세계 교회가 하나 되어 하나님 나라의 도래를 준비하도록 섬기는 것을 목표로 한다. 이는 교회(ἐκκλησία, 에클레시아)의 보편성을 회복하고, 종말론적 지평에서 하나님의 나라를 함께 기다리는 공동체로 세계 교회를 세워가는 운동이기도 하다.

바로 이러한 이유로, 개혁주의생명신학 선언문은 단지 백석총회의 신학적 정체성의 서술이 아니라, 헌법의 중심에 위치해야 할 생명 구조이다. 이 선언문은 교단의 제도와 조직, 교육과 실천을 재구성하는 근간이며, 나아가 교회를 개혁하고 세상을 변화시키는 신학적 동력이다. 개혁주의생명신학을 세우는 일은 곧 생명의 복음을 헌법으로, 신학으로, 교회로 구현하는 것이며, 그것은 한국교회와 세계교회를 살리는 거룩한 소명에 응답하는 길이다.

5. 모든 교회와 사역자들에게 : 헌법적 실천의 요청

개혁주의생명신학 선언문이 백석총회 헌법의 중심에 자리 잡는다는 것은, 이 선언문이 단지 신학적 고백에 머무는 것이 아니라, 모든 교회와 사역자, 신학교, 행정 조직이 실질적으로 따라야 할 헌법적 실천의 기준임을 의미한다. 이 선언문은 백석총회의 신학을 구체화하며, 동시에 교회의 조직, 목회의 방향, 교육의 내용, 행정의 원리까지 아우르는 실천적 헌장으로 기능한다.

이에 따라 백석총회의 모든 교회와 목회자, 신학교와 행정기관은 다음 세 가지 기준에 따라 사역을 구성해야 한다.

첫째, 종교개혁 5대 원리, 곧 오직 성경(Sola Scriptura), 오직 그리스도(Solus Christus), 오직 믿음(Sola Fide), 오직 은혜(Sola Gratia), 오직 하나님께 영광(Soli Deo Gloria)의 정신을 말씀과 기도, 성령의 능력 안에서 실천해야 한다. 이는 단순한 이념적 표어가 아니라, 교회가 성경 중심의 공동체로, 그리스도의 십자가와 부활의 삶을 따르는 제자 공동체로, 믿음으로 순종하는 공동체로 서야 함을 뜻한다.

둘째, 선언문에 제시된 7대 실천운동(신앙운동, 신학회복운동, 회개용서운동, 영적생명운동, 하나님나라운동, 나눔운동, 기도성령운동)은 모든 목회, 교육, 행정의 기초 구조로 자리해야 한다. 이는 교단의 정체성이 단지 신학적 선언에 머무르지 않고, 실제 사역의 기준과 방향이 되어야 함을 보여준다. 목회의 본질은 사람을 변화시키는 복음의 능력에 있으며, 교육은 예수 그리스도의 생명을 전수하는 일이며, 행정은 성령의 역사와 질서를 따라 교회를 세우는 도구가 되어야 한다.

셋째, 교단 헌법의 모든 해석과 적용은 개혁주의생명신학 선언문이 제시하는 원리와 정신에 따라 수행되어야 한다. 헌법은 중립적 규범이 아니라, 신학적 고백이 실천의 구조로 구현된 결과물이기에, 그 해석과 적용 또한 선언문에 담긴 신학과 생명의 방향을 따라야 한다. 이를 통해 헌법은 생명을 죽이는 조문이 아니라, 교회를 살리고 성도를 세우는 생명의 원칙으로 기능하게 된다.

이러한 실천이 충실히 이루어질 때, 백석총회는 단지 행정적 체계로서의 교단을 넘어서, 신학으로 교회를 살리고, 교회로 세상을 섬기며, 성령의 능력으로 미래를 여는 개혁 교단으로 자리매김하게 될 것이다. 개혁주의생명신학은 백석총회의 신학을 넘어서, 그리스도의 피로 값 주고 사신 교회를 회복하는 예수 그리스도의 생명의 복음이다. 따라서 이 신학은 생명을 중심으로 교회를 이해하고, 성령의 역사를 통해 하나님 나라의 미래를 준비하는 신학적·실천적 여정이다.

마지막으로, 이 선언문은 단순한 문서가 아니라 교단 전체에 던지는 기도이며 선포이다.

"성령이여, 오셔서 교회를 살리소서!"[101]

"그리스도께서 내 안에 사시고, 내가 그리스도 안에 사는 생명의 교회를 이루게 하소서!"

"우리가 가진 신학과 제도와 교회의 모든 것이 생명을 살리는 도구가 되게 하소서!"

이것이 바로 개혁주의생명신학 선언문이 우리 교단 헌법에 담고 있는 가장 깊고 복된 의미이다. 신학은 선언을 넘어 실천되어야 하며, 교회는 조직을 넘어 생명의 공동체가 되어야 하고, 헌법은 통제를 넘어 복음을 구현하는 통로가 되어야 한다. 이러한 고백과 실천 안에서, 백석총회는 오늘의 교회를 살리고 내일의 세계를 섬길 하나님의 도구가 될 것이다.

---

[101] 이승현, 「성령」, 446

PART 03

[헌법 각론]

CONSTITUTION

백석총회의 신학적 정체성은 개혁주의생명신학이다. 백석총회는 신학을 단순한 학문이 아니라, 예수 그리스도의 생명의 복음을 전하는 실천적 신학으로 이해한다. 이러한 신학적 정체성은 다음과 같은 특징으로 나타난다.

제2편 교리

제1부 대한예수교장로회 신조

제1장 장로회의 역사

장로교(Presbyterianism)는 종교개혁 시대에 형성된 개혁교회의 한 분파로, 존 칼뱅(Jean Calvin)의 신학적 가르침과 교회 정치 체계를 중심으로 발전했다. 이 신앙 전통은 성경을 신앙과 삶의 절대적 표준으로 삼으며, 하나님의 주권, 선택, 은혜, 그리고 믿음을 강조한다. 장로교의 역사는 스위스 제네바에서 시작되어 스코틀랜드, 영국, 미국, 그리고 전 세계로 확산되는 과정을 거쳤다.

1. 장로교의 기원

장로교의 기원은 16세기 유럽에서 일어난 종교개혁 운동과 깊이 연관되어 있다. 종교개혁은 로마 가톨릭교회의 부패와 교리적 오류를 비판하며 성경을 신앙과 생활의 유일한 권위로 삼으려는 움직임에서 시작되었다. 마르틴 루터(Martin Luther)가 독일에서 종교개혁의 불씨를 당겼다면, 스위스에서는 울리히 츠빙글리(Ulrich Zwingli)와 존 칼뱅(Jean Calvin)이 개혁운동의 중심에 섰다. 이들 중 특히 칼뱅의 신학과 교회 정치 체계가 장로교의 기초를 형성했다.

장로교의 기원은 존 칼뱅의 제네바 사역에서 시작된다. 칼뱅은 프랑스 출신의 신학자로, 로마 가톨릭교회의 구원론과 성례전 중심의 신앙을 비판하며 성경적 신앙을 회복하려 했다. 칼뱅은 1536년 스위스 제네바에 정착하여 종교개혁을 지도했으며, 그의 가장 중요한 저서인 기독교 강요(Institutes of the Christian Religion)를 출간했다. 이 책은 성경적 구원론, 하나님의 주권, 인간의 타락, 그리고 은혜로 말미암은 구원에 대해 체계적으로 서술했으며, 개혁신학의 표준으로 자리 잡았다. 칼뱅은 제네바에서 교회의 조직과 예배를 성경적 원리 위에 세우려 했고, 성경에 나타난 교회 구조를 연구하며 초대교회의 장로 제도를 현대 교회에 적용하고자 했다. 성경에서 장로(presbyter)는 교회의 영적 지도자와 감독 역할을 맡은 사람들로 묘사되는데(딤전 3:1-7, 딛 1:5-9), 칼뱅은 이 직분을 교회의 중심적인 지도 체계로 복원했다.

칼뱅은 교회 정치에서 감독제(episcopacy)를 비판하며, 모든 신자는 하나님 앞에서 동등하다는 성경적 원리에 근거해 민주적 교회 구조를 제안했다. 그는 교회의 권위를 특정 계급이나 성직자 집단에 한정하지 않고, 목사와 장로의 협력 체제를 통해 운영하도록 했다. 이 체계는 교회 권력을 분산시키는 원칙에 따라 설계되었으며, 교회는 독립된 회중 중심의 공동체로서 성직자와 평신도가 함께 교회를 다스리는 구조를 취했다. 회중에서 선출된 장로들이 교회의 행정을 관리하고, 목사는 말씀 선포와 성례 집행이라는 영적 직무를 담당함으로써 서로의 역할을 보완했다. 또한 교회는 개별 교회, 지역 노회(Presbytery), 전국 총회(General Assembly)로 구성된 대의제 체계를 통해 서로 연결되었다. 이 체계는 교회의 연합과 협력을 강화하는 동시에, 개별 교회의 독립성과 자율성을 보장함으로써 균형을 유지하도록 설계되었다. 이러한 교회 정치 체계는 성경적 원리에 뿌리를 둔 동시에 민주적이고 협력적인 운영 방식을 제안한 혁신적인 구조였다.

2. 스코틀랜드와 존 녹스

스코틀랜드의 대표적인 종교개혁자는 존 녹스이다. 존 녹스는 제네바에서 학문을 연마한 인물이다. 그는 제네바 유학을 마치고 스코틀랜드로 돌아와 개혁 운동을 시작하였으며, 이 과정에서 혼자서 활동한 것이 아니라, 종교개혁에 관심을 가진 귀족들과 긴밀히 협의하였다. 이를 통해 관련 법안을 하나씩 통과시키며 스코틀랜드는 공식적인 종교개혁 국가로 변모하였다.

이때 존 녹스는 큰 자신감을 드러냈다. 그가 귀국 직후 작성한 '제1치리서'라는 법령에는 다음과 같은 표현이 담겨 있다. 자신들을 "가장 잘 개혁된 교회(The Best Reformed Kirk)"라고 표현한 것에 대해 어떻게 생각하는가? 약간 교만하게 들리지 않는가? 그가 이와 같은 표현을 쓸 수 있었던 자신감은 어디에서 나왔을까? 당시 유럽의 종교개혁자들이 교과서로 삼았던 곳은 다름 아닌 칼뱅의 제네바였다. 게다가 존 녹스 자신도 제네바에서 학문을 익히고 막 돌아온 상태였다. 그런데도 어떻게 자기네 교회가 가장 최고라고 주장할 수 있었을까? 그 자신감의 근거를 이해하기 위해서는 존 녹스가 애초에 제네바로 갔던 시점으로 돌아가야 한다.

존 녹스는 이미 제네바에서 그의 실력을 인정받아 초청된 인물이었다. 피의 메리 시절, 유럽 대륙에서는 잉글랜드로부터 망명한 개혁자들이 여러 곳에서 거처를 찾고 있었다. 그들은 프랑스, 네덜란드, 스위스 등지로 피신하였으며, 이때 그들을 위해 열정적으로 활동하던 존 녹스를 제네바는 주목하였다. 제네바는 녹스의 안전을 보장하기 위해 그를 초청하였고, 그는 제네바에서 종교개혁에 대한 깊은 이해를 갖추게 되었으며, 한편으로는 영어권 망명자들을 위한 목회자로도 활동하였다. 그들에게는 영어로 설교할 목회자가 필요하였기 때문이다.

제네바에서 유학을 마치고 돌아온 존 녹스는 스코틀랜드에서 칼뱅주의 개혁을 단행하였다. 이 과정에서는 수많은 종교개혁자들의 목숨을 건 노력이 있었으며, 녹스는 특히 교회의 조직을 '장로교' 제도로 개혁하는 데 성공하였다. 이는 제네바에서도 완벽하게 이뤄내지 못한 것이었으나, 스코틀랜드에서 실현된 것이다. 그 내용은 녹스가 작성한 '제1치리서'에 나타나 있다.

'제1치리서'는 종교개혁의 정신에 따라 스코틀랜드에 교회 제도를 정착시키겠다는 의지가 담긴 법령이다. 그 안에는 잘못된 성직자 개념이 만든 주교제도에 대한 문제 제기가 담겨 있었다. 존 녹스는 스코틀랜드의 교회를 교리뿐만 아니라 교회정치까지 개혁하고자 이 문서를 작성한 것이다.

'제1치리서'는 또한 교회의 통치 직분이 주교나 사제가 아닌 '장로'들이어야 한다고 규정한다. 장로는 성직자가 아닌 일반 성도로서, 신앙과 인품을 갖추어 교회의 덕을 세우는 사람을 의미한다. 말씀을 가르치고 설교하는 목사도 장로에 포함된다고 한다.

3. 앤드류 멜빌, 장로교의 기틀을 세우다

앤드류 멜빌(Andrew Melville)은 스코틀랜드 장로교회 체제를 완성하는 데 핵심적인 역할을 담당한 인물로, 스코틀랜드 종교개혁의 초석을 다진 존 녹스(John Knox)의 업적을 발전시키고 완성시킨 인물로 평가된다. 메리 스튜어트(Mary Stuart)가 스코틀랜드 왕가를 둘러싼 복잡한 권력 다툼을 벌이던 시기에, 멜빌은 제네바에서 학문과 신앙을 연마하며 자신의 사상을 정립해 나갔다. 그는 제네바 아카데미(Geneva Academy)에서 5년간 수학하며 강의를 맡을 만큼 뛰어난 학문적 역량을 인정받았고, 이곳에서 당대 유럽 종교개혁의 중심 인물들과 교류하였다. 제네바 아카데미는 칼뱅(John Calvin) 사후에도 그의 수제자인 테오도르 베자(Theodore Beza)가 이끌며 전성기를 구가하고 있었다. 멜빌은 잉글랜드의 종교개혁자 토머스 카트라이트(Thomas Cartwright), 월터 트래버스(Walter Travers), 프랑스의 라무스(Pierre de la Ramée) 등과 함께 학문적 논의를 이어가며 자신만의 개혁적 신학과 교회론을 심화시켰다.

스코틀랜드로 돌아온 멜빌은 글래스고 대학(Glasgow University)의 총장으로 임명되어 학문적 개혁을 주도하였다.102) 그는 제네바에서 배운 학문적 원리와 신학적 통찰을 스코틀랜드 교육 체제에 접목하여, 대학의 커리큘럼과 교수법을 혁신하였다. 특히 인문학, 신학, 과학 분야에서 새로운 학문적 패러다임을 도입하여 스코틀랜드의 지적 토대를 확장하는 데 크게 기여했다. 이러한 노력은 스코틀랜드를 유럽 학문 세계와 연결시키는 계기가 되었으며, 이는 현대 스코틀랜드가 세계적인 학문적 위상을 갖추게 된 근원적인 동력이 되었다.

멜빌의 가장 중요한 업적 중 하나는 종교개혁의 신학적 토대를 강화하는 동시에 교회 정치의 틀을 정비한 것이다. 당시 스코틀랜드 장로교회는 여전히 주교제도(episcopacy)를 완전히 폐지하지 못하고, 보수파와 개혁파 간의 갈등이 심화되어 있었다. 멜빌은 녹스가 작성한 제1치리서(First Book of Discipline)를 보완하여, 장로교회 체제를 더욱 정교하게 다듬은 제2치리서(Second Book of Discipline)를 작성하였다. 이 문서는 교회의 독립성과 자율성을 강조하며, 주교제도의 철폐와 장로제도의 확립을 명시하였다. 이로써 스코틀랜드 장로교회는 보다 체계적이고 견고한 신학적·제도적 기반 위에 서게 되었다.

멜빌의 신념이 가장 극적으로 드러난 사건은 제임스 6세(King James VI) 앞에서 벌어진 일화에서 찾아볼 수 있다. 한 공식 석상에서 교회정치에 대한 논의가 이어지던 중, 제임스 6세는 "짐이 한 마디 하겠소(Let me say a word)"라며 주교제도를 옹호하려 하였다. 그러나 멜빌은 그를 단호히 제지하며, 다음과 같은 역사적인 발언을 남겼다.

---

102) 김중락, 「스코틀랜드종교개혁사」 (서울: 흑곰북스, 2017), 314.

"폐하, 당신은 교회의 단순한 구성원일 뿐입니다. 교회의 머리는 오직 예수 그리스도 한 분뿐입니다."

("Sire, you are but God's silly vassal. You are not the head of the Church; the only head of the Church is Jesus Christ.")

또한 그는 이어서 다음과 같은 선언으로 교회의 독립성을 천명하였다.

"스코틀랜드에는 두 왕국이 존재합니다. 하나는 그리스도의 왕국이며, 다른 하나는 세속 왕국입니다. 폐하께서는 그리스도의 왕국에서 왕도, 귀족도, 머리도 아니십니다. 단지 그 일원에 불과하십니다."

("There are two kingdoms in Scotland, Sire. One is the kingdom of Christ and His Church, and the other is the secular kingdom. In the kingdom of Christ, you are neither a king nor a lord, but merely a member.")

이 발언은 단순히 국왕의 권위를 부정하는 것이 아니라, 교회가 세속 권력으로부터 독립된 영적 공동체로서의 본질을 유지해야 한다는 종교개혁의 원칙을 천명한 것이었다. 당시로서는 충격적이고도 대담한 발언으로, 이는 교회의 자율성을 지키기 위한 멜빌의 강렬한 신념을 보여준다. 이러한 도전은 국왕 제임스 6세에게 치욕으로 받아들여졌고, 훗날 그가 권력을 강화한 뒤 장로교회를 억압하려는 정책으로 되갚는 계기가 되었다.[103]

앤드류 멜빌은 단지 스코틀랜드 종교개혁을 완성한 인물이 아니라, 교회의 독립성과 신앙의 순수성을 지키기 위해 자신의 지성과 용기를 바친 개혁자로 역사에 길이 남게 되었다. 그의 노력은 단지 한 시대의 성공에 그치지 않고, 오늘날 장로교회의 신학적 유산과 조직적 구조에 여전히 영향을 미치고 있다.[104]

---

103) 김중락, 「스코틀랜드종교개혁사」, 196-198.
104) 황의상, 「특강 종교개혁사」 (서울: 흑곡북스, 2021) 100-101.

제2장 한국 장로교회의 기원

한국 장로교회의 시작은 1884년 9월 20일, 미국 북장로교회 소속 의료 선교사 알렌(Horace Newton Allen)이 제물포항에 도착하면서 시작되었다. 알렌은 개신교 최초의 선교사로서 의료 활동을 통해 조선 왕실과 한국 사회에 복음의 문을 여는 중요한 역할을 했다. 그의 활동은 이후 한국 장로교회의 성장에 초석을 놓는 계기가 되었다. 1885년 4월 5일, 부활절 아침에 미국 북장로교회 소속의 언더우드(Horace Grant Underwood)가 제물포항에 도착하며 본격적인 장로교 선교가 시작되었다.105) 언더우드는 초기 한국 선교에 헌신하며 서울에 최초의 장로교회인 새문안교회를 설립하여 장로교회의 성장을 위한 기반을 다졌다. 1887년 9월 27일, 언더우드는 14명의 한국인 신자와 함께 새문안교회를 설립하고, 예배 중 서상륜과 백홍준을 장로로 장립했다. 이들 신자 대다수는 이미 만주와 한반도 북부에서 복음을 받아들인 사람들이었다.

특히 만주에서 활동하던 로스 선교사(John Ross)의 도움을 받았던 한국인 전도자들이 황해도와 한반도 북부 지방에서 복음을 전파하며 활발히 활동했다. 새문안교회가 설립되기 이전에도 이들 전도자와 신자들은 꾸준히 신앙생활을 이어가며 한국 장로교회의 초기 확산에 기여했다.106) 이와 같은 초기 선교 활동과 지역적 확산은 한국 장로교회의 성장에 기초가 되었으며, 서울과 북부 지방을 중심으로 장로교회가 자리 잡는 데 결정적 역할을 했다. 그는 성경 번역과 신학교 설립에도 힘쓰며, 한국 장로교회의 조직적이고 자립적인 발전에 결정적 기여를 했다. 언더우드는 1889년 봄에 여의사 호르턴(Miss Lillian Horton)과 결

---

105) 김영재, 「한국교회사」 (서울: 합신대학교출판부, 2023), 89-90.
106) 김영재, 「한국교회사」, 115.

혼하였다. 그들의 신혼여행은 한국 선교 사상 잊지 못할 일화로 남게 되었다. 두 신혼부부는 평양으로 해서 강계를 들러 의주까지 갔다. 두 달 동안 장장 1,600km의 길을 여행하였다. 그들은 여행하는 동안 600명에 달하는 환자를 치료해 주었고, 성경과 그 밖에 다른 기독교 서적을 팔았다. 의주에 다다랐을 때는 놀랍게도 백 명이나 되는 사람들이 세례를 받겠다고 신혼부부를 기다리고 있었다. 언더우드는 그들 중에서 32명만 데리고 압록강을 건너 만주 땅으로 가서 세례를 베풀었다. 한국 내에서는 아직도 이러한 종교의식을 공개적으로 행할 수 없었기 때문이다.107) 언더우드의 이러한 사역은 장로교회의 성장을 가속화하며, 한국 사회에서 장로교회가 뿌리내리는 계기가 되었다.

1. 초기 선교 활동과 조직화

1890년대에는 호주 장로교, 미국 남장로교, 캐나다 장로교 선교사들이 각각 경남, 호남, 함경도와 간도 지역에서 선교를 시작하며 장로교 선교가 전국적으로 확산되었다. 이들은 네비우스 선교정책을 채택하여 성경 중심, 자립, 자치, 자전의 원칙을 강조하며 한국 교회의 자생적 성장을 도모했다. 이러한 선교 원칙은 한국 장로교회의 독특한 성장 모델을 형성하는 데 중요한 역할을 했다. 한국에서 일한 장로교 선교부는 선교부 간의 협의 기관이 필요하였다. 그 첫 조직이 미북장로교와 호주 장로교 선교부 간의 협의체인 1889년의 '연합공의회'였다. 그러나 호주 장로교의 유일한 선교사인 데이비스(JH Davies)의 죽음으로 곧 폐지되었다. 그러다가 미국 남장로교가 한국선교에 동참하게 되자 1893년에는 '선교사공의회'가 조직되었다. 이것은 미국 남·북장로교와 호주 장로교 선교부 간의 협의체로서 전국 교회를 치리하는 상회(上會)역할을 했다.

---

107) 김영재, 「한국교회사」, 118.

후에는 캐나다 장로교 선교부도 선교사공의회에 가담하였다. 1901년 9월에는 선교사와 한국인 대표가 참여하는 '조선예수교장로교공의회'로 개칭되었다. 이때 회원은 선교사 25명, 한국인 장로 3명, 조사 6명이었고, 회장은 북장로교회의 스왈론(William Swallen)이었다. 이 장로교공의회는 영어사용위원회(English session)와 한국어사용위원회(Korean session)를 두었다. 장로교공의회는 1901년 중요한 결정을 했다. 노회설립 방침 의정위원(議委員)과 장로교헌법번역위원을 선정하였고, 평양에 신학교를 설립하기로 했다. 이후 사무엘 마펫(Samuel A Moffett)을 교장으로 위촉하고 그에게 신학교육을 일임하였다.

한국 전역에 교회가 설립되자 호주와 캐나다 장로교 선교부는 즉각적인 노회 설립을 주장한바 있으나 미국 남북장로교회는 한국인 목사를 배출하지 못한 상태에서 선교사들만으로 노회 조직은 바람직하지 않다고 보아 반대했다. 그러나 신자수가 증가하고 다수의 교회가 설립되자 1906년에 소집된 '장로교공의회'는 노회 조직을 결의했다.[108]

2. 대부흥운동과 장로교회의 체계적 조직화

사경회 운동은 한국교회 부흥운동에서 중요한 역할을 감당했다. 1907년 평양대부흥운동이 발흥했던 것은 1907년 1월 2일부터 15일까지 진행된 사경회 기간 동안이었다. 1890년 네비우스 선교정책을 채택하고 바로 그 해부터 언더우드 집에서 네비우스 선교정책의 일환으로 사경회가 시작된 후 사경회는 전국적으로 확대되어 한국장로교 선교의 중요한 근간을 형성했다. 일 년에 한차례 혹은 두 차례씩 일주일에서 한달 동안 열리는 사경회에서 전국의 거의 모든 교우들이 오전에는 말씀을 공부하고 정오에는 기도하고 오후에는 전도를 나가고 저녁에는 이

---

108) 헌정논문편집위원회, 「개혁주의생명신학 교회를 살리다」, (서울 : 백석정신아카데미, 2023), 1043.

들을 대상으로 전도 집회를 열었다. 이 전도 집회는 기성 신자들에게는 영적각성의 기회가 되었고, 새 신자들에게는 주님을 영접하는 계기가 되었다. 함께 모여 말씀을 체계 있게 연구하고 개인과 교회와 민족을 위해 진심으로 기도하는 가운데 성령께서 말씀을 통해 말씀과 더불어 놀랍게 역사하셨다. 한국교회의 대부흥운동은 이러한 사경회 운동과 매우 밀접하게 연계되어 진행되었다. 1903년의 원산부흥운동도 하디를 주강사로 한 1903년 8월 24일부터 30일까지 열린 원산 기도회에서 시작된 것이다. 이 기도회는 말씀을 공부하고 함께 기도하는 일종의 선교사 사경회였다. 역사적인 1907년 평양대부흥운동도 1907년 1월 2일부터 15일까지 평양 장대현교회에서 열린 평안남도사경회에서 일어났다. 1890년부터 1910년까지 한국장로교회는 말 그대로 폭발적인 성장을 하였다. 이 기간 동안에 세례교인 수는 매년 30%씩 증가하였다. 이처럼 부흥운동이 성경공부를 중심으로 하는 사경회에서 기원되었다는 사실을 간과하여서는 안 된다.

이들 부흥운동은 한국교회의 성장을 가속화시킨 중요한 요인이었다. 1907년 평양대부흥운동이 발흥하던 그 해 한국의 장로교 독노회가 조직되어 장로교회가 민족교회로서 발돋움 할 수 있게 되었고, 1909년 백만인 구령운동이 일어나 민족복음화가 진행된 후 1912년에는 "조선 예수교장로회 총회"가 설립되며 조직화는 더욱 공고해졌다. 초대 총회장으로 언더우드, 방위량이 회계, 나머지 임원은 한국인이 맡았다.[109] 1912년에 처음으로 조직되어 회합을 한 장로회 총회는 총회의 창립을 기념하기 위하여 중국 산동성(山東省)내양현 선교사를 파송하여 외국 전도를 시작하기로 하고, 매년 감사일(感謝)은 외국 전도를 위하여 예배하는 날로 정하여 이를 위하여 설교하고 기도하며 특별 헌금을 하기

---

109) 임경근, 「한국 교회사 걷기」 (서울: 두란노서원, 2021), 195.

로 하였다. 이듬해 1913년의 총회에서 산동성의 선교사로 김영훈(金勳), 박태로(朴泰魯), 사병순(史秉淳) 3인의 목사들을 선정하여 파송하기로 하였다.110)

1913년 목사와 총대가 동수로 구성되었다. 이렇게 하여 한국 장로교회는 명실공히 세계보편교회의 한 교회로서 면모를 갖추되었다.111) 총회는 중국 산동성에 선교사를 파송하며 복음의 지경을 넓히는 데 앞장섰다. 이를 통해 한국 장로교회는 지역 복음화와 세계 선교의 중심축으로 자리 잡으며 민족 교회의 역할을 충실히 감당했다.

3. 복음주의 연합정신

루터는 오직 그리스도만 높임을 받아야 한다고 믿었기 때문에 자기 이름으로 특정 교파를 만드는 것을 극구 반대했다. 칼빈은 본질적인 문제에서는 일치를 그러나 비본질 문제는 관용의 입장을 취했다. 한국에 파송된 선교사들은 종교개혁의 연합정신을 계승했다. 1885년 4월 5일 입국한 언더우드와 아펜젤러는 서로 교파가 달랐고 출신대학과 신학교가 달랐지만 한반도의 복음화를 위해서는 죽을 때까지 협력을 아끼지 않았다. 언더우드와 아펜젤러는 성경번역, 문서 선교 학교운영, 주일학교운영, 복음전파와 순회전도에 이르기까지 협력과 연합을 아끼지 않았다. 장로교를 대표하는 언더우드와 감리교를 대표하는 아펜젤러의 연합은 곧 장로교와 감리교의 연합이나 마찬가지였다. 독일개혁교회(German Reformed Church)와 그 교단이 세운 프랭클린 마샬대학을 졸업하고 드루신학교를 거쳐 한국에 입국한 아펜젤러는 연합운동에 적극적이었다. 대학 시절부터 괴테문학회 회장을 맡으며 리더십을 보여주었고 신학교 때는 드루신학교 대표로 전국신학교선교대회에 참석하며

---

110) 「朝예수長老會史記 下卷」, 14 이하.
111) 임경근, 「한국 교회사 걷기」 (서울: 두란노서원, 2021), 195.

몸으로 연합운동을 체득했다. 그는 1885년 4월 5일 부활절에 언더우드와 함께 나란히 제물포에 입국한 후 배재학당을 설립하여 인재를 양성하고 1887년 함께 성서번역위원회를 발족하였으며, 1890년 예수성교서회를 조직하여 성경번역과 문서선교에 매진하였다. 그만큼 연합운동에 앞장선 사람도 드물 것이다. 언더우드와 함께 한반도 전역을 순회전하며 한국민족의 복음화에 전념하다 마지막에 자신의 생명마저 바친 아펜젤러야 말로 연합운동의 진정한 롤 모델이 아닐 수 없다.

장로교 초대 총회장을 지냈던 언더우드 역시 연합운동에 앞장섰다. 언더우드의 아내 릴리아스는 그의 연합정신과 관련하여 이렇게 기술했다. "그는 결코 종파적이거나 계급적이거나 인종적인 편견을 가진 적이 없었다. 그가 모든 인종, 민족, 계급, 연령, 종파에 속한 사람들과 진정한 형제애를 나누는 모습을 누구보다 잘 볼 수 있었던 사람은 바로 나 자신이다. 그의 존재의 모든 흐름은 연합을 향하고 있었던 것이다. 그는 무의식적으로 모든 살아 있는 영혼에게 도움과 사랑을 베푸는 친밀한 교제를 이루고자 하는 경향이 있었다. 그의 동정과 관심과 사랑 앞에서는 신분의 높고 낮음이나 도량의 넓고 좁음이나 피부색이 희고 검은 것은 전혀 문제가 되지 않았다.[112]

특히 언더우드는 네덜란드 개혁교회(Reformed Church in America) 출신이면서도 미국 장로교(PCUSA) 선교사로 파송 받아 다양한 장로교 선교회가 한국선교를 진행할 수 있도록 협력을 아끼지 않았다. 남장로교회(PCUS)가 한국에 들어 올 수 있도록 길을 열어준 사람도 언더우드였고, 캐나다 장로교 선교회가 한국선교를 진행할 수 있도록 밑거름을 놓은 사람도 언더우드였다. 한국교회는 칼빈의 연합정신과 초기

---

[112] Lilias H. Underwood, 언더우드 한국에 온 첫 선교사 (서울 : 기독교문사, 1990), 38-39.

언더우드와 아펜젤러가 보여주었던 연합정신을 회복해야 할 것이다.

　오늘날 현대교회는 과거 종교개혁의 정신과 한국교회의 아름다운 유산을 계승하고 발전시켜 나가야 할 것이다. 종교개혁의 온전한 회복을 위해서는 인간의 노력과 힘만으로는 감당할 수 없다. 단순히 개혁안을 만들고 회의를 한다고 문제가 풀리는 것은 아니라는 사실을 우리는 너무도 잘 알고 있다. 중세 말엽만큼이나 회의가 많이 열렸던 시대는 없었다. 그런데도 그들에게 개혁은 요원한 일이었다. 무언가 구상을 하고 조직을 만들고 구호를 외친다고 개혁되는 것은 아니다. 종교개혁 500주년을 넘어 501주년의 참된 의미는 기념이 아니라 그 정신의 계승이라는 사실을 잊지 말아야 할 것이다. 한국교회는 참된 개혁을 감당할 수 있는 힘을 달라고 무릎을 꿇고 하나님께 간절히 매달려야 한다. 진정한 개혁은 한국교회가 다시 위로부터 임하시는 성령의 놀라운 은혜를 힘입을 때 가능하다고 생각한다. 우리는 칼빈이 사도행전 2장 오순절성령강림 사건을 주석하면서 언급한 다음과 같은 말을 주목해야 한다. "당시에 실추되었던 교회의 명성이 하나님의 성령에 의하여 새로워지는 일을 통해서만 회복될 수 있다는 사실을 유대인들이 알도록 하기 위함이다."

　오순절성령강림은 물론 1차 대각성운동과 2차 대각성운동 그리고 평양대부흥운동 모두 은혜를 사모하는 간절한 기도가 있었기 때문에 가능했다. 부흥은 하나님의 주권적인 선물이지만 아무 곳에나 임하는 것이 아니라 사모하는 곳에 임한다는 사실을 가장 분명하게 보여준 이들도 바로 초기 한국에 파송된 선교사들이었다.113)

　한편 백석총회는 종교개혁의 연합정신과 초기 한국 선교사들이 보여

---

113) 박용규, 「기독교역사와 역사의식」, 189-192.

준 협력의 유산을 계승하며, 복음주의 연합정신을 실천하고 있다. 언더우드와 아펜젤러가 교파와 차이를 넘어 복음화를 위해 협력했던 모습을 본받아, 백석총회는 교단의 틀을 넘어 복음의 본질적 사명에 집중하는 자세를 견지한다.

백석총회는 먼저 신앙운동과 신학회복운동을 통해 성경과 개혁주의 신학의 본질을 중심으로 교회의 일치를 도모한다. 교파 간 비본질적 차이는 관용하며, 본질적 진리 위에 세워진 협력을 중시한다. 이는 칼빈의 "본질은 일치, 비본질은 관용"이라는 신학적 정신을 따른 것이다.

또한, 백석총회는 기도성령운동과 영적생명운동을 통해 성령의 도우심을 구하며 교회의 연합을 이루어간다. 이는 초대교회의 오순절 성령강림에서 시작된 연합적 기도의 전통을 이어받아, 하나님께 간구하는 자세를 통해 개혁과 부흥의 초석을 놓는 것이다.

나아가, 하나님나라운동과 나눔운동을 통해 교회가 세상 속에서 선한 영향력을 끼치며, 서로를 섬기고 협력하는 공동체적 가치를 실현하고 있다. 이는 아펜젤러와 언더우드가 성경 번역과 문서 선교, 교육사업을 통해 보여준 협력 정신과 맥을 같이한다.

백석총회는 다양한 교단과 협력하며, 복음 전파를 위한 초교파적 사역에도 적극적으로 참여하고 있다. 이는 언더우드가 보여준 장로교 내부 및 다른 교단과의 협력 정신을 계승한 것으로, 연합의 본보기가 되고 있다.

궁극적으로, 백석총회는 종교개혁 500주년을 넘어 참된 개혁과 연합을 이루기 위해 성령의 역사를 간구하며, 한국 교회의 복음적 연합과 부흥을 위해 헌신하고 있다. 이는 하나님께서 부어주시는 은혜 속에서만 가능한 일임을 깨닫고, 날마다 무릎 꿇는 자세로 연합의 사명을 감당하는 것이다.

[그림 3-1] 대한예수교장로회

| 장로교회의 전래 과정 |

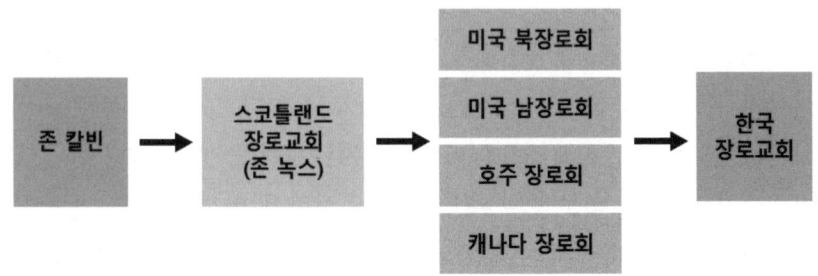

출처: 쉽게 풀어쓴 참된 장로교인, P,111.

하나의 한국장로교회⇒ 조선예수교장로회 노회(1907)⇒ 조선예수교장로회(1912년) ⇒ 대한예수교장로회(1945년)

4. 대한예수교장로회와 백석총회의 유사성과 차별성

한국 장로교회는 19세기 말 복음 전래 이후, 복음주의 신앙과 개혁주의 전통을 바탕으로 성장해 왔다. 그 초기 정체성은 초교파적 복음주의에 있었으며, 특정 교파나 지역에 국한되지 않고, 복음 전파와 교회 설립이라는 대의 속에서 다양한 배경을 가진 성도들이 연합하였다. 이 과정에서 부흥의 원동력은 기도와 성령운동이었다. 새벽기도, 철야기도, 부흥집회와 같은 전통은 한국 장로교회의 영적 성장의 중요한 동력이 되었으며, 신앙고백은 1907년에 채택된 12신조를 기본으로 하여, 이후 웨스트민스터 신앙고백서를 공식적으로 수용함으로써 신학적 기반을 세웠다.

한국 장로교회는 역사적으로 복음 중심의 연합운동을 전개해 왔다.

일제강점기와 전후 재건기의 어려운 환경 속에서 장로교회는 해외 선교사와 국내 지도자들이 협력하여 교회와 신학교를 세웠다. 이를 통해 목회자 양성 체계와 교육기관을 확보하였으나, 시간이 흐르면서 신학적 해석 차이와 교권 갈등으로 인해 분열이 반복되었다. 이러한 분열은 연합운동의 지속성을 약화시키고, 장로교회의 사회적 영향력에도 부정적인 영향을 끼쳤다.

반면, 백석총회는 이러한 한국 장로교회의 역사적 전통을 계승하면서도 차별화된 정체성을 발전시켜 왔다. 백석총회의 설립 초기 정체성 또한 초교파적 복음주의였으며, 부흥의 원동력 역시 기도와 성령운동이었다. 그러나 백석총회는 출범 이후부터 연합운동의 지속성을 중요한 가치로 삼았다. 과거 한국 장로교회가 분열의 역사 속에 머물렀던 것과 달리, 백석총회는 개혁주의생명신학을 중심으로 한 신학적 통합 노선을 명확히 설정하고, 이를 5대 솔라와 7대 실천운동이라는 실행 원리로 구체화하였다. 이를 통해 교단의 정체성을 단순한 선언이 아니라 헌법에 명문화된 신앙 고백으로 제도화하였다.

또한, 한국 장로교회가 초창기에 해외 선교사의 지도와 지원 속에서 형성되었다면, 백석총회는 설립 당시부터 자생교단으로서의 성격이 강했다. 백석총회는 한국교회의 역사·문화·목회 현실에 맞춘 정책을 자체적으로 수립·실행하였으며, 특히 교단 교육기관의 설립과 운영을 통해 목회자 양성과 교회 지도자 훈련에 있어서 높은 자율성과 독자성을 확보하였다.

결과적으로, 한국 장로교회와 백석총회는 모두 복음주의 신앙, 성령운동, 그리고 웨스트민스터 표준문서에 기반한 신학적 일치를 공유한다. 그러나 한국 장로교회가 역사적으로 연합과 분열을 반복하는 구조를 보였다면, 백석총회는 연합운동의 지속성과 미래지향적 신학운동을 통해 안정성과 발전 가능성을 동시에 확보한 교단이라는 점에서 차별성을 지닌다. 이러한 특징은 백석총회가 한국 장로교회의 역사 속에서 '분열을 넘어선 연합'이라는 독자적인 궤적을 그려가고 있음을 보여준다.

[표 3-1] 대한예수교장로회와 백석총회의 유사성과 차별성

구분	대한예수교장로회	백석총회
초기 정체성	초교파적 복음주의	초교파적 복음주의
부흥의 원동력	기도와 성령운동	기도와 성령운동
신앙고백	12신조(1907) → 웨스트민스터 신앙고백서	12신조(1978) → 웨스트민스터 신앙고백(1981)
연합운동	복음 중심 연합운동 (조선예수교장로회)	복음 중심 연합운동
학교	학교 설립	학교 설립
미래지향성	약함	개혁주의생명신학
연합운동 지속성	분열	연합운동지속
자생적	자생 교회 자생적 복음 수용	자생 교단

제3장 대한예수교장로회 신조

12신조는 기독교 신앙의 핵심 교리를 열두 항목으로 체계적으로 정리한 신앙고백이다. 성경의 권위를 강조하며, 동정녀 탄생, 예수 그리스

도의 대속적 죽음과 부활, 성령론, 최후의 부활과 심판 등 복음의 본질을 명확히 드러낸다. 웨스트민스터 표준문서와 조화를 이루며 간결하면서도 교리적 선명성을 갖췄다. 조선 교회의 초기 상황에 적합하게 설계되어 당시 신학적 미성숙함을 보완하고, 교회와 신학교의 교육적 표준으로 사용되었다. 이러한 점에서 12신조는 간단하지만 시대와 교회의 필요에 부합한 훌륭한 신앙고백으로 평가받는다.

1. 12신조에 대한 역사

1907년 9월 17일, 연초에 대 부흥집회가 열렸던 평양 장대현교회에서 한국 장로교회의 첫 노회가 열렸다. 노회는 장로교 공의회에서 상정한 12조항의 신조를 받아들였다. 이 신조는 1904년 인도 교회가 먼저 채택한 것이다. 장로교 공의회는 이미 1902년 조선 장로교회의 노회 조직을 내다보고 신경준비위원을 선정하였다. 준비위원들은 여러 신경을 비교, 연구하던 끝에 1905년에 이 12신조를 조선 장로교회의 신앙고백으로 채택하도록 정하였다. 그것은 처음에 인도 교회를 위하여 선교사들이 만든 것이지만, 신앙고백서란 그리스도의 교회가 얼마든지 공유할 수 있는 것이므로, 비슷한 상황에서 이제 자라기 시작하는 한국교회도 이를 사용할 수 있으며, 간단하면서도 손색이 없는 내용을 고백하고 있는 신경으로서 당시의 시대적인 형편에도 적당하고 성경에도 부합하는 것이라고 인식하고 채택하였다.114)

한국 교회에서 사용하는 신앙고백서를 한국 교인들 스스로 만들지 않은 것을 유감으로 생각하는 이들이 더러 있다. 종교개혁 이후 특히 개혁주의교회에서 60여 개의 많은 신앙고백서가 나온 것을 감안하면 한국 교회에서도 신앙고백서가 나올 수 있었으리라고 언뜻 생각할 수

---

114) 곽안련, "朝鮮예수敎長老會信經," 「神學指南」 제2권 1호 (1919), 81.

있다. 그러나 이제 자립하는 선교 교회를 오랜 역사와 전통이 있는 교회와 동등하게 비교할 수는 없는 일이다. 선교 교회에서 신앙고백서를 기대한다는 것은 1년 된 사과나무에서 열매를 기대하는 것과 같은 조급하고 사리를 고려하지 않은 생각이다. 이제 처음으로 안수를 받은 목사를 배출한 어린 교회가 신앙고백서를 갖는 이유를 알지도 못할 뿐만 아니라, 스스로 신앙고백서를 작성할 만큼 신학적으로 성숙하지 못했기 때문이다. 새로 조직된 한국 장로교 독노회는 신앙고백의 채택뿐만 아니라 교회의 조직과 정치에 관한 문제 등 교회의 제반 사항에 관한 것을 선교사들의 지도에 따라 결정하였다. 선교를 받아 바야흐로 조직되는 교회가 선교사들의 지도를 따르는 것은 당연한 일이며, 그것이 정상이다.115)

2. 12신조 작성 과정

조선 장로교회의 기틀은 미국 북장로회, 미국 남장로회, 호주 장로회, 캐나다 장로회 출신 선교사들에 의해 마련되었다. 이들은 1901년, 아직 조선 장로교회가 공식적으로 설립되기 이전에 '조선야소교장로회공의회'를 조직하여 교회의 체계를 세우기 위한 준비를 진행했다.

1902년 9월 17일, 장로회공의회는 조선 장로교회의 신조를 마련하기 위한 위원회를 조직하고 이를 교회표준조례 번역위원회(Committee on Translation of Church Standards)라 명명하였다. 위원으로 선정된 베어드(W. M. Baird), 게일(James S. Gale), 레이놀즈(W. D. Reynolds), 언더우드(Horace G. Underwood), 푸트(W. W. R. Foote) 등은 단순한 번역자가 아니라 신학적 깊이와 언어적 능력을 갖춘 학자들이었으며, 성경 번역과 교리 교육에 헌신한 선교사들이었다. 또한 평양신학교의

---

115) 김영재, 「한국교회사」, 163-165.

교수로서 신학생들을 가르치며 조선 교회의 신학적 기반을 다지고 있었다.

1) 신조 채택을 위한 검토 과정

번역위원회는 장로교회의 신조를 채택하는 과정에서 교회의 신학적 전통과 역사적 신앙고백을 면밀히 검토하였다. 이는 단순한 문서적 전승이 아니라, 교회의 신학적 정체성과 신앙의 본질을 유지하면서도 조선 교회의 상황에 적절한 신조를 수립하기 위한 신중한 작업이었다.

우선, 초대교회로부터 전승된 신경들을 검토하였다. 초대교회의 신조들은 교회가 삼위일체 하나님과 예수 그리스도의 신성을 분명하게 고백하는 과정에서 형성된 것이었다. 대표적인 신경으로 사도신경, 니케아 신경, 아타나시우스 신경이 있다. 이 신경들은 삼위일체론과 기독론에 대한 정통적 이해를 규명하는 데 중요한 역할을 하였으며, 서방교회와 동방교회 모두에서 교리적 기준으로 자리 잡았다.

다음으로, 종교개혁 시대에 형성된 신앙고백문들을 고려하였다. 종교개혁자들은 성경적 신앙을 회복하고 로마 가톨릭의 교리적 오류를 극복하기 위해 신앙고백을 작성하였으며, 이를 통해 개혁교회의 신학적 입장을 천명하였다. 대표적인 문서로는 스위스 신경, 도르트 신경, 하이델베르크 요리문답, 영국국교회의 39개조 신경, 웨스트민스터 신앙고백서가 있다. 이 신앙고백들은 성경의 권위, 이신칭의, 성도의 견인, 교회의 질서 등을 강조하면서 개혁주의 신학의 기반을 형성하였다.

그러나 이러한 신조들은 서구 장로교회의 신학적 전통과 상황을 반영한 것이었으며, 당시 조선 교회의 신학적 수준과 문화적 정황을 고려할 때 그대로 적용하기에는 어려움이 있었다. 조선의 기독교는 아직 초기 단계였으며, 성경적 교리에 대한 이해가 깊이 뿌리내리지 않은 상태였다. 또한, 서구 교회의 교리적 논쟁이 조선 교회의 신학적 필요와 직접적으로 연관되지 않는 경우도 있었다. 따라서 번역위원회는 조선 교회에 적합한 신조를 마련하기 위해 보다 현실적이고 신학적으로 균형 잡힌 대안을 모색해야 했다.

그 과정에서 인도 장로교회가 채택한 12신조가 주목을 받았다. 인도 장로교회는 여러 개의 장로교단 선교사들이 연합하여 조직한 교회로, 독자적인 장로교 신학을 정립하고 신앙의 기초를 세우는 과정에 있었다. 조선과 마찬가지로 서구 선교사들에 의해 복음이 전파되었으며, 선교 초기에는 다양한 신학적 전통이 혼재한 상황이었다. 이에 인도 장로교회는 개혁주의 신학을 유지하면서도, 지역적 정황에 맞춘 신앙고백을 채택할 필요성을 느끼고 1904년 12신조를 공식적으로 채택하였다.

인도 장로교회의 12신조는 서구 장로교회의 신학적 전통을 계승하면서도, 선교지 교회의 현실을 반영하여 비교적 간결하면서도 핵심적인 내용을 담고 있었다. 이 신조는 삼위일체 하나님, 성경의 권위, 인간의 죄성과 구원의 필요성, 예수 그리스도의 속죄, 성령의 사역, 교회의 역할 등에 대한 신학적 입장을 명확하게 제시하였다. 특히, 개혁주의 신학의 근본 원리를 유지하면서도 신앙의 실천적 측면을 강조하여, 초기 장로교 선교지 교회들이 받아들이기에 적절한 신조로 평가되었다.

조선 교회의 번역위원회는 인도 장로교회의 상황이 조선과 유사하다는 점에 주목하였다. 인도와 조선은 모두 서구 선교사들의 지도 아래 초기 교회를 형성하고 있었으며, 다양한 신학적 배경을 가진 장로교단 선교사들이 활동하고 있었다. 또한, 두 지역 모두 아직 신학적 전통이 확립되지 않은 상태에서 교회의 정체성을 세우고 신앙고백을 마련해야 하는 과제를 안고 있었다. 이러한 공통점으로 인해 인도 장로교회의 12신조는 조선 교회의 신조 채택 과정에서 중요한 참고 자료가 되었다.

결과적으로, 번역위원회는 인도 장로교회의 12신조를 기반으로 하되, 조선 교회의 신학적 상황과 문화적 필요에 맞게 신조를 수정하고 보완하는 작업을 진행하였다. 이 과정에서 개혁주의 신학의 원칙을 유지하면서도, 조선 교회의 신학적 이해 수준과 실천적 신앙을 고려하여 보다 접근하기 쉬운 형태로 신조를 정리하였다. 이를 통해 조선 교회는 신앙의 정체성을 명확히 하고, 신학적으로 통일된 교회 공동체를 형성하는 데 중요한 토대를 마련할 수 있었다.

이러한 검토 과정은 단순한 번역 작업이 아니라, 조선 장로교회의 신학적 정체성과 개혁주의적 전통을 확립하는 중요한 신학적 논의였다. 조선 교회는 신조 채택을 통해 단순히 서구 신학을 수용하는 것이 아니라, 자국의 신앙과 교회 현실에 적합한 신학적 토대를 마련하는 방향으로 나아가게 되었다. 이 과정은 조선 교회가 독자적인 신학적 정체성을 구축하는 데 중요한 역할을 하였으며, 이후 장로교 신앙고백의 발전에도 지속적인 영향을 미쳤다

2) 12신조 채택의 결정

인도의 12신조는 웨스트민스터 신앙고백서를 기반으로 한 요약된 신앙고백으로, 장로교회의 핵심 교리를 담고 있으면서도 간결하여 신학적 교육이 충분하지 않은 상황에서도 이해하기 쉬운 구조를 갖추고 있었다.

당시 조선 장로교회에는 조선 출신 목사가 한 명도 없었으며, 신학적 기반이 충분히 다져지지 않은 상태였다. 웨스트민스터 신앙고백서 전체를 도입하기에는 신학적, 교육적 한계가 있었고, 보다 쉽게 이해할 수 있는 신앙고백이 필요했다. 이에 따라 번역위원회는 인도 12신조가 조선 교회의 상황에 적합하다고 판단하였다. 특히 인도와 조선은 같은 동양권 문화권에 속해 있어, 이 신조가 아시아 전반의 장로교 신앙고백으로서도 손색이 없다고 보았다.

이에 따라 번역위원회는 12신조의 서문 부분을 조선의 상황에 맞게

수정하였으나, 열두 가지 신조 항목과 승인식 부분은 내용을 그대로 유지하여 번역하였다. 번역 과정에서는 신학적 정확성과 의미의 보존이 중요한 고려 사항이었다.

예를 들어, "삼위일체 하나님"이라는 표현은 초대교회의 신앙고백을 계승하면서도 장로교 신학을 반영하는 방식으로 번역되었다. "성경은 신앙과 삶의 유일한 법칙이다"라는 내용은 웨스트민스터 신앙고백서의 핵심 사상을 단순하면서도 분명하게 요약하는 표현이었다.

3) 공식 신조로 공인

1905년, 조선야소교장로회공의회는 12신조를 조선 장로교회의 공식 신경으로 채택하였다. 이는 1903년 「웨스트민스터 소요리문답」을 교리 교육의 기본서로 채택한 것과 함께 조선 장로교회의 신학적 체계를 확립하는 중요한 계기가 되었다.

이후 1907년 9월 17일, 평양 장대현교회에서 열린 조선예수교장로회 제1회 독노회에서 12신조는 공식적으로 공인되었다. 이 역사적인 자리에서 장로교 선교사들의 연합체였던 장로회공의회는 1903년에 채택한 웨스트민스터 소요리문답과 함께 1905년에 채택한 12신조를 조선예수교장로회의 공식 신조로 확정하였다. 이후 12신조는 조선 장로교회의 교리 교육과 신앙고백의 근간이 되었으며, 웨스트민스터 신앙고백서와 요리문답을 바탕으로 한 신학적 전통을 조선교회에 뿌리내리게 하는 중요한 연결고리로 작용했다. 한국의 장로교 중 백석, 합동, 통합 교단은 12신조를 헌법 교리로 다루고 있으며, 고신 교단은 12신조를 헌법 부록에 수록하여 참고하도록 하고 있다.[116]

---

116) 대한예수교장로회총회(백석), 「한국교회사: 백석총회 설립 45주년 기념」, 272.

3. 12신조의 내용

헌법(憲法, constitution)은 한 나라의 최고 법이다. 개신교 교단에도 헌법이 있다. 헌법은 성경의 권위 아래 있지만 교단에 소속된 모든 교회는 헌법을 따라야 한다. **헌법에는 교단의 정체성과 신학 사상이 나타나 있다.**

대한예수교장로회총회(백석)의 헌법을 펼치면 제2편 교리 제1부에 대한예수교장로회 신조 (Confession of Faith)가 나온다. 신조는 서언, 신조, 승인식 등 세 부분으로 구성되어 있다. 가운데 신조 부분이 12항목으로 되어 있어서 보통 '12신조'라고 부른다.

서언

대한예수교장로회에서 이 아래 기록한 몇 가지 조목을 목사와 강도사와 장로와 집사로 하여금 승인할 신조로 삼을 때에 대한예수교장로회를 설립한 모(母) 교회의 교리적 표준을 버리려함이 아니오 오히려 찬성함이니, 특별히 「웨스트민스터 신앙고백서」와[117], 성경 대소요리문답은 성경을 밝히 해석한 책으로 인정한 것인 즉, 우리 교회와 신학교에서 마땅히 가르칠 것으로 알며 그중에 성경 소요리문답은 더욱 우리 교회 문답 책으로 채용하는 것이다.

1) 서언의 내용

서언이 강조하고 있는 것은 네 가지다.

첫째, 12신조는 목사, 강도사, 장로, 집사가 승인해야 할 신조다.

둘째, 12신조는 웨스트민스터 표준문서인 신앙고백서, 대요리문답, 소

---

[117] 「웨스트민스터 신앙고백서」 웨스트민스터 신앙고백서는 하나의 고유 명사이기 때문에 붙여서 표기하는 것이 적절합니다.

요리문답를 버리는 것이 아니라 찬성하는 것이다.

셋째, 12신조는 교회와 신학교에서 마땅히 가르쳐야 할 신조다.

넷째, 12신조와 더불어 웨스트민스터 소요리문답을 채택해야 한다. 예장백석 교단은 헌법 12신조의 서언에 따라서 모든 목사 임직식, 강도사 인허식, 장로와 집사 임직식에서 임직자들에게 다음과 같은 서약의 질문을 하고 있다. 헌법시행세칙 제 2장 정치 제39조, 제47조에 규정하고 있다.

본 장로회 교리의 표준인 신조와 소요리문답과 웨스트민스터 신앙고백은, 구약과 신약성경에서 교훈한 도리를 총괄한 것으로 알고 성실한 마음으로 믿고 따르겠습니까?

이 질문에서 여기서 신조란 12신조를 말한다. 우리 교단의 목사, 강도사, 장로, 집사는 12신조는 물론 웨스트민스터 표준문서를 믿고 따라야 한다.

신조

① 신구약 성경은 하나님의 말씀이니, 신앙과 본분(本分)에 대하여 정확무오(正確無誤)한 유일(唯一)의 법칙이다.

② 하나님은 한 분뿐이시니, 오직 그만 경배할 것이다.
하나님은 신(神)이시니 스스로 계시고 아니 계신 곳이 없으시며 다른 신과 모든 물질과 구별되시며, 그 존재(存在)와 지혜와 권능과 거룩하심과 공의와 인자하심과 진실하심과 사랑하심에 대하여 무한하시며 변하지 아니하신다.

③ 하나님의 본체(本體)에 세 위(位)가 계시니 성부, 성자, 성령이신

데 이 세 위는 한 하나님이시라. 본체는 하나요, 권능과 영광이 동등(同等)하시다.

④ 하나님께서 모든 유형물(有形物)과 무형물(無形物)을 그 권능의 말씀으로 창조하사 보존하시고 주장하시나 결코 죄를 내신 이는 아니시니 모든 것을 자기 뜻의 계획대로 행하시며 만유(萬有)는 다 하나님의 착하시고 지혜롭고 거룩하신 목적을 성취하도록 역사 하신다.

⑤ 하나님이 사람을 남녀로 지으시되 자기의 형상대로 지식과 의와 거룩함으로 지으사 생물(生物)을 주관하게 하셨으니, 세상 모든 사람이 한 근원에서 나왔은즉 다 동포요 형제다.

⑥ 우리의 시조(始祖)가 선악간 택할 자유능(自由能)이 있었는데 시험을 받아 하나님께 범죄한지라 아담으로부터 보통 생육법(生育法)에 의하여 출생하는 모든 인종들이 그의 안에서 그의 범죄에 동참하여 타락하였으니, 사람의 원죄(原罪)와 및 부패한 성품 밖에 범죄할 능(能)이 있는 자가 일부러 짓는 죄도 있은즉 모든 사람이 금세와 내세에 하나님의 공평한 진노와 형벌을 받는 것이 마땅하다.

⑦ 인류의 죄와 부패한 죄의 형벌에서 구원하시고 영생을 주고자하사 하나님의 무한하신 사랑으로 그의 영원하신 독생자 주 예수그리스도를 세상에 보내셨으니, 그로만 하나님께서 육신을 이루었고 또 그로만 사람이 구원을 얻을 수 있다. 그 영원한 아들이 참사람이 되사 그 후로 한 위에 특수한 두 성품이 있어 영원토록 참 하

나님이시요, 참 사람이시라. 성령의 권능으로 잉태하사 동정녀(童貞女) 마리아에게 났으되 오직 죄는 없는 자시라. 죄인을 대신하여 하나님의 법에 완전히 복종하시고 몸을 드려 참되고 온전한 제물이 되사 하나님의 공의를 만족하게 하시며 사람으로 하여금 하나님과 화목하게 하시려고 십자가(十字架)에 못박혀 죽으시고 죽은 자 가운데서 3일 만에 부활하사 하나님 우편에 승좌하시고 그 백성을 위하여 기도하시다가 저리로서 죽은 자를 살리시고 세상을 심판하려 재림하신다.

⑧ 성부와 성자로부터 오신 성령께서 인생으로 구원에 참여하게 하시나니 인생으로 죄와 비참을 깨닫게 하시며 그 마음을 밝혀 그리스도를 알게 하시고 그 의지를 새롭게 하시고 권하시며 권능을 주어 복음에 값 없이 주마 한 예수 그리스도를 받게 하시며 또 그안에서 역사하여 모든 의의 열매를 맺게 하신다.

⑨ 하나님께서 세상을 창조하시기 전에 그리스도 안에서 자기 백성을 택하사 사랑하므로 그 앞에서 거룩하고 흠이 없게 하시고 그 기쁘신 뜻대로 저희를 미리 작정하사 예수 그리스도로 말미암아 자기의 아들을 삼으셨으니 그 사랑하시는 아들 안에서 저희에게 두텁게 주시는 은혜의 영광을 찬미하게 하려는 것이로되 오직 세상 모든 사람에게 대하여는 온전한 구원을 값 없이 주시려고 하여 명하시기를 너희 죄를 회개하고 주 예수 그리스도를 자기의 구주로 믿고 의지하여 본받으며 하나님의 나타내신 뜻을 복종하여 겸손하고 거룩하게 행하라 하셨으니 그리스도를 믿고 복종하는 자는 구원을 얻는지라. 저희가 받은 바 특별 한 유익은 의가 있게 하심과 양자(養子)가 되어 하나님의 아들의 수(數)에 참여

하게 하심과 성령의 감화로 거룩하게 하심과 영원한 영광이니 믿는 자는 이 세상에서도 구원 얻는 줄로 확실히 알 수 있고 기뻐할지라. 성령께서 은혜의 직분을 행하실 때에 은혜 배푸시는 방도는 특별히 성경 말씀과 성례와 기도다.

⑩ 그리스도께서 세우신 성례(聖禮)는 세례와 성찬이라. 세례는 물을 가지고 성부와 성자와 성령의 이름으로 씻음이니 우리가 그리스도와 병합하는 표적과 인(印)침인데 성령으로 거듭남과 새롭게 하심과 주께 속한 것임을 약속하는 것이라. 이 예(禮)는 그리스도 안에서 신앙을 고백하는 자와 그들의 자녀들에게 배푸는 것이요, 주의 성찬은 그리스도의 죽으심을 기념하여 떡과 잔에 참여하는 것이니 믿는 자가 그 죽으심으로 말미암아 나는 유익을 받는 것을 인쳐 증거하는 표라. 이 예(禮)는 주께서 오실 때까지 주의 백성이 행할지니 주를 믿고 그 속죄제를 의지함과 거기서 좇아 나는 유익을 받음과 더욱 주를 섬기기로 언약(言約)함과 주와 및 여러 교우로 더불어 교통하는 표라. 성례의 유익은 성례의 본덕(本德)으로 말미암음도 아니요, 성례를 배푸는 자의 덕으로 말미암음도 아니요, 다만 그리스도의 복 주심과 믿음으로써 성례를 받는 자 가운데 계신 성령의 행하심으로 말미암음이다.

⑪ 모든 신자의 본분은 입교(入敎)하여 서로 교제하며, 그리스도의 성례와 그 밖의 법례(法例)를 지키며, 주의 법을 복종하며, 항상 기도하며, 주일을 거룩하게 지키며, 주를 경배하기 위하여 함께 모여 주의 말씀으로 강도(講道)함을 자세히 들으며, 하나님께서 저회로 하여금 풍성하게 하심을 좇아 헌금하며, 그리스도의 마음과 같은 심사(心思)를 서로 표현하며, 또한 일반 인류에게도 그

와 같이 할 것이요, 그리스도의 나라가 온 세상에 확장되기 위하여 힘쓰며, 주께서 영광 가운데서 나타나심을 바라고 기다릴 것이다.

⑫ 죽은 자가 끝날에 부활함을 받고 그리스도의 심판하시는 보좌 앞에서 이 세상에서 선악 간 행한 바를 따라 보응(報應)을 받을 것이니 그리스도를 믿고 복종한 자는 현저히 사(赦) 함을 얻고 영광중에 영접을 받으려니와, 오직 믿지 아니하고 악을 행한 자는 정죄함을 입어 그 죄에 적당한 형벌을 받는다.

2) 12신조의 내용

12개 신조는 말 그대로 열두 항목으로 되어 있다. 열두 항목의 신조는 기독교의 2천년 역사 가운데 교회가 소중하게 지켜온 신앙을 각 항목별로 선명하게 제시한다. 12신조는 몇 가지 장점이 있다.[118]

첫째, 12신조는 기독교의 기본 교리를 체계적으로 잘 담고 있다.
둘째, 성경의 권위, 동정녀 탄생, 예수님의 대속의 죽음과 육체적 부활, 성령론, 부활과 심판 등 정통신학에서 가르치는 복음의 핵심이 매우 선명하게 제시되고 있다.
셋째, 다른 신조들에 비해 매우 간단하고 주제가 선명하다.
넷째, 조선의 상황을 잘 고려한 훌륭한 신앙고백이다.
12신조 내용은 대략 다음과 같이 구성되어 있다.

---

118) 12신조에는 교회나 교회정치에 대한 내용이 빠져있다. 이것은 한국 장로교회가 많은 분열을 거듭해 왔던 것과 연관이 없지 않을 것으로 여겨진다. 또 12신조는 교리적 논쟁의 여지가 있는 내용은 가급적 언급을 피하고 있다.

<표3-2> 12조의 구분과 내용

조	구 분	내 용
1조	성경관	신앙의 표준이 되는 신구약 성경119)
2조	창조론	하나님의 본질과 속성
3조	삼위일체	성 삼위일체
4조	천지 창조	하나님의 창조
5조	인간 창조	하나님의 형상대로 지음 받은 첫 람의 창조와 문화명령
6조	인간 타락	아담의 타락과 죄의 결과
7조	구원론	영원하신 독생자 주 예수 그리스도의 구속 : 성육신, 두 성품, 동정녀 탄생, 하나님의 법에 복종하심, 십자가에 죽으심, 장사 되심. 부활, 승천, 하나님 우편에 앉으심, 중재 대언 사역, 재림
8조	성령론	성령의 역사와 구속의 적용 사역
9조	예정론	예정과 회개와 믿음, 구원의 양자됨, 거룩하게 하심(성화), 영원한 영광(영화)과 현세에서의 구원의 확신, 성령의 은혜의 방도(말씀, 성례, 기도)
10조	성례론	세례의 의미, 유아세례의 인정, 성찬의 의미와 유익과 성찬의 참여자
11조	교회론	성화의 삶, 주일 강조, 일반 인류에 대한 관심. 그리스도의 나라에 대한 관심, 재림의 소망
12조	내세론	최종 부활, 의인과 악인의 심판

12신조는 기독교의 핵심 교리를 담고 있으며, 그 내용은 다음과 같은 주제들을 다룬다. 첫째, 성경의 권위에 대한 선언으로, 성경이 신앙

---

119) 성경의 축자 영감설을 부인하던 자유주의자들은 대한 예수교 장로회와는 별도로 한국 기독교 장로회를 조직했다. 그리고 그들은 1972년, 한국 기독교 장로회 신앙고백 선언을 제정하였다.

과 생활의 유일한 규범임을 명시한다. 둘째, 삼위일체 하나님을 고백하며, 성부, 성자, 성령의 존재와 역할을 확신한다. 셋째, 예수 그리스도의 성육신과 속죄 사역을 강조하며, 인간의 구원은 오직 그리스도를 통해서만 가능하다는 것을 명확히 한다.

또한 성령의 사역을 통해 신자들이 새롭게 변화되며, 성령은 교회를 세우고 유지하는 역할을 담당한다고 고백한다. 교회의 본질과 역할에 대해 다루면서, 성례전인 세례와 성찬의 중요성을 인정하고, 마지막으로 최후 심판에 대한 신앙을 고백하며, 모든 인류는 하나님의 공의로운 심판 앞에 서게 될 것을 확신한다. 이와 같이 12신조는 신자들에게 신앙생활의 근본적인 틀을 제공하며, 교회의 신학적 일치를 이끌어내는 중요한 역할을 하고 있다.

인도의 「12신조」를 한국장로교회가 채택한 것은 여러 가지 이유로 설명될 수 있다. 첫째, 선교지에서 사용할 수 있는 새로운 신앙고백에 대한 필요가 이미 인식되어 있었다. 둘째, 복음주의의 영향을 받은 부흥 운동의 여파로 부흥 운동을 체험한 선교사들에게는 교파의 벽이 이미 많이 허물어져 있었다. 셋째, 기존 신앙고백들이 당시 시대 상황에 적절치 않아 개정되기도 하였다. 그러므로 당시의 시대상을 적절하게 반영하면서도 개혁 신학적인 요소를 놓지 않은 인도의 「12신조」는 선교사들의 입장에서 한국의 상황에 어울리는 신조라고 여겨질 수 있었을 것이다. 인도는 당시 영국의 식민지이자 선교지였으며 같은 동양권에 위치하고 있는 점에서 한국과 유사한 점이 있었다.[120]

물론 이것이 1919년 곽안련이 "조선예수교장로회신경론"에서 소개하고 있는 반론처럼 문화의 등급에 따른 적용은 아니었을 것이다. 이것은 오히려 서구의 기독교 국가들이 당시 교파의 벽을 넘지 못하고 겪어야

---

[120] 백석총회 45년사 편찬위원회, 「한국교회사 : 백석총회 설립 45주년 기념」 (서울: 기독교연합신문사, 2023), 115-116.

만 했던 여러 가지 문제들을 거울삼아 그 문제점을 보완한 새로운 밑그림을 그리고자 하는 의도로 볼 수 있을 것이다. 곽안련은 1907년 독노회가 수용한 「12신조」의 장점에 대하여 1919년 「신학지남」에서 네 가지로 설명하고 있다.

첫째, 교리적으로 간단하고 명백하여 쟁론의 발생을 차단한다는 장점이 있다.

우리 신경은 간단하고 명백하여 알기가 용이한 것이라, 옛적 신경에 대하여 토론과 쟁론이 많이 생겼나니 이는 조목 중에 명백하지 못한 것이 있는 연고인데 가령 유아와 택하심과 애정에 대한 도리에 관한 조목들이라. 우리 신경은 이런 도리에 대하여 명백히 말하였는 고로 쟁론이 발생할 근인이 없느니라.

둘째, 동양의 우주교 도리와 철학 도리 등의 문제에 대응할 수 있다는 장점이 있다. 이것은 문화권의 차이에서 비롯된 것으로 보인다. 이러한 문제는 앞서 다룬 전도 문서들과 성경 문답들에서도 살펴볼 수 있었는데, 피조물로서의 하늘과 땅을 설명하고 동양철학과 교리의 차이점을 분명히 하고자 하였다. 이것은 기독교 세계관과 서구적 사상의 배경이 없는 동양의 사상 체계에서 교리가 잘못된 이해로 변질되지 않도록 사변적이지 않고 분명하고 단순하게 기술하는 것으로 나타났다. 동양과 서양의 형편이 같지 않으니 서양에서는 우주교 도리(宇宙敎道理)가 실지로 신자에게 우려(憂慮)되는 도리가 아니라도 동양에서는 큰 관계가 있나니 우리 신경에 이런 거짓의 해석이 발생 안 되도록 주의하였느니라. 옛날에 신경을 제정할 때에는 철학 도리가 실지로 방해된 것이 없으나 지금에는 관계가 적지 아니한즉 우리 신경에 대하여 조심할 말도 있느니라.

셋째, 시대적 상황에 적당하고 성경에도 적합하다는 장점이 있다. 당시 어떤 이들이 영국이나 미국의 장로교회에서 사용하는 「웨스트민스터 신앙고백」이 아니라, 영국의 식민지인 인도에서 사용하는 「12 신조」를 채택한 것에 대하여 불만을 제기한 것으로 보인다. 그러나 서구의 기독교 세계관과 역사성이 반영되어 있는 기존의 신앙고백을 선교지에서 그대로 도입하는 것에 대한 문제는 이미 선교사들에게 인식되어 있었다. 기존의 신앙고백이 작성된 서구의 국가들과 동양의 국가들은 국가관부터 시작하여 기본적인 사고의 틀 자체가 너무 많은 차이가 난다. 당시 제국주의의 희생양이었던 식민지라면 더욱 문제가 심각했다. 예를 들자면, 국가나 위정자에 대한 신앙고백과 같은 문제가 제기될 수 있다. 당시 식민지였던 인도나 한국은 국가의 주권에 있어서 자유롭지 못한 상황에 있었고, 교회의 정치적 참여는 선교 대상자인 인도인이나 한국인에게도, 그들을 억압하던 영국이나 일본에게도 여러 가지 문제들을 안겨줄 수 있는 부분이다. 그러므로 이것은 선교사들에게 있어 미묘한 문제가 되었을 것이라는 것을 알 수 있다. 국가나 위정자, 국가에서의 믿는 자들, 교회의 역할 문제 등은 그러한 점에서 기존의 신앙고백에서 쉽게 가져오기에는 위험 요소를 내포하고 있었다.

조선 장로회 신경이 미국 교회 신경과 다른 것은 문명의 등급을 인하여 조선 교회를 하대하는 것이 아니냐 하나 실로 그렇지 아니하도다 조선 신경이 간단하나 유치한 신경이 아니오 완전한 신경이며 이보다 우승한 신경이 세상에 없고 옛날 신경 중에는 우리 신경보다 부족한 것이 많으며 웨스트민스터 신경이라도 이 신경보다 우승하다고 하기 어려우니라. 이 신경은 현시대 형편에도 적당하고 성경에도 적합하니 위한 보물이로다.[121]

넷째, 장로교·감리교 연합 문제에 걸림이 되지 않는다는 장점이 있다.

---

121) 곽안련, "조선예수교장로회신경론," 81.

장로·감리 두 교회 연합 문제를 인하여 회집하였을 때에 연로한 감리교파 선교사의 말이 두 교회가 연합하게 되면 우리 감리파가 웨스트민스터 신경은 채용하기가 극히 힘드나 이 인도국에서 나온 신경은 채용하기가 어렵지 아니하다 하였으니….122)

「12신조」는 한국 장로교회가 선교지 현실과 신학적 필요를 고려하여 채택한 신앙고백이다. 이는 ① 교리적 간결성과 명확성, ② 동양 사상과의 조화, ③ 시대적 상황과 성경적 적합성, ④ 장로교·감리교 연합 가능성 등의 이유로 선택되었다. 결과적으로, 신학적 논쟁을 줄이고, 동양 문화권에서도 올바른 기독교 교리를 전하며, 선교지 현실에 적합한 신앙고백으로 자리 잡았다.

승인식

교회의 신조는 하나님의 말씀에 기초하고 하나님의 말씀과 일치한 것으로 내가 믿으며 이를 또한 나의 개인의 신조로 공포하노라.123)

3) 승인식 내용

승인식은 교단의 신조가 단순한 신학적 선언이 아니라, 성경에 기초한 신앙고백임을 확증하는 의미를 가진다. "하나님의 말씀에 기초하고 하나님의 말씀과 일치한 것"이라는 표현을 통해 신조의 근거가 오직 성경(Sola Scriptura)에 있음을 분명히 한다.

또한, 이 승인식은 교단의 신조가 단순한 공동체적 고백을 넘어, 개별 신자의 신앙고백으로 받아들여져야 함을 강조한다. "이를 또한 나의 개인의 신조로 공포하노라"라는 선언은 교단의 신조가 신학적 전통이

---

122) 곽안련, "조선예수교장로회신경론," 81-82.
123) 대한예수교 장로회(백석), 「헌법」, 56.

아니라, 신자의 삶과 신앙의 중심이 되어야 함을 의미한다.

따라서 승인식은 예장백석 교단이 채택한 12신조가 공식적인 신조임을 선포함과 동시에, 이를 따르는 모든 신자에게 개인적으로도 동일한 신앙고백을 요구하는 신학적, 신앙적 의미를 지닌다.

4. 「12신조」의 교회사적 의미[124]

「12신조」는 개혁주의 신학을 기반으로 하지만, 복음주의와 부흥운동의 영향을 받은 신앙고백으로 평가된다. 초창기에는 개혁주의 신학의 강한 색채를 띤 신앙고백으로 여겨졌으나, 시간이 지나면서 신학적 핵심 요소들이 온건화되거나 생략된 점이 부각되었다. 이러한 요소들은 이후 신학적 논쟁을 야기하는 계기가 되었다.

1) 개혁주의 신학과의 관계

「12신조」는 개혁주의 신학의 주요 교리를 반영하고 있지만, 핵심적인 사상들이 온전히 드러나지 않거나 명확히 진술되지 않은 부분이 있다. 개혁주의 신학의 중요한 요소인 언약 사상, 이중 예정론, 성경 영감과 무오성, 성도의 견인, 교회론이 온전하게 포함되지 않았으며, 일부 내용은 단순화되거나 생략되었다.

먼저, 언약 사상과 관련하여 「12신조」는 제6조에서 아담의 범죄와 원죄 개념을 언급하지만, 개혁주의 신학의 핵심 개념인 행위 언약과 은혜 언약에 대한 분명한 설명이 나타나지 않는다. 반면, 웨스트민스터 신앙고백서는 인간의 타락 이후 이어지는 제7조에서 하나님의 언약을 다루면서 언약 사상을 강조하고 있다. 이처럼 개혁주의 언약신학을 체계적으로 설명하는 방식과 비교하면 「12신조」는 보다 간결하고 실천적인

---

[124] 용환규, 「신앙고백 : 한국장로교회와」, (서울 : 대서, 2013), 164-174. 요약 정리.

차원에서 내용을 기술하고 있다.

이중 예정론 또한 명확히 드러나지 않는다. 제9조에서 예정론을 다루고 있지만, 웨스트민스터 신앙고백서처럼 선택과 유기를 함께 언급하는 방식이 아니다. 개혁주의 예정론의 전형적인 이중 예정 개념이 「12신조」에서는 온전히 반영되지 않았으며, 보다 온건한 표현을 사용하고 있다. 이는 선교지 교회가 쉽게 받아들일 수 있도록 고려된 신앙고백이라는 점에서 이해될 수 있지만, 개혁주의 신학의 전통적인 입장에서 보면 신학적 깊이가 부족한 것으로 평가될 수 있다.

성경관과 관련하여 「12신조」의 제1조는 성경이 신앙과 본분의 기준이 됨을 명시하지만, 성경이 영감으로 기록되었음을 구체적으로 언급하지 않는다. 반면, 웨스트민스터 신앙고백서는 성경의 영감과 무오성을 반복적으로 강조하며, 성경이 하나님께서 영감으로 주신 오류 없는 말씀이라는 점을 분명히 하고 있다. 「12신조」가 성경의 무오성을 암시하기는 하지만, 문자적 오류와 관련된 부분을 명확히 진술하지 않은 점이 후일 성경 영감론을 둘러싼 논쟁을 야기하는 요인이 되었다.[125]

성도의 견인 교리 역시 명확히 다루어지지 않았다. 웨스트민스터 신앙고백서는 성도의 견인을 신앙의 중요한 원리로 강조하며 이를 제17조에서 상세히 다루고 있다. 그러나 「12신조」에서는 성도의 견인과 관련된 구체적인 내용이 포함되지 않아, 개혁주의 구원론의 한 요소가 충분히 반영되지 않았다는 평가를 받는다.

교회론 역시 「12신조」에서 상대적으로 약하게 다루어진다. 웨스트민스터 신앙고백서는 교회를 우주적 교회와 보이는 교회로 구분하고 그 속성을 상세히 기술하고 있으나, 「12신조」의 본문에서는 교회론이 체계

---

[125] 개혁주의생명신학 성경관: 성경의 기록 방식에 대한 학문적 논의는 다양하지만, 개혁주의신학은 대체로 유기적 영감설과 축자영감설을 따른다. 한편 자유주의신학은 사상영감과 부분영감을 주장한다. 자세한 내용은 장종현, 「개혁주의생명신학선언문」, 52-56 참조.

적으로 서술되지 않았다. 다만, 「12신조」가 끝난 후 이어지는 '대한예수교장로회 규칙'에서 교회에 대한 정의가 포함되어 있지만, 신앙고백의 본문에서 교회론을 강조하지 않은 점은 이후 한국 장로교회의 신앙고백적 전통 형성에 한계를 가져왔다.

2) 복음주의와 부흥운동의 영향

「12신조」는 19세기 말과 20세기 초의 복음주의와 부흥운동의 영향을 강하게 반영하였다. 한국 장로교회가 신학적으로 미성숙한 상태에서 선교적 필요를 고려해 신앙의 기본 원리를 명확하고 단순하게 정리한 신앙고백이었다. 당시 한국 교회는 개혁주의 신학을 깊이 이해할 만한 신학적 배경이 부족했으며, 무엇보다 신앙의 기초를 확립하는 것이 중요했다. 이에 따라 「12신조」는 개혁주의 교리를 보다 간결하게 요약한 형태로 제시되었으며, 신학적 논쟁보다는 실천적인 신앙을 강조하는 방향으로 정리되었다.

미국 북장로교 해외 선교부 총무였던 아더 브라운(Arthur J. Brown)은 「12신조」를 "복음주의적이며 한국 교회의 필요를 충족시키는 신조"라고 평가했으며, 한국 초대 선교사들 또한 「12신조」가 복음주의적 성격을 지닌 신앙고백임을 인정했다. 특히, 당시 한국 선교를 주도했던 선교사들은 부흥운동의 영향을 받았으며, 그들의 신학적 배경 또한 보수적 복음주의 신학과 깊은 관련이 있었다.

이러한 배경에서 「12신조」는 신학적 교리보다는 신앙 실천을 강조하였으며, 선교적 환경에서 핵심 교리를 간결하게 전달하는 역할을 수행했다. 그러나 개혁주의 신학의 교리적 깊이가 상대적으로 약화되었으며, 시간이 지나면서 보다 명확한 신앙고백이 필요하다는 인식이 높아지게 되었다.

3) 신앙고백의 보편성과 한계

「12신조」는 개혁주의 전통을 따르면서도 선교지 교회의 현실을 반영한 신앙고백이었다. 이는 당시 한국 교회의 상황을 고려하면 적절한 선택이었다고 평가할 수 있다. 그러나 한국적 신앙고백의 요소가 부족했으며, 신학적 핵심이 온전히 반영되지 못한 점은 한계로 지적된다.

민경배와 백낙준 등은 한국 교회의 신앙고백이 한국인의 신앙과 신학적 정체성을 반영하지 못한 점을 아쉬워했다. 한국 교회가 자생적으로 형성한 신앙고백이 아니라, 외국 선교사들에 의해 주어진 신앙고백을 채택하게 되면서 한국 교회의 정체성이 온전히 반영되지 못했다는 점이 문제로 지적되었다.

또한 「12신조」는 정치적·사회적 요소를 배제하여 복음의 순수성을 유지하는 데 기여했지만, 교회와 성도의 삶을 신앙고백과 분리시키는 결과를 초래했다. 신앙고백 자체보다 교회 규칙이 강조되면서 바른 교회론이 정착되지 못한 점도 문제로 지적된다.

4) 역사적 의의와 신학적 논쟁

「12신조」는 한국 장로교회의 초기 신앙고백으로 중요한 역할을 했지만, 교회가 성장하고 신학적 역량이 성숙해짐에 따라 개정 또는 새로운 신앙고백의 필요성이 제기되었다. 초기 한국 교회에서는 신학적 논쟁을 최소화하고 신앙의 기본을 확립하는 것이 중요한 과제였으나, 시간이 흐르면서 신학적 심화가 이루어지면서 보다 체계적인 신앙고백이 필요하다는 목소리가 커졌다.

특히, 개혁주의 신학의 핵심 교리가 온건화 되면서 신학 논쟁의 원인이 되었고, 이후 「웨스트민스터 신앙고백서」와 같은 보다 신학적으로 체계적인 신앙고백이 필요하다는 인식이 강화되었다.

결론적으로, 「12신조」는 개혁주의 신학의 전통을 따르면서도 복음주의와 부흥운동의 영향을 받아 온건한 형태로 정리된 신앙고백이었다. 이는 초기 한국 교회에 적합한 신앙고백이었으나, 신학적 성숙과 함께 보완 및 개정의 필요성이 점차 부각되었다.

5. 12신조를 담고 있는 백석 헌법

1) 12신조의 공인과 백석총회 헌법의 생명력: 장로교 정통성과 시대적 맥락의 조화

1907년 9월 17일, 평양 장대현교회에서 열린 조선예수교장로회 제1회 독노회는 한국 장로교회의 신학적 정체성을 확립한 역사적 순간이었다. 이 독노회에서 장로회공의회는 1905년에 채택된 12신조를 공식 신조로 공인하며, 한국 장로교회의 신앙 고백으로서의 정통성을 확립했다. 12신조는 이후 한국 장로교회의 신학적 기반을 형성하는 중심적 역할을 하며, 웨스트민스터 신앙고백과 대·소요리문답을 보완하는 신앙의 표준으로 자리 잡았다. 이를 통해 개혁주의 신학의 전통을 계승하고 발전시키는 중요한 신앙의 토대가 되었다.

대한예수교장로회 백석총회는 1978년 설립 이후 이러한 신학적 전통을 충실히 계승하며, 한국 장로교회가 역사적으로 공인한 신조를 헌법에 수용함으로써 정통성을 견고히 유지했다. 동시에, 백석총회의 헌법은 개혁주의 신학의 본질을 유지하면서도 현대 한국 교회가 필요로 하는 실천적 신앙과 시대적 요구를 담아내는 방향으로 발전했다. 이는 백석총회 헌법이 단순히 과거의 신학적 유산을 계승하는 데 그치지 않고, 신앙의 생명력(vitality)을 현재 교회 상황 속에서 구현하는 데 초점을 맞추고 있음을 보여준다.

이와 같은 노력은 백석총회의 신학적 선언문인 개혁주의생명신학으로 구체화된다. 개혁주의생명신학은 웨스트민스터 전통의 성경 중심성

(Sola Scriptura)과 개혁주의 신학적 기초를 토대로, 현대 교회가 직면한 실천적 요구를 해결하고 신앙의 생명력을 강조하는 신학이다. 백석총회는 이를 통해 장로교회의 전통과 정체성을 현대적 맥락에서 재해석하여, 살아 있는 교회의 모습을 추구한다.

백석총회의 헌법은 교회를 성령으로 탄생한 유일한 조직(organization)으로 바라보는 신학적 인식을 중심에 둔다. 이는 단순히 교회를 조직체나 제도적 구조로 이해하는 것이 아니라, 본질적으로 하나님의 구원 역사에 참여하는 생명력 있는 공동체임을 강조한다. 교회의 생명력(vitality)은 성령으로부터 시작되며, 이는 교회의 생태계(ecosystem)에서 핵심적인 원동력으로 작용한다.

따라서 백석총회의 헌법은 교회를 단지 과거의 전통이나 현재의 제도로 고정시키지 않고, 성령의 지속적인 역사 속에서 교회의 본질을 재확인하고 확장하는 생명력을 담아내는 도구로 기능한다. 이를 통해 교회의 생태계(ecosystem)는 역사적 정통성과 시대적 적실성(relevance)을 결합하여 건강하게 복원된다.

2) 교회의 생태계 복원과 헌법의 역할

생태계 복원이란, 교회의 신학적·실천적 구조를 정돈하고, 성령의 역사를 통해 이를 활성화하며, 하나님의 나라를 실현하는 데 기여하는 교회의 기능을 회복하는 것을 의미한다. 이는 단순히 교회의 외형적 성장을 넘어, 교회의 본질적인 사명을 회복하고, 신앙의 역동성을 지속적으로 유지하는 방향으로 나아가야 함을 시사한다.

성령으로 탄생한 교회는 본질적 생명력을 유지하고 확장하기 위해, 신학적 정통성과 현대적 실천을 조화롭게 통합해야 한다. 백석총회의 헌법은 12신조를 포함하여 장로교의 전통적 신학을 고수하는 동시에, 개혁주의생명신학을 통해 시대적 요구를 반영하는 역할을 수행한다. 이는 교회의 생태계를 복원하는 중요한 역할을 하며, 생명력 있는 신앙 공동체로서의 교회 본질을 구현하는 데 이바지한다.

교회가 성령으로 탄생한 유일한 조직이라는 사실은 이러한 헌법적 체계가 단순히 과거를 보존하는 데 그치지 않고, 미래를 향한 생명력 있는 신학적 방향성을 제공한다는 점에서 의미가 더욱 깊다. 결국, 백석총회의 헌법은 교회의 본질적 생명력을 회복하고 유지하는 데 기여하며, 성령의 인도하심 속에서 장로교회의 정체성을 현대적으로 재구성함으로써 교회의 생태계(ecosystem)를 지속 가능하게 만들고 있다.

이는 단순히 교회의 조직적 운영이나 신학적 체계를 유지하는 것 이상으로, 교회를 성령의 역사로부터 출발한 유일무이한 공동체로 이해하고, 그 생명력을 시대적 요구와 조화시키는 과정을 통해 성취된다. 백석총회의 헌법이 개혁주의생명신학을 통해 신앙의 역동성을 강조하는 것은, 결국 신조(信條)와 성령의 사역을 함께 고려하는 교회관을 반영하고 있음을 보여준다.

6. 12신조의 헌법적 지위와 헌법 위반 판결 사례

1) 12신조의 헌법적 지위

12신조는 한국 장로교회 헌법에서 핵심적인 위치를 차지하며, 교회의 신학적 정체성과 신앙 고백의 기준을 세우는 기본적인 신앙 고백(Confession of Faith)으로 자리 잡았다. 장로교회의 헌법(The Constitution of the Presbyterian Church)은 교회의 신앙과 규범을 규정하는 법적 문서로, 그 안에 포함된 신조는 교회의 신학적 통일성과 일관성을 유지하는 데 중요한 역할을 한다. 12신조는 교회의 신학적 기초(Theological Foundation)를 제공하며, 교회가 공적 신앙을 고백할 때 그 기준이 된다. 이를 통해 교회는 목회자와 성도들이 동일한 신앙 고백을 공유하도록 하고, 교회 내에서 신학적 일치를 도모하며 교회법과 절차를 준수하도록 한다.

특히, 12신조는 성경의 권위(The Authority of Scripture)를 인정하며, 개혁주의 신학에 입각한 신앙을 고백하는 내용을 담고 있다. 이러한 고백은 장로교회가 성경을 신앙과 생활의 유일한 규범으로 삼고, 교회의 모든 신학적 판단과 실천의 기준으로 삼는 근간이 된다. 따라서 12신조는 장로교회의 정체성을 규정하는 동시에, 교회 내부의 신학적 갈등과 이단적 요소를 방지하기 위한 기준점 역할을 한다.

2) 헌법 위반 판결 사례: 창세기 모세 저작 부인 사건

1930년대 한국 장로교회에서는 창세기 모세 저작 부인을 둘러싼 사건이 헌법 위반 판결로 이어지며 중요한 선례를 남겼다. 이 사건은 구약성경 창세기가 모세의 저작이 아니라고 서술된 글로부터 시작되었다. 해당 글은 장감 연합선교단체인 주일학교 연합회가 발행한 「만국주일공과」에 실려 있었고, 당시 총회 정치부에 문제로 접수되었다.

해당 글의 필자 이름은 명기되지 않았으나, 당시 서울 남대문교회 담임목사였던 김영주가 작성한 것으로 많은 사람들이 짐작하고 있었다. 김영주는 함경도에서 성장하며 선교사 서고도의 영향을 받았고, 일본 간사이학원 신학부를 졸업한 인물로, 자유주의적 신학 사조(Liberal Theology)의 영향을 받은 것으로 평가되었다.

이를 다루기 위해 총회는 특별연구위원회를 조직하고, 사건에 대한 연구와 보고를 진행했다. 1년 뒤, 연구위원회는 창세기가 모세의 저작이 아니라고 주장하는 것은 성경 비경파들의 파괴적인 이론으로 규정했으며, 이러한 주장을 펼치는 사람은 성경의 권위와 그리스도의 권위를 무시하고 능욕하는 자로 판단했다. 위원회의 결론을 받아들인 총회는 이 주장이 장로교회의 신조, 특히 제1조에 명시된 "성경은 신앙과 삶의 유일한 규범이며, 하나님의 영감으로 이루어진 하나님의 말씀"이라는 내용에 위배된다고 판단했다. 따라서 총회는 창세기의 모세 저작권을 부인하는 자는 교회의 교역자로서 자격이 없다는 판결을 내렸다.

1935년 총회는 근본주의 신학(Fundamentalist Theology)에 기반하여 성경의 영감성과 권위를 수호하며 창세기의 모세 저작권을 옹호하는 결정을 공식화했다. 이 사건은 헌법과 신조가 교회 신학의 통일성을 유지하고, 교회 내부의 신학적 도전을 효과적으로 대처하는 기준으로 작용한 대표적인 사례로 기록되었다.[126]

결론적으로 12신조는 단순히 신앙 고백으로 끝나지 않고, 교회의 신학적 통일성과 권위를 수호하는 법적·신학적 기초로 작용한다. 창세기 모세 저작 부인 사건은 장로교회 헌법과 신조가 교회 내부의 신학적 일치와 성경의 권위를 보호하기 위해 실질적으로 적용된 사례로, 교회가 신학적 갈등 속에서도 헌법과 신조를 통해 교회의 정체성을 지켜나간 역사적 사건으로 평가된다.

7. 12신조와 개혁주의생명신학

1) 12신조와 개혁주의 5대 솔라

개혁주의생명신학은 종교개혁의 5대 솔라(Sola Scriptura, Solus Christus, Sola Fide, Sola Gratia, Soli Deo Gloria)를 계승하며, 12신조 역시 이 다섯 가지 신앙 원리를 신학적 기초로 삼고 있다. 개혁주의생명신학은 5대 솔라를 현재적 상황에 맞게 재해석하여 다음과 같이 정리한다.

---

126) 대한예수교장로회, 「한국교회사: 백석총회 설립 45주년 기념」, 202.

첫째, 오직 성경(Sola Scriptura) : 성경을 통하여 말씀하시는 성령. 12신조 제1조는 "성경이 신앙과 삶의 유일한 표준"임을 강조한다. 이는 개혁주의의 핵심 원리로서, 모든 신앙과 신학의 근거가 성경에 있다는 사실을 확인하는 것이다. 성경은 성령을 통해 역사하며, 신자의 신앙과 삶을 변화시키는 능력이다.

둘째, 오직 그리스도(Solus Christus) : 십자가와 부활. 12신조 제3조는 예수 그리스도가 유일한 구원자이며, 참 하나님이자 참 인간이심을 강조한다. 중보자 예수 그리스도를 통해서만 구원이 가능하며, 십자가의 희생과 부활의 능력이 신자의 삶을 변화시키는 핵심 진리이다.

셋째, 오직 믿음(Sola Fide) : 순종하는 믿음의 기도. 12신조 제6조와 제7조는 구원과 칭의가 믿음을 통해 이루어진다는 점을 강조한다. 인간의 행위가 아닌 믿음을 통해 하나님의 의가 전가되며, 참된 믿음은 순종과 기도를 통해 드러난다.

넷째, 오직 은혜(Sola Gratia) : 용서와 화해의 복음. 12신조 제6조는 구원이 전적으로 하나님의 은혜에 의해 주어지는 것임을 선언한다. 인간의 공로가 아니라 하나님의 은혜로만 구원이 가능하며, 은혜는 용서와 화해를 통한 관계 회복으로 나타난다.

다섯째, 오직 하나님께 영광(Soli Deo Gloria) : 희생과 봉사의 삶. 12신조 전반에 걸쳐 하나님의 주권과 영광이 강조되며, 특히 제11조와 제12조에서 신자의 삶과 윤리가 하나님께 영광을 돌리는 방식으로 이루어져야 함을 명확히 하고 있다. 하나님의 영광을 위한 삶은 희생과 봉사를 통해 실현된다.

12신조는 개혁주의 5대 솔라를 조직적이고 신학적으로 반영하며, 개혁주의생명신학이 추구하는 신학적 방향성과 일맥상통한다.

2) 12신조와 개혁주의생명신학 7대 실천운동

예장백석 교단의 12신조는 개혁주의생명신학의 신앙적 정체성을 반영하며, 신학적 토대 위에서 7대 실천운동과 긴밀히 연결된다. 개혁주의생명신학은 신학이 단순한 학문이 아니라, 예수 그리스도의 생명의 복음임을 강조하며 신앙과 삶의 실천을 요구한다. 12신조가 신학적 기초라면, 7대 실천운동은 이를 구체적으로 실천하는 방법이다.

(1) 신앙운동 : 성경이 답이다. 신앙운동은 12신조 제1조에 근거한다. 신앙의 표준이 오직 성경임을 강조하며, 디모데후서 3:15-17에서 성경이 신앙과 삶의 유일한 기준이 됨을 확인한다. 신자는 성경을 읽고 묵상하며, 성령의 조명 아래 해석하고, 예수 그리스도의 생명을 받아 그 안에 거하며, 성경 말씀에 순종하는 삶을 살아야 한다.

(2) 신학회복운동: 신학은 학문이 아니다. 신학회복운동은 12신조 제2조에 근거한다. 신학은 하나님을 아는 지식이며, 요한복음 17:3에서 영생이 하나님과 그의 아들 예수 그리스도를 아는 것이라고 증언한다. '신학회복운동'은 사변화된 신학을 반성하고, 성경으로 돌아가기 위하여, '신학은 학문이 아니라 예수 그리스도의 생명의 복음'임을 고백하는 운동이다, 하나님을 알고 순종하는 실천적 지식이다. 신학은 교회를 살리고 세상을 변화시키는 도구가 되어야 하며, 학문화된 신학이 아니라 생명의 신학이 되어야 한다. 신학이 복음의 본질을 상실하고 사변적 연구로만 머물러 있다면, 이는 교회를 세우는 것이 아니라 무너뜨리는 결과를 초래한다. 따라서 신학은 성경과 교회의 현장 속에서 이루어져야 하며, 하나님의 말씀과 기도를 바탕으로 예수 그리스도의 생명을 전하는 신학이어야 한다.

(3) 회개용서운동 : 회개와 용서로 하나 되자. 회개용서운동은 12신조 제5조에 근거한다. 인간의 원죄와 타락을 인정하고, 하나님 앞에서 철저히 회개하며, 골로새서 3:13-14에서 받은 용서를 기억하며 다른 사

람을 용서할 것을 명한다. 교회의 분열과 갈등을 해결하는 길은 회개와 용서를 통한 하나 됨에 있다.

(4) 영적생명운동 : 복음으로 예수 그리스도의 영을 회복하라. 영적생명운동은 12신조 제4조와 제6조에 근거한다. 성도는 복음을 통해 영적 생명을 회복하고, 요한복음 6:63을 통해 성령의 능력을 경험해야 한다. 예수 그리스도의 생명이 충만한 신앙을 유지해야 한다.

(5) 하나님나라운동: 세상에서 하나님의 주권을 실현하자. 하나님나라운동은 12신조 제10조와 제11조에 근거한다. 사회, 경제, 교육, 문화, 예술 등 모든 영역에서 예수 그리스도의 주 되심을 실현하는 것이 목표이며, 요한복음 6:63에서 영원한 생명이 성령을 통해 주어짐을 강조한다.

(6) 나눔운동 : 예수님의 사랑을 이웃에게 실천하자. 나눔운동은 12신조 제8조에 근거한다. 신자는 받은 은혜와 축복을 이웃과 나누며, 요한복음 13:34-35에서 예수님의 사랑을 실천하여 교회와 세상을 변화시키는 사명을 감당해야 한다.

(7) 기도성령운동 : 함께 기도하여 성령의 열매를 맺자. 기도성령운동은 12신조 제12조에 근거한다. 기도를 통해 성령의 역사하심을 구하며, 마가복음 9:29에서 신앙과 삶에서 하나님의 능력을 체험해야 함을 강조한다. 기도는 개혁주의생명신학의 실천을 가능하게 하는 원동력이다.

3) 12신조와 백석총회의 신학적 정체성

백석총회는 개혁주의생명신학을 교단 선언문으로 삼고 있으며, 1907년 대한예수교장로회 독노회가 채택한 12신조를 교리적 기초로 하여 신학적 정체성을 확립하고 있다. 12신조는 개혁주의 신앙의 핵심을 담고 있으며, 백석총회는 그 역사적 가치를 존중하고 따르는 총회로서 이를 실천하고 있다.

(1) 12신조의 신학적 의미

12신조는 개혁주의 신앙을 요약한 신앙고백이며, 성경의 절대적 권위를 인정하고 하나님의 주권을 강조하며 예수 그리스도의 구속 사역을 중심으로 한다. 1907년 대한예수교장로회 독노회가 이를 공식적으로 채택하면서 한국 장로교회의 신학적 기초가 확립되었고, 백석총회는 이 신앙 전통을 계승하고 있다.

12신조는 성경이 하나님의 감동으로 된 신앙과 행위의 유일한 법칙임을 선언하며 (12조 1항), 하나님이 삼위일체로 존재하심을 믿는다(12조 2항). 인간은 타락하여 전적으로 부패하였으며, 오직 하나님의 은혜로만 구원을 받을 수 있다고 고백한다(12조 3항). 예수 그리스도는 하나님의 아들이며 유일한 구속주이시며(12조 4항), 성령은 믿는 자 안에서 역사하시며 교회를 거룩하게 하신다(12조 5항). 구원은 하나님의 예정과 은혜로 주어지며(12조 6항), 교회는 그리스도의 몸으로서 성도들의 신앙 공동체이다(12조 7항). 성례는 세례와 성찬으로 이루어지며, 이는 신앙의 증표가 된다(12조 8항). 예배는 하나님께 드리는 영광의 표현이며, 반드시 성경에 근거해야 한다(12조 9항). 신자의 생활은 하나님께 영광을 돌리는 삶이어야 하며(12조 10항), 하나님 나라의 확장은 복음 전파를 통해 이루어진다(12조 11항). 예수 그리스도의 재림과 최후의 심판이 있으며, 의인은 영생을 얻는다고 믿는다(12조 12항).

이러한 12신조는 백석총회의 신학적 방향성과 사명을 구체적으로 보여준다.

(2) 백석총회의 신학적 정체성

백석총회의 신학적 정체성은 개혁주의생명신이다. 백석총회는 신학을 단순한 학문이 아니라, 예수 그리스도의 생명의 복음을 전하는 실천적 신학으로 이해한다. 이러한 신학적 정체성은 다음과 같은 특징으로 나타난다.

가) 성경 중심의 신앙

백석총회는 오직 성경(Sola Scriptura)을 신앙과 삶의 유일한 표준으로 삼는다. 이는 개혁주의신학의 근본 원리로, 모든 교리와 신앙적 실천은 성경을 기준으로 이루어져야 한다.

나) 예수 그리스도의 복음

중심신학은 단순한 이론이 아니라, 예수 그리스도의 십자가와 부활을 통한 생명의 복음이다. 백석총회는 그리스도의 구속 사역을 중심으로 신앙을 형성하며, 이를 모든 교회 활동과 사역의 핵심으로 삼는다.

다) 개혁주의생명신학의 실천

백석총회는 개혁주의생명신학을 실천함으로써 신학과 신앙을 일치시키고자 한다. 이를 위해 7대 실천운동(신앙운동, 신학회복운동, 회개용서운동, 영적생명운동, 하나님나라운동, 나눔운동, 기도성령운동)을 적극적으로 펼치며, 성경적 가치에 따라 교회를 갱신하고 세상을 변화시키는 사명을 감당한다.

라) 한국교회와 세계교회를 향한 사명

백석총회는 한국교회의 개혁과 부흥을 위해 힘쓰며, 나아가 세계 선교를 통해 복음의 확장을 이루고자 한다. 이는 종교개혁의 5대 솔라(Sola Scriptura, Solus Christus, Sola Fide, Sola Gratia, Soli Deo Gloria)를 바탕으로 신앙의 본질을 회복하는 과정과 맞닿아 있다.

(3) 개혁주의생명신학으로 민족과 세계를 살리는 총회

백석총회는 개혁주의생명신학을 교단 선언문으로 삼고, 1907년 대한

예수교장로회 독노회가 채택한 12신조를 교리적 기초로 하여 신학적 정체성을 확립하고 있다. 12신조의 역사적 가치를 존중하고 따르며, 이를 바탕으로 개혁주의생명신학을 실천함으로써 민족과 세계를 살리는 총회로 나아가고 있다. 성경적 신앙을 굳게 지키면서도 시대적 도전에 응답하는 신학적 비전을 가지고, 예수 그리스도의 생명의 복음을 통해 한국교회의 연합과 부흥을 이루며, 세계 선교를 감당하는 교단으로서의 사명을 감당하고 있다. 이러한 사명을 따라 백석총회는 개혁주의생명신학을 더욱 확고히 실천하며, 신앙과 신학이 일치하는 살아 있는 공동체로서 하나님 나라의 확장을 위해 나아갈 것이다.

8. 12신조의 미래

1907년 공식적으로 채택된 12신조는 한국 장로교회의 신학적 정체성을 확립하고 발전시키는 데 중추적인 역할을 해왔다. 조선의 역사적·문화적 상황을 반영한 이 신조는 성경의 절대적 권위를 명확히 하고, 개혁주의 신학의 원리를 간결하면서도 체계적으로 정리하였다. 또한 신학적 교육이 부족했던 당시 상황에서도 쉽게 이해할 수 있도록 구성되어, 조선 장로교회의 정체성을 확립하는 데 기여하였다. 이러한 특성 덕분에 12신조는 한국 장로교회의 신앙 교육과 교리 교육의 기초가 되었으며, 개혁주의 신학의 전통을 유지하면서도 한국 교회의 독자적 신학적 발전을 이끌어왔다.

그러나 시대가 변하면서 12신조에 대한 재검토와 보완의 필요성이 제기되고 있다. 첫째, 문장의 길이와 표현 방식이 현대적 감각과 다소 거리가 있어 암송과 신앙 교육의 도구로 활용하기 어려운 점이 있다. 이는 교회와 성도들이 신조를 학습적인 도구가 아니라 신앙적 고백으로 받아들이는 데 장애가 될 수 있다. 둘째, 신학적 내용 측면에서 하나님의 주권, 예정론, 그리스도의 삼중직, 성찬론의 영적 임재설, 교회의 세 가지 표지(말씀 선포, 성례전 집례, 치리 및 권징 시행) 등의 요소가 상대적으로 덜 강조되고 있다는 지적이 있다. 이러한 한계로 인해 12신조가 개혁주의 신학의 깊이를 충분히 반영하지 못하고 있다는 비판도 제기된다.

이에 대한예수교장로회 백석총회는 12신조의 역사적 가치와 신학적 깊이를 유지하면서도 현대적 신앙 환경에 부합하는 고백으로 발전시키기 위한 노력을 기울이고 있다. 백석총회는 개혁주의 신학의 기초 위에서 성령의 역사와 인도하심을 중심으로 신조를 새롭게 조명하고 있다. 이는 12신조를 단순히 과거의 유산으로 남겨두는 것이 아니라, 변화하는 시대 속에서 교회와 성도들에게 실질적인 의미를 제공하는 살아 있는 신앙 고백으로 자리 잡게 하려는 것이다.

특히 백석총회는 교단선언문을 통해 12신조를 보완하며, 현대 교회가 직면한 신학적 도전에 응답하고 있다. 교단선언문은 성경 중심성과 개혁주의 전통을 계승하면서도, 성령의 역사하심과 시대적 필요를 조화롭게 반영하는 신학적 비전을 담고 있다. 이는 단순히 과거를 답습하는 것이 아니라, 신앙의 본질을 지키면서도 시대적 변화 속에서 신앙의 방향성을 제시하려는 실천적 노력의 일환이다.

이러한 접근 방식은 12신조의 본질적 가치를 손상시키지 않으면서도 현대적 신앙 교육과 실천에 효과적으로 적용될 수 있도록 한다. 예를 들어, 교회의 신앙 교육에서 12신조의 문장 구조를 보다 간결하고 이해하기 쉬운 형태로 재구성하는 방안이 논의되고 있으며, 기존의 신학적 내용을 심화하여 현대 신학과의 연계를 강화하려는 시도도 이루어지고 있다. 백석총회는 개혁주의생명신학의 정신을 바탕으로, 말씀 중심성과 성령의 역사, 그리고 신앙의 실천적 적용을 강조하며 이러한 변화를 주도하고 있다.

또한 백석총회는 12신조를 현대적 맥락에서 재조명하면서 교회의 본질적 사명을 강조하고 있다. 이는 단순히 신조의 문구를 수정하는 것이 아니라, 그 안에 담긴 신앙의 핵심을 현대적 언어와 신학적 대화 속에서 재해석하여 교회와 성도들이 이를 보다 실질적인 신앙의 고백으로 삼을 수 있도록 하는 데 초점을 맞추고 있다. 교단선언문은 이러한 노력의 구체적인 산물로, 전통과 혁신을 조화시키려는 백석총회의 신학적 비전을 잘 보여준다.

결국 12신조의 미래는 전통적 신앙의 근본을 유지하면서도 현대적 실천을 통해 신조가 생동감 있게 적용될 때 더욱 밝아질 것이다. 백석총회는 이를 위해 교회의 본질적 생명력을 회복하고, 현대적 신앙 환경 속에서 신조가 살아 있는 고백으로 자리 잡도록 지속적으로 힘쓰고 있다. 개혁주의생명신학은 12신조가 가진 성경 중심성과 개혁주의 신학의 깊이를 확장하면서도, 교회와 성도들에게 실질적이고 실천적인 신앙의 지침을 제공하는 데 기여할 것이다. 이는 12신조를 과거의 유산으로만 보존하는 것이 아니라, 교회의 역동적 사명과 현대적 도전에 응답하는 신앙 고백으로 발전시키는 중요한 과정이 될 것이다.

결론적으로, 12신조는 단순히 장로교회의 역사적 상징으로 남지 않고, 성령의 인도하심 속에서 시대적 요구에 부합하는 변함없는 진리로서 오늘날의 교회와 성도들에게 지속적으로 생명력을 불어넣을 것이다.

제2부 성경 소요리문답

제1장 서론

1. 역사적 배경

웨스트민스터 소요리문답은 17세기 중엽 영국에서 발생한 종교적, 정치적 격변 속에서 작성된 개혁주의 교리문답서로서, 1647년 영국 웨스트민스터 총회(Westminster Assembly)에서 공표되었다. 이 문서의 작성은 단순한 신학 교육의 필요에서 비롯된 것이 아니라, 영국 내전(1642-1651)과 종교개혁의 연장선에서 교회의 신학적 정체성을 재정립하고 교리적 일치를 도모하기 위한 절박한 시대적 요청 속에서 시작되었다.

웨스트민스터 총회는 1643년, 잉글랜드 의회의 소집에 따라 시작되었으며, 당시 잉글랜드, 스코틀랜드, 아일랜드의 개혁교회 지도자들과 신학자들이 모여 국교회의 개혁과 교회 일치, 그리고 성경적 신앙의 회복을 목표로 수년간에 걸친 논의를 진행하였다. 당시 영국 국교회는 로마 가톨릭의 잔재를 유지하고 있었고, 이에 대해 청교도들을 중심으로 보다 철저한 개혁을 요구하는 목소리가 거세게 일어났다. 이러한 배경 속에서 웨스트민스터 총회는 교리적 기준이 부재한 교회의 혼란을 바로잡고, 성경에 기초한 교리 문서를 작성할 필요성을 절감하게 되었다.

그 결과 총회는 세 가지 표준문서를 작성하게 되는데, 바로 웨스트민스터 신앙고백서(Westminster Confession of Faith), 대요리문답(Westminster Larger Catechism), 그리고 소요리문답(Westminster Shorter Catechism)이다. 이 세 문서는 개혁주의 신학의 핵심 내용을 성경적으로 정리한 문서로서, 특히 장로교회의 표준 신앙문서로 자리 잡았다. 이 중 소요리문답은 대요리문답보다 간결하게 구성되어 있어 어린이와 일반 신도들의 신앙교육을 목적으로 만들어졌다.

웨스트민스터 총회의 결과물은 스코틀랜드 장로교회에 의해 1648년 공식적으로 채택되었으며, 이후 장로교 전통을 따르는 전 세계 개혁교회들에서 교리 교육의 표준으로 사용되었다. 소요리문답은 이렇게 시대의 신학적 요청과 교육적 필요에 부응하여 작성된 교리문서로서, 오늘날까지도 장로교회의 신학적 정체성과 교육의 기초를 형성하는 중요한 역할을 감당하고 있다.

2. 소요리문답 작성 순서

소요리문답의 작성 순서는 웨스트민스터 총회의 전반적인 교리 형성 과정 속에서 신학적·교육적 필요에 따라 체계적으로 진행되었다. 그 작성 과정은 세 가지 주요 문서의 순서를 따라 발전되었으며, 이는 곧 신앙고백서 → 대요리문답 → 소요리문답의 순으로 정리된다.

1643년 웨스트민스터 총회는 잉글랜드 국회의 요청에 따라 교회의 신앙과 예배, 정치체제를 개혁하고 통일된 교리를 마련하기 위한 목적으로 소집되었고, 공중예배지침서를 포함한 신앙 문서를 준비하는 위원회를 구성하였다. 초기에 허버트 팔머(Herbert Palmer)는 교리문답 초고를 위임받았으며, 간결하고 교육적인 방식의 교리문답을 구상하였다. 그러나 스코틀랜드 대표들의 요구에 따라 보다 상세하고 체계적인 문답이 필요하다는 판단 하에, 총회는 교리문답 작업을 일시 중단하고 우선 신앙고백서 작성에 착수하였다.

1646년 12월, 신앙고백서가 먼저 완성되었고, 그 내용을 토대로 보다 실용적이며 적용 중심의 교육 문서로서 교리문답서를 작성하기로 하였다. 이때 리차드 바인스(Richard Vines)의 제안에 따라, 하나의 문답으로는 다양한 연령과 신앙 수준을 수용하기 어렵다는 판단에서, 대요리문답과 소요리문답의 이원적 구조가 채택되었다. 성숙한 신자를 위한 깊이 있는 교육용으로는 대요리문답이, 어린이와 초신자들을 위한 기초적 교육을 위한 문답으로는 소요리문답이 준비되었다. 이 과정은 스코틀랜드 대표들의 요청과도 부합되었으며, 기존에 스코틀랜드 교회가 사용하던 교리문답의 교육적 경험이 반영되었다.

1647년 4월 15일에 대요리문답의 논의가 시작되었고, 8월 5일부터 소요리문답 논의가 착수되었다. 소요리문답위원회는 허버트 팔머를 위원장으로 하여 여러 신학자들과 함께 구성되었으나, 팔머는 작업 중 46세의 나이로 별세하였다. 이후 앤써니 터크니(Anthony Tuckney), 사무엘 러더포드(Samuel Rutherford) 등 유능한 신학자들이 소요리문답 완성에 결정적인 역할을 하였다. 최종적으로 소요리문답은 1647년 11월 25일 총회에서 채택되었고, 이듬해인 1648년 4월 14일에 성구가 첨부되어 제출되었다.

이러한 순서적 구조, 즉 신앙고백서의 체계적 교리 정리를 토대로, 이를 설명하고 교육하기 위한 대요리문답과 소요리문답의 분리 작업은 웨스트민스터 신학의 조직성과 교육적 깊이를 보여준다. 소요리문답은 단순한 신앙 교육 교재가 아니라, 이미 확립된 신학적 정합성 위에 체계화된 교리 교육서로 기능하며, 이후 장로교 전통 안에서 핵심적인 신앙 훈련의 도구로 널리 활용되었다.127)

---

127) 장종현, 「웨스트민스터 소요리문답 강해」, (서울 : 기독교연합신문사, 2015), 43-48.

[그림 3-2] 소요리문답[128]

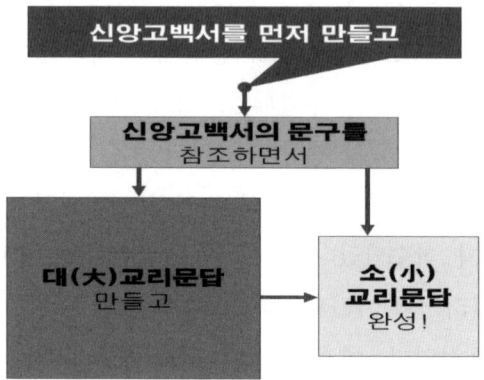

① 신앙고백서 ② 대교리문답 ③ 소교리문답

3. 교리 교육의 도구

웨스트민스터 소요리문답은 단순한 교리 요약서에 머무르지 않고, 신자들에게 성경적 진리를 체계적으로 훈련시키기 위한 교리 교육의 핵심 도구로 기능한다. 소요리문답은 모든 신앙과 행위의 유일한 규범으로서 성경의 권위를 강조하며(제2문), 성경이 신자 삶의 기준이라는 점을 분명히 함으로써 교리 교육의 출발점을 성경에 둔다. 이는 개혁주의 신학이 지닌 가장 큰 특징 가운데 하나인 오직 성경(Sola Scriptura)의 원리를 반영한 것이다.

소요리문답은 문답 형식을 채택하여, 단순한 정보 전달이 아닌 반복과 암기를 통해 신앙의 기초를 몸에 익히게 한다. 이는 어린이뿐 아니라 성인 신자들에게도 유익한 교육 방식으로, 교리 교육을 일방적 주입이 아니라 상호작용적인 이해 과정으로 이끌어간다. 즉, 소요리문답은

---

128) 황희상, 「특강종교개혁사」, 344.

교리를 성경에 근거하여 명확하게 설명하고, 신자들이 그것을 반복 학습하고 실제 생활에 적용할 수 있도록 돕는다. 이로써 단순한 지식의 습득이 아니라, 성경적 사고와 믿음을 체계적으로 형성하는 훈련을 가능하게 한다.

이러한 특성 때문에 소요리문답은 주일학교 교육에서 필수적으로 사용되며, 특히 어린이와 청소년의 신앙 기초 형성에 효과적인 교재로 널리 활용되어 왔다. 또한 입교 준비 과정에서도 소요리문답은 중요한 교육 자료로 사용된다. 입교란 단순히 교회 정회원이 되는 의식이 아니라, 신앙고백을 통해 자기 신앙을 분명히 하고 교회의 한 지체로서 공동체적 책임을 감당하겠다는 선언이다. 이 과정에서 소요리문답을 배우는 것은, 신앙의 핵심 진리를 이해하고 고백하는 데 필수적인 훈련이 된다.

성인 교육에서도 소요리문답은 동일하게 중요한 역할을 한다. 특히 새신자 교육이나 제직 훈련, 직분자 양육 등에서 소요리문답은 기본 교리 교재로서 사용되며, 교회가 신자들에게 바른 신학적 기초를 제공하고, 교리의 실천적 적용을 지도하는 데 있어 중심적인 도구가 된다. 목회자나 교사들이 교리를 가르칠 때 소요리문답은 성경의 주요 교훈을 체계적으로 전달할 수 있는 기준 문서로서 그 권위와 유용성이 크다.

무엇보다 소요리문답은 단지 특정 교단의 신학 문서가 아니라, 개혁주의 신앙의 정수를 담고 있는 교육자료로서, 오늘날에도 여전히 그 가치를 잃지 않고 있다. 교리 혼란과 신앙의 상대화가 일상화된 현대 사회에서, 신자들에게 성경적 세계관을 가르치고 확립하는 데 있어 소요리문답은 가장 신뢰할 수 있는 교리적 기준이 된다. 그러므로 웨스트민스터 소요리문답은 모든 세대의 신자들을 위한 성경적 신앙훈련의 기초 도구로 반드시 지속적으로 교육되고 가르쳐져야 할 유산이다. 174명의 총회 대표들이 5년 6개월 동안 기도하며 수고했던 노력들은 헛되지 않았다. 그들은 칼빈이 말한 것처럼 '알곡이 소멸되지 않고 영원히 번

식하도록 지켜주는 종자'를 심을 가장 좋은 도구를 후손들에게 남겨 주었다.129)

[그림 3-3] 신앙고백서의 역할130)

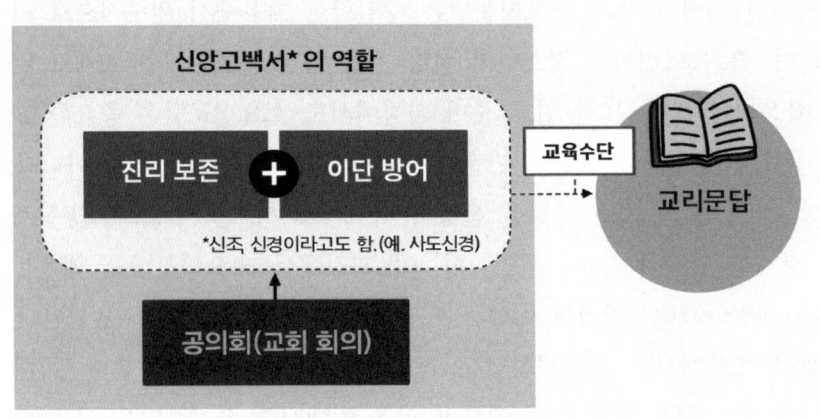

4. 신학과 실천의 연결

웨스트민스터 소요리문답은 단순히 교리적 내용을 나열하는 문서가 아니라, 신자의 실제 삶과 신앙 실천을 긴밀히 연결하는 실천신학적 교리서이다. 소요리문답은 신자의 신앙 고백이 일상 속에서 어떻게 구체적으로 드러나야 하는지를 십계명, 주기도문, 성례에 대한 해설을 통해 명확하게 제시한다. 이는 교리가 단순한 지적 동의가 아니라, 하나님 앞에서의 전 인격적 응답이라는 개혁신학의 정신을 반영한 구성이다.

먼저, 소요리문답은 제39문부터 제81문까지 십계명을 해설함으로써, 하나님의 도덕법이 단지 과거의 명령이 아니라 오늘날 신자의 윤리적 삶을 이끄는 표준임을 강조한다. 각각의 계명은 금지해야 할 죄와 행해

---

129) 장종현, 「웨스트민스터 소요리문답 강해」, 52.
130) 황희상, 「특강 종교개혁사」, 319.

야 할 의무를 상세하게 나누어 설명하며, 개인의 도덕적 책임과 공동체 내의 질서 있는 신앙생활을 동시에 강조한다. 이를 통해 신자들은 신앙의 기준이 되는 하나님의 뜻을 구체적으로 배우고, 그에 따라 자신의 삶을 조정하고 순종하는 훈련을 받는다.

이어지는 주기도문 해설(제98-107문)은 신자의 기도 생활을 실제로 지도하기 위한 매우 실천적인 내용으로 구성되어 있다. 하나님과의 친밀한 관계 속에서 기도가 어떻게 드려져야 하며, 하나님 나라와 일용할 양식, 죄 사함, 악에서의 보호와 같은 주제가 신자의 삶 속에서 어떻게 간구되고 실현되어야 하는지를 세밀하게 가르친다. 주기도문은 단순한 암송의 대상이 아니라, 신자의 전인적 삶을 하나님 중심으로 재정렬하게 하는 실천의 도구로 사용된다.

또한, 성례에 대한 교리(제91-97문)는 세례와 성찬이 단지 의식이 아니라, 복음의 은혜를 신자 개인에게 실제로 적용하는 방편임을 명확히 한다. 소요리문답은 성례가 믿음 안에서 시행될 때 은혜를 전달하는 통로가 됨을 강조하며, 이는 신자가 신앙의 진리를 경험하고 누리는 구체적인 방식으로 기능하게 한다.

이러한 구조와 내용을 통해 소요리문답은 단지 신학적 정보를 전달하는 교리서가 아니라, 신자의 삶을 복음에 따라 형성하고 변화시키는 실천 신학의 교재로 작용한다. 이 점에서 소요리문답은 개혁주의생명신학이 강조하는 "신앙운동", "신학회복운동", "영적생명운동"의 핵심 도구로 평가받는다.

소요리문답은 "신앙운동"의 실천 기반을 제공한다. 신앙운동은 성경만을 신앙과 삶의 유일한 기준으로 삼으며, 모든 교회와 성도가 개혁주의 신학을 계승하고 실천하도록 독려한다. 소요리문답은 성경의 핵심 교리를 일목요연하게 정리하여, 신자들이 어떤 신앙을 고백하고 지켜야 하는지를 정확히 가르쳐 준다.

또한, 소요리문답은 "신학회복운동"의 도구가 된다. 개혁주의생명신학은 신학을 단순한 학문적 탐구가 아니라 예수 그리스도의 생명의 복음이라고 고백하며, 이를 실천으로 회복하고자 한다. 소요리문답은 이같은 신학적 내용을 명확하고 실제적인 문답으로 전달함으로써, 신학이 곧 복음이며 삶이라는 원리를 구현한다.

무엇보다 소요리문답은 "영적생명운동"을 위한 중요한 수단이 된다. 소요리문답은 성경의 구속사, 죄와 구원, 성령의 역사, 참된 믿음과 회개의 의미, 성도의 성화와 기도의 능력 등을 균형 있게 가르치며, 이를 통해 신자들은 그리스도 안에서 새로운 생명을 누리는 삶으로 나아가게 된다. 단순한 교리의 이해를 넘어, 생명력 있는 신앙 실천을 가능하게 하는 것이다.

결국 웨스트민스터 소요리문답은 개혁주의 신학의 교리를 실제 삶의 현장으로 이끄는 실천적 도구이며, 말씀과 기도, 윤리와 성례, 회개와 순종이라는 전인격적 신앙의 구조를 제공한다. 이는 개혁주의생명신학의 실천운동들과 완벽히 조응하며, 오늘날 교회가 신자를 복음으로 양육하고 세상 속에서 그리스도인의 삶을 살아가게 하는 데 있어 필수적인 교리적 기반이 된다.

제2장 교리 문답과 신앙고백서의 차이

1. 교리 문서의 헌법적 기능 구분

대한예수교장로회 백석총회 헌법 제2편 교리는 교회의 신학적 정체성과 신앙 교육을 위한 기준 문서를 규정한다. 이 중 제1부는 신조, 제2부는 성경 소요리문답, 제3부는 웨스트민스터 신앙고백서로 구성되어 있으며, 각각의 문서는 상호보완적 기능을 가지되, 그 목적과 사용 방식에 있어 분명한 차이를 지닌다.

특히 신조와 신앙고백서, 그리고 교리문답서는 모두 종교개혁의 유산이자 개혁주의 전통 안에서 정립된 신학 문서들로서, 교회 공동체가 신앙의 진리를 공적으로 선언하고 다음 세대에 전승하기 위해 반드시 함께 이해되어야 한다. 헌법상 이들 문서의 위치는 단순한 참고자료나 권고사항이 아니라, 총회의 신학과 교육, 정치와 권징, 예배와 교회 질서를 아우르는 정통 기준으로 작용한다.

본 장에서는 이 중에서도 교리문답서와 신앙고백서가 어떤 기능상의 차이를 가지며, 동시에 어떻게 상호보완적 구조 속에서 교회의 신학과 교육, 제도와 실천을 함께 이끌어가는지를 헌법적으로 해석하고자 한다.

2. 신앙고백서 : 교회의 신학을 공적으로 천명하는 기준 문서

신앙고백서는 교회의 공적 신앙 선언이다. 이는 특정 시대의 신학적 도전과 역사적 상황 속에서 교회가 자신이 믿는 바를 명확히 밝히고, 교회와 세상 앞에 정통 신학의 기준을 선언하는 문서로서 기능해 왔다. 웨스트민스터 신앙고백서의 경우, 17세기 영국 웨스트민스터 총회에서 수년간에 걸친 논의 끝에 확립된 신학의 정수로, 전통 장로교회의 교리 표준이자 전 세계 개혁주의 교회의 공통 신앙 고백으로 수용되어 왔다.

헌법 제2편 제3부에 이 신앙고백서가 포함되어 있다는 사실은, 본 총회가 단순히 전통을 존중하는 것을 넘어, 개혁주의 신학에 근거한 교리적 정체성과 헌법적 기반을 명확히 세우고 있다는 점을 보여준다. 신앙고백서는 그 문체가 논리적이고 선언적이며, 외부의 이단적 도전이나 신학적 혼란에 맞서 교회의 정체성을 수호하는 역할을 감당한다.

특히 이 문서는 총회 차원의 신학적 일치를 견고히 하며, 목회자와 직분자, 교회 전체가 동일한 신앙의 구조를 공유하도록 이끄는 공신력 있는 신학 기준으로 사용된다. 신앙고백서가 담고 있는 교리는 설교와 교육, 권징과 임직, 예배와 성례를 관통하는 중심 원리이며, 본 총회는 이를 통해 교회가 성경 위에 바르게 서도록 헌법적으로 제도화하고 있다.

3. 교리문답서 : 실천적 신앙교육을 위한 헌법 교육 문서

반면, 성경 소요리문답은 동일한 개혁주의 교리 내용을 보다 교육적이고 실천적인 방식으로 전달하는 훈련 중심의 문서이다. 신앙고백서가 공적인 선언이라면, 교리문답서는 사적인 내면화와 반복 훈련을 통해 신앙을 구체적으로 형성해가는 데 초점이 있다. 헌법 제2편 제2부는 소요리문답을 신앙 교육의 표준으로 명시하고 있으며, 이 문답서가 단순한 참고 교재가 아닌 헌법적으로 정식 채택된 교리 문서임을 보여준다.

소요리문답은 질문과 응답의 형식으로 구성되어 있어, 각 문항이 교육적 대화와 암송, 반복 훈련을 통해 신자들의 사고와 행동에 신앙적 틀을 제공한다. 특히, 제1문은 "사람의 제일 되는 목적은 무엇인가?"라는 질문으로 시작하여, 인간의 존재 목적과 하나님의 영광이라는 신학적 출발점을 제시함으로써, 교리교육의 방향을 분명히 하고 있다.

이러한 교리문답의 실천적 성격은 신앙고백서의 추상적 개념을 실제 교육과 훈련, 삶의 적용으로 연결시키는 역할을 하며, 이는 장로교회의 교육 철학과 완전히 일치하는 헌법적 구조다.

4. 헌법상 교리 문답의 교육적 위상

본 총회의 헌법은 소요리문답의 권위를 명확히 제도화하였다. 예배모범 제9장 제1항은 주일학교의 교육 내용으로 기도, 찬송, 성경과 함께 소요리문답을 필수 교육 항목으로 명시한다. 이는 교회 교육의 헌법적 기준이 성경적 교리 위에 세워져야 함을 선언하는 조항이며, 교회가 다음 세대를 신앙 안에 양육할 책임을 법적으로 규정한 것이다.

또한, 시행세칙 제39조와 제47조는 목사 및 장로, 집사, 권사의 임직 시, 소요리문답에 대한 신앙 고백과 실천 의지를 서약하도록 요구한다. "신조와 소요리문답과 웨스트민스터 신앙고백은 성경에 교훈한 도리를 총괄한 것으로 알고 성실한 마음으로 믿고 따르겠습니까?"라는 문항은 단지 형식적 절차가 아니라, 총회가 직분자의 정체성과 사명을 소요리문답의 교리 위에 두겠다는 신학적 선언이다.

이와 같이 소요리문답은 헌법적으로 인정받는 교육 문서이며, 이는 교육과 임직, 예배와 권징에 이르기까지 모든 교회 실천에서 교리의 통일성과 신앙의 정통성을 보장하기 위한 제도적 기초로 작동한다.

5. 교리 문답과 신앙고백서의 상호 보완성

신앙고백서와 교리문답서는 동일한 교리 체계에 속해 있지만, 그 구조와 문체, 사용 목적에서 차이를 보인다. 신앙고백서는 주로 선언문적 성격을 지니고 있어, 교회의 신학적 입장을 논리적이고 체계적으로 천명한다. 반면 교리문답은 질문과 응답의 형식을 통해, 교리를 일상적인 언어로 풀어 설명하며 신자의 이해와 훈련을 돕는다.

헌법적으로도 이 두 문서는 대립되는 것이 아니라, 상호보완적 구조로 설계되어 있다. 신앙고백서는 '우리가 무엇을 믿는가'를 정리하는 외적 선언의 문서이고, 교리문답은 '그 믿음을 어떻게 가르치고, 훈련하고, 실천할 것인가'를 내면화하는 교육 문서이다. 그러므로 장로교회는 이 두 문서를 함께 사용함으로써 교회의 신학과 실천, 정체성과 교육, 선언과 훈련을 균형 있게 수행할 수 있다.

6. 교회의 신학 계승과 교육 실천의 기반

오늘날 교회가 직면한 가장 심각한 문제 중 하나는 교리의 실종과 신앙의 세대 단절이다. 이러한 위기를 극복하기 위해서는 교회의 신학과 신앙교육이 견고한 교리 문서 위에 다시 세워져야 하며, 이를 위해 신앙고백서와 교리문답서는 반드시 함께 회복되어야 한다.

신앙고백서는 교회의 고백을 외적으로 규범화하고, 교리문답은 그 고백을 다음 세대가 배우고 살아내도록 훈련시킨다. 이 두 문서는 장로교회의 헌법 안에서 동일한 신학적 뿌리를 공유하면서, 교회의 고백과 교육을 동시에 책임지는 이중 구조를 형성하고 있다.

무엇보다, 이 두 문서는 헌법 제1편 제1부 「개혁주의생명신학 선언문」과 긴밀히 연결되어 있으며, 그 신학적 정신을 교리적이고 교육적으로 실천하는 통로가 된다. 개혁주의생명신학은 "신학은 학문이 아니라 예수 그리스도의 생명의 복음"이라는 대전제 아래, 성경과 그리스도 중심의 신학을 선언하고, 이를 바탕으로 한 7대 실천운동(신앙운동, 신학회복운동, 회개용서운동, 영적생명운동, 하나님나라운동, 나눔운동, 기도성령운동)을 제시하고 있다.

이러한 실천운동이 단지 선언적 구호에 그치지 않고, 실제 교육과 교회 제도 안에서 실현되기 위해서는 헌법 제2편에 수록된 신앙고백서와 소요리문답이 반드시 병행되어야 한다.

신앙고백서는 선언문의 신학을 체계적으로 공표하고, 교리문답은 그 신학을 교육과 훈련을 통해 신자의 삶에 적용하게 하는 도구로 기능한다.

따라서 본 총회는 헌법 제1편에서 선언한 개혁주의생명신학의 신학과 실천의 정신을, 제2편의 교리문서들을 통하여 구체화하고 제도화하고 있으며, 이 구조 안에서 교회가 하나님의 말씀 위에 바로 서도록 하고 있다.

결론적으로, 교리문답과 신앙고백서는 단지 과거의 유산이나 전통적 문서가 아니라, 백석총회의 신학 정체성 선언(제1편)과 교육과 제도 실천(제2편)을 연결하는 교량 역할을 수행한다. 교회는 이 문서들을 통해 자신이 누구이며, 무엇을 믿고, 어떻게 살아가야 하는지를 선언하고 가르치며 실천하게 된다. 이것이 곧 개혁주의생명신학의 헌법적 통일성이며, 본 총회의 신학과 헌법이 하나의 생명체처럼 유기적으로 작동함을 보여주는 구조이다.

제3장 소요리문답의 역사와 교리 교육적 기능

1. 신앙 교육의 헌법적 기초로서의 소요리문답

대한예수교장로회 백석총회는 헌법 제2편 교리 제2부에 웨스트민스터 소요리문답을 정식 포함하고 있다. 이는 본 문서가 단순한 역사적 유산이 아니라, 오늘의 교회와 신앙 교육, 직분자 양육에 이르기까지 신앙의 실천을 위한 헌법적 기준임을 분명히 선언하는 조치이다. 본 장에서는 웨스트민스터 소요리문답의 역사적 배경과 작성 목적, 그리고 헌법 내 교육적 기능을 살피고, 이를 개혁주의생명신학의 실천과 어떻게 연결할 수 있는지를 해설하고자 한다.

2. 역사적 기원과 작성 목적

웨스트민스터 소요리문답은 1647년 영국 웨스트민스터 총회(Westminster Assembly)에서 제정된 개혁주의 교리문답서로, 종교개혁의 후속 흐름 속에서 교리적 혼란을 바로잡고 다음 세대를 위한 신앙 교육의 기준을 확립하기 위해 작성되었다.

웨스트민스터 총회는 1643년, 잉글랜드 의회의 주도로 소집되었으며, 당시 잉글랜드 국교회의 개혁, 교리 통일, 성경 중심의 신학 정립이라는 과제를 안고 수년간에 걸친 논의를 진행하였다. 당시 영국은 내전(1642-1651)으로 인한 정치적 격변과 더불어 신학적 혼란이 극심하였으며, 국교회 안에 남아 있는 가톨릭적 요소들에 대한 개혁 요구가 청교도 운동을 중심으로 확산되고 있었다.

이러한 시대적 배경 속에서 총회는 세 가지 주요 신앙 문서를 마련하였다. 곧, 「웨스트민스터 신앙고백서」, 「웨스트민스터 대요리문답」, 그리고 「웨스트민스터 소요리문답」이다. 이 세 문서는 개혁주의 신학을 성경적으로 요약한 표준문서이며, 특히 소요리문답은 아동, 초신자, 일반 성도를 위한 교육용 교리서로 개발되어, 이후 스코틀랜드와 미국을 비롯한 전 세계 장로교회에서 교리 교육의 표준으로 채택되었다.

소요리문답은 교리를 단순히 지식적으로 전달하는 데 그치지 않고, 반복 암송과 훈련을 통해 신앙을 내면화하고 성경적 세계관을 형성하도록 고안된 문서이다. 이처럼 소요리문답은 시대의 신학적 요청과 교육적 필요에 따라 교회의 교리 교육을 제도화하는 결정적 역할을 감당하였다.

3. 헌법적 위치와 교육적 기능

대한예수교장로회 백석총회는 웨스트민스터 소요리문답을 헌법 제2편 교리 제2부에 명시함으로써, 총회의 신학 정체성과 교회 교육 전반에 걸쳐 이 문서가 실질적으로 작동하도록 제도화하였다. 이에 따라 소요리문답은 단지 참고용 자료가 아니라, 주일학교부터 목회자 양성에 이르기까지 전 교회 차원의 공식 교리 교육 문서로 기능한다.

헌법 예배모범 제9장 제1항은 주일학교의 기본 교육 항목으로 기도, 찬송, 성경과 함께 소요리문답을 포함시키고 있으며, 이를 통해 교회 교육의 헌법적 기준이 성경적 교리 위에 세워져야 함을 분명히 하고 있다.

또한, 헌법 시행세칙 제39조(목사 임직)와 제47조(장로, 집사, 권사 임직)는 직분자의 임직 시 "신조와 소요리문답, 웨스트민스터 신앙고백을 성경의 교훈을 총괄한 것으로 믿고 따를 것"을 서약하게 함으로써, 소요리문답의 헌법적 권위를 명확히 선언하고 있다.

이러한 규정은 소요리문답이 단지 어린이용 교재가 아니라, 신자 전 계층의 교리 통일과 직분자의 신학적 자격을 규정하는 헌법적 기준 문서임을 의미한다. 따라서 소요리문답은 신앙 고백과 교리 실천의 일치, 그리고 교육과 제도의 통합을 위한 교회의 제도적 기초로 기능한다.

4. 개혁주의생명신학 선언문과의 연속성

대한예수교장로회 백석총회는 헌법 제1편 제1부 「개혁주의생명신학 선언문」을 통해 '신학은 학문이 아니라 예수 그리스도의 생명의 복음' 임을 선포하며, 이를 실천하기 위한 7대 운동을 제시하고 있다. 이 선언은 단지 신학적 방향을 제시하는 데 그치지 않고, 헌법 제2편의 교리문서들과 유기적으로 연결되어, 신학의 선언과 교육의 실천을 통일된 체계로 구현한다.

소요리문답은 개혁주의생명신학의 실천운동 가운데 다음과 같이 직접적인 연속성과 통일성을 지닌다.

(1) **신앙운동** : 소요리문답은 "성경은 신앙과 행위의 유일한 규범" (제2문)임을 반복 교육함으로써, 성경 중심의 신앙 고백과 실천을 일상 속에 정착시키는 기초 훈련을 제공한다.

(2) **신학회복운동** : 소요리문답은 추상적인 학문이 아니라, 복음의 실천으로서의 신학을 반복 학습과 내면화를 통해 신자의 삶에 뿌리내리게 한다. "하나님의 작정", "속죄", "은혜의 방편" 등 개혁신학의 핵

심 주제를 실천적으로 전달하는 구조는, 신학의 회복을 목표로 한 실천 운동의 중심 도구가 된다.

(3) 영적생명운동 : 소요리문답은 죄와 구원, 회개와 믿음, 성화와 영화, 성례와 기도 등 신자의 내적 생명 성장을 위한 교리를 교육함으로써, 신자들이 말씀과 성령 안에서 참된 영적 생명을 경험하게 하는 교리적 기초를 형성한다.

이처럼 소요리문답은 개혁주의생명신학의 신학적 선언을 교회 공동체 안에서 구체화하고, 전 세대가 동일한 복음을 배우고 살아내도록 이끄는 교육적 헌법 문서로서의 역할을 감당한다.

5. 교리 교육을 위한 살아 있는 헌법

웨스트민스터 소요리문답은 단지 과거의 신학 유산이 아니라, 오늘날 교회가 신앙을 바로 세우고 다음 세대를 복음으로 양육하기 위한 살아 있는 헌법이다. 본 총회는 이 문서를 헌법 제2편에 명시함으로써, 교회의 교리 통일성과 교육의 실천 가능성을 동시에 보장하고 있으며, 이는 곧 제1편 선언문에 나타난 개혁주의생명신학의 사상과 유기적으로 맞닿아 있다.

따라서 소요리문답은 백석총회 헌법의 교리적 기초이자, 교회와 가정, 목회자와 평신도, 다음 세대에 이르기까지 모든 신앙 교육의 근간이다.

제4장 신학적·교육적 의의

1. 인간 존재 목적의 신학

웨스트민스터 소요리문답의 제1문은 "사람의 제일 되는 목적은 하나님을 영화롭게 하며 영원토록 그를 즐거워하는 것이다"라고 선언함으로써, 인간 존재의 궁극적 목적이 자기 실현이나 세상적 성공이 아니라 하나님께 영광을 돌리고 그분을 즐거워하는 데 있음을 분명히 한다. 이 문장은 단순한 신학적 정의가 아니라, 인간의 삶 전체를 규정하는 근본 선언이며, 개혁주의 신학의 핵심 가치인 "오직 하나님께 영광(Soli Deo Gloria)" 정신을 가장 잘 요약한 고백이다.

소요리문답 제1문은 인간의 목적을 하나님 중심으로 재정의하며, 피조물로서 인간은 창조주 하나님과의 관계 안에서 존재 이유를 발견해야 한다는 신학적 출발점을 제시한다. 인간은 자기 자신을 위해 창조된 존재가 아니라, 하나님의 영광을 위하여 창조된 존재이며, 참된 행복과 기쁨도 바로 그 하나님을 즐거워함 속에서 발견된다. 이처럼 하나님을 영화롭게 하고 즐거워하는 삶은 단순한 종교적 감정이 아니라, 인간의 정체성과 목적을 규정하는 성경적 진리이다.

이러한 고백은 개혁주의생명신학이 추구하는 신학적 방향과도 깊이 일치한다. 개혁주의생명신학은 모든 신앙과 삶의 중심을 하나님께 두며, 인간이 하나님의 형상으로 창조되었고, 그분의 영광을 드러내기 위해 존재함을 강조한다. 따라서 소요리문답 제1문은 개혁주의생명신학의 기초가 되는 신앙운동의 출발점이며, 신학회복운동과 영적생명운동의 토대를 형성하는 선언이라 할 수 있다.

결국 소요리문답 제1문은 인간 중심적 사고를 철저히 배제하고, 하나님 중심적 존재 이해를 천명하는 신학적 선언문이다. 이 문장을 통하여 모든 교리와 신앙 교육은 하나님께로부터 시작되어 하나님께로 돌아가야 하며, 인간의 모든 삶은 하나님의 영광을 위한 삶으로 해석되어야 한다는 진리를 확립하게 된다.

2. 교리 교육의 도구

웨스트민스터 소요리문답은 신앙과 행위의 기준으로서 성경을 분명히 제시하며(제2문), 단순한 교리 암기나 지식 전달을 넘어서 신자들이 성경적 신앙을 체계적으로 훈련하도록 이끄는 실천적인 교육 도구이다. 제2문은 "하나님께서 자기의 뜻을 우리에게 알리시는 법칙은 무엇입니까?"라는 질문에 대해 "하나님께서 자기의 뜻을 우리에게 알리시는 유일한 법칙은 구약과 신약에 기록된 하나님의 말씀이다"라고 답한다. 이 대답은 곧 소요리문답이 신앙과 행위의 유일한 기준을 오직 성경에 둔다는 개혁주의의 핵심 원리를 그대로 반영하고 있음을 보여준다.

소요리문답은 문답 형식을 통해 교리의 내용을 단순히 지식으로 전달하는 데 그치지 않고, 반복 학습과 암송을 통해 신자의 신앙적 사고와 생활 방식 전반을 말씀에 기초한 체계로 훈련시킨다. 이는 신자의 삶이 무분별한 경험이나 감정에 의해 흔들리는 것이 아니라, 성경적 교리와 진리를 바탕으로 안정되고 일관된 방향성을 가지도록 돕기 위한 구조이다. 특히 웨스트민스터 소요리문답은 기독교 진리를 간결하고도 명료하게 제시함으로써, 성경에 대한 통전적 이해와 신앙적 적용을 동시에 가능케 한다.

이러한 특성으로 인해 소요리문답은 장로교회의 교육 현장에서 매우 폭넓게 활용되어 왔다. 먼저 주일학교에서는 어린이와 청소년을 대상으로 기초 신앙을 교육하는 데 있어 핵심 교재로 사용된다. 주일학교는 신자의 신앙 형성 초기 단계에서 하나님에 대한 인식, 인간의 본질, 구원의 필요성, 그리스도의 사역 등을 가르치는데, 소요리문답은 이 모든 내용을 성경적으로 요약하여 효과적으로 전달할 수 있는 도구가 된다.

또한 입교 교육에서도 소요리문답은 매우 중요한 위치를 차지한다. 입교는 세례를 받은 유아나 청소년이 장성한 후 교회 앞에서 자기 신앙을 자발적으로 고백하고 교회의 정식 교인으로서 책무를 감당하겠다는 결단을 표현하는 예식이다. 이 과정에서 소요리문답은 신자가 믿는 바를 바르게 이해하고 표현할 수 있도록 돕는 기준 문서로 기능한다. 입교자는 소요리문답을 통해 성경에 기초한 바른 신앙고백을 배우고, 자신의 믿음을 교회 공동체 앞에서 확고히 세울 수 있다.

더 나아가 성인 교육과 새신자 양육, 제직 교육 및 직분자 후보 교육에서도 소요리문답은 기본 교재로 활용된다. 이는 단지 과거의 전통이나 형식에 의한 것이 아니라, 소요리문답이 성경의 핵심 교리를 충실히 요약하고 체계적으로 가르치는 데 있어 여전히 가장 효과적인 자료이기 때문이다. 목회자는 소요리문답을 바탕으로 교리 강좌를 개설하거나 설교 교육을 실시하며, 교사나 제직들은 이를 바탕으로 바른 신앙의 기초 위에서 교회를 섬길 수 있게 된다.

특히 오늘날처럼 교리의 중요성이 간과되거나, 신앙의 내용이 감정적 체험에만 기울어지는 시대에, 소요리문답은 교회의 교리적 뿌리를 다시 세우고 신앙 교육의 중심을 성경으로 되돌리게 하는 귀중한 도구로서의 역할을 감당한다. 이는 개혁주의생명신학이 강조하는 "말씀으로 돌아가는 신학회복운동"의 실천적 구현이기도 하다. 소요리문답은 결국, 모든 세대의 신자들에게 성경적 진리를 분명하게 가르치며, 그 진리를 바탕으로 한 신앙 고백과 삶의 실천을 이끌어내는 탁월한 교리 교육의 도구로서, 오늘날에도 반드시 가르쳐야 할 신학적 유산이다.

3. 신학과 실천의 연결

웨스트민스터 소요리문답은 단순한 신학 요약서가 아니라, 성경에 기초한 교리를 실제 신자의 삶과 유기적으로 연결하는 실천신학적 교리서이다. 이 문답서는 십계명, 주기도문, 성례에 대한 해설을 통해 신자들이 배운 교리를 삶 속에서 실천하도록 인도하며, 신앙이 단지 머리로 아는 지식이 아니라 삶으로 살아내야 할 진리임을 강조한다.

먼저, 십계명 해설(제39-81문)은 하나님의 도덕법이 신자의 일상생활을 인도하는 기준임을 명확히 한다. 각 계명은 단순한 금지나 명령을 넘어서, 하나님께서 신자에게 원하시는 삶의 방향을 보여주며, 죄를 피하고 의를 행하라는 실천적 요청을 포함한다. 예를 들어, 제4계명 안식일 준수에 대한 문답은 주일 성수의 신학적 이유와 실천적 방식을 모두 제시하며, 교회 예배와 가정 경건생활을 구체적으로 지도한다. 이와 같이 소요리문답은 십계명을 통해 신자의 윤리와 생활 전반을 성경의 기준 아래 두도록 한다.

둘째, 주기도문 해설(제98-107문)은 신자의 기도 생활을 신학적 기반 위에 세워준다. 소요리문답은 주기도문의 각 간구를 하나하나 설명하며, 신자의 기도가 어떠한 믿음의 고백이어야 하며, 하나님과의 관계 속에서 어떤 마음으로 드려져야 하는지를 교육한다. 주기도문은 단순한 암송용 문장이 아니라, 하나님 나라, 일용할 양식, 죄 사함, 시험과 악으로부터의 구원을 구하는 신앙의 고백이며, 신자의 전인격적 삶을 하나님 앞에 정렬시키는 실천적 지침이다. 이로써 기도는 단순한 형식이 아니라, 실제 삶을 변화시키는 영적 습관이 된다.

셋째, 성례에 대한 해설(제91-97문)은 세례와 성찬이 단순한 종교 의식이 아니라, 복음의 은혜를 실제로 경험하게 하는 방편임을 강조한다. 소요리문답은 성례가 외적인 표지에 머물지 않고, 신자의 믿음과 성령의 역사 속에서 실제로 은혜를 전달하는 수단임을 가르친다. 세례는 하나님의 언약 안에 들어감을 선포하고, 성찬은 그리스도의 몸과 피를 기념하며 믿음 안에서 먹고 마심으로 신앙을 새롭게 한다. 이를 통해 신자들은 예배 가운데 말씀과 함께 은혜를 경험하며, 신앙이 삶 속에서 자라나는 과정을 체험하게 된다.

　이처럼 소요리문답은 교리를 단순한 지식으로 전달하는 데 그치지 않고, 그 내용을 삶의 모든 영역에서 실천할 수 있도록 구성되어 있다. 이러한 점에서 소요리문답은 실천신학적 교리서로 기능하며, 성경적 진리를 실제 삶에 뿌리내리게 하는 역할을 한다. 이는 개혁주의생명신학의 실천운동들과도 긴밀하게 연결된다.

　먼저, 신앙운동의 관점에서 소요리문답은 "성경만이 신앙과 삶의 유일한 표준"임을 확증하는 교육 자료이다. 신자는 성경의 교리를 소요리문답을 통해 배우고, 그것을 실제 삶에 적용함으로써 바른 신앙을 세워간다.

　둘째, 신학회복운동은 "신학은 학문이 아니라 예수 그리스도의 생명의 복음임을 고백하며 말씀으로 돌아가는 운동"인데, 소요리문답은 바로 그 복음의 본질을 체계적으로 설명하고 실천하게 한다. 각 문답은 단순한 교리를 설명하는 것이 아니라, 성경의 구속사와 삼위 하나님의 사역, 인간의 타락과 구속, 신자의 삶과 순종 등을 통해 복음의 생명력을 전달한다.

　셋째, 영적생명운동과도 직접 연결된다. 소요리문답은 회개와 믿음, 성령의 역사, 성도의 성화 등을 다루며 신자의 내면을 변화시키고, 영적인 생명을 회복하는 구체적인 가르침을 제공한다. 특히 죄와 회개에 대한 문답(제82-87문)은 죄의 본질을 인식하고, 그리스도 안에서의 회개와 믿음의 삶으로 나아가도록 인도한다. 이는 신자가 단순히 교리를 아는 것에서 멈추지 않고, 말씀에 반응하며 살아 있는 믿음의 길을 걷도록 돕는 실천적 결과를 낳는다.

　결국 웨스트민스터 소요리문답은 신학과 실천, 교리와 삶, 믿음과 행위가 하나로 연결되어야 한다는 개혁신학의 정신을 담고 있으며, 오늘날에도 신자들을 복음으로 훈련하고, 교회를 생명력 있게 세워가는 데

꼭 필요한 교리 교육의 도구이다. 이는 곧 개혁주의생명신학이 지향하는 실천운동의 핵심 내용과 일치하며, 오늘날 교회 교육과 목회 현장에서도 반드시 지속적으로 가르치고 실천해야 할 살아 있는 신앙 자산이다.

제5장 소요리문답의 구조와 신학적 원리

1. 교리 문서로서의 체계적 구성

웨스트민스터 소요리문답은 단순한 교리 목록이 아니라, 성경에 근거한 조직신학적 구조를 지닌 교리서이다. 본 문서는 총 107문으로 구성되어 있으며, 이 구성은 성경의 핵심 진리를 인간의 존재 목적에서 시작하여 구원의 필요, 그리스도의 사역, 성화와 윤리, 기도와 성례에 이르기까지 체계적으로 설명하는 구조로 되어 있다.

이러한 구조는 신자의 전 생애를 포괄하는 구속사적 흐름 위에 세워져 있으며, 교리를 단순히 설명하는 데 그치지 않고, 그 신학이 신자의 삶 전체를 형성하도록 조직화되어 있다. 따라서 소요리문답은 교육적 유용성뿐 아니라, 성경신학과 조직신학의 구조를 담은 실천 신학적 문서로 평가되어야 하며, 이는 장로교 헌법상 그 문서가 지니는 권위와 역할을 해석하는 데 중요한 기준이 된다.

2. 소요리문답의 구조 : 세 부분으로 나뉜 교리 흐름

소요리문답은 전체적으로 다음과 같은 세 부분으로 구분된다.

1) 인간의 죄와 구원의 필요성에 대한 교리(제1-38문)

이 부분은 인간 존재의 목적(제1문)에서 시작하여, 하나님의 계시(제2-3문), 하나님의 존재와 속성(제4-6문), 창조와 섭리(제9-11문), 타락과 죄(제13-19문), 구속자 그리스도와 그 사역(제20-28문), 그리고 구원의 적용(제29-38문)까지의 내용을 다룬다.

이 부분은 전형적인 구속사적 구조를 따르며, 창조-타락-구속이라는 성경의 흐름 속에서 인간의 구원을 설명한다. 이는 개혁주의생명신학의 중심 주제인 "예수 그리스도의 생명의 복음"이 교리의 출발점이자 중심이라는 점과 밀접하게 연결된다.

2) 신자의 감사의 삶, 즉 성화의 여정(제39-84문)
이 부분은 구원받은 성도가 하나님께 어떻게 감사의 삶을 살아야 하는지를 다룬다. 십계명을 중심으로 하여, 성도의 윤리적 책임과 실천적 삶의 방향을 제시하며, 신자의 성화 여정에 있어 하나님의 율법이 여전히 유효하고 필요함을 설명한다.
이는 개혁주의생명신학이 강조하는 하나님나라운동, 영적생명운동과 긴밀히 연결된다. 신자는 율법을 통해 자신의 죄를 깨닫고, 구속의 은혜에 대한 감사로 순종하는 삶을 살아가야 한다는 점에서, 소요리문답은 신자의 신앙 실천의 방향성을 제시하는 교리적 나침반 역할을 한다.

3) 은혜의 방편으로서 기도와 성례(제85-107문)
이 마지막 부분은 구원받은 신자들이 은혜를 누리고 성장하기 위해 하나님이 주신 수단인 기도와 성례를 어떻게 이해하고 실천해야 하는지를 설명한다. 회개, 믿음, 성례(세례와 성찬), 주기도문이 포함되어 있으며, 이는 예배와 경건 생활을 성경적 틀 안에서 훈련하도록 돕는다.
개혁주의생명신학의 기도성령운동, 회개용서운동과 깊은 연관을 가지는 이 구성은, 교리와 은혜의 수단을 분리하지 않고 유기적으로 통합하여, 성도의 신앙이 교회 안에서 자라나도록 돕는 헌법적 기반이 된다.

3. 신학적 원리 : 개혁주의 신학의 조직적 전개

소요리문답의 구조는 다음과 같은 개혁주의 신학의 핵심 원리를 충실히 담고 있다.

1) 삼위일체론에 기초한 교리 구성

하나님에 대한 교리(제4-6문)는 아버지 하나님을 중심으로 창조와 섭리(제9-11문)를 설명하며, 예수 그리스도의 구속 사역(제21-28문)은 성자 하나님에 대한 교리를 나타낸다. 또한 성령의 사역과 구원의 적용(제29-38문)은 성령 하나님에 대한 교리를 명확히 다루고 있다. 이 삼위일체적 구성은 개혁주의 신학의 정통성을 유지하는 동시에, 하나님 중심 신학의 토대를 제공한다.

2) 언약신학에 기초한 구속사적 흐름

소요리문답은 아담의 언약적 대표성, 죄의 전가, 그리고 그리스도 안에서의 언약적 구속을 구속사적으로 전개하며, 구원의 서정(ordo salutis : 부르심-중생-믿음-칭의-양자-성화-영화)을 분명하게 제시한다. 이러한 전개는 모든 교리를 단절된 지식이 아니라 하나의 구속사 속에서 통합적으로 이해하도록 구성한 것으로, 개혁주의생명신학이 지향하는 "말씀 중심의 실천신학"의 원리와 일치한다.

3) 삶으로 이어지는 교리, 즉 실천적 신학

십계명, 성례, 기도 해설은 단지 윤리적 훈계나 신앙생활 팁이 아니라, 교리를 실제로 적용하고 실천하도록 이끄는 개혁신학의 실천 구조이다. 이는 신앙이 삶과 분리되지 않도록 하는 성경적 훈련이며, 개혁주의생명신학의 실천운동들이 단순한 행동이 아닌 신학에 기초한 행위임을 강조하는 구조와 일치한다.

4. 개혁주의생명신학 선언문과의 구조적 통일성

본 총회는 헌법 제1편 제1부 「개혁주의생명신학 선언문」을 통해 "신학은 예수 그리스도의 생명의 복음이며, 성경과 성령 중심의 실천신학이어야 한다"고 선언하였다. 이 선언문이 신학의 대원칙을 밝히는 역할을 한다면, 소요리문답은 그 원칙을 교리적으로 정리하고, 실제 교육과 삶에 적용되도록 구조화한 문서라 할 수 있다.

특히 선언문에서 제시된 7대 실천운동은 소요리문답의 세부 교리 내용과 직결되어 있으며, 이는 헌법 제1편과 제2편이 동일한 신학 위에 서 있는 통일된 구조임을 입증한다. 따라서 본 총회는 소요리문답을 단순한 역사적 문서가 아닌, 개혁주의생명신학의 실천적 기반으로 삼아, 교회의 신학, 교육, 실천을 일관되게 이어가야 한다.

5. 신학과 교육, 삶을 통합하는 구조

웨스트민스터 소요리문답은 단순히 17세기의 교리 요약서가 아니라, 오늘날 교회가 하나님의 말씀을 따라 세워지기 위한 헌법적 교리 구조이다. 이 문서는 인간의 존재 목적에서 시작하여, 구원의 여정, 성화의 삶, 그리고 은혜의 방편에 이르기까지, 신자의 신앙 전반을 성경 위에 견고히 세우는 교리적 체계를 제공한다.

본 장에서 살핀 구조와 신학적 원리는 소요리문답이 단순한 암기 교재가 아니라, 개혁주의생명신학의 교리적·실천적 통합 도구임을 보여준다. 그러므로 총회는 이 문서의 구조를 바르게 이해하고, 이를 바탕으로 교회 교육과 직분자 양육, 신학 훈련과 삶의 실천을 균형 있게 이어가야 하며, 이것이 곧 개혁주의생명신학의 헌법적 실천이라 할 것이다.

제6장 장로교 헌법과의 관계

웨스트민스터 소요리문답은 장로교회의 교리적 정체성과 실천적 구조를 형성하는 핵심 문서로서, 단지 신앙 교육을 위한 교재에 그치지 않고, 교회의 헌법 체계 전반에 영향을 주는 실질적 기준으로 작용하고 있다. 장로교회는 '성경을 신앙과 행위의 유일한 법칙'으로 고백하는 전통에 따라, 교회의 조직과 직분, 권징과 예배, 교육과 교리 형성에 있어 소요리문답을 실천적 지침서이자 교회법의 신학적 기준으로 삼아 왔다.

특히 백석총회는 개혁주의생명신학에 입각하여 신앙 교육과 교회 정치, 직분자 양육이 철저히 성경적 기준 위에서 이루어져야 함을 강조하고 있으며, 이에 따라 소요리문답을 단지 참고 자료로가 아닌, 헌법에 명시된 공식 교리 문서로 수용하고 있다. 이는 총회의 신학적 뿌리를 명확히 하고, 교회의 제도적 실천이 말씀 중심으로 일관되게 유지되도록 하기 위한 제도적 장치이기도 하다.

이 장에서는 웨스트민스터 소요리문답이 백석총회 헌법에서 어떻게 명시되고, 직분자와 교회의 제도 전반에 어떤 교리적 기준을 제공하고 있는지를 구체적으로 살펴본다.

1. 헌법상 명시

웨스트민스터 소요리문답은 장로교회의 신학과 실천을 구성하는 중요한 교리 문서로서, 백석총회의 헌법에 명시적으로 포함되어 있으며, 그 권위와 기능이 헌법을 통해 공식적으로 인정되고 있다. 이는 단지 전통적인 존중 차원이 아니라, 교회 질서와 직분 제도, 교육과 권징에 까지 소요리문답이 실제적으로 영향을 미치고 있음을 보여준다.

먼저, 소요리문답은 헌법 예배모범 제9장 제1항에 주일학교 교육의 핵심 내용으로 분명히 명시되어 있다. 해당 조항은 다음과 같이 기록되어 있다.

"주일학교에서 교육하는 것은 기도, 찬송, 성경, 신조, 교회의 요리(교리)와 헌법 등을 가르치고, 종교상 목적과 국내외에 전도사업을 위하여 헌금하는 것이니, 성도의 자녀는 주일학교를 통하여 주일 공식 예배에 출석하는 것과 그 부모가 직접 자녀를 교훈하는 것을 훈련시켜야 하고, 항상 당회의 관할 및 감독 아래 있어야 한다."

이 조항은 주일학교의 본질적인 교육 내용 속에 소요리문답을 명백히 포함시킴으로써, 교회가 다음 세대의 신앙교육을 진행할 때 반드시 요리문답을 기초로 삼아야 함을 제도적으로 확립하고 있다. 따라서 소요리문답은 단지 교리 교재가 아니라, 공예배 전 단계에서 신앙의 기초를 세우기 위한 공식 교육 수단으로 기능한다.

뿐만 아니라, 소요리문답은 교회 직분자 임직과 관련된 서약에서도 중요한 기준으로 제시된다. 헌법 시행세칙 제39조는 목사의 임직 서약과 관련하여 다음과 같은 질문을 포함하고 있다.

"신조와 소요리문답과 웨스트민스터 신앙고백은, 구약과 신약성경에서 교훈한 도리를 총괄한 것으로 알고 성실한 마음으로 믿고 따르겠습니까?"

이 서약은 목사 임직자의 신학적 정체성과 신앙적 기준이 성경을 근거로 한 소요리문답에 있다는 것을 분명히 하며, 교리의 내용뿐 아니라 그 실천까지 성실히 따를 것을 요구한다. 이는 목사의 설교, 목회, 치리 전반에 걸쳐 소요리문답의 내용이 기초가 되어야 한다는 헌법적 선언이다.

같은 방식으로, 시행세칙 제47조는 장로와 안수집사, 권사의 임직 서약 항목에서 동일한 문항을 제시한다. 장로회 교회의 직분자들이 교회에서 권위를 갖고 봉사할 수 있는 자격은 단순한 인격적 신뢰나 조직상의 필요가 아니라, 성경과 요리문답에 근거한 신앙 고백에서 출발함을 강조한다. 이 서약은 직분자들의 교회 봉사가 교리적으로 무장된 신앙 위에서 이루어져야 함을 제도적으로 확증하는 것이다.

결국, 웨스트민스터 소요리문답은 백석총회의 헌법에서 명시적으로 인정받는 교리 문서로서, 그 위치는 헌법 전체의 신학적 기반을 형성하고 있으며, 다음 세대 교육에서부터 교회 직분자의 선출과 사역까지 광범위하게 영향을 미치고 있다. 이는 소요리문답이 백석교단의 교리와 실천을 규정하는 핵심 텍스트임을 헌법이 제도적으로 보증하고 있다는 점에서, 단순한 참고 자료 이상의 위상을 지닌다고 할 수 있다.

2. 직분자의 교리 기준

웨스트민스터 소요리문답은 장로교회의 직분자들이 감당해야 할 사역의 신학적 기초와 윤리적 기준을 제공하는 교리적 토대이며, 목회자의 설교, 직분자의 생활, 교회의 질서 운영 전반에 걸쳐 결정적인 역할을 한다. 소요리문답은 단순한 신앙 교육용 문서가 아니라, 교회 지도자들이 복음에 따라 가르치고 다스리며 섬기도록 하는 기준이자 헌법적 근거로 작용한다.

가장 먼저, 소요리문답은 목회자의 설교 사역에 있어서 핵심 교리의 지침을 제공한다. 목사는 하나님의 말씀을 바르게 해석하고 선포해야 하며, 성도들에게 복음의 진리를 정확하게 전달하는 사명을 지닌다. 소요리문답은 성경의 구속사적 핵심, 죄와 은혜, 그리스도의 중보 사역, 성령의 역사, 회개와 믿음 등 설교의 내용과 방향을 결정짓는 신학적 기준을 체계적으로 정리하고 있다. 따라서 소요리문답을 바르게 이해하는 것은 설교자가 복음의 본질을 왜곡 없이 전하기 위한 필수 조건이며, 실제로도 소요리문답은 목회자 후보자 교육에서 기본 교재로 사용된다.

더 나아가, 소요리문답은 장로와 집사 등 모든 직분자들의 신앙생활과 도덕적 기준을 설정한다. 장로는 교회를 치리하고 교인을 권면하는 사역을 감당하며, 집사는 구제와 봉사의 일을 맡는다. 이들이 복음적으로 사역하기 위해서는 성경적 교리와 윤리를 분명히 이해하고 따라야 하며, 소요리문답은 그 기준을 구체적으로 제공한다. 예를 들어, 십계명에 대한 해설은 장로와 집사가 지녀야 할 도덕성과 성도의 모범된 삶이 무엇인지를 명확히 규정해 주며, 이는 실제 교회 치리와 권징 적용의 기준이 된다.

특히 장로교 헌법의 정치 편과 권징 편, 그리고 예배 모범과 소요리문답은 상호 긴밀하게 조응한다. 헌법 정치 편에서는 교회의 조직과 직분, 회의 제도를 정의하며, 권징 편에서는 죄에 대한 치리와 회복의 절차를 다룬다. 이때 소요리문답은 각 조항이 다루고 있는 교리적 배경을 제공하며, 구체적인 판단의 기준이 된다. 예를 들어, 십계명에 대한 문답(제41~81문)은 장로교 헌법의 권징 규정에서 다루는 윤리적 위반 사항—예컨대, 주일성수, 부모 공경, 간음, 도둑질, 거짓 증언 등—을 판단하는 데 있어 성경적 근거를 제공하며, 교회가 권징을 복음적으로 시행할 수 있도록 신학적 토대를 마련한다.

또한 성례에 관한 문답(제91-97문)은 장로교 헌법의 예배 모범과 직결된다. 성례는 교회의 중요한 예전이며, 목회자나 장로들이 바르게 시행해야 할 중요한 책임이기도 하다. 소요리문답은 세례와 성찬이 무엇을 의미하며, 누구에게 베풀 수 있고, 어떻게 준비되어야 하는지를 가르친다. 이는 헌법 예배 모범이 성례를 규정하는 조항과 직접 연결되어 있으며, 교회가 예배에서 성례를 집례할 때 반드시 따라야 할 신학적 원칙을 제공한다.

이처럼 소요리문답은 장로교 직분자들에게 단지 신앙 고백의 기준이 아니라, 실제 목회와 교회 운영, 권징과 예배 전반에 걸쳐 지침과 원리를 제공하는 교리적 기준이다. 그렇기 때문에 백석총회는 헌법 시행세칙 제39조와 제47조에서 목사와 장로, 집사, 권사의 임직 서약에 "신조와 소요리문답과 웨스트민스터 신앙고백은 구약과 신약성경에서 교훈한 도리를 총괄한 것으로 알고, 성실한 마음으로 믿고 따르겠습니까?"라는 문항을 포함시켜, 모든 직분자가 소요리문답의 교리를 따라 봉사할 것을 서약하게 한다. 이 서약은 단지 형식적 절차가 아니라, 교리와 삶의 일치를 요구하는 헌법적 선언이며, 직분자가 성경적 질서 안에서 섬기도록 하는 개혁주의 전통의 핵심 표현이다.

따라서 소요리문답은 직분자 교육의 기초이며, 장로교회의 질서 있는 운영과 바른 권징, 거룩한 예배 실천을 가능하게 하는 교리의 기준이다. 개혁주의생명신학이 강조하는 "말씀으로 돌아가는 신학회복운동", "신자의 삶을 변화시키는 영적생명운동"이 바로 이 같은 교리의 실제 적용을 통해 실현되며, 소요리문답은 그 운동의 실제적 출발점이자 실천적 지침이 된다.

3. 헌법 해석에 나타난 교리 적용 사례

웨스트민스터 소요리문답은 장로교 헌법의 교리적 토대를 이루는 문서로서, 실제 헌법 해석과 적용에 있어서도 중요한 판단 기준으로 기능한다. 헌법 조항들이 단지 행정적 규칙이나 절차를 담은 것이 아니라, 성경적 신앙고백과 교리를 바탕으로 구성되어 있다는 점에서, 소요리문답의 내용은 헌법 해석의 신학적 렌즈가 된다.

예를 들어, 예배모범 제1장 예배의 본질과 목적에 대하여 해석할 때, 소요리문답 제1문 "사람의 제일 되는 목적은 하나님을 영화롭게 하고 영원토록 그를 즐거워하는 것"은 예배의 방향성과 중심이 하나님께 있다는 사실을 분명히 제시한다. 이는 예배 형식보다 하나님 중심성이라는 원리가 헌법 해석의 출발점임을 강조해 준다.

또한, 헌법 권징 편에서 "권징의 목적이 단순한 처벌이 아니라 회복에 있다"는 점은 소요리문답 제85-87문에서 다루는 참된 회개와 죄사함, 그리고 복음적 회복에 대한 교리와 깊이 맞닿아 있다. 교회의 권징은 정죄가 아니라 회개의 열매를 맺도록 돕는 복음의 통로로 이해되어야 하며, 이는 헌법 해석에서 매우 중요한 기준이 된다.

직분에 관한 규정도 마찬가지다. 헌법 정치 편 제6장 "교회의 직분" 조항을 해석할 때, 소요리문답이 제시하는 예수 그리스도의 삼중직(선지자, 제사장, 왕)과 교회의 사역에 대한 교리는, 목사와 장로, 집사의 사역이 단순한 행정 집행이 아니라 말씀 사역과 성도의 섬김이라는 복음적 기능을 수행하는 직분임을 보여준다.

이처럼 웨스트민스터 소요리문답은 헌법 조항의 실제 적용에 있어서 신학적 통찰과 교리적 일관성을 제공하는 해석 원칙으로 기능하며, 헌법을 단순한 법조문이 아닌 복음적 질서로 이해하게 만드는 교리적 근거가 된다.

제7장 교회법에 미친 영향

웨스트민스터 소요리문답은 단순히 신앙 교육의 자료나 교리 요약서로서 기능하는 것을 넘어, 장로교회의 제도 전반에 영향을 미친 교회법적 기준으로 자리매김해 왔다. 특히 장로교회의 헌법은 정치, 권징, 예배, 교리라는 네 축을 중심으로 구성되어 있으며, 이 모든 구조는 소요리문답이 제공하는 성경적 교리와 신학적 질서에 기초하고 있다. 소요리문답은 인간의 창조 목적, 구속 교리, 성화의 삶, 성례의 의미, 윤리적 계명에 이르기까지 교회의 실제 운영과 목회 현장에 필요한 모든 신앙 원리를 포함하고 있으며, 이는 헌법 조항과 교회 치리의 근거로 적용된다.

교회법은 단순한 조직 운영 규정이 아니라, 말씀의 통치를 구조화한 신앙 공동체의 질서이므로, 그 근거가 되는 교리는 반드시 성경적이어야 하며 동시에 실천 가능해야 한다. 이러한 점에서 웨스트민스터 소요리문답은 장로교회의 교회법 형성과 운용에 있어 신앙고백적, 교회정치적, 윤리적 기준을 제공하고 있으며, 실제 교육과 권징, 임직과 공예배에 이르기까지 폭넓게 적용된다. 아래에서는 이러한 영향력을 네 가지 차원으로 구분하여 논의한다.

1. 신앙고백적 영향

웨스트민스터 소요리문답은 장로교회의 교회법 형성에 있어 신앙고백적 측면에서 지대한 영향을 끼쳤으며, 오늘날까지도 장로교 헌법의 교리적 표준으로서 기능하고 있다. 소요리문답은 단순한 교육 자료를 넘어서, 교회의 신학적 정체성을 규정하고, 교회법이 추구해야 할 신앙의 기준과 방향성을 제시하는 중심 문서이다.

무엇보다도 소요리문답은 하나님의 영광, 성경의 권위, 구속 교리라는 개혁신학의 세 가지 핵심 축을 분명하게 중심에 두고 구성되어 있다. 제1문은 "사람의 제일 되는 목적이 무엇인가?"라는 질문에 대해 "하나님을 영화롭게 하고, 영원토록 그를 즐거워하는 것이다"라고 대답함으로써, 인간의 존재 목적을 하나님 중심으로 선포한다. 이는 교회의 존재 목적 또한 하나님께 영광을 돌리는 것임을 선언하는 고백이며, 교회법이 모든 사역과 질서를 이끌어가는 데 있어 반드시 따라야 할 신학적 대원칙을 제공한다.

또한, 소요리문답 제2문은 "하나님께서 자기의 뜻을 우리에게 알리시는 유일한 법칙은 구약과 신약에 기록된 하나님의 말씀이다"라고 밝히며, 성경이 신앙과 행위의 유일한 규범임을 천명한다. 이 원칙은 교회법이 어떠한 인위적 전통이나 인간의 권위에 근거하지 않고, 오직 하나님의 말씀에 입각하여 세워지고 집행되어야 함을 말한다. 장로교 헌법은 이 원리에 따라 성경을 교회의 최고 권위로 인정하고, 정치, 권징, 예배, 교리 전반에 걸쳐 그 기초를 성경에 둔다.

더 나아가 소요리문답은 인간의 죄, 그리스도의 구속, 성령의 적용 사역, 믿음과 회개, 성화와 영화에 이르는 개혁주의 구속 교리를 간결하고도 명료하게 정리하고 있다. 이 구속 교리는 장로교 헌법이 교회의 본질과 사명을 이해하는 데 있어 필수적인 신학적 틀이 되며, 교회법이 제정되고 적용되는 모든 과정에서 신학적 정당성을 부여하는 원천이 된다.

소요리문답의 이러한 신앙고백적 내용은 장로교회의 헌법 구성에 직접적으로 반영되었다. 장로교 헌법 제2편 교리에는 소요리문답이 정식 포함되어 있으며, 신조와 웨스트민스터 신앙고백서와 함께 공식 교리 표준문서로 채택되어 있다. 이는 장로교회가 단순히 조직과 절차에 의해 운영되는 제도적 공동체가 아니라, 성경적 교리와 신학적 고백 위에 세워진 교회 공동체임을 제도적으로 선언하는 것이며, 소요리문답은 그 교리의 중심 위치를 차지한다.

뿐만 아니라, 소요리문답은 장로교회의 존재 이유와 정체성을 규정하는 데도 결정적인 기여를 한다. 교회는 왜 존재하는가, 무엇을 가르치고 실천해야 하는가, 어떤 기준으로 신자를 양육하고 직분자를 세워야 하는가 등의 질문에 대해, 소요리문답은 성경적이고도 명확한 답을 제공한다. 이러한 교리적 기초는 교회법이 정당한 권위로 작동하고, 교회 공동체가 그 정체성을 잃지 않도록 하는 방파제가 된다.

결론적으로, 웨스트민스터 소요리문답은 장로교 헌법의 신학적 기반을 형성한 신앙고백서이며, 교회가 성경 위에 세워진 하나님의 백성 공동체로 살아가기 위해 반드시 붙들어야 할 교리적 기준이다. 교회의 목적과 질서, 제도와 사역, 신자의 양육과 직분자의 책무 모두가 소요리문답이 제시하는 진리 위에 정립될 때, 장로교회는 신학적 순수성과 실천적 정체성을 동시에 유지할 수 있게 된다. 따라서 소요리문답은 장로교 교회법 전체를 관통하는 신앙고백적 핵심이며, 교회법이 시대를 초월하여 살아 있는 말씀의 원리를 반영하도록 이끄는 지침이 된다.

2. 교회 정치적 영향

웨스트민스터 소요리문답은 장로교회의 교회정치 체계를 형성하는 데 있어 신학적 기초를 제공하였으며, 교회 정치의 근간이 되는 원리들을 명확하게 제시함으로써 오늘날 장로교 헌법의 구조와 실천에 결정적인 영향을 미쳤다. 소요리문답은 교회의 본질과 질서, 직분 체계, 권징의 목적과 시행 방식에 이르기까지 교회 정치의 모든 측면에서 신학적 기준을 제공하는 문서이다.

무엇보다 중요한 교회정치 원리는 "교회의 머리는 예수 그리스도이시다"는 고백에서 출발한다. 소요리문답 제26문은 "그리스도께서는 우리의 왕이신가?"라는 질문에 대해, "그리스도께서는 우리를 자기에게 복종하게 하시며, 우리를 다스리시고 보호하시고, 자기의 모든 원수들을 제어하고 정복하시는 우리의 왕이시다"라고 대답한다. 이 문답은 그리스도가 교회의 유일한 주권자이시며, 어떠한 인간도 교회 안에서 절대적인 권위를 가질 수 없다는 점을 분명히 한다. 이는 곧 장로교 정치 체계가 교황제나 감독제처럼 개인 권위에 기반한 교회 정치가 아니라, 그리스도의 통치를 인정하고 성경적 원리에 따라 모든 질서를 세우는 회중적, 장로 중심 정치라는 것을 의미한다. 이 원리는 장로교 헌법 정치 편에서 교회의 권위가 회중과 당회, 노회, 총회의 공동 논의와 결정 속에서 나타나야 함을 규정하는 근거가 된다.

또한 소요리문답은 교회의 직분 체계에 대한 신학적 기초를 제공한다. 비록 소요리문답이 직접적으로 목사, 장로, 집사라는 명칭을 사용하지는 않지만, 성경에 근거한 교회의 직분 개념과 그 역할을 충분히 반영하고 있다. 교회는 말씀과 교리를 가르치는 자, 성례를 집례하는 자, 권징을 시행하는 자, 구제를 담당하는 자들로 구성되어야 하며, 이는 곧 장로교회가 세운 목사, 장로, 집사라는 삼중 직분 체계의 신학적 근거가 된다. 특히 소요리문답은 말씀과 교리, 예배와 윤리, 신앙과 생활을 통합적으로 다루고 있기 때문에, 각 직분자들이 어떤 내용을 가르쳐야 하며, 어떤 기준으로 섬겨야 하는지를 교리적으로 안내하는 기능을 수행한다. 이로 인해 장로교 헌법은 직분자 교육과 직무 수행의 기준으로 소요리문답을 채택하고 있으며, 임직 시 이 교리에 대한 서약을 필수로 요구한다.

아울러 소요리문답은 교회의 권징 원리와 목적을 신학적으로 규정하는 데 있어서도 결정적인 역할을 한다. 제85문부터 제87문까지는 죄 용서를 받기 위한 조건으로서 참된 회개와 신앙의 열매에 대해 설명하고 있다. 제85문은 "죄 사함을 얻기 위해서 우리는 무엇을 해야 하는가?"라는 질문에 "죄를 회개하고 예수 그리스도를 믿어야 하며, 복음의 모든 외적인 방편을 부지런히 사용해야 한다"고 가르친다. 이어지는 문답들에서 참된 회개란 무엇이며, 죄를 슬퍼하고 버리는 내면의 변화가 어떻게 나타나야 하는지를 명확하게 진술한다.

이러한 회개와 신앙의 열매에 대한 교리는 장로교 헌법의 권징 편이 규정하는 권징의 목적과 일치한다. 장로교의 권징은 단순히 교회의 질서를 유지하기 위한 처벌이 아니라, 죄에 빠진 자를 회복시키고 교회의 거룩함을 유지하며, 하나님의 공의를 실현하는 것을 목적으로 한다. 소요리문답의 가르침은 이러한 권징의 목적을 신학적으로 뒷받침하며, 치리회의 권징이 단순한 제재가 아닌 복음적 회복과 구원의 통로로서 수행되어야 함을 강조한다. 이로 인해 장로교 헌법은 권징을 시행할 때 항상 회개의 가능성을 열어두고, 은혜의 수단을 병행할 것을 지침으로 삼는다.

결론적으로, 소요리문답은 장로교회의 교회정치 전반(그리스도 중심의 교회 권위 체계, 성경에 근거한 직분 제도, 복음적 목적을 지닌 권징 실천)에 대한 신학적 기반을 제공한다. 이러한 원리들은 단지 제도적 구성에 그치는 것이 아니라, 교회의 본질을 하나님 말씀 안에서 지켜가기 위한 신앙적 질서의 구현이며, 이는 개혁주의생명신학이 강조하는 교회의 하나님나라운동과도 깊이 연결된다. 교회가 그리스도의 다스림 안에 거하며, 말씀에 근거하여 세워지고 운영될 때, 참된 개혁주의 교회 정치가 실현되며, 이는 소요리문답의 교훈을 실제로 살아내는 것이다.

3. 윤리적 영향

웨스트민스터 소요리문답 제41문부터 제81문까지는 십계명에 대한 신학적 해설로 구성되어 있으며, 이는 교회의 윤리교육과 권징 기준을 형성하는 데 결정적인 역할을 한다. 이 계명들은 단순한 도덕 교훈이 아니라, 하나님과 이웃 앞에서 성도가 어떻게 살아야 하는지를 구체적으로 명시한 하나님의 율법이다. 교회는 이를 토대로 성도들에게 윤리적 지침을 교육하고, 위반 시 권징의 근거로 삼는다.

특히 제4계명에 대한 해설(57-62문)은 "안식일을 거룩히 지키라"는 명령을 중심으로 주일 성수의 실천적 기준을 명확히 한다. 이는 교회가 주일을 성별된 날로 지키도록 교육하고, 세속적인 활동을 삼가며 경건한 예배와 말씀에 전념하도록 지도하는 원칙이 된다. 주일을 성실히 지키지 않는 자에 대해서는 목회적 권면과 더불어 필요한 경우 권징의 절차를 따를 수 있다. 이러한 기준은 헌법 예배모범과 시행세칙에도 반영되어 있으며, 주일 예배의 중요성과 성일의 구별을 제도적으로 뒷받침한다.

제5계명 "네 부모를 공경하라"에 대한 해석(63-66문)은 단지 가정 내의 윤리를 넘어, 교회 공동체 내 질서와 권위에 대한 존중으로 확장된다. 부모를 공경하는 태도는 곧 목회자, 장로, 교사 등 영적 지도자에 대한 존경의 태도로 이어지며, 교회는 이를 교육과 훈련의 기준으로 삼는다. 부모나 권위자를 무시하거나 해치는 행위는 교회 질서를 해치는 것으로 간주되어 권징 사유가 되며, 이는 교회의 질서와 권위를 보호하는 중요한 윤리적 기반이 된다.

또한 제7계명 "간음하지 말라"에 대한 해석(70-72문)은 교회 공동체 안에서의 성적 정결을 강조한다. 혼전 성관계, 간통, 음란물 소비, 부적절한 언행 등은 모두 하나님의 뜻을 거스르는 죄로 간주되며, 교회는 이러한 내용을 교리교육과 상담을 통해 명확히 가르친다. 동시에, 이러한 죄를 범한 자에 대해서는 회개와 회복을 전제로 한 권징 절차가 시행되며, 교회는 공동체의 거룩함을 유지하기 위한 실천적 조치를 취한다.

한편, 소요리문답 제91문부터 제97문까지는 성례의 의의와 시행에 대한 교리를 다루며, 이는 교회 헌법의 예배 조항에 실질적으로 반영되어 있다. 성례는 하나님의 은혜가 신자에게 전달되는 거룩한 방편이며, 예수 그리스도께서 친히 제정하신 교회의 본질적 요소이다. 세례는 신자가 그리스도의 몸에 연합되었음을 나타내며, 성찬은 그리스도의 희생에 동참하고, 그 은혜를 믿음으로 누리는 시간이다. 이러한 성례의 의미는 헌법 제5편 예배모범과 시행세칙에 따라 구체적인 집례 기준과 참여

자격 규정으로 제시된다.

예를 들어, 세례는 공예배 중에 치러지며, 유아세례의 경우 부모의 신앙고백과 교회의 언약 안에서 이루어진다. 이는 소요리문답 제94-95문에서 밝히는 교회의 자녀에 대한 언약적 책임을 반영한 것이다. 성찬은 세례를 받은 성도 중 스스로를 살피고 회개한 자만이 참여할 수 있으며, 이는 제96-97문에서 말하는 '합당한 참여자의 준비'와 일치한다. 교회는 이 기준을 따라 성찬 참여자를 가르치고, 부당한 참여를 방지함으로써 예배의 거룩함을 유지한다.

결론적으로, 웨스트민스터 소요리문답의 십계명 해석과 성례에 대한 교리는 교회의 윤리적 지도 원칙과 권징의 기준, 예배 규범의 신학적 기초를 형성한다. 교회는 이 교리들을 통하여 신자의 삶이 하나님의 말씀에 부합하도록 훈련하며, 교회 공동체 안에 질서와 거룩함을 유지하는 데 실천적으로 적용한다. 이는 곧 교회가 신앙 공동체로서의 정체성을 지키며, 하나님의 뜻을 따르는 윤리적 공동체로 서게 되는 길이다.

4. 소요리문답과 헌법 적용의 실제 – 교육·권징·임직·공예배에서의 활용 사례

웨스트민스터 소요리문답은 장로교 헌법의 교리적 기초로서, 교회 제도와 목회 실천의 다양한 분야에서 실질적인 활용 사례를 낳고 있다. 이는 교회법이 단지 추상적인 규범 체계가 아니라, 교회를 살아 있는 공동체로 세우는 실천적 신학임을 보여주는 증거이기도 하다. 아래에서는 소요리문답이 어떻게 헌법적으로 구체화되고 있는지를 교육, 권징, 임직, 공예배 네 가지 측면에서 학문적으로 고찰한다.

1) 교육 분야

소요리문답은 장로교회의 신앙교육의 정점에 있는 문서로서, 특히 주일학교, 입교교육, 직분자 훈련, 신학교 교육에 이르기까지 전 세대에 걸친 신앙 교육에서 교재로 사용된다. 헌법 예배모범 제9장 제1항은 "주일학교에서 교육하는 것은 기도, 찬송, 성경, 신조, 교회의 요리(理)와 헌법 등을 가르치는 것"이라 하여, 요리문답의 교육적 지위를 법적으로 명시하고 있다. 이는 소요리문답이 단순한 참고 자료가 아닌, 헌법상 의무적 교육 내용임을 보여준다.

특히 제1문에서 제3문까지는 인간의 존재 목적, 성경의 권위, 하나님의 본질에 대한 교리를 제공하여 기초 교리교육의 출발점이 된다. 이 교육은 단지 정보의 전달이 아니라 신앙 정체성과 교회론 형성을 위한 신학적 형성 과정이다. 신학교의 조직신학 입문에서도 소요리문답은 기초 텍스트로 사용되며, 이는 헌법적 교리의 내면화 과정을 제도적으로 보장하는 것이다.

2) 권징 분야

소요리문답 제85-87문은 죄 용서의 조건으로서 참된 회개와 신앙의 열매를 강조하며, 교회의 권징이 단지 형벌이 아닌 회복을 위한 수단임을 신학적으로 정립한다. 헌법 권징 편은 교회의 치리권 행사에 있어 복음적 원리를 따를 것을 명시하며, 이는 소요리문답의 교리에 근거한다.

예를 들어, 소요리문답 제87문은 "회개에 합당한 열매란 무엇인가?"에 대해, 죄를 슬퍼하고 버리며, 하나님을 기쁘시게 하려는 새로운 순종의 삶이라고 답한다. 이는 권징의 궁극적 목적이 교회의 거룩함 회복과 개인의 구원임을 지시하며, 헌법 권징 규정의 방향성을 설정하는 기초가 된다. 따라서 소요리문답은 권징의 신학적 정당성을 보증하는 동시에, 그 실행 방식에 복음적 균형을 제공한다.

3) 임직 분야

소요리문답은 목사와 장로, 집사 등의 임직 기준을 설정하는 데 있어서 교리적 자격 심사의 기준으로 기능한다. 헌법 시행세칙 제39조와 제47조는 임직자 서약에서 소요리문답에 대한 신앙 고백을 명시하고 있으며, 이는 직분자의 교리적 정통성과 실천적 자격을 제도적으로 검증하기 위한 절차이다.

임직 시 서약 문항 중 "소요리문답은 성경에서 교훈한 도리를 총괄한 것으로 알고 성실한 마음으로 믿고 따르겠습니까?"라는 질문은, 요리문답이 신앙의 기초일 뿐 아니라, 직분자의 정체성과 사명의 내용까지 규정한다는 점을 의미한다. 또한 직분자 교육 교재로서 소요리문답은 신학적 이해, 윤리적 책무, 목회적 자질을 통합적으로 훈련시키는 텍스트이며, 이는 헌법이 교리와 질서를 연결짓는 실천적 구조임을 보여준다.

4) 공예배 분야

소요리문답은 성례, 기도, 계명에 대한 해설을 통해 공예배의 순서와 내용, 준비 상태를 교리적으로 규정하는 기준이 된다. 제91-97문은 세례와 성찬의 의미와 참여 자격을 다루며, 이는 헌법 예배모범의 성례 조항과 직접 연결된다. 예를 들어, 제96문은 성찬에 합당하게 참여하기 위한 준비에 대해 설명하며, 이는 헌법상 성찬 참여자의 자격 심사와 목회적 안내의 기준이 된다.

또한 소요리문답 제98-107문은 주기도문 해설을 통해 예배의 기도 구성과 내용을 교리적으로 구성할 수 있는 원리를 제공한다. 공적 기도의 방향성, 청원의 순서, 하나님의 뜻을 따르는 기도 생활의 형식은 모두 예배모범 제2장(예배의 요소)과 호응하며, 이는 교회의 예배가 교리의 흐름 속에서 구성되어야 함을 입증한다.

이와 같이, 「웨스트민스터 소요리문답」은 장로교 헌법에 명시된 교리 문서로서, 단지 과거의 신학적 선언이 아닌, 오늘날 교회 실천의 기준이 되는 살아 있는 문서이다. 소요리문답이 실제로 교육, 권징, 임직, 예배 전반에서 어떻게 기능하는지를 고찰함으로써, 우리는 교회법이 단지 행정 규정이 아니라 복음의 질서를 제도화한 신학의 표현임을 확인하게 된다.

제8장 현대적 실천과 적용

웨스트민스터 소요리문답은 단지 17세기 종교개혁기의 산물에 그치지 않고, 오늘날에도 여전히 교회 현장과 성도들의 신앙 교육, 교리 지도, 실천 훈련에 필수적인 도구로 사용되고 있다. 소요리문답은 시대를 초월하여 개혁주의 신학의 본질을 간결하게 요약한 문서이며, 교회가 세속화되고 신앙이 개인주의와 감성 중심으로 흐르는 현대 상황 속에서 오히려 더 절실히 요구되는 실천적 교리서라 할 수 있다.

1. 신앙 교육의 현장 적용

소요리문답은 오늘날 신앙 교육의 모든 현장에서 가장 기초적인 교리 훈련의 틀로 기능한다. 특히 가정에서의 적용은 성경의 명령(신 6:6-9, 잠 22:6)에 기초한 중요한 신앙 실천이다. 부모가 자녀에게 직접 신앙의 내용을 가르쳐야 하는 책임을 감당할 수 있도록, 소요리문답은 간결하고 명확한 문답 형식으로 구성되어 있다. 어린이들이 성경적 세계관을 자연스럽게 내면화하고, 신앙의 기초를 올바르게 세워갈 수 있도록 돕는 최적의 도구가 되는 것이다. 예를 들어, "하나님은 누구신가?", "사람이 왜 창조되었는가?", "죄란 무엇인가?"와 같은 근본적인 질문을 통해 아이들은 성경의 진리를 쉽게 암기하고 습득할 수 있으며, 신앙에 대한 첫 인식을 성경 중심으로 갖게 된다. 오늘날처럼 가정의 신앙 교육이 약화된 시대에, 소요리문답은 부모에게 다시 교사로서의 사명을 일깨우는 표준 교재가 된다.

교회 안에서도 소요리문답은 모든 교육의 기준이 된다. 주일학교에서는 어린이와 청소년들에게 신앙의 기초를 세우기 위한 교육 내용으로 사용되며, 신앙의 연령과 이해 수준에 따라 적용될 수 있는 유연한 구조를 갖고 있다. 새신자 교육에서는 성경과 교회에 대한 가장 기본적인 내용을 체계적으로 정리하여 소개함으로써, 초신자들이 교회생활과 신앙생활의 방향을 쉽게 잡을 수 있도록 돕는다. 장년부 교육과 제직 훈련, 직분자 후보 교육에 있어서도 소요리문답은 신앙의 기초를 다시 점검하고, 성경에 근거한 교리와 생활의 기준을 재정립하게 해 준다. 특히, 직분자로서 교회를 섬기기 위해서는 자신이 믿는 바를 분명히 이해하고 고백할 수 있어야 하는데, 소요리문답은 성경적 교리와 실천의 내용을 하나로 연결하여 직분자의 신앙적 정체성을 확고히 하는 역할을 한다.

신학교 현장에서도 소요리문답은 목회자 후보생들에게 기초 신학을 가르치는 데 중요한 교재로 사용된다. 신학은 단지 학문적 지식이 아니라, 복음을 전달하고 교회를 세우는 실천적 지식이어야 하며, 소요리문답은 이 두 차원을 통합하는 데 매우 유용하다. 신학생들은 소요리문답을 통해 조직신학, 교회론, 구원론, 윤리학의 기본 구조를 배우며, 장차 교회에서 무엇을 어떻게 가르치고 목회할 것인지를 준비하게 된다. 백석총회는 이를 제도적으로 보장하기 위해 헌법 시행세칙 제39조에서 목사 임직 서약 시 소요리문답의 교리를 성실히 따르겠다는 서약을 필수 항목으로 포함시켰다. 이는 단지 전통을 존중하기 위한 조치가 아니라, 성경과 개혁주의 신학의 진리를 실천적으로 계승하기 위한 제도적 표현이다.

2. 교리적 혼란에 대한 방패

현대 교회가 마주하고 있는 큰 도전 중 하나는 교리적 혼란이다. 이단의 공격, 세속주의의 침투, 번영주의와 신비주의의 유행은 많은 신자들을 혼란스럽게 만들고 있으며, 교회가 무엇을 믿고 어떻게 살아야 하는지를 분명히 제시하지 못하는 경우가 많다. 이러한 상황에서 웨스트민스터 소요리문답은 교회의 정통 교리를 요약한 방패로서 기능한다.

소요리문답은 성경에 근거한 교리 체계를 정리하여, 신자들이 무엇을 믿어야 하고, 왜 그것을 믿어야 하며, 그것이 삶에서 어떻게 실현되어야 하는지를 분명하게 가르친다. 예를 들어, 인간의 전적 타락(제13-19문), 예수 그리스도의 유일한 구속 사역(제20-28문), 믿음과 회개(제85-87문), 십계명을 통한 윤리적 기준(제41-81문)은 단순한 교리적 선언이 아니라, 세속적 가치관과 거짓 가르침에 대한 분명한 대안을 제시한다.

이러한 체계적인 교리 교육은 분별력 있는 신자를 양성하며, 교회가 거짓 복음이나 인본주의적 사상에 흔들리지 않도록 도와준다. 특히 소요리문답은 신앙을 머리로만 아는 것이 아니라, 마음으로 확신하고 삶으로 살아가게 하는 교리 교육을 지향하기 때문에, 오늘날처럼 신앙의 실천이 약화된 시대에 더욱 필요하다. 바른 교리는 바른 삶을 낳으며, 이것이 바로 교회가 거룩함과 사명을 유지하는 방법이다.

3. 개혁주의생명신학과의 조화

웨스트민스터 소요리문답은 백석총회의 신학적 정체성인 개혁주의생명신학과도 밀접하게 조화를 이루며, 그 실천운동의 구체적인 기반이 된다.

첫째, 소요리문답은 개혁주의생명신학의 신학회복운동, 곧 "말씀으로 돌아가자"는 실천 방향과 깊이 연결되어 있다. 소요리문답은 모든 교리를 성경에 기초하여 정리하며, 인간의 이성이나 전통이 아닌, 하나님의 말씀을 신앙과 삶의 유일한 법칙으로 세운다. 이는 신학이 더 이상 추상적 사변이나 제도적 권위로 오염되는 것이 아니라, 하나님의 말씀을 따라 교회와 성도를 살리는 생명의 복음이어야 한다는 개혁주의생명신학의 고백과 정확히 일치한다.

둘째, 소요리문답은 영적생명운동의 구체적인 실현 도구이다. 이 운동은 단지 교리를 알고 있는 것이 아니라, 말씀을 따라 살아가고, 복음을 실천하며, 성령의 역사 안에서 변화된 삶을 살아가는 것을 지향한다. 소요리문답은 죄와 회개, 믿음, 성화, 성례와 기도 생활을 교육하면서, 신자의 내면이 새롭게 되고, 공동체의 영성이 회복되도록 한다. 특히 주기도문 해설(제98-107문)은 신자들이 바른 기도 생활을 통해 하나님과의 교제를 회복하고, 하나님 나라의 삶을 실천하도록 이끈다.

셋째, 소요리문답은 "오직 하나님께 영광(Soli Deo Gloria)"이라는 종교개혁의 최종 목적을 구체적으로 요약하고 실천하게 한다. "사람의 제일 되는 목적은 하나님을 영화롭게 하고, 영원토록 그를 즐거워하는 것"이라는 제1문은 신자의 전 삶이 하나님을 중심으로 구성되어야 하며, 신앙의 목적은 자기 유익이 아니라 하나님의 영광에 있다는 개혁주의 신앙의 핵심을 선언한다. 이는 곧 교회가 추구해야 할 모든 사역과 예배, 교육, 목회, 선교의 궁극적인 목표가 하나님의 영광이어야 한다는 교회의 존재 목적을 다시금 회복하게 한다.

결론적으로, 웨스트민스터 소요리문답은 오늘날 교회와 신자들이 직면한 신앙 교육의 공백, 교리의 약화, 삶의 실천 부족 문제를 해결할 수 있는 해답을 제공한다. 이는 단지 과거의 유산이 아니라, 오늘의 교회가 붙들어야 할 생명의 교리서이며, 가정, 교회, 신학교, 그리고 모든 신앙 공동체에서 살아 있는 말씀의 기초를 세우는 도구이다. 백석총회의 개혁주의생명신학은 이 소요리문답을 실천의 기준으로 삼음으로써, 말씀과 기도, 성례와 성령의 역사가 실제로 이루어지는 교회를 만들어 가고 있으며, 이는 곧 성경적 신앙과 개혁주의 전통이 현대 속에서 다시 꽃피게 하는 신학적 실천의 열매이다.

제9장 소요리문답의 오늘의 가치

웨스트민스터 소요리문답은 단지 17세기 종교개혁기의 역사적 문서에 머무르지 않는다. 그것은 시대를 초월하여 지금도 여전히 살아 있는 신앙 교육의 기준이자, 개혁주의 교회가 성경적 신앙을 세우고 실천하기 위한 핵심 도구로 자리매김하고 있다. 소요리문답은 성경의 핵심 교리를 간결하면서도 깊이 있게 요약하고, 인간의 존재 목적, 구원, 예배, 기도, 성례, 윤리적 삶에 이르기까지 전 영역을 성경적으로 안내함으로써, 교회와 성도들에게 믿음의 기준과 방향을 제공한다.

백석총회는 이러한 소요리문답의 신학적 가치와 교육적 실천성을 깊이 인식하고, 이를 헌법 제2편 교리 제2부에 명시적으로 포함하였다. 뿐만 아니라 헌법 예배모범 제9장에서는 주일학교 교육의 필수 항목으로 요리문답을 명시하고 있으며, 시행세칙 제39조와 제47조를 통해 목사, 장로, 집사, 권사의 임직 시 소요리문답에 대한 신앙 서약을 요구하고 있다. 이는 단순한 제도적 장치가 아니라, 총회가 신학과 교육의 뿌리를 소요리문답 위에 세우겠다는 분명한 신학적 선언이다.

소요리문답은 개혁주의생명신학의 실천을 가능하게 하는 교리적 토대이자, 교회정치와 윤리 질서의 신학적 출발점이다. 개혁주의생명신학은 "신학은 예수 그리스도의 생명의 복음"이라는 전제 아래, 신앙운동, 신학회복운동, 영적생명운동, 하나님나라운동, 나눔운동, 기도성령운동이라는 실천적 방향을 제시한다. 이러한 실천운동이 단순한 구호에 그치지 않고, 성경적 교리의 뿌리 위에서 지속될 수 있도록 하는 기초가 바로 소요리문답이다. 이 문답서는 하나님의 영광, 말씀의 권위, 구속의 은혜, 신자의 삶이라는 주제를 체계적으로 정리하여, 개혁주의생명신학의 실제 적용과 구현을 가능하게 한다.

또한 소요리문답은 교회의 정치 질서와 윤리적 기준을 제공한다. 직분자의 신앙 고백, 권징의 목적, 예배와 성례의 실천, 성도의 윤리 생활에 이르기까지 소요리문답의 내용은 헌법의 조항들과 밀접하게 연결되어 있다. 예를 들어, 십계명 해설은 교회의 윤리적 기준을 형성하며, 성례 해설은 예배 모범의 내용과 직결된다. 이처럼 소요리문답은 교회법의 실제적 기준이자, 교회가 거룩하고 질서 있게 세워지도록 하는 근본 원리로 작용한다.

무엇보다 중요한 것은, 소요리문답이 다음 세대를 위한 신앙 전수의 열쇠라는 점이다. 오늘날 신앙의 세대 계승이 점점 약화되고 있는 현실 속에서, 소요리문답은 다음 세대가 성경적 신앙을 바르게 배우고 실천할 수 있도록 돕는 최고의 교재이다. 가정, 교회, 신학교에서 소요리문답이 지속적으로 가르쳐지고 연구되어야 하는 이유가 바로 여기에 있다. 신자 개인이 무엇을 믿는지 분명히 고백하고, 왜 그것을 믿으며, 어떻게 살아가야 하는지를 체계적으로 배우는 일은, 교회를 교회 되게 하고 다음 세대를 믿음 안에 세우는 가장 중요한 사명이다.

결론적으로, 웨스트민스터 소요리문답은 백석총회 헌법 제2편 교리의 핵심 구성요소로서, 성경적 교리 교육의 기준이자, 개혁주의생명신학을 실천으로 구현하는 교리적 토대이다.

소요리문답은 교회의 교리적 정체성, 정치 질서, 신앙고백과 직분 교육, 예배와 성례의 실천, 성도의 윤리 생활에 이르기까지 헌법 전체의 기초 원리를 제공한다.

그러므로 본 총회는 소요리문답을 단지 역사적 유산으로 보지 않고, 모든 세대에 걸쳐 복음의 진리를 교회와 가정과 교육 현장에서 지속적으로 전수해야 할 헌법적 기준이자 교육적 사명으로 고백하며 실천한다.

소요리문답은 백석총회의 신학적 정체성을 구성하는 교리요, 개혁주의생명신학을 실천 가능한 신앙으로 구현하는 생명의 지침서이다.

제3부 웨스트민스터 신앙고백

제1장 서론

1. 웨스트민스터 신앙고백서의 역사적 배경

웨스트민스터 신앙고백서는 17세기 중엽, 영국 사회의 극심한 종교적·정치적 혼란 속에서 개혁주의 신학의 정수를 집대성한 문서로 탄생하였다. 이 시기는 유럽 전역이 종교개혁 이후의 여파로 신앙의 방향성을 재정립하는 시대였으며, 특히 영국은 국교회 내부의 개혁을 두고 청교도들과 왕당파 사이의 충돌이 격화되던 시기였다.

1) 종교개혁의 확산과 영국 청교도의 부상

영국에서 종교개혁은 루터와 칼뱅의 개혁 사상이 들어온 후, 정치적 이해와 종교적 열망이 교차하면서 독특한 양상을 띠었다. 헨리 8세의 수장령(Act of Supremacy, 1534)을 통해 로마 가톨릭으로부터 분리된 영국 국교회는 명목상으로는 개혁교회였으나, 실제로는 여전히 가톨릭의 의식과 전통을 많이 유지하고 있었다. 이러한 점에서 보다 철저한 개혁을 주장한 이들이 바로 청교도(Puritans)였다. 청교도들은 '성경으로 돌아가자'는 정신 아래 예배, 교회 정치, 교리, 삶의 전 영역에서 개혁을 요구하며 영국 내 신앙 개혁운동을 이끌었다.

그러나 청교도들의 개혁 요구는 엘리자베스 1세 이후 점차 억압받았고, 17세기 들어서는 국왕 찰스 1세와 국교회 주교 체제가 청교도들을 정치적으로도 압박하였다. 이러한 갈등은 결국 1642년에 청교도 중심의 의회와 왕당파(왕권신수설을 지지한 국교회 및 귀족 중심) 사이의 내

전, 즉 청교도 혁명(English Civil War)으로 비화되었다.

2) 웨스트민스터 총회의 소집과 목적

이러한 격변 속에서, 1643년 잉글랜드 의회는 종교개혁의 방향성을 새롭게 정립하고자 웨스트민스터 총회(Westminster Assembly)를 소집하였다. 이 총회는 단순한 신학 논의의 장을 넘어서, 영국 국교회의 구조를 개혁하고 청교도적 신학 원리를 반영한 새로운 교리와 교회정치를 수립하기 위한 국책 차원의 개혁 프로젝트였다. 총회는 주로 청교도들로 구성된 121명의 신학자와 목회자들로 구성되었으며, 여기에 스코틀랜드 교회의 대표자들도 참여하여 장로교적 입장을 강력히 견지하였다.

웨스트민스터 총회는 다음과 같은 세 가지 핵심 목적을 가지고 진행되었다.

첫째, 국교회의 개혁 : 당시 영국 국교회는 감독제에 기반한 교회 구조와 전례적 예배형식, 불명확한 교리로 인해 신학적 혼란과 타협이 심각하였다. 총회의 주요 목표는 이를 철저히 개혁하여 성경적 질서에 부합하는 교회로 재편하는 것이었다.

둘째, 교리적 통일 : 잉글랜드와 스코틀랜드, 아일랜드 등 영국 전체의 개혁교회들이 동일한 신앙고백을 통해 신학적으로 연합하도록 하는 것이 필요하였다. 이는 국정과 종교의 통합이라는 측면에서도 중요한 과제였다. 스코틀랜드는 이미 존 낙스를 중심으로 한 개혁신학 전통을 따르고 있었기에, 장로교 신학에 기반한 공통 신앙고백의 필요성이 대두되었다.

셋째, 성경적 교리 정립 : 종교개혁 이후 각 지역의 교회들은 다양한 신앙고백을 가지고 있었으나, 보다 체계적이고 전통에 뿌리를 둔 성경 중심의 신학 문서를 마련하는 것이 필요하였다. 웨스트민스터 총회는 교회의 권위와 개인의 양심 사이의 균형, 칼뱅주의적 구원론, 성례 이해, 성경의 권위 등을 명확히 정리하고자 하였다.

3) 신앙고백서와 문답서의 완성과 수용

총회는 1643년부터 1648년까지 5년 7개월간의 치열한 회의 끝에 세 가지 중요한 문서를 작성하였다. 그중에서도 가장 핵심적인 것이 바로 웨스트민스터 신앙고백서(Westminster Confession of Faith)였다. 이 고백서는 칼뱅주의에 기초한 개혁신학의 전통을 계승하면서, 구속사적 신학과 언약신학을 중심으로 성경 전체의 가르침을 일목요연하게 정리하였다. 특히 하나님의 절대주권, 예정론, 언약, 교회론, 성례, 종말론 등 핵심 주제들을 균형 잡히고 논리적으로 서술하였다.

이와 더불어 교리 교육을 위한 대요리문답(Westminster Larger Catechism)과 소요리문답(Westminster Shorter Catechism)도 함께 작성되었다. 대요리문답은 성인과 교회 지도자들을 위한 심화 교재로, 소요리문답은 어린이와 평신도를 위한 간략하고 실용적인 교재로 구성되었다. 이들은 모두 문답 형식(catechism)으로 구성되어 교회의 교리교육에 효과적으로 활용되었다.

1647년, 웨스트민스터 신앙고백서는 총회의 정식 승인을 받았으며, 1648년에는 스코틀랜드 의회와 장로교 총회가 이를 공식적으로 채택하였다. 이후 이 신앙고백서는 스코틀랜드와 아일랜드를 포함한 영국 내 장로교회의 기본 신앙문서가 되었으며, 미국을 비롯한 전 세계 장로교회의 신학적 기준으로 널리 수용되었다.

4) 역사적·신학적 유산

웨스트민스터 신앙고백서는 단지 한 시대의 산물이 아닌, 종교개혁 전통의 정수이자 오늘날까지도 생명력을 지닌 신학 문서로 평가받는다. 이 고백서는 칼뱅주의적 정통신학을 반영하면서도 실천적이고 교육적인 요소를 포함하고 있어, 단순한 이론이 아니라 삶과 교회를 변화시키는 힘을 가지고 있다. 또한 이 문서가 작성된 배경은 단순한 신학 토론이 아닌, 목숨을 건 신앙 투쟁과 사회적 갈등의 한복판에서 나온 것이라는 점에서, 오늘날 교회의 신앙고백이 결코 이론에 머물러선 안 됨을 보여준다.

현재 웨스트민스터 신앙고백서는 장로교 헌법의 기초로서, 교리적 정체성과 목회적 실천의 기준이 되며, 특히 백석총회 헌법 제2편 제3부로 수록되어 개혁주의생명신학의 신학적 기초를 이루고 있다.

2. 1960년대 한국 장로교회의 「웨스트민스터 신앙고백서」 채택 배경

「웨스트민스터 신앙고백서」 채택은 당시 한국장로교회 각 교단이 신앙고백에 대한 이해와 신학적 입장을 정리함으로써 하나였던 장로교회에서 출발하였지만 저마다 신학적으로 독자적인 노선을 가겠다는 의지를 표명한 것으로 이해할 수 있다. 우리나라에 장로교 선교사들이 들어와 복음을 전하면서 1907년에 독노회를 조직하였고 「12신조」와 함께 「웨스트민스터 신앙고백서」와 「대·소요리문답」을 하나님의 말씀을 밝히 해석한 책이자 교회와 신학교에서 마땅히 가르쳐야 할 요긴한 교리라고 소개하였으며 소요리문답을 교회의 문답으로 수용하였다.131) 「소요리문답」과 「웨스트민스터 신앙고백서」는 1902년부터 평양 장로회신학교 교육과정에서 가르치기 시작했지만,132) 해방 이전까지 장로교회의

---

131) 총회100년사 발간위원회 편, 「미래로 열린 100년의 기억」, . 87.
132) 박용규, "총신 120년의 역사, 신앙, 평가(1): 평양장로회신학교 설립, 발전, 폐교(1901-1940)," 196.

신앙표준 문서는 「12신조」와 「소요리문답」뿐이었다. 평양신학교에서는 「웨스트민스터 신앙고백서」와 「소요리문답」과 「대요리문답」의 웨스트민스터 표준문서들이 교육되었지만 총회에서 채택하지는 않았던 것이다.

그런데 1950년대에 한국장로교회가 고신, 기장, 합동, 통합으로 분열한 후 60년대에 들어서면서 각 교단들이 「웨스트민스터 신앙고백서」를 신앙표준으로 채택하기에 이른다.133) 갑작스럽게 채택이 이루어진 것처럼 보이지만 그 이면에는 신앙고백에 대한 입장 차이, 변화하는 신학에 대한 총회의 수용 여부, 미국의 신학적 변화에 따른 한국적 신학의 필요라는 다양한 의미가 내포되어 있었다. 1963년에 합동측이, 1968년에 통합측이, 1969년에는 고신측이 「웨스트민스터 신앙고백서」를 각 교단의 신앙고백서로 채택하였는데, 그 이유는 미국연합장로교회의 「1967년도 신앙고백」 채택으로 인해 발생한 신앙고백 논쟁에서 찾을 수 있다.

사실 한국장로교회에 가장 큰 영향을 준 것이 미국 장로교회인 것은 부인할 수 없는 사실이다. 미국 장로교회는 18세기 「웨스트민스터 신앙고백서」를 채택했던 시기부터 대립과 분열의 징조를 보였다. 1728년 「웨스트민스터 신앙고백서」 채택 시 스코틀랜드 아일랜드 계열과 뉴잉글랜드 노회 양 진영의 대립은 그들의 신앙고백에 대한 견해 차이에서 비롯된 것이다. 신앙고백에 대한 서약이야말로 올바른 신학의 지속을 보장한다는 견해와, 신앙고백은 성경의 해석에 불과하므로 인간의 오류와 문화적 영향 하에 있을 뿐이라는 견해의 대립이었다. 즉 진리 표준으로서의 총괄성을 강조하는 신앙고백관과 복음의 상황 적합성을 강조하는 신앙고백관이 충돌한 것이다. 이러한 신앙고백에 대한 견해 차이

---

133) 김영재, 「교회와 신앙고백」, 255; 이은선, "한국장로교단들의 웨스트민스터 신앙고백서와 대소요리문답의 수용," 「한국개혁신학」 51 (2016): 175.

는 1967년 신앙고백 개정까지 이어진다. 미국연합장로교회의 「1967년도 신앙고백」 채택으로 인해 발생한 신앙고백 논쟁은 한국으로 이어져 1966년부터 교계와 신학계를 뜨겁게 달구었다.134) 기존의 신앙고백을 수정하는 것에 대한 저항이 있었기 때문이다. 선교지 교회로서 신학이 일천했던 한국교회 초기와 같이 무조건 수용할 수 있는 것이 아니었다. 분열의 명분으로 내세웠던 신학적 차이를 분명히 보여주고, 이제 한국적인 신학의 관점에서 미국의 신앙고백을 바라보게 된 것이다. 신학적 독립이 요청되는 시기였다는 의미이기도 하다.

사도들로부터 계승되어온 건전한 신앙고백들도 시대와 이단의 발흥에 대처하며 발전에 발전을 거듭하였다. 그 이유는 신앙고백은 시대적 물음에 대한 응답이기 때문이다. 교회의 신앙고백은 시대마다 그리스도의 교회가 잘못된 가르침에 반대하여 성경의 진리를 변호하고 그리스도인들에게 그리스도교 교회의 신앙을 가르치며, 교회가 당면하는 문제들이나 신자들이 생활하는 데서 부딪치는 문제들을 해결하며 지도해야 할 필요성에서 작성된 것이다. 그러므로 교회의 신앙고백은 역사적 시대와 상황을 따라 발전하게 되었으며, 시대적이며 지역적인 특징을 띠게 됨과 동시에 다양성을 갖게 되었다. 그러한 면에서 모든 신앙고백은 교회 공동체의 믿음에 근거해서 드려져야 하는 공적인 신앙의 고백으로서 각기 그 시대의 지역적, 민족적, 역사적 특수성을 반영하고 있다.

「웨스트민스터 신앙고백서」 역시 시대적 흐름에 따라 여러 차례 수정된 바 있다. 웨스트민스터 신앙고백서」는 1647년 2월에 영국 상원을 통과하여 8월 20일에 스코틀랜드교회에 의해 채택되었다. 그리고 1648

---

134) 이영헌, 「한국기독교회사」, (서울: 컨콜디아사, 1988), 354-355.

년 7월에는 대소요리 문답이 채택되었다. 「웨스트민스터 신앙고백서」는 1788년 미국에 건너와서 교회와 국가의 관계와 관련하여 20장 4절, 23장 3절, 31정 2절이 개정 혹은 삭제되었고, 1887년에는 결혼 규정이 일부 삭제된다. 1903년에는 선언적인 서언이 새롭게 작성되면서 3장의 예정론과 10장 3절의 죽은 유아의 구원 문제에 대한 해석의 방향을 제시하였고, 16장 7절, 22장, 25장 3절 등을 수정하였고, 34장과 35장을 성령과 선교와 관련하여 내용을 추가하였다.[135] 그러나 진리 표준으로서의 총괄식을 강조하는 신앙고백관의 관점에서는 신앙고백이 우리의 믿는바 영원불변의 신앙 내용을 요약 망라한 것이라고 믿는다. 따라서 신앙이나 신학 혹은 신앙고백이 시대적인 물음에 응답하기 위해 시기마다 적절하게 변화해야 한다는 사상은 수용하기 어려운 것이다. 반면 복음의 상황 적합성을 더욱 중요하게 강조하는 입장에서는 신앙고백이 성경의 해석에 불과하고 인간의 오류와 문화적 영향 아래에 있기 때문에 복음의 상황에 따라 수정하는 것이 옳다고 하였다. 이러한 관점의 차이로 인해 미국에서도 논쟁이 격화되었고 한국에서도 그 논쟁이 이어졌다. 과연 진정으로 개혁주의신학을 표방하는 사람들이라면 어떻게 하는 것이 옳았을지 생각해 볼 필요가 있다. 신학이 아니라 먼저 성경에 비추어 보아 어떤 것이 바른 것인지 판단했어야 한다. 신앙과 삶의 유일한 표준은 성경이기 때문이다.

하지만 한국장로교회 안에는 영국에서 회의를 거쳐 상원을 통과하고 스코틀랜드교회에서 채택된 1647년 원안만이 참된 개혁주의 신조라고 믿고 보수하는 총회도 있고, 미국으로 건너가 몇 차례 수정을 거쳐 예정론을 약화시키고 부흥운동의 영향으로 성령과 선교에 대한 입장을 추가하면서 아르미니우스주의에 가까워졌다는 극단적인 평가를 받기도

---

135) 김영재, 「교회와 신앙고백」, 168.

하는 1903년 수정판을 채택한 총회들도 있다. 개혁주의가 강조하는 가장 중요한 원리가 성경인지 아니면 예정론인지를 엄밀히 생각해 볼 필요가 있다. 예정론은 개혁주의가 강조하는 교리 가운데 하나일 뿐이다. 미국 장로교회가 예정론을 하나님의 예정에 관한 극단적인 이론으로 수정하여 이해하도록 촉구하게 된 동기 가운데 가장 중요한 것은 18세기부터 일어난 부흥 운동에 미온적이거나 냉담한 태도를 취한 교회가 주로 장로교회였다는 것에 대한 반성이라고 볼 수 있다. 19세기에 와서 장로교회가 부흥 운동과 선교 운동에 더욱 적극적으로 참여하면서, 예정의 교리보다는 회개와 결단과 믿음을 강조하는 복음주의 노선의 교파들과 협력하며 교류하기 위해서는 수정이 불가피했으며, 또한 일정 부분 역할을 한 것도 사실이다.

1903년 「웨스트민스터 신앙고백서」의 수정은 당대 현실의 철저한 반영이었다. 당시 교회는 역사상 그 어느 시대보다 복음 전파와 선교에 관심을 많이 가지게 되었으며, 그 일을 위하여 성령의 역사를 필요로 하고, 또 실제로 경험하게 되었기 때문에 성령과 성령께서 하시는 일을 보다 구체적으로 고백하게 되었다. 1647년 「웨스트민스터 신앙고백서」가 그 시대의 필요를 채웠던 것처럼 1903년의 신앙고백의 수정 또한 그 시대의 요청에 부응한 것이다. 문제는 미국 장로교회가 점차 보수주의적 성향에서 벗어나 1967년에는 「웨스트민스터 신앙고백서」의 개정이 아니라 새로운 신앙고백서를 작성하기에 이른 것이다. 개혁주의를 강조해 온 미국연합장로교회가 신정통주의 색채를 가진 1967년도 신앙고백을 작성하여 채택하면서 보수주의 측의 강한 반발을 불러일으킨다.

한국장로교회 역시 1960년대 다양한 신학적인 사조들의 유입과 한국교회의 WCC를 비롯한 세계 교회 운동 참여, "하나님의 선교(Missio Dei)" 신학 수용 등으로 인해 세속화 논쟁 중에 있을 때 전해진 미국의 신앙고백 개정 소식에 서둘러 자신들의 신학적 입장을 표명하기 위한 한 방편으로써 「웨스트민스터 신앙고백서」를 각 교단의 신앙표준으로 채택하게 된 것이다. 「1967년도 신앙고백의 교리적 위험성」에 대처하기에 기존의 한국장로교회의 신앙표준인 「12신조」만으로는 충분하지 못하다고 판단했기 때문이다. 그런 의미에서 한국장로교회의 「웨스트민스터 신앙고백서」는 교리적 표준으로서의 의미가 크다. 한국장로교회는 각 교단의 입장에 따라 1647년 원안과 1903년 수정판을 각각 채택하게 되는데,136) 성령의 사역을 단회적인 계시 사건으로 한정할 것인지, 혹은 현재에도 연속적으로 역사하시는 방식으로 이해할 것인지에 대한 신학적 입장이, 각 교단이 웨스트민스터 신앙고백서의 원안을 따를지 혹은 수정판을 수용할지를 결정하는 데 중요한 요소로 작용한 것으로 보인다. 그러나 한국장로교회는 1907년 대부흥운동을 비롯하여 반복된 성령의 부흥을 직접적으로 경험한 역사적 맥락에도 불구하고, 보다 정통적이고 보수적인 신학 노선을 견지하고자 하는 의도에서 1647년 원안을 신앙표준으로 채택한 것으로 이해된다. 이러한 선택은 교리적 일관성과 역사적 신앙 전통을 유지하려는 교단적 신학 의식의 표현으로 해석할 수 있다.

1968년 통합측의 뒤늦은 「웨스트민스터 신앙고백서」채택은 「1967년도 신앙고백」논쟁의 이면에 신앙고백 개념 자체에 대한 관점 상의 대립이 존재하고 있음을 잘 보여준다. 미국연합장로교회의 「1967년도 신앙고백」채택 문제는 한국 교계에 큰 논쟁의 불씨를 던졌다. 미국 교회와 깊은 상관관계에 있었던 한국장로교회에서도 그 내용에 대한 논란이 크게 일어나, 미국연합장로교회가 채택한 새 신앙고백에 대한 공개 강연들이 열리고, 신학자들은 신학지들을 통하여 찬반 논쟁을 벌였다.

---

136) 이종성, "미국연합장로교회의 신앙고백과 한국교회," 「기독교사상」 271(1981): 3

기장측 신학자들은 1967년도 신앙고백을 긍정적으로 받아들인 데 반하여 합동측과 고신측 신학자들은 반대했으며, 통합측 일부 신학자들도 반대를 표명하였다. 한국장로교회의 보수진영 지도자들은 미국연합장로교회와 대한예수교장로회가 자매 관계를 맺고 있기 때문에 간접적으로 많은 영향을 받을 것을 걱정하면서 강력하게 반대 운동을 전개했다. 이 반대 운동의 최종 목적은 「1967년도 신앙고백」을 총회에서 단호히 거절하는 것이었다. 이미 1963년 「웨스트민스터 신앙고백서」를 신앙 표준 문서로 채택했던 합동측은 1968년 총회에서 교리를 강화하면서, '신경과 요리 문답'을 '신조와 웨스트민스터 신도 개요 및 대·소요리 문답'으로 보다 명확하게 규정함으로써 「웨스트민스터 신앙고백서」를 신앙 표준 문서로 재확인했다. 통합측은 1967년도 신앙고백에 대한 연구 위원회를 구성하여 1년 동안 연구한 후 1968년 총회에 보고하도록 하였다. 1968년 총회에서 그 신앙고백이 한국 교회 상황에 부적합하다는 사실을 언급하고 그 문제는 일단락되었지만 「1967년도 신앙고백」을 반대한다는 총회의 결의를 원했던 일부 지도자들을 만족시키지는 못했다. 1967년도 신앙고백이 한국장로교회에 미칠 영향을 우려하던 통합측 보수주의자들은 여기에 만족하지 못했다. 그로 인해 통합측 총회의 신앙과 신학의 노선을 강경한 칼빈주의에 묶어두기 위하여 1967년도 신앙고백에 대한 논쟁을 종식시키는 대신, 「웨스트민스터 신앙고백서」를 예수교장로회총회(통합측)의 신앙고백으로 채택하도록 주장한 이들이 있었다. 이 때 통합측이 채택한 고백서는 1647년의 것이 아니라, 미국 교회에 의해 수정되고 증보된 1903년 수정판이었는데, 그것이 채택될 때 이 점에 대한 질문을 제기한 총대가 없었다.

또한 고신측의 경우에는 1971년 제21회 총회에서 헌법 전체를 수정키로 하되 신경과 대소요리 문답은 고려신학대학 교수들에게 맡겨 웨스트민스터 헌법의 원본대로 번역이 잘 안된 부분을 수정토록 하였다.

정치와 권징조례, 예배 모범은 정치수정위원회가 맡아 검토 수정하였다. 이를 각 노회에 수의하였는데, 1972년 제22회 총회가 각 노회의 수의 표결 보고를 종합 총계한 결과 채택되었다. 그리고 「12신조」는 이 헌법의 부록으로 수록해서 참고토록 했다. 그리고 1980년 총회에서 「웨스트민스터 신앙고백서」의 34장과 35장을 추가 채택했다.

합동측은 다른 예장 총회들보다 5년 정도 앞서 「웨스트민스터 신앙고백서」를 채택하였다. 그러나 이 역시 「1967년도 신앙고백」과 무관하다고 말하기는 어렵다. 한국에서 1967년도 신앙고백으로 인해 본격적으로 논쟁이 일어난 시기는 1966년 이후지만, 미국에서는 이미 1959년에 새 신앙고백을 위한 연구를 시작했기 때문이다. 합동측의 채택 과정을 보면 1963년 미국에서 개최된 개혁파 교회 세계 대회(RES; Reformed Ecumenical Synod)250)에 참석 중이던 명신홍 박사의 요청으로 「웨스트민스터 신앙고백서」를 표준서로 삼는 것에 대한 안건이 제48회 총회에서 논의된 것을 알 수 있다. 합동측은 1963년 8월 24일 미국 미시간주 그랜드래피즈에서 개혁파 교회 세계 대회가 열린다는 소식을 접하고 긴급히 기독교 개혁파 교단 본부에 연락하였다. 그 결과로 초청을 받은 임원회는 명신홍을 추천하여 1963년 9월 6일에 파송하였다. 이 대회에 참석한 명신홍은 동 대회에 가입할 것과,137) 대요리문답과 「웨스트민스터 신앙고백서」를 합동측의 신앙 표준서로 수납하도록 하여달라는 것, 미국 기독교 개혁파 교회에 선교사 파송을 청하여 달라는 것을 총회에 요청하였다. 총회는 이를 긍정적으로 받아들였으며, 「웨스트민스터 신앙고백서」는 투표를 통해 제49회 총회에서 표준 신앙 문서로 공포되었다.

---

137) 대한예수교장로회 총회(예장), 「제48회 총회 회의록」 (1963), 29.

3. 「웨스트민스터 신앙고백서」 채택 과정과 백석총회의 입장

백석총회는 1981년에 발표한 대한예수교장로회(합동진리·연합) '합동총회선언문' 2번째 항목에서 "2. 우리는 전통적인 한국장로교회가 지켜오는 성경적 개혁주의신학을 고수하고 총회의 헌법과 규례는 웨스트민스터 표준문서인 웨스트민스터 신앙고백서 대소요리문답, 교회 정치, 권징조례, 예배 모범에 준한다"고 하여 「웨스트민스터 신앙고백서」를 채택했는데 1903년 수정판을 채택하였다.138) 백석을 비롯한 합동, 고신, 그리고 합신과 대신에 이르기까지 웨스트민스터 신앙고백서」를 비롯한 표준문서들은 현재도 살아있는 신앙의 기준이라 할 수 있다. 그러나 통합교단에서는 새로운 신앙고백서를 작성함에 따라 「웨스트민스터 신앙고백서」를 과거의 신앙고백 유산으로 여기고, 기장은 과거의 유물처럼 여기며 개혁주의와는 다른 길을 가고 있다.139)

1960년대 「웨스트민스터 신앙고백서」 채택으로 인해 「웨스트민스터 신앙고백서」는 결국 교리적 위협 외의 다른 어떠한 한국적 상황도 고려되지 않은 채 한국의 장로교회가 고백하는 신앙고백이 되었다. 각 총회들은 각자의 신학적인 입장을 반영한 다른 「웨스트민스터 신앙고백서」 판본들을 사용했으며 선택한 버전에 대해서도 명확한 기준을 제시하지 않았다. 일부 총회는 자신들이 추구하고 보수해 온 정통신학이 위협을 받는 것에 대한 부담이 있었기 때문에 교리적 표준으로서 「웨스트민스터 신앙고백서」를 통해 신학적 입장을 표방하는 것에 일차적 목적을 두기도 했을 것이다. 그런 면에서 한국의 민족적, 문화적, 역사적 상황을 모두 포함하여 담아내기에는 선교 초기부터 「웨스트민스터 신앙고백서」가 태생적 한계를 지니고 있었다는 점은 인정해야 할 것이다.

---
138) 용환규, "개혁주의생명신학의 토대인 백석총회의 신앙고백 연구," 138.
139) 「한국교회사: 백석총회 설립 45 주년 기념」, 274-275.

그럼에도 한국장로교회의 수많은 총회들이 유일하게 신앙고백으로 삼고 있다는 점에서 「웨스트민스터 신앙고백서」가 가지는 의미는 상당히 크다.

1965년 통합총회에서 현재의 한국장로교총연합회(1995)의 전신인 장로교연맹체 운동을 발의할 때 "장로회 신조와 대소요리문답을 그대로 믿는 장로회 명칭을 사용하는 교단의 대화"를 제안할 수 있었던 근거도 같은 신앙고백을 신앙의 표준문서로 고백하고 있기 때문이다.140) 총회마다 조금씩 차이가 있음에도 불구하고 한국교회 연합과 일치를 위한 공통적 요소로는 「웨스트민스터 신앙고백서」와 「12신조」가 공동의 신앙고백으로 포함되어 있다. 결국 한국교회 연합과 일치를 모색하기 위해서는 공동의 신앙고백을 가진 교단들은 점진적으로 거룩한 하나의 장로교회를 이루어야 한다는 시대적 명령에 순종해야 할 것이다. 백석총회는 교단 설립부터 교단 통합을 이룰 때마다 여러 차례의 신앙고백서를 발표하여 채택한 바 있다.141) 새로운 시대적 요청에 따라 「웨스트민스터 신앙고백서」를 수정하기보다 시의적절한 선언문을 발표하고 채택한 것은 개혁주의 신앙고백의 유산을 계승하려는 특별한 의지가 있기 때문이다. 또한 백석총회의 설립자인 장종현 목사가 개혁주의생명신학 입장에서 「웨스트민스터 신앙고백서」의 소요리문답을 강해하여 책으로 저술하였을 뿐 아니라 성도들을 위한 교재를 제작하여 보급하는 것은 개혁주의를 바르게 실천하려는 분명한 의지가 있는 것으로 보인다. 특별히 종교개혁 500주년을 기념하여 2017년 9월 14일 「개혁주의생명신학 선언문」을 교회선언으로 채택하였음에도 불구하고 「웨스트민스터 신앙고백서」를 신앙의 표준문서로 고백하고 가르치는 것은 한국교회

---

140) 한국교회백주년준비위원회 사료분과위원회 편, 「대한예수교장로회 100년사」, (서울: 대한예수교 장로회 총회 교육부, 1984), 562-563.
141) 용환규, "개혁주의생명신학의 토대인 백석총회의 신앙고백 연구," 134.

연합과 일치를 위한 공동의 신앙고백으로서 사도들로부터 계승되어온 건전한 전통과 16세기 종교개혁자들의 신앙을 담고 있는 유산으로서 가치가 있기 때문이다.

제2장 웨스트민스터 신앙고백서의 헌법상 지위

1. 웨스트민스터 신앙고백서의 헌법적 권위

「웨스트민스터 신앙고백서」(1647년)는 장로교회의 신앙적·교리적 기초를 제공하는 문서로서, 한국 장로교회에서 헌법으로 권위를 지니고 있다. 한국 장로교회는 1907년 독노회에서 「12신조」를 공식적으로 채택하였으며, 이후 1959년 제43회 대한예수교장로회(예장) 총회에서 「웨스트민스터 신앙고백서」를 헌법의 일부로 포함시켰다.

이로 인해 「웨스트민스터 신앙고백서」는 성경의 권위를 인정하는 내용으로 구성되며, 교회의 신앙생활과 규율을 결정하는 중요한 기준이 된다. 장로교회의 헌법은 12신조, 신앙고백서, 요리문답, 교회의 규율로 구성되며, 이 중 신앙고백서는 교리적 기준을 제시하는 역할을 한다.

예를 들어, 대한예수교장로회 백석, 합동, 고신 등 보수적인 장로교단은 「웨스트민스터 신앙고백서」를 헌법으로 유지하고 있으며, 목사 안수나 장로 임직 시 해당 신앙고백서에 대한 서약을 요구한다. 이는 신앙고백이 단순한 신학적 문서가 아니라 교회의 법적·제도적 기초로 작용하고 있음을 보여준다.

2. 웨스트민스터 신앙고백서의 적용과 백석총회

백석총회는 1978년에 조직되었고, 1981년에 「웨스트민스터 신앙고백서」를 헌법의 일부로 공식적으로 채택하였다. 백석총회는 성경의 절대적 권위를 강조하며, 이 신앙고백서의 내용을 바탕으로 교회 운영과 교리적 문제를 다루고 있다.

특히 목사 안수 및 장로(권사, 집사) 임직 시 신앙고백서에 대한 서약을 요구하며, 이는 교회의 헌법적 구조에서 중요한 위치를 차지한다. 또한, 「웨스트민스터 신앙고백서」를 위반하는 행위는 위헌 및 위법한 행위가 되어 교회의 법적 처리 대상이 될 수 있다.

결론적으로, 「웨스트민스터 신앙고백서」는 보수적인 한국 장로교회 및 백석총회에서 헌법적 권위를 지니며, 신앙적·교리적 기준으로 작용한다. 또한 신학적 논쟁이나 교리적 문제 해결의 결정적 기준이 되며, 교회의 정체성을 규정하는 중요한 요소로 자리 잡고 있다

참고) 고신총회, 웨스터민스터 신앙고백서 34, 35장 제외 개정안 부결

대한예수교장로회 고신총회(총회장 권오헌 목사)는 2022년 9월 22일 총회에서 웨스트민스터 신앙고백서 34장(성령 하나님)과 35장(하나님의 사랑과 선교의 복음)을 제외하는 헌법 개정안을 부결했다. 먼저 헌법개정위원회 위원장 김세중 목사가 헌법 개정안 경과를 보고하는 가운데 교리표준 개정안의 신앙고백 34장과 35장 제외 안건에 대해 다음과 같은 취지로 설명했다. 교리 분과에서 있어서 헌법 개정안에서 웨스터민스터 신앙고백 34, 35조를 제외하는 것으로 결정하고 제안서를 올리게 되었음을 알렸다. 1647년에 제정된 웨스트민스터 신앙고백서는 1903년 미국북장로교회에서 34, 35장을 추가했다는 역사적 기록을 언급하면서, 추가되는 과정이 미국 북장로교회가 미국 내 칼빈주의와 알미니안주의를 반반씩 신봉하는 교단과의 합병과정에서 추가된 것으로 파악했다. 그 과정에서 하나님의 예정과 유기에 관련된 5곳을 삭제 및 변경한 부분이 있기 때문에 칼빈주의가 약화되었다고 파악했다. 또한 35

장은 1-33장에 있는 내용을 모아서 구성한 것이기 때문에 불필요한 부분이라고 파악했다. 이러한 근거 위에서 34, 35장을 제외하기로 했다.

이에 대해 서울남부노회 이세령 목사와 경남노회 성희찬 목사가 관리표준은 좋은데 교리표준에 대해서 34장과 35장을 삭제한 이유가 명확하지 않아서 반대한다고 다음과 같은 취지로 발언했다. 굳이 삭제해야 할 이유가 없는데도 삭제하는 것은 바람직하지 않다. 1900년대 초반에 미국 장로교회가 34, 35장을 추가한 것은 시대의 사명을 다하기 위함인데, 그걸 무시하는 것은 바람직하지 않고 오히려 앞으로는 우리가 시대에 따라 더 많은 조항을 추가해야 하는데, 오히려 34, 35장을 삭제하는 것은 바람직하지 않다. 우리 교회가 17세기로 돌아가야만 하느냐.

우리 고신총회가 34, 35장을 추가하기로 결정했었고, 교단 설립 30주년 기념 대회 때 오병세 박사께서 두 장을 추가한 이유에 관해 쓴 글도 있다. 몇 해 전 총회 때 고려신학대학원 교수회가 보고한 논문에 의하면 '전통적 웨스트민스터 신앙고백서'의 '전통적'이라는 의미가 무엇인지에 대해 정확하게 알 수 없어서 심도 있는 토론의 과정이 있어야 한다고 했다. 총회 헌법 개정 위원회가 이전의 총회 결의와 추가 배경을 자세히 살피지 않고 34장 35장 제외를 개정안에 담은 것은 옳지 않다.

열띤 토론 끝에 헌법 개정안에 대한 표결에 들어가 찬성 142, 반대 212 표로 웨스트민스터 신앙고백 34장 35장 제외 안이 들어 있는 교리표준 개정안은 부결되었다.[142] 고신은 형식은 1903년판, 내용은 1647년판에 가깝다고 볼 수 있다. 고신총회는 미국 북장로교(PCUSA)의 영향으로 1903년판 웨스트민스터 신앙고백서를 형식적으로 채택했다. 그러나 신학적으로는 1647년 원안을 따르는 보수 정통주의 입장을 견지하

---

142) 출처: 코람데오닷컴 http://www.kscoramdeo.com/news/articleView.html?idxno=23600, 김대진 (2022.9.23)

며, 성령의 은사와 계시는 단회적이며 사도시대에 한정된 것으로 본다.

3. 웨스트민스터 신앙고백서의 내용

웨스트민스터총회는 1646년 11월 26일에 신앙고백서 초안을 완성했지만, 영국 의회의 요청에 따라 증거 성경구절을 추가해 1647년 4월 5일에 웨스트민스터 신앙고백서를 완성했다. 웨스트민스터 신앙고백서는 총 33장으로 되어 있으며 일곱 가지 주제로 구분된다.

〈표 3-2〉 웨스트민스터 신앙고백서 내용

장	구 분	내용
1	서론	성경
2-5	신론	삼위일체, 예정, 창조, 섭리
6-7	인간론	타락, 죄와 형벌, 은혜언약
8	기독론	중보자 그리스도
9-20	구원론	자유의지, 소명, 칭의, 양자, 성화, 신앙, 회개, 선행, 견인, 구원의 확신, 율법, 자유
21-31	교회론	예배와 안식일, 맹세와 서원, 국가의 위정자, 결혼과 이혼, 교회, 성도의 교통, 성례, 세례, 주의 만찬, 교회의 권징, 대회와 총회
32- 33	종말론	죽음과 부활, 최후 심판

1647년 「웨스트민스터 신앙고백서」 내용 정리.
웨스트민스터 신앙고백서의 특징은 다음과 같다.

1) 성경론을 서론으로 배치하여 최고의 권위를 강조함

웨스트민스터 신앙고백서는 서론에서 성경론을 다루며, 신학과 신앙의 최고 권위가 오직 성경에 있음을 천명한다. 이는 종교개혁의 "오직 성경(Sola Scriptura)" 원리를 철저히 반영한 것이며, 교회의 전통이나 인간의 이성보다 성경의 권위를 우위에 둔다. 성경의 절대적 권위를 강조한 측면에서 볼 때, 이는 로마가톨릭교회의 전통적 해석권과 교황권을 정면으로 반박한 것이기도 하다. 특히 웨스트민스터 신앙고백서는 외경을 정경에서 제외하며, 정경으로서의 성경이 신앙과 실천의 기준이 됨을 명확히 했다. 또한 성경의 원본(히브리어 구약과 헬라어 신약)과 번역본 간의 차이를 인정하면서도, 성경의 본래적 의미는 변함없이 유지된다고 보았다. 더 나아가 성경 해석의 권한을 성직자에게만 제한하지 않고, 성령의 감동을 받은 모든 신자가 성경을 올바르게 해석할 수 있다고 인정했다. 이는 개혁주의 신학의 중요한 원리로서, 만인제사장 사상과 성경적 신앙의 보편성을 강조하는 것이다(벧전 2:9).

2) 구원론과 교회론의 강조

웨스트민스터 신앙고백서는 9-20장에서 구원론을 체계적으로 정리하였다. 특히 칭의론에서 인간이 신앙과 행위로 칭의를 받는다는 로마가톨릭교회의 가르침을 반박하며, 오직 믿음(Sola Fide)으로 의롭게 됨을 강조했다. 이는 개혁주의 신학에서 가장 중요한 원리 중 하나로, 인간의 행위가 아닌 그리스도의 완전한 대속 사역에 의해 구원이 주어진다는 점을 분명히 했다(롬 3:28). 또한 성화론과 견인론을 다루며, 구원 받은 신자는 반드시 성령의 역사 가운데 변화된 삶을 살아가야 함을 주장했다(빌 2:12-13).

교회론에서도 중요한 특징이 나타난다. 웨스트민스터 신앙고백서는 교회를 보이는 교회와 보이지 않는 교회로 구분하였다. 보이는 교회는 지상에서 존재하는 불완전한 공동체로, 성도의 신앙과 삶이 온전히 일치하지 않을 수 있다. 반면 보이지 않는 교회는 하나님이 예정하신 참된 성도들의 공동체로, 최종적으로 완전한 구원을 누릴 자들로 이루어진다. 또한 교회의 유일한 머리는 교황이나 국왕이 아니라 오직 예수 그리스도이심을 강조하였다(엡 1:22-23). 이는 당시 성공회와 로마가톨릭교회의 교황권을 부정하는 개혁주의적 입장을 보여준다. 더 나아가 웨스트민스터 신앙고백서는 모든 신자가 연합을 이루어야 하며, 신앙 안에서 하나 됨을 힘써야 한다고 가르쳤다(요 17:21).

3) 예정론의 체계적 정리

웨스트민스터 신앙고백서는 예정론을 매우 폭넓게 다루었으며, 이는 3장(하나님의 영원한 작정), 5장(섭리), 9장(자유의지), 17장(성도의 견인)에서 반복적으로 강조되었다. 이는 종교개혁 당시 예정론이 개혁주의 신학의 중심 교리 중 하나였음을 보여준다. 예정론은 원래 칼빈이 로마가톨릭교회의 공로사상을 반박하기 위해 정리한 것이었는데, 웨스트민스터 신앙고백서는 이를 더욱 상세히 다듬어 네덜란드와 영국에서 대두된 아르미니우스주의의 주장에 반박하기 위한 강력한 신학적 논거로 사용했다.

웨스트민스터 신앙고백서는 예정론을 하나님의 "허용적 작정"의 개념과 연결시켰다. 즉, 인간의 타락은 하나님이 직접 일으킨 것이 아니라, 하나님이 허용하셨으나 인간 스스로의 책임 아래 일어난 사건이라는 점을 분명히 하였다. 그럼에도 불구하고 하나님은 타락한 인간 가운데 일부를 선택하여 구원하셨으며, 이 선택은 전적으로 하나님의 은혜에 따른 것이라고 정리했다(엡 1:4-5). 또한 구원받은 성도는 하나님의 섭리 가운데 끝까지 보호받으며, 믿음에서 떠나지 않고 견인하게 된다고 강조했다(요 10:28).

4) 성찬에 대한 영적임재설 채택

성례에 대한 논의에서 웨스트민스터 신앙고백서는 성찬론을 신중하게 다루었다. 성찬에 대한 다양한 신학적 해석이 존재하는 가운데, 웨스트민스터 신앙고백서는 칼빈의 "영적 임재설"을 반영했다. 이는 성찬이 단순한 기념이 아니라, 성령을 통해 신자들이 실제로 그리스도의 임재를 경험하는 신비로운 은혜의 방편이라는 입장이다(고전 10:3, 16).\

반면, 루터의 「"공재설"(그리스도의 몸과 피가 떡과 함께 실재한다는 주장), 로마가톨릭교회의 "화체설"(떡과 포도주가 실질적으로 그리스도의 몸과 피로 변한다는 주장), 츠빙글리의 "기념설"(성찬이 단순한 상징적 행위라는 주장) 등을 반대하였다. 이는 성찬이 단순한 의식이나 상징이 아니라, 신자들이 신비적으로 그리스도의 임재를 경험하는 중요한 수단임을 강조한 것이다.

[그림 3-3] 16세기 성찬론

출처 : 참된장로교인, p, 47. [143]

---

143) 총회칼빈기념사업위원회, 「참된 장로 교인 : 쉽게 풀어쓴」, 47.

5) 개혁주의 신조 가운데 유일하게 주일성수를 명확히 규정

웨스트민스터 신앙고백서는 개혁주의 신조 중에서 유일하게 주일성수에 대한 명확한 조항을 포함하고 있다. 웨스트민스터 신앙고백 제 21장 ⑦항에서 하나님은 그의 말씀을 통하여 적극적이고 도덕적이고 항구적인 명령으로써 모든 시대의 모든 사람에게 명령하여 이레 중 특히 하루를 안식일로 택하여 하나님께 거룩한 날로 지키게 했다(출 20:8, 11, 사 56:2, 4, 6-7, 사 56:6). 이 날은 창세 때부터 그리스도가 부활하신 날까지는 일주일간의 마지막 날이었으나, 그리스도의 부활부터는 일주간의 첫날로(창 2:2-3, 고전 16:1-2, 행 20:7) 변경되었다. 성경에서는 이날을 주일이라고 부른다(계 1:10). 이 날은 세상 끝날 까지 기독교인의 안식일로 지켜질 것이다(출 20:8, 10, 마 5:17-18). "종교적 예배와 안식일"을 다루며, 청교도적 관점에서 주일을 거룩하게 지켜야 함을 강조했다. 이는 당시 영국 청교도들이 안식일을 철저히 준수하는 신앙을 가지고 있었기 때문이며, 주일을 "기독교인의 안식일"로 규정하여 신자들이 노동을 멈추고 온전히 예배에 집중해야 한다고 가르쳤다(출 20:8-11).

웨스트민스터 신앙고백서의 주일성수 개념은 단순한 예배 참석을 넘어, 신자들이 하루를 온전히 하나님께 드리는 것으로 이해되었다. 이는 종교개혁 이후 개신교 내에서도 주일성수에 대한 다양한 해석이 존재하는 상황에서, 철저한 주일 준수를 강조하는 입장을 공식화한 것이다.

웨스트민스터 신앙고백서는 개혁주의 신학을 집대성한 문서로서, 성경의 권위, 구원론과 교회론, 예정론, 성찬론, 주일성수에 대한 명확한 가르침을 담고 있다. 이러한 특징들은 개혁주의 신학의 체계를 정립하는 데 중요한 역할을 하였으며, 오늘날까지도 개혁교회 전통에서 중요한 신앙고백으로 자리 잡고 있다.

4. 백석총회의 웨스트민스터 신앙고백서(1903년)

우리백석총회는 1981년에 발표한 대한예수교장로회(합동진리·연합) '합동총회선언문' 2번째 항목에서 "2. 우리는 전통적인 한국장로교회가 지켜오는 성경적 개혁주의 신학을 고수하고 총회의 헌법과 규례는 웨스트민스터 표준문서인 웨스트민스터 신앙고백서 대소요리문답, 교회정치, 권징조례, 예배 모범에 준한다"고 하여 「웨스트민스터 신앙고백서」를 채택했는데 1903년 수정판을 채택하였다. 백석을 비롯한 합동, 고신, 그리고 합신과 대신에 이르기까지 「웨스트민스터 신앙고백서」를 비롯한 표준문서들은 현재도 살아있는 신앙의 기준이라 할 수 있다. 그러나 통합교단에서는 새로운 신앙고백서를 작성함에 따라 「웨스트민스터 신앙고백서」를 과거의 신앙고백 유산으로 여기고, 기장은 과거의 유물처럼 여기며 개혁주의와는 다른 길을 가고 있다.144)

총회마다 조금씩 차이가 있음에도 불구하고 한국교회 연합과 일치를 위한 공통적 요소로는 「웨스트민스터 신앙고백서」와 「12신조」가 공동의 신앙고백으로 포함되어 있다. 결국 한국교회 연합과 일치를 모색하기 위해서는 공동의 신앙고백을 가진 교단들은 점진적으로 거룩한 하나의 장로교회를 이루어야 한다는 시대적 명령에 순종해야 할 것이다. 우리 백석총회는 교단 설립부터 교단 통합을 이룰 때마다 여러 차례의 신앙고백서를 발표하여 채택한 바 있다. 새로운 시대적 요청에 따라 「웨스트민스터 신앙고백서」를 수정하기보다 시의적절한 선언문을 발표하고 채택한 것은 개혁주의 신앙고백의 유산을 계승하려는 특별한 의지가 있기 때문이다. 또한 백석총회의 설립자인 장종현 목사가 개혁주의생명신학 입장에서 2015년에 「웨스트민스터 소요리문답」 강해를 책으로 저술하였을 뿐 아니라 성도들을 위한 교재를 제작하여 보급하는 것

---

144) 대한예수교장로회총회, 「한국교회사 : 백석총회 설립 45주년 기념」, 274-275.

은 개혁주의를 바르게 실천하려는 분명한 의지가 있는 것으로 보인다. 특별히 종교개혁 500주년을 기념하여 2017년 9월 14일 「개혁주의생명신학 선언문」을 교회선언으로 채택하였음에도 불구하고 「웨스트민스터 신앙고백서」를 신앙의 표준문서로 고백하고 가르치는 것은 한국교회 연합과 일치를 위한 공동의 신앙고백으로서 사도들로부터 계승되어온 건전한 전통과 16세기 종교개혁자들의 신앙을 담고 있는 유산으로서 가치가 있기 때문이다.145)

장	구분	내용
1	서론	성경
2-5	신론	삼위일체 예정, 창조, 섭리
6-7	인간론	타락, 죄와 형벌, 은혜언약
8	기독론	중보자 그리스도
9-20	구원론	자유의지, 소명, 칭의 양자, 성화, 신앙, 회개, 선행, 견인, 구원의 확신, 율법, 자유
21-31	교회론	예배와 안식일, 맹세와 서원, 국가의 위정자, 결혼과 이혼, 교회, 성도의 교통, 성례, 세례, 주의 만찬, 교회의 권징, 대회와 총회
32-33	종말론	죽음과 부활, 최후 심판.
34	성령	성령의 보편적인 사역과 모든 인류에게 역사하시는 성령의 역할을 강조.
35	사랑의 복음과 선교	하나님은 모든 사람이 구원받기를 원하시며, 그리스도께서 온 인류를 위해 죽으셨으며, 복음은 모든 사람에게 전해져야 한다.

<표 3-4> 「웨스트민스터 신앙고백서」 1903년 수정판 요약 정리.

웨스트민스터 신앙고백서 1903년 수정판은 1647년판에 비해 두 가지 (34장과 35장) 중요한 신학적 내용을 추가하였다.

---
145) 대한예수교장로회총회, 「한국교회사 : 백석총회 설립 45주년 기념」, 276-277.

1) 34장에서 성령에 대한 신조가 추가

1647년판에서는 성령의 사역이 부분적으로만 언급되었을 뿐, 그 역할에 대한 체계적이고 구체적인 설명은 부족했다. 이에 비해 1903년 수정판에서는 성령의 사역을 강조하며 독립된 장을 마련했다. 이 신조에서는 성령께서 모든 사람에게 역사하시고, 그들의 마음을 변화시켜 그리스도를 믿게 하신다고 선언한다. 또한 성령의 사역을 통해 성화가 이루어지며, 사람들은 하나님의 형상으로 변화된다는 점을 강조하였다. 이는 성령론을 보다 명확하게 체계화하면서, 성화와 영적 변화를 성령의 중요한 사역으로 규정한 것이다.

2) 35장에서는 하나님의 사랑과 선교에 대한 신조가 추가

1647년판에서는 하나님의 사랑이 선택된 자들에게 국한된 것으로 설명되었으며, 예정론이 중심적으로 다루어졌다. 그러나 1903년 수정판에서는 하나님의 구원 의지를 더 넓게 표현하며, 모든 인류를 향한 하나님의 보편적 사랑을 강조하였다. 이 신조는 하나님께서 모든 사람을 사랑하시며, 그리스도 예수 안에서 모든 사람이 구원받기를 원하신다고 선언한다. 이러한 내용은 하나님의 사랑을 더욱 보편적으로 확대하고, 동시에 선교적 사명을 강조하는 신학적 변화를 반영한다. 결론적으로, 웨스트민스터 신앙고백서 1903년 수정판은 기존의 개혁주의 신학이 강조해온 예정론적 관점을 보완하면서, 성령의 사역과 하나님의 보편적 사랑을 더욱 균형 있게 조명하려는 의도를 담고 있다. 이는 성경에서 나타난 하나님의 본심과 일치하는 방향으로 신학적 내용을 확장시킨 것이다.

필자의 견해는, 이러한 신학적 강조가 성경적 진리에 기반하고 있다는 점에서 그 정당성을 찾을 수 있다. 예레미야 애가 3장 33절에서 "주께서 인생으로 고생하게 하시며 근심하게 하심은 본심이 아니시로다"

라고 하신 말씀은 하나님께서 본래 고난이나 심판을 기뻐하시는 분이 아님을 보여준다. 이와 같은 하나님의 본심은 죄인이 멸망하는 것을 원치 않으신다는 에스겔 33장 11절의 말씀과도 맥을 같이 한다. "주 여호와의 말씀에 나의 삶을 두고 맹세하노니 나는 악인이 죽는 것을 기뻐하지 아니하고, 악인이 그 길에서 돌이켜 떠나 사는 것을 기뻐하노라."

또한, 베드로후서 3장 9절에서는 "주의 약속은 어떤 이들이 더디다고 생각하는 것 같이 더딘 것이 아니라, 오직 너희를 대하여 오래 참으사 아무도 멸망하지 아니하고 다 회개에 이르기를 원하시느니라"고 기록되어 있다. 이는 하나님께서 모든 인류가 돌이켜 구원에 이르기를 오래 참으시며 기다리시는 분임을 분명히 보여준다. 이러한 사랑의 완성은 요한복음 3장 16절에서 "하나님이 세상을 이처럼 사랑하사 독생자를 주셨으니, 이는 그를 믿는 자마다 멸망하지 않고 영생을 얻게 하려 하심이라"라는 말씀에서 절정에 이른다.

결국, 1903년 수정판은 이러한 성경적 진리를 반영하여 하나님의 보편적인 사랑과 구원의 의지를 명확하게 표현한다. 하나님은 모든 인류가 멸망하지 않고 그리스도를 통해 구원받기를 원하신다. 동시에, 성령의 사역을 통해 죄인들의 마음을 변화시키고 그들이 회개에 이르도록 역사하심으로써, 하나님의 본심이 실현되도록 하신다. 이러한 강조는 성령을 통한 성화와 영적 변화를 중심으로 신앙의 본질을 회복하고, 하나님의 사랑이 모든 사람에게 펼쳐지는 선교적 사명을 뒷받침하는 신학적 발전으로 이어졌다.

제3장 개혁주의생명신학과 웨스트민스터 신앙고백서

1. 신앙 고백의 계승과 실천의 확장

대한예수교장로회 백석총회의 헌법 제2편 교리 제3부는 웨스트민스터 신앙고백서를 채택함으로써 장로교 신학의 정통성과 역사성을 명확히 천명하고 있다. 웨스트민스터 신앙고백서는 17세기 영국 청교도들이 신구약 성경 전체를 체계적으로 정리한 교리 문서로서, 오늘날까지도 개혁교회의 표준적 신앙고백서로 기능하고 있다.

개혁주의생명신학은 이러한 신앙고백의 전통을 단순히 유지하는 데 머물지 않고, 이를 신앙의 실제적 삶과 목회의 현장으로 확장하는 신학이다. 특히 백석총회는 웨스트민스터 신앙고백서의 신학적 기초 위에 7대 실천운동을 실현함으로써, '개혁주의생명신학으로 민족과 세계를 살리는' 교단의 사명을 구체화한다.

2. 신앙적 기초 : '오직 성경'과 신앙운동의 일치

웨스트민스터 신앙고백서 제1장(성경론)은 "성경은 신앙과 행위의 유일한 규범"임을 천명한다. 이와 동일하게, 백석총회 헌법 제1편 제1부 「개혁주의생명신학 선언문」은 신앙운동의 출발점을 '성경이 답이다'라는 원칙에서 찾는다. 개혁주의생명신학은 성경을 통해 말씀하시는 성령의 역사를 신학과 신앙의 중심으로 삼으며, 성경 중심의 개혁주의 신앙과 삶의 회복을 지향한다.

따라서 백석총회가 실천하는 신앙운동은 웨스트민스터 신앙고백서가 선언한 신앙의 규범을 오늘의 한국교회와 성도의 삶 가운데 실제적으로 구현하고자 하는 신학적 실천이라 할 수 있다.

3. 신학적 정립 : 신학회복운동과 생명의 복음

개혁주의생명신학의 두 번째 실천운동인 신학회복운동은 "신학은 학문이 아니라 예수 그리스도의 생명의 복음"임을 선언한다. 이는 웨스트민스터 신앙고백서가 전개하는 전통적인 교리들의 목적이 단순한 지적 사유가 아니라, 예수 그리스도를 믿음으로 말미암은 구원의 실제에 있음을 재해석한 실천신학적 고백이다.

특히, 제34장(성령론)은 성령 하나님께서 신자의 신앙을 조명하시고, 거룩함을 이루시는 분임을 밝히며, 성령의 내적 조명 없이는 신학적 인식도, 신앙적 순종도 불가능하다고 한다. 개혁주의생명신학은 이와 같은 성령의 사역을 신학의 토대로 삼으며, 기도성령운동을 통해 신학과 교회, 교회와 성도의 삶이 성령의 역사 가운데 갱신되어야 함을 주장한다.

4. 실천적 적용 : 7대 실천운동과 신앙 고백의 구체화

웨스트민스터 신앙고백서는 각 장에서 신자의 삶에 대한 구체적인 적용을 제시하고 있으며, 이는 개혁주의생명신학의 7대 실천운동에서 다음과 같이 구체적으로 계승되고 확장된다.

1) 회개용서운동과 영적생명운동

제15장(회개에 대하여)은 참된 회개가 신자의 본질적인 변화임을 강조한다. 개혁주의생명신학은 이를 실천적으로 확장하여, 회개와 용서를 통한 개인의 갱신과 교회의 화해를 실현하고자 한다. 이는 단순한 도덕개혁이 아니라, 성령의 역사에 따른 거룩한 영적 생명력의 회복을 의미한다.

2) 하나님나라운동과 나눔운동

제25장(교회론)은 교회를 하나님 나라 확장의 도구로 규정하며, 신자 간의 사랑과 연합을 강조한다. 이에 개혁주의생명신학은 교회의 본질을 '하나님나라운동'으로 규정하고, 받은 은혜를 이웃과 사회에 나눔과 섬김으로 환원하는 실천적 신앙을 강조한다.

3) 기도성령운동과 선교적 사명

가장 핵심적인 연결점은 제34장(성령론)과 제35장(복음의 전달과 선교)에 있다. 웨스트민스터 신앙고백서가 이 두 장을 통해 성령의 사역과 복음의 확장을 천명한 것은, 백석총회의 기도성령운동과 선교적 비전과 긴밀하게 호응한다.

(1) 기도성령운동과 제34장

성령께서 교회를 인도하시며, 신자의 회개와 거룩함을 이루시는 사역자는 기도로 응답받는 인격적 하나님이시다. 개혁주의생명신학은 성령의 역사 없이는 신학도, 교회도 생명력을 가질 수 없음을 고백하며, 모든 개혁과 부흥은 기도 가운데 임하는 성령의 사역임을 강조한다.

(3) 세계선교와 제35장

복음은 특정 민족이나 계층에 국한되지 않으며, 온 세상을 향한 하나님의 사랑의 전달임을 천명한다. 이는 "개혁주의생명신학으로 민족과 세계를 살리는 백석총회"의 헌법적 비전과 일치하며, 선교적 교단의 정체성을 신앙고백의 전통 위에 세우는 토대가 된다.

5. 신앙 고백과 실천신학의 통합

백석총회의 헌법은 개혁주의 신학의 정수를 담은 웨스트민스터 신앙고백서를 교리적 기준으로 채택함과 동시에, 이를 실천신학으로 구현한 개혁주의생명신학을 교단의 신학적 정체성으로 확립하였다. 두 신학은 대립이 아닌 연속선상에 있으며, 개혁주의생명신학은 웨스트민스터 신앙고백서를 오늘의 교회와 세계 속에서 실현하는 실천적 고백이다.

따라서 백석총회의 모든 목회와 신학, 선교와 교육, 교회 갱신은 웨스트민스터 신앙고백서의 신학 원리 위에, 개혁주의생명신학의 7대 실천운동을 통해 구체화되어야 한다. 이는 백석총회가 단순한 교리 계승이 아닌, 성령의 역사와 복음의 생명을 따라 살아가는 교회로 세워짐을 의미하며, 동시에 장로교 헌법과 교리교육의 현대적 의미를 재확인하는 신학적 과제이기도 하다.

PART 04

[부 록]

CONSTITUTION

어떤 사람들이 유대로부터 내려와서 형제들을 가르치되 너희가 모세의 법대로 할례를 받지 아니하면 능히 구원을 받지 못하리라 하니, 바울 및 바나바와 그들 사이에 적지 아니한 다툼과 변론이 일어난지라 형제들이 이 문제에 대하여 바울과 바나바와 및 그 중의 몇 사람을 예루살렘에 있는 사도와 장로들에게 보내기로 작정하니라. 그들이 교회의 전송을 받고 베니게와 사마리아로 다니며 이방인들이 주께 돌아온 일을 말하여 형제들을 다 크게 기쁘게 하더라(행 15).

노회의 기원과 역할
백석교단 헌법을 중심으로

설 충 환

1. 노회의 기원

우리가 흔히 사용하는 '장로교'란 말은 '장로회 교회'의 줄임말이다. 장로회(eldership)는 장로교의 치리회인 당회(session), 노회(presbytery), 총회(general assembly)를 가리키는 말이다. 당회는 개별 교회의 최고 의결 기구이며, 노회는 지역 내 개별 교회의 대표자들의 모임이며, 총회는 각 노회 대표자들의 모임이다. 총회의 결정은 산하 모든 노회와 교회에 강제성을 가지며, 노회의 결정은 산하 개별 교회가 따라야 하고, 당회의 결정은 개별 교회 전교인들에게 강제력을 가진다. 총회는 주로 신학적인 논쟁을 결정하는 기구이지만, 노회는 장로회 교회 치리의 핵심적인 업무를 총괄한다. 이러한 이유에서 3단계 치리회 가운데서도 가장 중요한 것이 노회이다. '장로회 교회'라는 명칭이 '장로회'의 줄임말인 '노회'에서 나왔다는 것은 노회가 장로회 교회의 핵심임을 말해 준다. 노회가 중요한 다른 이유는 노회가 교회의 기본 단위이기 때문이다.[146]

1) 성경적 기원

성경에 나오는 교회는 지역 교회인 동시에 보편 회에 소속된 교회들이다. 예를 들어, 로마서를 받았던 "로마교회"는 아마도 3개에서 5개 정도의 가정에서 모였던 교회들을 가리켰을 것이다. 그런데 그 교회들은 모두 지역 교회인 동시에 보편 교회의 일원이었다. 이처럼 서신서에서 "교회"라는 말이 사용될 때는 일차적으로는 그 서신서를 받았던 교

---

146) 김중락, "노회개혁 ① : 노회가 바로 교회다," 「기독교윤리실천운동」(2020): 1-2.

회를 생각해야 하겠지만, 많은 경우 보편 교회에도 적용할 수 있는 경우가 많다. 그런데 신약 성경에는 교회들 사이에 시찰이나 노회가 제도적으로 존재했다는 흔적은 없다. 사실 신약성경 시대에는 시찰이나 노회와 같은 제도가 필요하지도 않았는데, 아직 사도들이 살아 있어서 직접 교회를 지도했기 때문이다. 사도들은 개별 교회를 직접 목회하거나 (예루살렘 교회의 경우), 지역 교회들을 방문하거나(사도 바울의 경우), 자신의 대리자들인 목회자들을 보내거나(디모데 파송), 아니면 서신들을 통해서(바울서신, 공동서신 등) 교회의 제반 사항들을 지도할 수 있었다.

이처럼 신약 시대에는 노회가 상시적 제도로서 필요가 없었음에도 불구하고 우리는 신약 성경에 나오는 지역 교회들이 이미 여러 가지 방식으로 서로 연관성을 지니고 있었음을 성경을 통해 알 수 있다. 교회들은 상호 회합을 가지는 것을 부끄럽게 여기지 않았다. 예를 들어, 로마교회의 경우 하나의 교회가 인원이 많아져서 여러 가정교회들로 나눠진 것으로 학자들은 추정한다. 이들 교회들은 서로를 잘 알았을 뿐 아니라, 서로 다양한 경로들을 통해서 관련성을 지녔을 것이다. 특히 개체 교회가 혼자의 힘으로 해결하기 힘든 문제가 생기거나 또는 교회들이 서로 공동으로 대처해야 하는 문제가 있을 경우에 그 사안에 대해서 교회들이 모여서 토론과 판단을 했을 것이 분명하다. 이에 대해서는 성경적 근거가 없지 않은데, 사도행전 1장 12-26절(사도 맛디아 선출), 6장 1-6절(일곱 일꾼[집사직 초기 형태] 선출), 15장 1-31절(이방인 선교 지침을 결정한 사도와 장로들의 회의), 21장 17-26절(바울에 대한 예루살렘 노회의 권면)은 다양한 형태의 교회 회의가 이뤄졌고 그것은 사도들의 허용과 지지를 받았음을 알 수 있다.

이 중에서 사도행전 15장 2절과 21장 18절에는 당시 교회 대표들이 교회의중요한 회의를 열어 안건을 결정하는 모습을 보여준다. 이들 본문에서는 사도들이 지도하던 교회의 대표인 장로들이 사도들과 함께 모여서 서로 의논하는 장면이 나타난다.

사도행전 15장에는 이방인 선교 정책과 관련해서 개체교회의 대표자들과 사도들과 장로들이 모여 회의했다.

(행 15) "1 어떤 사람들이 유대로부터 내려와서 형제들을 가르치되 너희가 모세의 법대로 할례를 받지 아니하면 능히 구원을 받지 못하리라 하니 2 바울 및 바나바와 그들 사이에 적지 아니한 다툼과 변론이 일어난지라 형제들이 이 문제에 대하여 바울과 바나바와 및 그 중의 몇 사람을 예루살렘에 있는 사도와 장로들에게 보내기로 작정하니라 3 그들이 교회의 전송을 받고 베니게와 사마리아로 다니며 이방인들이 주께 돌아온 일을 말하여 형제들을 다 크게 기쁘게 하더라"

이 본문에 대하여 그레고리 빌은 새 언약 시대의 장로들이 이스라엘의 장로들과 마찬가지로 종교적 권세를 충분히 갖고 있었다고 주장한다. 즉, 기독교 운동의 타당성을 판단하기 위해 모였던 이스라엘의 장로들의 모습(행 4:5-23)과 기독교 내부의 중요한 주제를 판단하기 위해 모인 그리스도인 장로들의 모습(행 15:1-6)에서 두 장로들의 기능은 사실상 동일하다는 것이다.

사도행전 21장에도 역시 복음 전파를 위해 사도 바울에게 중요한 권면을 하고자 사도들과 장로들이 모였고, 적절하게 조언했다.

(행 21) "17 예루살렘에 이르니 형제들이 우리를 기꺼이 영접하거늘 18 그 이튿날 바울이 우리와 함께 야고보에게로 들어가니 장로들도 다 있더라 19 바울이 문안하고 하나님이 자기의 사역으로 말미암아 이방 가운데서 하신 일을 낱낱이 말하니"

바로 이러한 본문들에서 우리는 노회의 가장 원시적인 모습을 발견하게 된다. 다시 말하자면 하나의 사도단에서 부터 생겨나게 된 교회들,

혹은 하나의 교회로부터 분립하게 된 교회들이 서로 영적이고 유기적인 연관성을 지니고 있는 데서부터 우리는 이후에 역사적 과정에서 생겨나게 된 "노회"의 시초를 찾을 수 있는 것이다.[147]

2) 종교 개혁 시대의 기원

개신교회는 로마교회와의 대결 속에서 교회론에 대한 발전을 많이 이루었다. 로마교회는 교회를 "가르치는 교회(ecclesia docens)"와 "배우는 교회(ecclesia discens)"로 나누었다. "가르치는 교회"란 교황과 주교로 이뤄진 집단으로서, "교도권(magisterium)"을 가진다. 반면에 "배우는 교회"란 "가르치는 교회" 하위에 있는 신자들의 모임인데, 교회의 진리를 수납해야 하는 의무를 지닌다. 사제들은 주교들의 권위 하에 있으므로 평신도들과 더불어서 "배우는 교회"에 속한다.[148]

개신교회는 이상과 같은 로마교회의 구분을 거부했다. 하지만 그렇다고 해서 목회자와 평교인의 구분을 완전히 철폐한 것은 아니었다.[149] 개신교회는 "집합적 교회(ecclesia synthetica 또는 ecclesia collectiva)"와 "대표적 교회(ecclesia repraesentativa)"의 구분이 있었다. 집합적 교회는 전체 신자들의 모임을 뜻하고 대표적 교회는 말씀을 설교하고 교리를 가르치는 사역자들을 뜻한다. 이 구분은 처음에는 루터파에 의해 즐겨 사용되었으나, 이후에 개혁파 역시 수용했다. 특히 개혁파는 "대표적 교회"를 단지 목회자나 교사들과 동일시하지 않고, 교회의 다스림을 위한 장로들의 모임과 총회와도 동일시함으로써 발전을 보였다.[150] 그렇지만 개신교회는 "집합적 교회"와 "대표적 교회" 사이의 위계질서

---

147) 우병훈, "노회의 기원과 역할." 「고신신학」 20 (2018):137-138.
148) Richard A. Muller, Dictionary of Latin and GreekTheological Terms: Drawn Principally from Protestant Scholastic Theology, 2nd ed. (Grand Rapids, Mich.: Baker Book House, 2017), 102.
149) 우병훈, op. cit., 144.
150) Muller, Dictionary of Latin and Greek Theological Terms, 2nd ed., 101.

를 로마교회처럼 부여한 것은 결코 아니었음을 기억할 필요가 있다.151) 특별히 개신교에서 노회 제도와 정치는 대체로 개혁교회와 장로교회의 역사에서 발전한 것을 관찰할 수 있다. 노회가 루터교회에도 등장했으나, 루터교회에서는 노회가 다만 목사들만의 회집이었다. 특별히 루터파 교회는 장로직에 대하여 성경적으로 정립된 신학이 매우 부족하다. 이와는 달리 개혁파는 노회 제도와 정치를 더욱 성경적으로 발전시켜 갔다.

츠빙글리는 1528년 취리히에서 노회를 제정했는데, 이 노회는 도시와 지방의 설교자들과 시의회의 몇몇 회원들로 구성된 시의회에 의해 소집되었다. 특별히 이 노회는 설교자들의 교리와 삶에 대한 불평거리를 숙고하고 해결해주는 과제를 맡았다.152)

칼빈 역시 노회 제도에 적극적인 가르침을 베풀었다. 그가 작성한 「교회 질서」(Ordonnances ecclésiastiques)에서는, 설교자들이 상호 간의 교리와 삶을 감찰하기 위해 매 3개월마다 함께 모여야 한다고 규칙을 정했다. 게다가 1546년에는 해마다 행하는 교회 "시찰"을 도입했다.153) 프란츠 람베르트(FranzLambert)는 1526년에 헤센(Hessen)을 위해 교회법을 작성했는데, 여기서 교회의 모임과 설교자들과 교회의 임명을 받은 대표자들로 구성된 노회가 채택되었으나 이 교회법은 실행되지 못했다.154)

노회 정치는 프랑스 개혁교회에서도 상당히 일찍부터 생겨났다.155) 프랑스개혁교회 정치는 서구 유럽과 그 외의 나라들의 국제적 개혁교회들에 의해 채택되고 수정되었기에, 장로교의 발전에 지극히 중요했다

---

151) Muller, Dictionary of Latin and Greek Theological Terms, 2nd ed., 1012.
152) Bavinck, 「개혁교의학」 박태역 (서울 : 부흥과 개혁사, 2011), 508.
153) 우병훈, "노회의 기원과 역할," 145.
154) G. V. Lechler, Geschichte der Presbyterial- und Synodalverfassung seit der Reformation (Leiden: Noothoven van Goor, 1854), 14
155) Bavinck, op.cit., 508.

고 여러 학자들은 지적한다. 프랑스의 첫 번째 권징조례는 칼빈이 제네바 교회를 위해 작성한 「교회 질서」와 아주 유사하다. 그것은 프랑스 개혁교회들에서 예전(禮典)이 칼빈의 모델과 가까웠던 것과 마찬가지라고 할 수 있다.156) 처음에는 그 어떤 지속적인 교회의 위임 모임이나 항존하는 기관이 없었다. 1563년 리용에서 프랑스를 9개의 지역구로 나눴고, 각 지역구의 당회는 총회에 보낼 대표자들을 선출해야 한다고 정했다. 1581년에는 교리적 문제나 그 외 다른 문제들을 심의해 달라고 부탁할 수 있는 시스템이 만들어졌다. 따라서 프랑스에서는 20년 어간에 교회 정치 체계가 생겨났으며, 그것은 반계급적이면서도 권위를 임명하는 피라미드 시스템이라는 특징을 지녔다. 교회들이 급속히 확대되는 상황에서 일치의 필요성 때문에 1559년 5월 26일에 파리에서 첫 번째 노회가 소집되었고 공동의 신앙고백서와 교회법을 채택하여 연합했다. 프랑스 개혁교회는 지방 노회 외에도 콜로크(Colloques)가 있어서 설교자들이 매주 모여 신학적/실천적 주제를 가지고 토론했다. 여기서 주목할 만한 사실은 "총회"가 처음으로 발생했고, 이 총회는 지방 노회들을 도입했으며, 1572년에는 지방 노회와 당회 사이에 "시찰회"가 삽입되었다는 사실이다. 이런 노회 정치는 나중에 스위스, 독일, 잉글랜드, 네덜란드, 스코틀랜드 등의 다른 개혁교회들에도 도입되었다.

스위스는 제네바, 베른, 로잔에서 콜로퀴(Colloguy) 혹은 클라스(Classe)가 있어서 성경 토론과 목사에 대한 치리권 행사를 위해 모임을 가졌다. 독일엠덴에서는 코이투스(Coetus)라는 모임이 있어서 인근 설교자들이 모였다. 잉글랜드의 경우 여러 난민 교회들의 관계 유지를 위해 콜로키움(Colloquium)이라는 교회간 모임이 있었다. 네덜란드는 남부 지역의 경우 프랑스의 영향으로 여러 노회로 구분되고, 나중에는

---

156) Paul Wells, "Church Government in French Churches in the 17 Century," 「갱신과 부흥」 제17 (2016) : 122-49(134쪽에서 인용).

여러 시찰로 구분되었다. 1517년 엠덴 총회와 1619년 도르트 총회에 이르면서 시찰회와 노회가 구성되어 있었다. 스코틀랜드는 1574년과 1578년 어간에 노회가 구성되었다. 1592년에 의회가 "제 2 치리서"를 승인함으로써 장로교 정치제도인 당회, 노회, 대회, 총회를 기초로 하는 스코틀랜드 국가교회가 처음으로 탄생했다.157)

3) 장로교 역사에서의 기원

칼빈은 교회개혁을 위해 교회법(Ecclesiastical Ordinances)과 함께 장로회(Consistory)를 구성했다. 사도행전에 보면 안식일과 할례의 문제로 공회가 모였을 때 장로제도가 시작되었다고 알고 있지만, 사실 지금의 장로제도, 노회제도의 의미가 가장 잘 드러난 것은 바로 칼빈이 만든 '장로회'법이다. 우리말로 번역하기가 애매하여서 '당회'라고도 하고 반대하는 측에서는 '종교법원'이라고도 하는데, 장로교를 시작하는 기초가 되었다는 의미로 '장로회'라고 부르는 것이 적합할 것이다.158)

(1) 칼빈 교회론의 특징

장로교회와 개혁교회의 가장 중요한 차이점을 꼽으라고 한다면 바로 노회의 역할이다. 장로교회는 노회를 매우 중요하게 생각한다. 노회 제도의 역사가 구체적으로 시작된 것은 프랑스 개혁교회에서였지만, 노회 제도의 신학적 기초를 제공한 사람은 바로 칼빈이었다.

교회 조직을 보다 상황적 측면에서 구성했던 마르틴 루터와는 대조적으로, 칼빈은 교회 조직이 두 가지 특성을 가진다고 주장했다. 첫째, 교회 조직은 그리스도의 주권 하에 직접적으로 놓여 있으며, 그 어떤 인간적 위계질서 하에 있지 않다는 것이다. 둘째, 성경에는 아주 명백

---

157) 우병훈, op. cit., 146.
158) 라은성,「이것이 교회사다: 진리의 재발견」(서울: 페텔, 2015), 223.

한 교회 정치의 양식(pattern)이 있다는 것이다. 이 점에서 칼빈은 루터의 두 왕국 이론 즉, 사회와 교회에서 그리스도의 통치에 대한 사상을 루터보다 훨씬 일관성 있게 적용했다.

칼빈은 루터와 마찬가지로 하나님의 말씀에 기초한 교회론을 주창하였다. 하지만 루터는 하나님의 말씀이라고 할 때에 목사가 제대로 설교하는 것을 중요하게 생각했지만, 그 말씀에 따른 교회 제도의 개혁까지는 많이 생각하지 못하였다. 실제로 루터 교회의 교회론을 보면 직분론이 취약한 것을 알 수 있는데, 그것은 루터로부터 기원한다고 볼 수 있다.

하지만 칼빈은 그와 달랐다. 칼빈은 교회를 하나님의 택한 백성으로 보면서 유기체적으로 이해했을 뿐 아니라, 하나님께서 세우신 제도로 보았다. 칼빈에게 이 두 가지는 서로 충돌되는 생각이 아니었다. 그렇기에 칼빈은 교회제도에 대해 남다른 관심을 보였다.

칼빈에 따르면 교회는 일종의 무정부주의와 결코 같지 않다. 오히려 그는 교회의 질서가 선출된 직분자들에 의해서 보증된다고 생각했다. 칼빈은 성경이 이러한 교회 질서에 대한 견해를 지시하고 있다고 믿었다. 그리고 그것은 교황제로 남용되기 전까지 초대 교회에도 역시 존재했다고 보았다. 한사람 혹은 한 경우가 특정 교회의 어떤 사역자를 임명해야 하는가 하는 문제를 두고 칼빈은 교회나 목사단으로 부터 판단할 권리를 빼앗는 것은 교회의 권세 즉 신적 권리(jus divinum)를 모독하는 것이라고 주장했다. 칼빈에 따르면, 장로나 집사는 성경의 자격요건들에 따라서 인정되어야 하며, 교회의 승인을 받아야 한다. 칼빈이 지닌 이 견해는 그가 직접 원안을 작성했던 "라 로쉘 고백문"(La Rochelle Confession [Gallicana], 1559)의 제 29항에 잘 나타나 있다. 그것은 아래와 같이 주장한다. "우리는 이 참된 교회가 우리 주 예수 그리스도께서 세우신 질서에 따라 다스려져야 한다고 믿는다. 곧 목사들과 감독자들과 집사들이 있어서 참된 교리가 자리 잡도록 해야 한다."

(2) 칼빈의 직분론

루터는 1520년대 초에 만인제사장직 교리를 주장하였다. 하지만 그는 1525년을 전후로 발생한 토마스 뮌처 사건(1524년)과 농민전쟁(1525년)을 겪으면서 그 교리를 약화시키거나 폐기하는 태도의 변화를 보였다. 극단적인 자들이 교회의 질서를 무시하면서 임의로 설교하거나 목사가 되는 폐단이 발생한 것이다. 이후에 루터는 목사의 임직을 보다 엄격하게 시행하였고, 그것에 위정자가 관할하도록 제한을 두게 되었다.

만인제사장직 교리의 이러한 폐단을 염두에 두었는지, 칼빈의 글이나 개혁교회의 신앙고백서에서는 '인사제직'이라는 용어나 교리를 거의 찾아 볼 수 없다. 불링거가 작성한 '제2 스위스신앙고백서'에서만 '만인제사장'은 위계질서적 구조를 반대하는 입장에서 모든 성도가 하나님 앞에 평등함을 뜻하는 말이라고 해석하고 있을 정도이다.

칼빈은 만인제사장직에 대해서 루터처럼 전개하는 대신에, 오히려 부써의 영향을 받아서 직분론이 교회론에서 중요함을 깨달았다. 1541년과 1561년의 교회 헌법에서 칼빈은 네 가지 직분을 말한다.

목사(pastores), 교사(doctores), 장로(presbyteri), 집사(diaconi)이다. 그러나 나중에 칼빈은 목사직 안에 교사직을 포함함으로써, 최종적으로 삼중직의 직분론을 전개했다.159)

(3) 칼빈의 목사회

칼빈은 목사들의 모임과 장로들의 모임에 대해서도 관심을 가졌다.

---

159) 대한예수교장로회 고신총회, 「헌법해설」 (2014), 160.

목사들의 모임으로 "콩그레가시옹(목사회)"이라고 불리는 모임이 있었다. 목사회는 매주 금요일에 모였는데, 교회 법령이 명시하고 있다. 오전에는 성경연구모임을 가졌다. 그리고 오후에는 교회 행정과 신학적 문제를 토론하는 모임을 가졌다. 이 목사회를 칼빈은 매우 중요하게 여겼다. 그래서 시골 지역에 있는 목회자들이 아니면 반드시 참석해야 했는데, 한 달간 한 번도 참석하지 못하면 태만으로 여겨 견책에 회부될 정도였다. 물론 목회자 개인의 용납 가능한 사유가 있을 때에는 예외였다. 1536-1564년 사이의 제네바 목사회 명단을 보면 모두 72명의 목사가 참석한 적이 있는 것으로 되어 있다. 물론 목사 외에도 목사회에는 평교인 이었던 정부당국자들도 참석하였다.

목사회의 기능은 다음과 같이 몇 가지가 있었다. 첫째는 목사 후보생을 심사하고 시험과 임직을 감독하는 것이었다. 둘째는 매주 목요일에 모여 성경을 강론하고 교리를 토론하는 것이었다. 셋째는 목사들의 생활을 감독하는 것이었다. 넷째는 목사들의 임지를 추천하는 것이었다.

아주 정교한 계급제도 시스템이 칼빈이 만든 제도에도 역시 존재했다는 의심이 제기될 수도 있다. 그러나 칼빈이 원안을 작성했던 "라 로쉘 고백문"의제 30항은 그것이 전혀 사실이 아님을 보여준다. "우리는 모든 참된 목사들은 어디에 있든지 간에 똑같은 권위를 가지며, 한 분 머리이신 예수 그리스도 아래에서 평등한 권세를 가진다. 이에 따라 우리는 어떤 교회도 다른 교회에 대해서 권위나 지배권을 가질 수 없다고 믿는다." 제 31조는 이어서 어떤 사람도 교회에서 스스로의 힘으로 직분을 획득하려고 해서는 안 되며, 교회의 책임 있는 자리에 사람을 세우는 방식은 선출 방식이라고 주장한다.

이러한 조항들에서 세 가지가 분명히 주장되어 있다. 첫째, 어떤 사역자도 다른 사역자 위에 군림하는 자리를 차지할 수 없다. 둘째, 어떤 교회나 교회기관도 다른 교회 위에 권세나 권력을 가질 수 없다. 셋째,

교회를 섬기는 자들은 선출로만 뽑힐 수 있는데, 왜냐하면 그들의 소명은 교회의 주님으로부터 오는 것으로 인식되기 때문이다. 이런 주장들 각각은 반계급적 질서원리를 "고백문의 지위(status confessionis)"에 달하는 수준에까지 올려놓는다고 폴웰스는 잘 지적한다.160)

(4) 노회에 대한 칼빈의 견해

칼빈은 장로교 정치제도가 신약 성경에서 그 근거를 두고 있다고 생각했다. 칼빈이 중요하게 생각했던 두 본문은 사도행전 15장과 디모데전서 4장 14절이다. 사도행전 15장에 보면 흔히 "예루살렘 공의회" 혹은 "사도 회의"라고 불리는 장면이 나온다. 바울이 1차 전도여행을 마치자, 이방인들이 예수님을 믿을 경우 율법의 어디까지 준수하게 할 것인가 하는 문제가 제기 되었다. 이 문제는 교회의 선교 정책을 결정하는 중요한 문제였으므로 안디옥 교회가 단독으로 처리할 수 없었다. 그래서 그들은 교회 대표를 예루살렘에 파송하였다. 사도행전 15장 6절을 보면 "사도와 장로들이 이 일을 의논하러 모여"라고 되어 있다. 예루살렘에 모인 사도들과 장로들이 이 문제에 대해 토론하였던 것이다.

교회의 선교 정책과 같은 중요한 결정을 만일 안디옥 교회가 단독으로 처리했다면, 이것은 회중주의 교회론이 성경적 교회론이라고 말할 수 있을 것이다. 하지만 지역교회에서 파송한 교회 대표가 사도들과 장로들과 함께 모여 이 문제를 논의한 것을 보면, 노회(혹은 총회) 제도를 가지고 있는 장로교 정치제도가 더 성경적이라고 볼 수 있다.

디모데전서 4장 14절에 보면, 바울은 디모데에게 "네 속에 있는 은사 곧 장로의 회에서 안수 받을 때에 예언을 통하여 받은 것을 가볍게 여기지 말며"라고 말한다. 여기에서 "장로의 회(presbyterion, the body of

---

160) 우병훈, op. cit., 152.

elders)"란 '장로들의 일단' 혹은 '장로단'이란 말로 지금의 노회(老會)에 해당했다. 이것을 보면 디모데는 노회를 통해서 안수를 받은 것을 알 수 있다.

위의 두 본문에 근거하여 칼빈은 장로교의 정치 형태가 제도적 교회의 가장 성경적인 모습이라고 생각했다. 그가 제네바에서 콩그레가시옹을 만들어 목사의 선출과 임직을 관할하고자 했던 것 역시 그런 확신에서 비롯된 것이다. 그는 로마교, 루터파, 재침례파의 교회 정치 형태를 모두 거부하고 장로교주의를 성경적인 제도 교회의 모습으로 주창하였다. 그는 인간이 본성적으로 타락했기 때문에, 인간의 죄성을 경계하기 위해서라도 적절한 제도가 필요하다고 보았다. 그는 장로교 정치 제도가 로마 가톨릭의 교권주의와 재침례파의 방임적 개교회주의의 폐단을 막는 가장 좋은 제도라고 생각했다.

칼빈은 또한 1546년 교회 시찰에 대한 규정을 교회정치에 넣었다. 그렇게 하여 제네바 지역의 교회들이 순수한 교리를 유지하고 권징을 올바르게 실행하도록 도왔다. 그렇다고 해서 칼빈이 지교회를 노회가 지나치게 간섭해야 한다고 주장한 적은 없다. 칼빈은 지교회의 양심적 자유를 매우 중요하게 생각하였기 때문이다. 칼빈이 노회의 교회 시찰을 통해 달성하고자 했던 목표는 노회에 속한 교회들의 연합과 화평을 도모하는 것이었다.

(5) 장로교 제도와 교회의 위계질서화 위험

칼빈은 말씀 중심의 교회관과 선택론에 근거한 교회론 때문에, 말씀의 사역자로서 목사가 먼저 있고 그 다음에 교회가 있는 것이라 가르친다. 개혁교회는 직분자가 있는 곳에 교회가 있다고 보았다. 그런데 직분자를 직분자로 세우는 사람은 무엇보다 목사이다(엡 4:11-12 참조). 이런 원리에서 장로교 교회론에서 목사는 지역교회에 속하지 않고 목사단, 곧 노회에 속한 것으로 제도화되어 있다.

장로교회에서 목사가 노회에 적을 두고 있다는 점에서 지역 교회에 적을 두고 있는 일반 교인과는 제도적, 행정적 위치가 다르다. 다시 말하면 장로교회는 제도적으로 목사와 평교인 간의 구별이 있는 셈이다. 이런 구분은 가령, 당회장이 없는데 장로들만으로 당회가 개회할 수 없다는 규정에도 역시 반영되어 있다.

이처럼 목사와 평교인 사이의 구별은 장점과 동시에 단점을 지닌다. 장점은 하나님의 말씀과 목사의 설교가 독립성과 권위를 가질 수 있다는 점이다. 단점은 교회의 계층화 혹은 감독교회화의 위험성이 있을 수 있다는 점이다.

장로교회는 중세 로마교의 계층화된 감독교회를 반대했지만 목사와 평교인간의 질서를 로마교의 사제주의(clericalism)와 구분하여 유지할 수 있어야 하는 과제를 가지고 있다.

반사제주의(anticlericalism; Antiklerikalismus)는 루터가 자신의 만인제사장직 교리에서 강력하게 피력한 사상이다. 반사제주의는 1520년대까지 널리 퍼지지는 않았다. 그 이전에도 교회 제도에 대한 비판은 있었다. 가령 1500년대에 이미 사제주의에 대한 산발적 비판들이 발견된다. 하지만, 반사제주의가 로마교에서 전통적으로 이해되던 성례론과 직분론을 정면으로 비판하면서 널리 퍼지게 된 계기는 루터의 1520년의 세 작품들이다. 사제주의에 대한 루터의 비판은 이후에 지속적인 반사제주의의 흐름을 만드는 데 크게 기여했다. 그리고 그것은 어디까지나 오직 성경, 오직 믿음, 오직 은혜, 오직 그리스도, 오직 하나님께 영광이라는 원리와 함께 가는 반사제주의였다.

이러한 사제주의와 교권주의를 막기 위해서 장로교회 내에서 몇 가지 보완장치가 있어 왔다. 첫째, 교회의 중요한 결정 사항을 당회와 제직회에서 결의한다. 둘째, 평교인인 장로가 노회나 총회의 회원이 되어 각종 회의의 의결권을 가진다. 셋째, 노회에서 목사나 장로의 전횡을 감독한다. 그러나 교회의 중요한 문제는 아무래도 전문적으로 신학을 공부하고 훈련을 마친 목사가 다루게 된다. 그렇기에 장로교회에서는 구조적 계층화 현상은 완전히 배제될 수 없다. 장로교회는 이처럼 목사의 직분을 소중하게 여기는 구조 때문에 중세적 위계질서 구조로 빠져들 위험성을 안고 있다.

어떤 점에서 장로교회는 회중교회도 아니고 감독제도도 아니지만 회중제도보다는 감독제에 근접하다고 볼 수 있다. 이런 내용을 청교도들은 웨스트민스터 총회 시에 대토론(Grand Debate)에서 이미 지적하였다. 어쩌면 이런 내적 구조가 한국 교회의 계층화와 감독 교회화의 여지를 남겨주었다고 볼 수 있다.

(6) 스코틀랜드 장로 정치

① 제2치리서와 스코틀랜드 장로 정치

스코틀랜드 종교개혁은 유럽의 대륙과 비교해서 가장 늦었을 뿐 아니라 이후에도 완전한 정착까지는 80여년의 긴 세월이 필요하였다.

스코틀랜드 종교개혁이 가지는 또 하나의 특징은 교회 정치에 집중된 개혁이었다는 것이다. 기독교를 설명하는 세 가지 주된 범주는 교리(Doctrine)와 예배(Worship), 그리고 조직(Government)이라고 할 수 있다. 16세기 종교개혁은 이들 세 부분에서 가톨릭의 전통과 결별한 사건이다. 또한 이 세 범주에서의 차이로 인해 다양한 프로테스탄트 교회들이 나타났다. 주지하다시피 마르틴 루터(Martin Luther, 1483-1547)의 핵심사상은 이신칭의(以信得義, Justification by faith only)와 만인사제주의(萬人師弟主義, Priesthood of all believers)이다. 즉, 루터의 강조는 가톨릭과 다른 구원교리에 있다고 할 것이다. 반면 칼뱅의 종교개혁은 루터와는 달리 예배와 조직의 변화에 강조점을 둔 것이었다. 물론 칼뱅이 구원과 관련된 교리에서 침묵한 것은 아니었다. 훗날 아르미니우스주의자들과의 논쟁에서 정립된 "칼빈주의 5대 관점(Five points of Calvinism)"이다. 이것은 「돌드레히트 신조」를 간략하게 요약한 것이다. ① 전적 타락(Total depravity), ② 무조건적 선택(Unconditional election), ③ 제한적 구속(Limited atonement), ④ 불가항력 은혜(Irresistible grace)와 ⑤ 성도의 견인(Perseverance of the saints) 등이다. 그 첫 글자를 택하여 '튤립'(TULIP)은 인간구원에서 있어서 하나님의 주권과 예정을 강조한 칼뱅의 신학을 기초로 하게 되었다.161) 그럼에도 불구하고 칼뱅의 주장은 가톨릭과의 결별이라는 측면에서 볼 때 루터의 그것과는 비교할 수 없다. 엄격히 말해 칼뱅의 예정설은 루터의 사상 이신칭의의 보완이라고 할 수 있다. 그러나 칼뱅은 보다 가시적인 부분, 즉 예배와 조직에서 근본적인 구분을 제시하였다. 스코틀랜드 장로교회는 이 같은 칼뱅의 개혁에 기초한 것이었다. 이러한 이유에서 장로교회의 특징도 구원론보다는 예배와 조직에서 더 분명히 나타난다고 할 수 있을 것이다. '긴 종교개혁' 기간 중에 스코틀랜드 교회가 총력을 기울인 영역은 완벽한 장로회제도를 구축하는 것이었다.

스코틀랜드 개혁교회가 장로교회의 순수한 성격을 가지게 된 것은 1578년에 제2치리서(The Second Book of Discipline)를 채택하면서 부터이다. 이 제2치리서는 글래스고 대학교수 이었던 앤드류 멜빌(Andrew Melville, 1545-1622)에 의해 초안이 되었고, 그는 칼뱅의 제자인 베자(Theodore Beza, 1519-1605)와 오랜 시간 제네바에서 함께 동역한 인물이었다.

제2치리서에 나타난 장로교회의 세 가지 주요 특징은 "회의체에 의

---

161) 라은성, 「이것이 개혁신앙이다」(서울, 페텔, 2020), 56-57.

한 조직"(governments by assemblies)과 "사역 자간의 평등(parity between ministers)" 그리고 "두 왕국 이론"이라고 할 수 있다. 스코틀랜드인들이 자신들의 교회를 일컬어 "가장 잘 개혁된 교회(the Best Reformed Church)"라고 주장했는데 이는 제2치리서가 규정된 것을 두고 한 말이다. 스코틀랜드 장로교회는 제네바 모델을 기반으로 하면서도 독창적인 모습을 갖추고 있다. 그것은 스코틀랜드가 지리적 범주, 정치적 상황 등에서 제네바와 차이를 가지고 있었기 때문이다. 제네바는 조그만 도시였으나 스코틀랜드는 하나의 국가였고, 언제든지 장로교회에 위협을 가할 수 있는 왕권이 존재하고 있었다. 이러한 차이 속에서 스코틀랜드 장로교회는 스스로의 원리를 만들어낸 것이다.162)

제1치리서는 교회가 민주적으로 운영되어야 하고, 개별 회중은 자신들의 목회자를 선정할 수 있어야 하며, 교구는 자조(self-support)가 가능하도록 조직되어야 한다는 내용을 담고 있다. 제1치리서는 여전히 기존의 주교 대신 10-12명의 시찰감독(superintendents)의 자리를 규정하고 있다는 점에서 완벽한 장로교의 모습과는 거리가 멀다. 장로회제도의 완전한 모습은 제2치리서(The Second Book of Discipline, 1578)에서 나타난다. 이는 오늘날 장로교회가 받아들이고 있는 웨스트민스터 표준문서 가운데 장로교회 정치의 근간이 되는 문서라는 점에서 중요한 의미를 지닌다.163)

장로교회의 가장 큰 특징은 "회의체에 의한 조직(governments by assemblies)"이라고 할 수 있다. 이는 가톨릭교회의 주교제도 또는 감독제도에 대응되는 개념이다. 주교제도에 따르면 교회의 조직은 사람으로 구성되며, 조직을 구성하는 사역자들은 지배와 복종의 관계를 가진다. 즉 주교제도는 교황을 정점으로 하고 교구 신부를 최하위로 하는 피리

---

162) 김중락, "스코트랜드 종교개혁의 유산과 한국장로교회," 「미래교회포럼」 2017: 2-5.
163) 김중락, "스코트랜드 종교개혁의 유산과 한국장로교회," 「미래교회포럼」 2017: 2-5.

미드형의 교회조직이며, 교황과 주교, 주교와 교구 신부 사이에 평등은 존재하지 않는다. 이에 반해, 장로교회는 동일한 피라미드형의 교회조직을 가지고 있지만 그 구성요소는 사람이 아니라 회의체(eldership)이다. 주교제도가 교황과 주교 그리고 교구사제로 구성되는 피라미드형 위계질서를 가진 것에 비해, 장로회제도는 총회, 노회 그리고 당회로 구성되는 피라미드형 위계질서를 가지고 있다. 총회의 결정은 노회들을 강제하고, 노회의 결정은 소속 당회를 강제하며, 당회의 결정은 회중을 강제하는 것이다. 피라미드형이라는 외형은 같지만 주교제도는 사람으로, 장로회제도는 회의체로 구성된다는 것이 차이이다. 다시 말해 장로교회의 조직은 "회의체에 의한 조직"이라고 할 수 있다. 종교개혁가들이 개인의 대신 회의체에 의한 조직을 만든 것은 개인에게 주어진 권력이 남용될 수 있다는 것을 뼈저리게 경험했기 때문이었다.164)

    종교개혁 당시 회의체 조직을 채택한 곳은 스위스의 제네바, 프랑스, 네덜란드 그리고 스코틀랜드이다. 제네바는 독노회를 구성하고 있었기 때문에 상부회의체를 가지지 못했고, 프랑스와 네덜란드의 경우는 정부의 박해로 인해 정교한 체계를 갖추는 데 실패했다. 따라서 장로교회의 피라미드형의 조직이 가장 잘 발현된 곳은 국가적으로 종교개혁을 이루고, 다수의 노회를 갖춘 스코틀랜드 교회라고 할 수 있다. 「제2치리서」는 이를 정교하게 규정하고 있다.

    「제2치리서」 7장 2조에 따르면 스코틀랜드 교회의 조직은 4종류의 회의체, 즉 개별교회의 회의체인 당회(kirk assembly), 그리고 특정 지역의 회의체인 지역회 (provincial assembly), 전국적 회의체인 총회(general assembly) 그리고 그리스도를 고백하는 모든 국가의 회의체인 국제총회(assembly of all and divers nations)로 구성된다. 지역회에서

---

164) 김중락, 「스코틀랜드 종교개혁사」 (서울: 흑곰북스, 2017), 180.

'지역'은 종교개혁 이전의 한명의 주교가 관리하던 주교구(diocese)를, 그리고 지역회는 주교대신 역할을 맡은 '노회(presbytery)'를 의미한다. 또한 제2치리서는 국제총회를 언급하고 있는데 이는 그들이 장로교회의 국제적 연대 또는 가톨릭의 교황에 상응하는 회의체를 생각하고 있었던 것으로 보인다. 또한 「제2치리서」는 모든 교회가 당회를 가질 필요가 없으며 작은 교회들은 3-4개의 교회가 하나의 '연합당회'(the communal eldership)를 구성할 수도 있다고 제안하고 있다.165)

「제2치리서」의 조직원리에 따라 스코틀랜드에서 교구와 노회의 개념이 분명히 정착된 것은 1581년 총회이다. 이 총회는 전국의 약 1천개 교회를 600여 개의 교구(parish)로 나누었고, 각 교구에는 1명의 목회자가 있어야 한다고 결정했다. 작은 교회의 경우 2, 3개의 마을을 묶어 하나의 교구를 만들었다. 이는 각 교구가 목회자의 생계를 지원할 수 있어야 한다는 의도와 관련이 있어 보인다. 또한 총회는 약 50개의 노회를 만들고 각 노회는 12개 내외의 교구를 배정했다. 그러나 노회의 조직은 시간을 요하는 일이었다. 1581년 장로교회가 잘 수용된 저지대(Lowlands)를 중심으로 13개의 노회가 조직되었고, 1593년까지 전국에는 47개의 노회가 세워졌다.166)

스코틀랜드에서 개별 교회에 노회의 권한은 매우 컸다. 노회는 개별 교회에 대한 모든 권한을 가지고 있었다. 노회는 한 지역의 목사, 교수 그리고 지역의 장로들로 구성된 합법적인 회의로서 중대한 문제를 다루어야 하고, 개별 당회에서 행하지 않았거나, 잘못 행해진 모든 것을 바로잡고, 개별 교회의 직분자(office-bearers)를 파면할 수 있는 권한을 가졌다.167)

---

165) 김중락, 「스코틀랜드 종교개혁사」 (서울 : 흑곰북스, 2017), 180-181.
166) Ibid. 180-181.
167) 김중락, "스코트랜드 종교개혁의 유산과 한국장로교회," 「미래교회포럼」 2017: 2-5.

4) 한국 장로교 역사적 기원

(1) 자립하는 한국 교회

한국 장로교회는 감리교회에 비해서 훨씬 더 빠르게 자립하여 자치하는 교회가 되었다. 그것은 감독교회와 장로교회라는 교회 치리 형태의 차이도 있지만, 한국에 온 네 장로교 선교회가 연합하여 '네비우스 방법'에 따라 실천한 덕분이다. 1907년에는 조선 장로교 독노회가 조직되었다. 그것은 한국의 선교 역사뿐만 아니라 교회사에 하나의 큰 변곡점이 되었다. 그리고 독노회의 조직이 대부흥이 일어난 바로 그 해에 있었던 것도 의미 있는 일이다. 그렇다고 대부흥의 결과로 새 독노회가 탄생했다고 할 수는 없지만, 영적 부흥은 교회의 존립에 있어 반드시 필요한 요소로 하나님께서 주신 은혜의 선물이다.

각처에 신자는 많으나 치리회가 없었다. 1893년에 조직된 선교사공의회는 조선예수교장로회가 완전히 조직될 때까지 전국 교회를 돌아보고 치리하는 상회 역할을 하였다.168)

1892년 10월 18일 린니 데이비스(Linnie Davis), 11월 4일 전킨(William McCleary Junkin 한국명 전위렴)과 일행 6명이 함께 서울에 도착하였다. 전킨과 아내 매리 레이번(Mary Leyburn), 레이놀즈(William David Reynolds 한국명 이눌서)와 아내 팻시 볼링(Patsy Bolling), 테이트(LewisB. Tate 한국명 최의덕)와 그의 자매 매티 테이트(Mattie Tate 한국명 최마태), 그리고 린니 데이비스는 소위 남장로교 선교부 '7인의 선발대'였다. 처음 두 해는 서울에 머물면서 언어와 관습을 배웠다. 1892년 11월 23일 미국 남장로교 한국선교부(Korea Mission of the Presbyterian Church in the United States)가 공식적으로 조직되었다. 이 회의에서 레이놀즈가 회장이 되었고, 테이트가 부회

---
168) 김영재, 「한국교회사」 (경기: 합신대학교출판부, 2014), 160.

장, 그리고 전킨은 서기로 선출되었다. 이 한국 선교부는 향후 남장로교의 한국 선교를 총괄하는 선교기구로서 운영되었다. 남장로교 선교사들은 모두 그 선교부의 정회원으로서 의결권을 갖고 있었다.169)

1885년 4월 5일 북장로교의 언더우드(Horace G. Underwood, 한국명 원두우)가 입국한 이래, 1889년에는 호주 빅토리아장로교, 1892년에는 남장로교, 이듬해인 1893년에는 캐나다장로교가 한국선교를 시작하였다. 이들의 소속 국가는 다르지만 같은 장로교 교단이었으므로 서로 협력하기 위해 공의회를 조직하기로 하였다. 이는 일반적으로 장로교는 노회를 구성하고, 노회는 다시 총회를 조직하여 교회 간의 협력을 도모한다. 하지만 선교 초기에는 충분한 숫자의 교회가 설립되지 못했으므로 노회나 총회가 조직될 수 없었다. 그래서 선교사들은 먼저 1893년에 공의회를 조직했던 것이다. 즉, 선교사들은 1893년에 '선교사공의회'를 조직하였다. 이후 1901년에는 한국인 조사와 장로까지 참여하여 '합동공의회'로 확대되었다. 이 공의회는 1907년에 독노회가 성립되기 전까지 교회의 상위기관인 치리회로 기능했다.170)

① 선교사공의회(1893년-1901년)

선교사공의회의 조직 목적은 조선 땅에 개신교 신경과 장로회 정치를 사용하는 연합교회를 설립하는 것이었다. 장로교의 선교사공의회는 1893년 1월 26일에 남장로교 선교회, 북장로교 선교회, 호주 선교회, 캐나다 선교회 등 4개 선교회가 참여하여 조직되었다. 1893년부터 1900년까지 공회원은 재한 선교사들로만 구성되었고, 캐나다, 오스트레일리아 빅토리아 장로교회 선교회 회원 등은 내한하는 대로 추가되었다. 1900년까지는 공의회에 특별 권한이 없어 따로 규칙을 결정하지 못하였다.

---

169) 정석동, "개신교 전래 이후 전북노회의 설립과 운영"(Ph.D. 학위 논문, 전주대학교, 2018), 9.
170) Ibid., 10.

공의회는 이듬해부터는 조선인 총대를 참가케 하고 회의의 반은 영어로, 반은 조선어로 진행하기로 결정하였다.171) 이 공회가 각도에서 당회권 있는 위원을 선정하여 임무를 담당하도록 하다가, 그 후에 공회위원이라는 하회를 설립하여 각처 교회 일을 관리하게 하고 그 경과 사정을 공회에 보고하였다.172) 우선 평양, 경성에 공의회 위원을 세웠고, 황해, 평남·북 3도 목사는 평양공의회 위원 관내에 속하고, 기타 각도 목사는 경성공의회위원 관내에 속하였다. 이러한 구성은 1901년 조선인 총대와 합동공의회 조직 때까지는 유지되었다. 이렇게 결성된 공의회에서는 선교회가 각기 치리하는 것 외에 조선교회 고등회 설립 때까지 조선 총대가 참가하여 함께 의논하였다.173)

공의회를 조직한 선교사들은 한국에 개혁주의 신앙 노선과 장로교 정치형태의 교회를 조직하고자 했다. 게다가 선교를 시작한 지 10년도 지나지 않았음에도 교회가 급속히 성장하여 이들을 중재할 상위조직이 필요해졌다.174)

다만 공의회는 장로교의 관습을 따라 현지 교회가 조직될 때까지 교회와 관련된 교회법적 문제에 대해 지도역할을 담당하였다. 즉, 처음부터 본격적인 장로교 정치 형태인 노회와 총회의 출현 전까지만 유지되는 임시기구였다. 따라서 실질적으로 당시 교회를 운영하고 다스리는 제반 권한은 각기 선교회에 있었다. 하지만 공의회 구성원 자체가 선교회 소속 선교사로 구성되어 있었던 만큼 실질적으로는 교회가 장로회의 규칙대로 완전히 성립될 때까지는 전국교회에 대하여 전권으로 치리하는 상회 역할을 수행하였다. 초기 선교사공의회는 아래와 같이 구성되었다. 제1회부터 제5회까지는 미국 남장로교와 북장로교 선교사들

---

171) 곽안련, 「장로교회사전휘집」(서울 : 조선야소교서회, 1917), 17.
172) Ibid., 15-16.
173) Ibid., 16.
174) 정석동, "개신교 전래 이후 전북노회의 설립과 운영," 11.

이 회장을 교차 역임하였고, 남장로교 선교사가 회장인 경우 북장로교 선교사가 서기를 맡는 방식으로 선교부 간에 협력하도록 했다. 캐나다 선교사는 1898년 처음 입국하였는데, 푸트(W R Foote, 한국명 富斗一)가 회장직을 맡으면서 미국 선교사들과 캐나다 선교사들이 협력하여 선교활동을 하였다. 이처럼 재한 선교사들은 선교사공의회를 중심으로 연합하였고 장차 한국장로교회 설립을 준비하였다. 남장로교 선교사들은 이미 내한하였던 미국 북장로교 선교사들과 공의회를 조직하여, 장차 한국에 개신교 신경과 장로회정치를 사용하는 연합교회 설립을 준비하였다. 선교사공의회는 1893년 미국 북장로교와 남장로교 재한 선교사들로만 조직하여 시작되었고, 호주의 빅토리아장로교회와 캐나다 장로교회가 내한하여 합류하였다. 이후 조선 내 교회가 성장함에 따라 선교사공의회는 1901년부터 조선인 총대를 참가시키기로 하였다.175)

② 합동공의회(1901년-1906년)

선교사공의회에서는 1900년부터 장로를 공식적으로 세우자고 결의했다.176) 그 결과 1901년부터 각 교회에서 선출된 장로가 교회를 대표해 공의회에 참석할 수 있게 되었다. 이로써 선교사공의회는 이들 한국인 총대까지 포함하여 '조선예수교장로회공의회'로 확대되었다. 일반적으로 '합동공의회'라고 한다.177)

제1회 합동공의회 회장은 스왈론(Willia, L. Swallen, 한국명 소안론) 선교사였다. 회원은 조선인 장로 3명, 조사 6명, 선교사 25명이었다.178) 합동공의회 회장은 북장로교 선교사 스왈론 이후 남장로교 레이놀즈, 캐나다장로교 그리어슨(Robert G.Grierson, 한국명 구례선), 호주장로교

---

175) Ibid., 11-13.
176) Ibid., 17.
177) Ibid., 28.
178) 김영재, 「한국교회사」 (수원: 합신대학원출판부, 2014), 161.

엥겔(Gelson Engel, 한국명 왕길지)등이 상계 시무하였다. 합동공의회 회장은 한국에 입국한 순서로 회장을 역임하였으며, 영어로 하는 회의 서기와 한국어로 하는 회의 서기도 선출하였다. 조선인 장로와 조선인 서기가 함께 하고 있음을 보아 한국교회 지도자들의 성장을 엿볼 수 있다.179)

합동공의회는 회기 때마다 두 번 회의하였는데, 회기의 절반은 선교사들만 모이고, 절반은 선교사들과 일부 한국교회 대표자들이 함께 모였다. 한국 지도자들은 회의에 참석함으로써 장로교회 운영을 배워 장차 교회에서 수행할 역할을 준비하였다. 조선어를 사용하는 회의에서는 흉년을 당한 교회에 대한 구제를 논의하여 구제헌금을 보내기로 가결하였고, 교회 헌금을 적절하게 사용하는 것과, 약한 교회를 돕는 방법과, 조사들이 어떻게 하면 지교회 영수들을 가장 효과적으로 도울 수 있는 방안과, 그리스도인들 간의 결혼과 장례에 대한 법 등을 논의하였다. 영어를 사용하는 공회에서는 신학생 선택 및 교수, 대리회 분립, 위원들의 위촉, 기독신문의 발행 등을 결의하였다.180) 공의회는 교단 설립을 위한 계획을 세웠는데, 장로 1명 이상 있는 교회가 12개 있고, 목사로서 안수를 받을 수 있는 한국인이 최소한 3명 이상이 될 때 한국장로교회의 최고기관으로 노회를 조직할 계획이었다.181)

장로교합동공의회는 2개의 위원회로 구성되었다. 선교사들로만 구성된 영어 사용위원회(English Session)와 한국어 사용위원회(Korean Session)를 두었다. 미국 장로교회에서는 당회를 가리켜 '세션(session)'이라고 한다. 한국어사용위원회는 선교사들과 한국인 교회 지도자들이 함께하는 모임으로 전국 각지에 설립된 여러 교회들의 소식을 교환하

---

179) Ibid., 28-29.
180) 차재명, 「조선예수교장로회 사기(상)」 (서울 : 한국기독교역사연구소, 2005), 82.
181) 곽안련, op. cit., 26- 28.

고 문제점들을 토의하였다. 영어사용위원회에서는 신학교 설립과 조선 독노회 설립을 위한 제반 준비 등 중요한 문제들을 토의하고 결정하였다. 이러한 조처는 과도기적인 현상에 나타나는 불가피한 현상으로 이해할 수 있다. 한국인 지도자들은 이를 통하여 교회 치리와 그 밖의 모든 일을 점차적으로 배우고 익혀서 앞으로 독자적으로 교회 일을 처리해 나갈 수 있는 능력을 배양하고 있었다.

1901년 장로교 공의회에서 결정한 주요한 안건은 독노회 설립 방침 의정위원(議定委員)과 장로회헌법번역위원을 선정한 일과 평양에 신학교를 설립하기로 결의한 일이다. 사무엘 마포삼열(Samuel A. Moffett)을 교장으로 선임하고 학교 일을 책임지도록 하였다. 1902년 평양에서 장로 두 사람을 학생으로 받아 가르치기 시작하였다. 이듬해에는 교회 설교자로 일하고 있는 네 사람의 학생이 입학하여 함께 공부하였다. 학생들은 3개월 동안 공부하여 5년 만에 졸업하도록 하였다. 1905년의 장로교 공의회는 이를 인준하고 학교에 이름을 평양신학교(The Union Theological Seminary)라고 하였다.182) 학교를 영어 이름으로 the Union Theological Seminary라고 한 것은 네 장로교 선교회가 세운 하나의 한국 장로교를 위한 신학교라는 뜻에서이다. 평양신학교는 1908년 미국 시카고에 거주하는 맥코믹(Nettie E. McCormick)으로 부터 11,000원의 기부금을 받아 평양 하수구리 언덕에 한옥 식으로 사무실 5개와 이 층에 1,000명이 앉을 수 있는 큰 건물을 지었다. 1922년에 학교는 다시금 맥코믹 여사가 35,000불(7만여 원)을 보내와 서양식 건물로 새로 건축하였다.183) 1905년의 장로교 공의회는 신학교를 인준한 것을 계기로 한국 교회의 노회 조직에 관심을 가지고 논의하였다. 호주 장로교 선교회에서는 가능한 한 즉시 노회를 조직하자고 하였으며 캐

---

182) 「朝鮮예수敎長老會史記 下卷」, (서울 : 연세대학교출판부, 1968), 46.
183) 신종철, 「한국장로교회와 근본주의」 (서울 : 도서출판 그리심, 2003), 224.

나다(Canada)선교회도 이 제안에 찬성했으나, 미국의 북장로교와 남장로교 선교회들은 먼저 본국 교회의 허락을 받아야 하기 때문에 당장 그 일을 추진할 수 없으므로 미루자고 하였다. 또한 본국인 목사도 없는 상황에서 외국인 선교사들과 본국인 장로들만으로 노회가 조직된다면 건전한 노회가 될 수 없다고 주장하였다.184)

그러나 장로교 공의회뿐 아니라 선교사들을 파송한 본국 교회들도 한국교회의 교세를 감안할 때 독노회의 조직을 더 미룰 수 없을 정도로 때가 무르익었다고 인식하였다. 장로교 공의회는 1907년에 제1회 신학교 졸업생들이 배출되어 목사로 장립될 것이므로 그 해에 노회를 조직하는 것이 가능하고 바람직한 일이라고 생각하였다. 장로교회의 원칙에 의하면, 목사의 장립은 노회에서 하는 것이므로 이를 위해서도 노회가 조직되어야만 했다.185) 평양신학교의 학생 수는 1906년에 50명이었고, 1907년에는 75명에 달하였다. 1906년 장로교 공의회는 그 이듬해에 노회를 조직하기로 하고 목사 안수 절차를 정하는 한편, 한국 장로교회의 신앙고백서로 채택하기로 한 12신조를 노회에 상정하였다.

③ 독노회의 결성(1907년)

미국 남·북장로회와 영국, 캐나다, 호주장로회 등 4개국 선교사들의 결정으로 1907년 9월 17일 조선예수교장로회 독노회가 성립되었다. 이때 회원은 선교사 38명, 조선인 장로 40명이었고, 회장은 선교사 모펫(Samuel Austin Moffett, 한국명 馬布三悅) 부회장은 방기창, 서기는 한석진, 부서기 송인서, 회계는 선교사 그레이엄(Graham Lee, 한국명 이길함)이었다. 1907년 제1회 독노회는 평양 장대재 예배당에서 회집하였다.186) 제1회 회의에서 '대한예수교장로회'의 창립선언과 대한예수교장

---

184) 김광수, 「韓國 基督敎 成長史」(서울 : 기독교문화사, 1976), 171.
185) Harry A. Rhodes, History of the Korea Mission, 162.

로교회신경과 대한예수교장로회 규칙을 채택하였다.187) 이로써 한국에서 완전한 장로교회가 탄생하였다. 대한예수교장로회 신경이 채택하기 전에 합동공의회 영어로 하는 회의에서 조선에 장로교회는 하나의 교단으로 창립되기를 원하였다. 1902년 공의회는 '조선자유예수교장로회' 설립방침과 정치와 규칙을 준비하기 위한 준비위원을 선정하였고, 각 선교회는 본국의 전도국 혹은 사무위원에게 '조선자유장로회' 설립의 승낙을 청하도록 하였다.188)

1905년 공의회는 '교회신경'을 새로 제정하지 않고 만국장로회에서 전부터 사용하는 신경과 신경에 대하여 개정한 것과 해석한 것, 신경도리에 대한 광고와 또 각 지방선교회에서 통용하는 신경을 비교하여 조선예수교장로회의 형편에 적합한 신경을 택하는 것이 옳다고 보고받았다. 또한 이 신경이 조선, 인도 두 나라 장로회의 신경만 될 뿐 아니라 아세아 각 나라 장로회의 신경이 되어 각 교회가 서로 연락하는 기관이 되기를 희망한다고 했다.189) 이때 담당 위원은 남장로교 선교사 레이놀즈 외에 4명이 선정되어 활동했다. 이들은 1905년 인도연합장로교회가 채택한 신조가 한국에 설립될 장로교회에 적합한 것으로 보고, 이를 한국 상황에 맞게 번역하여 채택한 것으로 보인다. 또한 이 때 선택한 12신조는 오늘까지도 한국 장로교회의 신학적 토대를 이루고 있다. 대한예수교장로회 백석총회 헌법도 이때 선택한 12신조의 전통을 계수하고 있다.190) 제1회 독노회록은 '공의회에서 택한 장로교회 신경위원 레이놀즈가 보고하였고, 번하이셀(Charles F. Bernheisel, 한국명 편하설)은 1년만 채용하여 검사하기로 동의하여 결정하였다.'고 기록했다.

---

186) 예수교장로회대한노회 제2회 회의록 5쪽.
187) 예수교장로회대한노회 제2회 회의록 8쪽.
188) 곽안련, 「장로교회사전휘집」 (조선야소교서회, 1917년), 26쪽.
189) 곽안련, 「장로교회사전휘집」 (조선야소교서회, 1917년), 42쪽.
190) 대한예수교장로회총회(백석), 「헌법」, 51-56.

또한 '장로회 신경과 정치를 1년 동안 채용함에 대하여 조사할 위원 7인을 선정하여 명년노회에 보고케 하기로' 결정함으로서 대한예수교장로교회신경을 채택하였다.191) 이로 보건데 독노회는 신조 채택을 신중하게 취급하였음을 볼 수 있다. 대한예수교장로회 신조 '제1조 신·구약 성경은 하나님의 말씀이며 신앙과 본분(本分)의 유일(唯一)하고 정확무오(正確無誤)한 규범이다.'라고 서술했다.

이는 장로교회가 성경을 보는 관점의 표현이었다. 제2조와 제3조에서는 하나님의 속성과 삼위일체를 정의하였고 제4조는 창조, 제5조와 제6조는 인간의 창조와 타락, 제7조는 죄와 부패로부터 구원에 관하여, 제8조는 성령에 관하여, 제9조는 구원의 서정에 대하여, 제10조는 장로교회 성례(聖禮)인 세례와 성찬에 대하여, 제11조는 지상의 교회, 제12조는 내세론 또는 종말론이라고 할 수 있다. 대한예수교장로회 규칙의 채택은 1902년 영어로 하는 공의회에서 기본적인 구조를 갖춘 노회 규칙을 논의하면서 시작되었다. 노회 설립 시기는 장로 1인 이상이 있는 지교회 12처 목사에 임직할 자격이 있는 자가 3인 이상에 달하면 조선자유예수교장로회를 설립하고, 노회 회원은 조선 전국 목사, 재조 선교사 중 안수 받아 임직한 목사와 장로, 당회에서 총대로 파송하는 조선 장로 1인씩으로 하였다. 공의회는 노회 준비를 위한 위원을 선정하여 노회 규칙을 준비하도록 하였다.192) 또한 장로교 정치를 사용하는 연합독립교회를 조선에서 설립할 때 회원과 발언권만 있는 회원과 장로와 집사를 선택 교육하는 일 등도 논의하였다.193) 공의회는 혼인에 관한 보고를 채택하여 혼인과 이혼, 정혼에 관한 사항을 노회 규칙에 반영하였다.

---

191) 예수교장로회대한노회, 「제2회 회의록」, 11.
192) 곽안련, 「장로교회사전휘집」, 조선야소교서회, 1917년, 26-28.
193) 곽안련, 「장로교회사전휘집」, 조선야소교서회, 1917년, 34.

이러한 논의를 거쳐 임시로 만들어진 정치규칙(政治規則)은 1905년과 1906년에 공의회에 상정하였으나 다음 회기로 미루어졌다. 완전한 정치규칙은 1907년 영어공의회에서 다시 의론 후 결정하기를 만국장로회의 원리를 기초로 간략하게 제정 사용하다가 형편에 맞추어 적당한 정치를 제정하는 것이 합당하다 하고 먼저 편집한 규칙을 제정 제출하였다.194) 이러한 논의 과정을 거쳐 작성된 노회 규칙을 제1회 노회에서 일 년만 채용하기로 결정하였다.195) 이외에 1908년 제2회 독노회는 서울 연동예배당에서 회집하였다. 이 회의에서 주목할 만한 사안은 혼인에 대한 결정이다. 교인의 혼인은 본 지방 목사와 장로 조사와 의논하고 주관하도록 하였다. 또한 풍속들 중에서 데릴사위나 민며느리제도는 교인으로써 경계하도록 하였고, 첩이 있는 사람은 원입교인으로 세우지 못하도록 하였다. 교인의 성명을 옮기는 '이명'은 당회가 주관하도록 하였다. 당회가 없는 교회나 지방은 조사와 영수가 즉시 천서하고 본 지방 목사에게 보고하도록 하였다.196) 즉, 노회는 당시 한국인들의 풍속 중에 비성서적인 생활이라고 판단된 결혼제도를 고치도록 하였다. 데릴사위 제도나 민며느리 제도는 경제적 의존관계에서 떳떳하지 못한 것으로 여겨지는 결혼제도였다. 특히 첩의 문제는 일부일처를 주장하는 기독교의 교리에도 어긋나기 때문에 심각한 것으로 여겼다. 첩이 있는 사람은 교회에 출석할 수는 있지만, 학습이나 세례를 받을 수 없도록 함으로써 기독교인의 윤리 강령을 준수하도록 하였다. 이러한 논의의 결과 자체는 이미 공의회 시기부터 적용되었으므로 새로운 결정은 아니었고, 노회 설립 이후 이러한 규정의 적용과 절차를 노회에 맞게 바꾸는 과정이었던 것으로 보인다.197)

---

194) Ibid. 34.
195) 예수교장로회대한노회 제2회 회의록 8쪽.
196) 예수교장로회대한노회 제2회 회의록 15, 18쪽.
197) 정석동, "개신교 전래 이후 전북노회의 설립과 운영," 47-48.

교세가 급성장하고 많은 지도적인 한국인 신자들이 육성됨에 따라 1901년에 선교사와 한국인 총대가 합하여 소위 합동공의회를 조직하고 '조선예수교장로회공의회(耶蘇敎長老會公議會)'라고 하였다. 그 해 회원은 한국인 장로 3명과 조사(助事) 6명, 선교사 25명이었으며, 회장은 스왈른(William Swallen, 蘇安論, 1865-1954) 선교사였다.[198]

노회는 장로교공의회에서 상정한 12조항의 신조를 받아들였다. 이 신조는 1904년 인도 교회가 먼저 채택한 것이다. 장로교공의회는 이미 1902년 조선 장로교회의 노회 조직을 내다보고 신경준비위원을 선정하였다. 준비위원들은 여러 신경을 비교, 연구하던 끝에 1905년에 이 12신조를 조선 장로교회의 신앙고백으로 채택하도록 정하였다. 그것은 처음에 인도 교회를 위하여 선교사들이 만든 것이지만, 신앙고백서란 그리스도의 교회가 얼마든지 공유할 수 있는 것이므로, 비슷한 상황에서 이제 자라기 시작하는 한국교회도 이를 사용할 수 있으며, 간단하면서도 손색이 없는 내용을 고백하고 있는 신경으로서 당시의 시대적인 형편에도 적당하고 성경에도 부합하는 것이라고 인식하고 채택하였다.[199]

한국 교회에서 사용하는 신앙고백서를 한국 교인들 스스로 만들지 않은 것을 유감으로 생각하는 이들이 더러 있다. 종교개혁 이후 특히 개혁주의 교회에서 60여 개의 많은 신앙고백서가 나온 것을 감안하면 한국 교회에서도 신앙고백서가 나올 수 있었으리라고 언뜻 생각할 수 있다. 그러나 이제 자립하는 선교 교회를 오랜 역사와 전통이 있는 교회와 동등하게 비교할 수는 없는 일이다. 이제 처음으로 안수를 받은 목사를 배출한 어린 교회가 신앙고백서를 갖는 이유를 알지도 못할 뿐만 아니라, 스스로 신앙고백서를 작성할 만큼 신학적으로 성숙하지 못했기 때문이다.[200] 우리는 여기서 말씀을 통한 진리를 배우게 된다.

---

[198] 김영재, 「한국교회사」 (경기 : 합신대학원출판부, 2014), 160-161.
[199] 郭安連, "朝鮮예수敎長老會信經論", 「神學指南」 제2권 1호 (1919), 81.

"땅이 스스로 열매를 맺되 처음에는 싹이요 다음에는 이삭이요 그 다음에는 충실한 곡식이라."(막 4: 28).

예수님은 돌로 떡을 만들지 않았다. 예수님을 아무리 배가 고파도 질서를 깨뜨리시는 분이 아니다. 하나님의 때를 따라 움직이셨다.

새로 조직된 한국 장로교 독노회는 신앙고백의 채택뿐만 아니라 교회의 조직과 정치에 관한 문제 등 교회의 제반 사항에 관한 것을 선교사들의 지도에 따라 결정하였다. 선교를 받아 바야흐로 조직되는 교회가 선교사들의 지도를 따르는 것은 당연한 일이며, 그것이 정상이다.201) 독노회는 미국과 캐나다, 호주 장로교회에 노회가 조직되었음을 통고하고 감사를 표하는 한편, 세계개혁주의교회연맹 (World's Pan-Presbyterian Alliance, der Reformierte Weltbund)에 회원 가입을 청원하였다.202)

한국 장로교회는 1907년부터 자립하는 교회가 되었으므로 선교사들은 조력자 역할을 하였다. 사실 1907년 독노회가 조직되었을 때 장로교 공의회는 "선교사들로 구성된 장로교 공의회의 교권(the ecclesiastical powers)은 한국장로교회가 조직될 때까지 행사하기로 하되, 한국 장로교회가 조직되면 거기에 이양하기로 한다"는 1901년의 결의를 확인하였다. 1915년 이후에는 단 한번을 제외하고는 늘 한국인이 총회장이 되었다.203)

3. 노회 행정조직의 의의 및 특징

노회의 의의에 대하여 백석을 비롯한 각 교단의 헌법에서 아래처럼 대동소이하게 말한다.

---

200) 閔庚培,「韓國基督敎會史」(서울 : 연세대학교출판부, 2000), 225.
201) 김영재,「교회와 신앙고백」(경기 : 합동신학대학원출판부, 2002), 204.
202) H. A. Rhodes, Ibid, 386.
203) 김영재,「한국교회사」(경기 : 합신대학원출판부, 2014), 160-167.

ⓐ 백석총회헌법 제11장(노회) 제79조 노회를 이렇게 정의한다. 그리스도의 몸인 교회가 나누어져서 여러 지교회가 되었으므로 서로 협의하고 협력하여 교회의 순전함을 보존하고 권징을 같이하며 신앙상 지식과 바른 도리를 합심하여 배도와 부도덕을 금지할 것이 요청된다. 이러한 일을 효과적으로 수행하기 위하여 상회인 노회가 있으며 또한 사도 시대에도 이와 같은 모임이 있었으니 이는 각 지교회가 한 노회 아래 속하여 있던 증거라 할 수 있다. (행 2:41-47, 6:1, 9:31, 21:20, 4:4, 15:2, 4, 6, 23-30, 18:19, 24-26, 19:18-20, 20:17-18, 25:31, 36-37, 21:17-18, 고전 16:8-9, 계 2:1-6).204)

ⓑ 합동에서는 제10장(노회) 제1조(노회의 요의, 要義)에서 그리스도의 몸 된 교회가 나뉘어 여러 지교회가 되었으니(행 6:1-6, 9:31, 21:20) 서로 협의하며 도와 교회 도리의 순전을 보전하며, 권징을 동일하게 하며, 신앙상 지식과 바른 도리를 합심하여 발휘(發揮)하며, 배도(背道)함과 부도덕(不道德)을 금지할 것이요, 이를 성취하려면 노회와 같은 상회(上會)가 있는 것이 긴요하다(사도 시대 노회와 같은 회가 있었나니 교회가 분산한 후에 다수의 지교회가 있던 것은 모든 성경에 확연하다) (행 6:5-6, 9:31, 21:20, 행 2:41-47, 4:4). 이런 각 교회가 한 노회 아래 속하였고(행 15:2-4, 6:11, 23-30, 21:17-18) 에베소 교회 외에도 많은 지교회가 있고 노회가 있는 증거가 있다(행 19:18, 20). (비교. 고전 16:8, 9, 19, 행 18:19, 24-26, 20:17-18, 25:31, 36-37, 계 2:1-6)205)

ⓒ 고신에서는 제11장(노회) 제126조(노회의 의의)에서 그리스도의 몸 된 개체 교회가 나뉘어 여러 개체 교회가 되었으므로(행 6:1-6,

---

204) 대한예수교장로회총회(백석), 「헌법」 (서울 : 대한예수교장로회 총회(백석), 2023), 제 79조.
205) 대한예수교장로회총회(합동). 「헌법」 http://www.gapck.org/sub_06/sub05_11.

9:31, 21:20) 서로 협력함으로써 교리의 순결과 온전함을 보존하여 신앙을 증진시키고 교회행정과 권징을 동일하게 하며, 배교와 부도덕을 방지하며, 교회의 전반적인 사항과 목사의 제반 신상 문제의 처리를 위해 상회로서 노회를 설치한다.206)

ⓓ 합신에서는 제16장(노회) 제1조(노회의 성경적 배경)에서 그리스도의 몸 된 교회가 나뉘어 여러 교회가 되었으나(행 9:31, 21:20), 서로 협의하며 도와서 교리의 순전을 보전하며, 권징을 일하게 하며, 영적 지식과 바른 진리를 전파하며, 배도와 부도덕을 금지해야 한다. 이를 성취하려면 노회와 같은 단체가 있는 것이 긴요하다. 사도시대에 교회가 분산된 후에 여러 지교회들이 있었던 것이 확연하다. 그 교회들이 한 노회 아래 속해 있었다(행 15:2-4, 23, 21:17-18).207)

주요 교단 모두 이 땅에 여러 개체 교회가 있지만 이는 그리스도의 몸 된 교회가 나뉜 것이라 본질적으로 한 몸이라고 말한다. 노회는 여러 개체 교회가 한 몸임을 확인하고 드러내는 차원에서 존재하는 것이다. 노회는 여러 개체 교회가 서로 협력함으로써 교리의 순결과 온전함을 보존하여 신앙을 증진시키고 교회행정과 권징을 동일하게 하며, 배교와 부도덕을 방지하며, 교회의 전반적인 사항과 목사의 제반 신상 문제의 처리를 위해 존재한다.208)

"모든 통치와 권세와 능력과 주권과 이 세상뿐 아니라 오는 세상에 일컫는 모든 이름 위에 뛰어나게 하시고 또 만물을 그의 발 아래에 복종하게 하시고 그를 만물 위에 교회의 머리로 삼으셨느니라 교회는 그

---

206) 대한예수교장로회총회(고신). 「헌법」 http://www.kosin.org/page_iqyK55
207) 헌법. 대한예수교장로회총회(합신). 「헌법」.
    http://www.hapshin.org/chnet2/home/?type=sub&step1=9&sid=39&parent=28
208) 정요한, op. cit., 9.

의 몸이니 만물 안에서 만물을 충만하게 하시는 이의 충만함이니라."(엡 1:21-23)

하나님은 하나님의 궁극적인 목적인 예수 그리스도 안에서 '애나케팔라이오(ανακεφαλαιω)' '재통일'의 중심인 교회를 흠이 없이 거룩하게 만드시는 방법으로 예수님을 머리로 삼아 우리를 그 머리에 붙이셨다. 그러므로 우리는 예수님과 피와 핏줄이 통하는 한 지체가 된 것이다. 예수님과 신비한 연합을 통해서 우리는 예수님의 형상으로 닮아가는 것이다.

"만일 우리가 그의 죽으심과 같은 모양으로 연합한 자가 되었으면 또한 그의 부활과 같은 모양으로 연합한 자도 되리라."(롬 6:5)

"우리가 다 수건을 벗은 얼굴로 거울을 보는 것 같이 주의 영광을 보매 저와 같은 형상으로 화하여 영광으로 영광에 이르니 곧 주의 영으로 말미암음이니라"(고후 3:18)

백석 헌법은 정치 제2장(교회) 제9조(교회의 정의)에서 교회를 "하나님의 부르심을 받은, 과거와 현재와 미래에 있어서 그리스도를 믿는 성도들인데, 이를 거룩한 공교회이다."라고 정의한다. 제10조(교회의 구별)는 교회를 보이는 교회와 보이지 않는 교회로 구별하는데, "보이지 않는 교회는 하나님만 아시고, 보이는 교회는 전 세계에 산재(散在)한 교회이다." 제11조(교회의 집회)는 "지상의 모든 성도들이 한 곳에만 회집하여 교제하며 하나님을 예배할 수 없으므로 각 처소에 개체 교회를 설립하고 교회는 예수 그리스도를 믿는 무리들의 유익을 따라 일정한 장소에서 하나님께 예배하며 성결하게 생활하며 그리스도의 나라를 확장하기 위하여 성경의 교훈과 교회 헌법에 의하여 공(公)예배로 모인다"(갈 1:22, 계 1:4-20)."라고 말하는데, 이는 지교회의 존재의 이유와 필요성에 대한 언급이다. 제12조(지교회의 의의)는 "예수를 믿는다고 고백하는 자들과 그 언약의 자녀들이 일정한 장소에서 그 원대로 합심하여 하나님을 경배하며, 성실하게 생활하고, 예수의 나라를 확장하기 위하여 성경에 교훈한 대로 연합하고 제정된 교회 정치에 복종하며, 공동예배로 회집하면 이를 개체 교회라 한다"[209]고 말함으로써 지교회의 의의에 대하여 우리 헌법은 말하고 있다.

백석 교단의 헌법은 노회에 대해서 다음과 같이 정의를 내리고 있다. 제11장 노회 제79조 노회의 정의 "그리스도의 몸인 교회가 나누어져서 여러 지교회가 되었으므로 서로 협의하고 협력하여 교회의 순전함을 보존하고 권징을 같이하며 신앙상 지식과 바른 도리를 합심하여 배도와 부도덕을 금지할 것이 요청된다. 이러한 일을 효과적으로 수행하기 위하여 상회인 노회가 있으며 또한 사도 시대에도 이와 같은 모임이 있었으니, 이는 각 지교회가 한 노회 아래 속하여 있던 증거라 할 수 있다(행 2:41-47, 6:1, 9:31, 21:20, 4:4, 15:2, 4, 6, 23-30, 18:19, 24-26, 19:18-20, 20:17-18, 25:31, 36-37, 21:17-18, 116:8-9, 2:1-6)[210] 라고 노회를 정의함으로 써 노회의 기원과 필요성에 대해서 헌법에서 규정하고 있다.

백석헌법 제80조 노회 조직(시행세칙 제59조-제60조)은 아래와 같다.
① 노회는 담임목사 40인 이상과 당회를 포함하여 40개 이상의 교회로 조직할 수 있다. 단, 도서 지방, 해외 노회는 예외로 한다.
② 노회는 소속 목사와 당회에서 파송한 총대 장로로 조직한다.
③ 노회 임원은 노회장 1인, 부노회장 2인(목사, 장로 각 1인), 서기, 부서기, 회의록서기, 부회록서기, 회계, 부회계, 각 1인으로 한다.

---
209) 대한예수교총회(백석), 「헌법」, 174.
210) 대한예수교총회(백석), 「헌법」, 201.

④ 상비 부서는 총회 조직법에 준한다.211)

백석교단 헌법에 나오는 다섯 가지의 정치 제도와 장로교단의 헌법 중 정치 제도에 대한 내용은 대동소이하다. 주후 1517년 종교개혁으로 인하여 신, 구로 나누어진 기독교는 다시 여러 교파를 이룩하여 각각 자기들의 교파의 교리, 의식, 규칙, 정치, 권징, 예배 모범 등 있어서 그 교훈과 지도하는 것이 다른 바 이를 다음과 같이 구분한다.212)

① 교황 정치	교황이 전제로 산하 전 교회를 관리하는 정치이며, 주로 로마 가톨릭교회와 동방정교회가 쓰고 있는 정치 형태이다.213)
② 감독 정치	감독이 교회를 주관하는 정치이며, 감독교회와 감리교회가 쓰고 있는 정치 형태를 말한다.
③ 자유 정치	어떤 다른 회의 관할과 치리를 받지 아니하고 각지 교회의 자유로 행정하는 정치 형태이다.
④ 조합 정치	자유정치 형태와 유사하나 지 교회 대표의 연합회를 갖고 있어 피차 개교회의 유익한 문제를 토의한다. 그러나 개 교회에서 명령과 주관하는 권한은 없고 각 교회가 자유로 하는 정치형태이다.
⑤ 장로회 정치	지교회 교인들이 장로를 선택하여 당회를 조직하고 그 당회로 치리권을 행사하게 하는 주권이 교인들에게 있는 민주적 정치이다. 당회는 목사(강도(講道), 치리(治理))와 장로(치리(治理))로 조직하여 지교회를 주관하며, 치리회는 당회, 노회, 총회의 삼심제(三審制)이다. 이런 정책은 모세(출 30:16, 18:25-26, 민 11:16)와 사도(행 14:23, 16:4, 딛 1:5, 약 5:14, 벧전 5:1) 때에 일찍이 있었던 성경적 제도이다. 또한, 이 장로회 정치는 웨스트민스터 헌법을 기본으로 한 것인 바 이 웨스트민스터 헌법은 영국 정부의 주관으로 1643년

---

211) 대한예수교총회(백석), 「헌법」, 201-202.
212) 대한예수교총회(백석), 「헌법」, 169.

> 에 런던 웨스트민스터 예배당에 120명의 목사와 30명의 장로가 모여서 이 장로회 헌법을 초안하고 영국 각 노회와 대회에 수의 가결한 후에 총회가 헌법으로 채택하여 1648년에 공포한 것이다.214)

　본 대한예수교장로회 백석총회 헌법은 1948년 총회 설립 이후 웨스트민스터 헌법을 기초로 하여 제정하였다.215)
　백석과 합동, 고신교단은 종교개혁 이후 기독교에 발생한 교파들의 정치 제도를 5가지로 분류하여 헌법에 기술하고 있다. 이것은 백석과 합동 교단이 채택한 정치 제도는 장로회 정치라는 것이고, 그 장로회 정치가 무엇인지 간단히 기술하고 있는 것이다. 백석교단의 헌법, 정치 제11조(교회의 집회)가 "지상의 모든 신자들이 한 곳에 모여 교제하며 하나님을 경배할 수 없으므로 각 처소에 지교회를 설립하고"라고 기술한 것을 살펴보았다. 그렇다면 이렇게 설립된 지교회들 간에 어떤 유기적인 관계가 있을까?
　기독교대한감리회의 헌법 제1장(총칙) 제6조(기본체제)는 "감리회의 기본체제는 의회제도에 기초한 감독제다"라고 규정함으로써 감독이 교회를 주관하는 감독정치임을 헌법으로 규정하고 있다. 헌법 제22조(감독회장)는 "감독회장은 감리회를 대표하는 영적 지도자이며 감리회의 행정수반으로서 감리회의 정책과 본부의 행정을 총괄한다"라고 말한다. 감리교헌법 제1장, 제3편, 제1절(개체교회) 제5조는 "개체교회를 설립하고자 하는 사람은 설립에 필요한 서류를 갖추어 감리사에게 청원서를 제출하여야 한다"라고 말한다. 노회에 서류를 제출하는 장로교와 행

---

213) 대한예수교총회(백석), 「헌법」, 169.
214) 대한예수교헌법(백석), 「헌법」, 169-170.
215) 대한예수교헌법(백석), 「헌법」, 169-170.

정절차에 있어 큰 차이가 있다.216)

독립교단으로 알려진 "한국독립교회선교단체연합회"(카이캄),217) "국제독립교회연합회"는 자유 정치에 속한다.218) 이들은 자유 정치에 맞게 명문화된 헌법을 갖고 있지 않고, 여러 면에서 상황에 따라 자유롭게 판단하고 행동한다.

기독교한국침례회는 총회 규약에 가장 먼저 침례교회의 이상과 주장을 10가지로 규정하는데 그중 8번이 이렇게 규정하고 있다. "모든 교회는 행정적으로 독립적이나 복음 전도 사업은 협동한다." 침례교는 개체교회의 독립성을 총회규약으로 정하고, 복음 전도 사업은 개체 교회들이 협동한다고 규정하고 있다. 총회 규약은 이어서 전문을 다음과 같이 기술하고 있다. "침례교회는 신약성경에 기록된 예수 그리스도의 말씀과 정신에 따라 생활 속에서 복음을 실천하고, 또 지상에서 하나님의 왕국을 확장하기 위해 역사의 소용돌이 속에서 꾸준히 노력해 왔다. 이제 자주성을 지닌 교회들이 자발적으로 연합하여 구성된 기독교한국침례회는 성령의 교통하심 안에 서로 협력하면서 천국 확장 사업에 거룩한 교제를 이루려는 공통 임무를 보다 효과적으로 수행하기 위하여 이 규약을 제정하는 바이다." 전문에서도 개체 교회들의 자주성을 강조한다. 기독교한국침례회는 자주성이 있는 개체 교회들이 자율적으로 연합한 곳이다. 총회 규약은 이어 총칙을 규정하는데 제2조(목적)은 다음과 같이 규정해 놓고 있다. "본회는 예수 그리스도의 복음 전파에 실제적으로 일하고 있는 침례교회 상호간의 유대와 교제를 공고히 하며 성경에 입각한 기독인의 신앙 성장을 촉진시키며 교육사업, 사회사업 및 그리스도의 정신을 기초로 하는 모든 선한 사업을 통하여 복음전파를 그

---

216) 기독교 감리교, 「헌법」, https://kmc.or.kr/combination-resources
217) http://home.kaicam.org/index.asp 한국독립교회선교단체연합회 소개 소식 가입 목사고시 커뮤니티 자료실
218) www.waic.kr 국제독립교회연합회 WAIC

목적으로 한다."219)

그렇다면 장로교 정치는 지교회들 간의 관계를 어떻게 보고 있는지 살펴보고자 한다.

백석 교단은 "당회는 치리 장로와 목사인 강도 장로의 두 반으로 조직되어 지교회를 주관하고, 그 상회로서 노회 및 총회 이같이 3심제의 치리회가 있다"라고 말하고, 합동 교단은 "당회는 치리 장로와 목사인 강도 장로의 두 반으로 조직되어 지교회를 주관하고, 그 상회로서 노회 대회 및 총회 이같이 3심제의 치리회가 있다"라고 말하고, 합신 교단은 "당회는 치리의 사역으로 교회를 섬기는 목사와 장로로 구성되어 성경 말씀대로 지교회를 봉사하며, 보다 넓은 치리회(노회, 총회)와 함께 교회의 화평과 성결을 파수하며 또 증진시키는데 수종든다"고 말한다. 대표적인 장로 교단 모두 지교회(개체 교회)들 간의 관계에 대하여 엄밀하게 말하지 않으나, 합동 교단은 당회의 상회로서 노회 대회 및 총회의 치리회가 있다고 말하고, 백석과 합신 교단은 당회보다 넓은 치리회로서 노회와 총회가 있다고 말한다. 장로 교단은 "상회"와 "보다 넓은 치리회"라는 표현으로 노회와 총회에 대하여 말함으로써 지교회(개체 교회)들이 노회와 총회의 치리를 받는다는 것을 명시하고 있다.220) 이것은 지상의 모든 성도들이 한 곳에만 회집하여 교제하며 하나님을 예배할 수 없으므로 각 처소에 지교회를 설립하지만, 그 지교회들이 하나의 교회인 것이고, 노회와 총회를 이루어 그 치리를 받는다고 말하는 것이다. 이때 장로교 정치는 지교회 교인들이 그리스도의 주권 아래서 장로를 선택하여 당회를 조직하고, 그 당회가 치리의 사역을 하므로 그 기본권이 교인들에게 있는 신본주의적 공화정치이다. 노회와 총회도 치

---

219) www.koreabaptist.or.kr 기독교한국침례회
220) 예장 백석헌법 정치 71조 3항 "각급 치리회는 고유한 특권이 있으나 순차대로 상급 치리회의 지도 감독을 받는다." 4항 "각 치리회는 독립된 개체가 아니므로 상회에서 법대로 결정된사안은 하회에서 시행하여야 한다."

리 범위가 보다 넓어진 것이지 기본적으로 그 기본권이 교인들에게 있는 신본주의적 공화정치이다.221)

칼빈은 교회 연합을 강조한다. 그는 평등과 자율성을 강조함과 더불어 연합을 부정한 회중 교회를 부정한다. 장로회 정치는 예수 그리스도는 한 몸이라는 연합성의 원리에 근거한다. 이것은 치리회의 3심제 동일체 원리로 나타난다. 여기서 연합성이란 회중 교회처럼 교회들이 필요한 경우만 회의하는 회합성을 의미하지 않는다.

연합성의 원리는 지교회의 권세가 확장되어 상회로서 노회(Presbytery), 총회(General Assembly)의 3심제 치리회를 구성한다. 또 이 관계성에 의해 교인들과 직원들의 권리가 침해 되었을 때 교회 재판권을 통해 그 권리가 보장된다. 이와 같은 관계성은 교회들의 연합성에 기초한다. 그래서 각 교회들과 치리회는 자치권과 타치권 모두를 행사할 수 있다. 그것은 개인으로서가 아니라 대의 기관을 통해서이다.

장로회 정치는 당회, 노회, 총회를 통한 3심 제도로, 당회의 치리에 불복이 있으면 노회가 그것에 대하여 치리권을 행사하고 또 노회의 치리에 불복이 있으면 총회가 그것을 치리하여 최종적으로 결정한다.222)

"보라 형제가 연합하여 동거함이 어찌 그리 선하고 아름다운고 머리에 있는 보배로운 기름이 수염 곧 아론의 수염에 흘러서 그의 옷깃까지 내림 같고 헐몬의 이슬이 시온의 산들에 내림 같도다 거기서 여호와께서 복을 명령하셨나니 곧 영생이로다."(시 133:1-2)

장로회 정치의 성경적 근거를 웨스트민스터 신앙고백 제30장 제2조는 다음과 같이 말하고 있다. 제30장 ②항은 교회의 권징에 관하여 교

---
221) 정요석, "한국 교회의 위기: 노회의 기능과 역할"「서울포럼」, 2022 11회, 4.
222) 배광식외 2.「대한예수교장로회 헌법 해설서」(서울: 익투스 2021), 35.

회의 직원에게는 천국의 열쇠가 맡겨져 있다. 직원들은 그 주어진 힘으로 사람들의 죄를 정하기도 하고, 사할 수도 있으며, 회개하지 않는 자에게는 말씀과 권징으로 천국을 닫고, 회개한 죄인에게는 필요에 따라 복음의 사역과 권징의 해제에 의해서 천국을 열어 줄 권한을 가지고 있다(마 16:19, 18:17-18, 요 20:21-23, 고후 2:6-8).223)

천국 열쇠가 교회 직원들에게 주어졌는데, 교파와 교단에 따라 이에 대한 해석이 다양하다. 아래 성경구절에서 예수님은 제자들에게 자신을 누구라 하느냐고 여쭈셨다. 베드로가 옳게 대답하자 예수님은 크게 칭찬하시며 "너는 베드로라 내가 이 반석 위에 내 교회를 세우리니"라고 말씀하시며 "내가 천국 열쇠를 네게 주리니"라고 말씀하셨다. 이 반석이 무엇을 의미하는지 그리고 천국 열쇠를 누구에게 주신 것인지에 대하여 교파 간에 해석 차이가 있는데, 로마가톨릭과 침례교와 장로교가 어떻게 해석하는지 살펴보자.224)

"이르시되 너희는 나를 누구라 하느냐 시몬 베드로가 대답하여 이르되 주는 그리스도시요 살아 계신 하나님의 아들이시니이다 예수께서 대답하여 이르시되 바요나 시몬아 네가 복이 있도다 이를 네게 알게 한 이는 혈육이 아니요 하늘에 계신 내 아버지시니라 또 내가 네게 이르노니 너는 베드로라 내가 이 반석 위에 내 교회를 세우리니 음부의 권세가 이기지 못하리라 내가 천국 열쇠를 네게 주리니 네가 땅에서 무엇이든지 매면 하늘에서도 매일 것이요 네가 땅에서 무엇이든지 풀면 하늘에서도 풀리라 하시고"(마 16:15-19)

가. 로마가톨릭의 해석

로마 가톨릭은 베드로를 반석으로 보고, 베드로에게 천국 열쇠가 주어졌다고 본다. "주님께서는 당신이 베드로라는 이름을 주신 시몬 한

---

223) 대한예수교장로회총회(백석), 「헌법」, 137.
224) 정요석, op. cit., 5.

사람을 당신 교회의 반석으로 삼으셨다. 주님께서는 그에게 교회의 열쇠를 맡기셨으며, 그를 당신의 온 양 떼의 목자로 세우셨다. 그런데 베드로에게 주어진 매고 푸는 저 임무는 그 단장과 결합되어 있는 사도들에게도 부여되어 있음이 분명하다. 베드로와 다른 사도들의 이러한 사목 임무는 교회의 기초에 속하는 것이다. 이 임무는 교황의 수위권 아래서 주교들을 통하여 계속되고 있다."225) 로마가톨릭은 그리스도께서 열두 사도를 세우셨고, 그들 가운데에서 베드로를 으뜸으로 삼으셨다고 본다.226) 교황은 로마 주교이며 베드로 사도의 후계자이므로, 베드로에게 주어진 모든 권세가 교황에게 이어진다.

로마가톨릭이 교황에게 부여하는 권세는 예수 그리스도와 비견될 정도이다. 이들은 교황이 자기 임무의 힘으로 그리스도의 대리이며 온 교회의 목자로서 교회에 대하여 완전한 보편 권한을 가지며 이를 언제나 자유로이 행사할 수 있다고 본다.227) 이들은 열두 사도를 대신하는 주교단이 그 단장인 교황과 더불어 보편 교회에 대한 완전한 최고 권한의 주체로 존재한다고 보지만 이 단장 없이는 결코 그러하지 아니하며, 또한 그 권한은 오로지 교회의 동의가 있을 때에만 행사될 수 있다고 본다. 주교단은 보편 교회에 대한 권한을 보편(세계) 공의회에서 장엄한 양식으로 행사하지만 베드로의 후계자가 세계 공의회로 확인하거나 적어도 그렇게 받아들이지 않으면, 세계 공의회는 결코 인정되지 아니한다.

이들은 교황에게 무류(無謬)성을 다음처럼 부여한다. "주교단의 단장인 교황은 참으로 신앙 안에서 자기 형제들의 힘을 북돋워 주는 사람이므로, 모든 그리스도인의 최고 목자이며 스승으로서 신앙과 도덕에

---

225) 주교회의 교리교육위원회 역, 「가톨릭교회 교리서」 제2판(한국천주교중앙협의회, 2008), 881항,372.6.
226) 「가톨릭 교회 교리서」, 883항, 373.9.
227) 「가톨릭 교회 교리서」, 891항, 375.11.

관한 교리를 확정적 행위로 선언하는 때에, 교황은 자기 임무에 따라 그 무류성을 지닌다."228) 주교단이 베드로의 후계자와 더불어 최상 교도권을 특별히 세계 공의회에서 행사할 때에 이러한 무류성이 주교단 안에도 내재한다고 말한다.229) 반석을 베드로로 보고, 천국 열쇠가 베드로에게 주어졌다고 보는 로마 가톨릭의 성경 해석이 교황에게 얼마나 무모한 권한을 주는지 알 수 있다.230)

나. 침례교의 해석

침례교는 반석을 "주는 그리스도시요 살아 계신 하나님의 아들이시니이다"라는 신앙고백으로 본다. 그래서 침례교는 신앙고백을 강조한다. 침례교 예배에서 침례 받는 자들의 신앙간증이나 신앙고백이 침례를 받기 전이나 후에 따르곤 한다. 침례교는 어떤 교단보다도 신앙간증이 예배 중에 많다. 가정교회가 침례교에서 시작한 것도 우연이 아니다. 침례교는 신앙고백을 하는 자들이 있으면 교회로 보는 경향이 있기 때문에 신앙고백을 하는 몇 교인들이 모이면 가정교회라고 부를 수 있다. 침례교는 반석을 신앙고백으로 보기 때문에 신앙고백을 하는 성도들로 이루어진 모임을 완전한 교회로 여긴다. 신앙고백을 하는 회중이 중요하고, 교회의 정치는 이런 신앙고백을 하는 회중 내에서 자치적으로 이루어진다. 회중정치는 신앙고백을 하는 성도들의 모임을 완벽한 교회라고 본다. 주변의 다른 지교회들과 연합하여 더 넓은 완전한 교회가 된다는 개념이 약하다. 침례교에서는 지교회들의 하나 됨이란 의미에서의 연합 모임이 없고, 단지 친교 수준의 연합 모임이 있을 뿐이다.231)

---

228) 「가톨릭 교회 교리서」, 891항, 375.11.
229) 「가톨릭 교회 교리서」, 891항, 375.11.
230) 정요석, op. cit., 5-6.
231) Ibid., 6.

다. 장로교의 해석

장로교는 반석을 신앙고백을 하는 베드로도 보되, 개인 베드로가 아니라 사도들을 대표한 베드로로 본다. 베드로가 예수님의 질문에 먼저 대답한 것이지, 베드로만 유일하게 대답한 것으로 보지 않고, 그를 으뜸 사도나 수석 사도로 보지 않는다. 아래에서 보는 것처럼 예수님은 "무엇이든지 너희가 땅에서 매면 하늘에서도 매일 것이요 무엇이든지 땅에서 풀면 하늘에서도 풀리리라"고 말씀하셨다. 여기서는 베드로 개인이 아니라 사도 전체에게 말씀하셨다. 천국 열쇠가 사도 전체에게 주어진 것이다. 워터스 교수도 "베드로가 그의 예수님에 대한 고백과 함께 답했을 때, 예수님의 제자들의 전체 무리를 대신하여 말하고 있다고 우리는 이해해야 한다"라고 말한다.[232]

"네 형제가 죄를 범하거든 가서 너와 그 사람과만 상대하여 권고하라 만일 들으면 네가 네 형제를 얻은 것이요 만일 듣지 않거든 한두 사람을 데리고 가서 두세 증인의 입으로 말마다 확증하게 하라 만일 그들의 말도 듣지 않거든 교회에 말하고 교회의 말도 듣지 않거든 이방인과 세리와 같이 여기라 진실로 너희에게 이르노니 무엇이든지 너희가 땅에서 매면 하늘에서도 매일 것이요 무엇이든지 땅에서 풀면 하늘에서도 풀리리라 진실로 다시 너희에게 이르노니 너희 중의 두 사람이 땅에서 합심하여 무엇이든지 구하면 하늘에 계신 내 아버지께서 그들을 위하여 이루게 하시리라 두세 사람이 내 이름으로 모인 곳에는 나도 그들 중에 있느니라."(마 18:15-20).

천국 열쇠는 마태복음 16장만 볼 때는 베드로 개인에게 주어진 것으로 보이지만, 마태복음 18장과 비교해 보면 사도 전체에게 주어진 것을 알 수 있다. 따라서 개인 베드로가 아니라 사도 전체를 대표하는 베드

---

[232] 가이 프렌티스 워터스(Guy Prentiss Waters), 윤재석 역, 「장로교회의 정치 원리」(개혁주의신학사, 2014), 101.

로임이 드러나게 된다. 마태복음 16장의 문맥의 흐름에서 보면 예수님이 갑자기 베드로에게만 특별한 권한과 권세를 주셨다고 해석하는 것은 부자연스럽다. 지금까지 다른 사도들과 똑같이 사도로 인정하시어 함께 생활하시며 가르치셨는데, 갑자기 마태복음 16장에서만 베드로를 특별하게 취급하신다는 것은 이상하다.

"이 말씀을 하시고 손과 옆구리를 보이시니 제자들이 주를 보고 기뻐하더라 예수께서 또 이르시되 너희에게 평강이 있을지어다 아버지께서 나를 보내신 것 같이 나도 너희를 보내노라 이 말씀을 하시고 그들을 향하사 숨을 내쉬며 이르시되 성령을 받으라 너희가 누구의 죄든지 사하면 사하여질 것이요 누구의 죄든지 그대로 두면 그대로 있으리라 하시니라."(요 20:20-23).

예수님은 부활 하신 후 아버지께서 자신을 보내신 것처럼 자신도 제자들을 보내신다며, 제자들을 향하여 숨을 내쉬셨다. 예수님은 성령을 받으라고 하시며, 제자들이 누구의 죄든지 사하면 사하여지고, 누구의 죄든지 그대로 두면 그대로 있게 된다고 하셨다. 여기서 이 권세를 받은 이들은 전체 제자이지 결코 베드로 혼자가 아니다.

교회는 사도 전체를 대표하는 베드로 위에 세워졌다. 에베소서 2:20절은 "너희는 사도들과 선지자들의 터 위에 세우심을 입은 자라 그리스도 예수께서 친히 모퉁잇돌이 되셨느니라"고 말하고, 요한계시록 21:14절은 "그 성의 성곽에는 열두 기초석이 있고 그 위에는 어린 양의 열두 사도의 열두 이름이 있더라"고 말한다. 사도는 하나님의 말씀을 받아 하나님의 말씀을 가르치고 복음을 전파하고 하나님의 말씀에 따라 교회를 이끌어가는 자들을 대표한다. 하나님은 이들 위에 교회를 세우신다.

장로교는 개인 베드로가 아니라 전체 사도에게 천국 열쇠권이 주어졌다는 것을 강조한다. 장로교는 열두 사도들 간에 우열이 없었고, 이들은 평등하게 하나님의 말씀에 의거하여 여러 일을 판단하고 집행했다고 본다. 따라서 현재 목사들 간에도 우열이 없다. 감리교는 목사들 위에 감독이 있다고 보지만, 장로교는 목사들 간의 평등을 강조한다. 목사들이 모여 회의할 때 가장 중요한 기준은 나이와 학벌과 목사 경력과 교회의 규모 등이 아니라 오로지 하나님의 말씀이다.[233]

가톨릭의 입장은 이렇다. 천국의 열쇠를 베드로에게만 주셨다는 것이다. 그래서 베드로의 후계자가 교황이라는 것이다. 영국의 종교개혁에서 장로파와 독립파의 견해 차이는 보다 근본적으로는 바로 이 천국의 열쇠권이 누구에게 있느냐에 대한 성경해석의 차이였다.

마태복음 16장을 보면, "주는 그리스도시며, 살아계신 하나님의 아들이십니다"라는 베드로의 멋진 고백에 이어, 예수님이 말씀하신다. "내가 이 반석 위에 나의 교회를 세우리라", "내가 천국 열쇠를 네게 주리니 네가 땅에서 무엇이든지 매면, 하늘에서도 매일 것이요 네가 땅에서 무엇이든지 풀면, 하늘에서도 풀리리라. 그런데 로마교회는 이 본문의 '반석'을 베드로 그 자신이라고 보고, 예수님이 베드로에게만 천국의 열쇠를 주셨다고 보았다. 베드로가 대답을 잘했고 평소에 말도 잘 들었고 공부도 잘했고 수제자이고…. 그래서 베드로를 초대 교황으로 정하고, 베드로의 후계자들이 2대, 3대 교황을 계승해 나가는 것이 그리스도의 뜻이라고 주장했다. 즉, 로마의 대주교가 다른 모든 교회 위에 있는 최고의 권한인 열쇠권을 가졌다는 것이다. 이런 발상은 로마의 대주교가 다른 알렉산드리아나 안디옥이나 런던의 대주교보다 상급의 존재이며,

---

[233] 정요석, op. cit., 7.

그래서 로마의 대주교가 교황이 된다는 것이다. 교황의 신학적 판단은 잘못이 없다는 '교황 무오설'로 이어졌다. 로마가톨릭에게 이렇게 높임 받는 베드로가 마태복음 16장 18절 이후 몇 구절 못 가서 예수님께 곧 바로 혼나는 장면이 나온다. 이것만 봐도 천국의 열쇠를 베드로 한 개인이 받았다고 볼 수는 없다는 것을 알 수 있다. 하지만 올바른 해석은, 천국의 열쇠가 한 개인 베드로에게 주어진 것이 아니라 다른 제자들 전체, 즉 '사도들'이라고 하는 그 회모임)에 주어졌다고 보는 것이다. 그 사도들의 회를 대표하는 차원에서 베드로를 언급하셨을 뿐이다. 올바른 해석은, 천국의 열쇠가 제자들(사도들)의 '모임'에 주어졌다는 것이다.

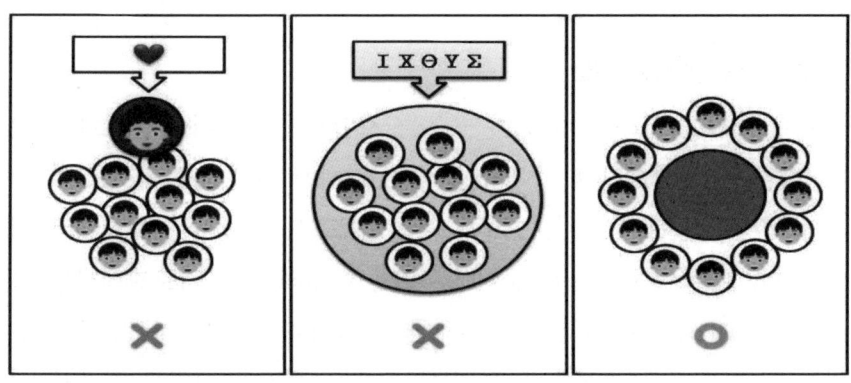

위 그림을 보면 맨 왼쪽의 그림 1번이 바로 "다른 제자가 아닌 베드로에게 천국의 열쇠를 주셨다"는 그림이다. 이게 로마가톨릭교회이다. 중간에 있는 2번 그림은 사람이 아니라 신앙고백이 중요하다. '주는 그리스도시요 살아계신 하나님의 아들이십니다(IXΘYΣ)'라는 올바른 고백이 중요하다는 것이다. 왠지 이게 맞는 말처럼 여겨지게 된다. 그런데 이렇게 되면 그냥 신자들이 모이기만 해도 열쇠권을 가진 교회가 된다. 이렇게 되면 교회정치가 딱히 필요 없다. 교회와 선교단체의 구분도 없어진다. 독립파의 입장은 대략 2번에 가깝다. 회중들이 분명한 신앙고백을 가지고 있으면 되며, 교회의 권세는 그 회중들의 신앙고백으로부터 나온다는 것이다.

그림 3번은 제자들 가운데 동그라미를 그려두었다. 이것은 원탁이다. 이것은 사도들의 모임을 상징한다. 올바른 성경 해석은 베드로 개인도 아니고 그냥 신앙고백을 하는 사람들의 모임도 아니고, '올바른 신앙고백에 기초한 사도들의 모임'에 그리스도께서 천국의 열쇠를 맡기셨다는 것이다. 이것이 바로 조직체로서의 교회를 세우신 것이고, 초대 교회는 합당한 권위를 가진 교회의 직분자, 즉 치리회에 의해 천국의 열쇠를 이어받았다고 보는 것이 장로교회파의 입장이었다.[234]

라. 천국 열쇠의 역할

형제가 죄를 범하면 가서 자신과 그 사람과만 상대하여 권고해야 한다. 만일 듣지 않으면 한두 사람을 데리고 가서 두세 증인의 입으로 말마다 확증하게 해야 한다. 만일 그들의 말도 듣지 않거든 교회에 말해야 한다. 이때 교회의 직원들이 이 일을 담당하는데, 장로교에서는 목사와 장로가 당회를 구성하여 담당한다. 목사와 장로는 자신들에게 맡겨진 천국 열쇠의 효력에 의해 죄를 그대로 두거나 사하는 권세를 갖는다. 교회가 죄를 범한 자에게 하나님의 말씀에 근거하여 권면할 때에 들으면 교회는 그 형제를 얻은 것이 된다. 즉, 그 형제에게 왕국을 열어준 것인데 이러한 권세를 교회가 갖는다. 만약에 그 권면을 듣지 않으면 교회는 그를 이방인과 세리와 같이 여긴다. 즉, 비회개자에게 왕국을 닫은 것인데 이러한 권세를 교회가 갖는다. 교회의 두세 직원이 예수님의 이름으로 모여 이런 일을 논의할 때에 예수님도 그들 중에

---

[234] 황희상, 「특강 종교개혁사」 (서울 : 흑곰북스, 2021), 232-233.

계셔(마 18:20) 그 논의가 올바로 되도록 이끄신다.

안디옥 교회가 모세의 법대로 할례를 받아야 구원을 받는가라는 문제로 큰 다툼과 변론에 빠졌을 때 바울과 바나바와 몇 사람을 예루살렘에 있는 사도와 장로들에게 보냈다. 예루살렘 교회는 사도와 장로들이 모여 이 일로 의논하였다. 다른 나라에 있는 다른 교회의 문제이므로 상관할 바가 아니라고 여기지 않고, 자신들 교회의 일로 여겨 의논하였다. 많은 변론 후에 베드로는 "우리 조상과 우리도 능히 메지 못하던 멍에를 제자들의 목에 두려느냐 그러나 우리는 그들이 우리와 동일하게 주 예수의 은혜로 구원 받는 줄을 믿노라"고 말했다. 그 후에는 야고보가 "내 의견에는 이방인 중에서 하나님께로 돌아오는 자들을 괴롭게 하지 말고 다만 우상의 더러운 것과 음행과 목매어 죽인 것과 피를 멀리하라고 편지하는 것이 옳으니"라고 말했다. 이 회의에서 베드로는 수석 사도로서 회의를 주재하거나 주도하지 않았다. 최종 결론은 베드로가 아니라 야고보가 내렸다. 이들은 만장일치로 결정한 사항을 안디옥 교회에 보내기로 했는데 "성령과 우리는 이 요긴한 것들 외에는 아무 짐도 너희에게 지우지 아니하는 것이 옳은 줄 알았노니 우상의 제물과 피와 목매어 죽인 것과 음행을 멀리할지니라"고(행 15:28) 편지에 적었다. 사도들과 장로들이 모여서 결정했는데, 성령께서도 참여하여 결정하신 것으로 표현하였다. 이들은 "두세 사람이 내 이름으로 모인 곳에는 나도 그들 중에 있느니라"는 예수님 말씀을 기억한 것이고, 실제로 성령님께서 자신들과 같이 하시어 인도하신 것을 실감했기에 이렇게 적었다. 예수님께서 교회 직원들에게 천국 열쇠를 줄 때 그것이 올바로 사용되도록 성령님을 통하여 이끄신다.

교회 직원은 자신의 결정이 그대로 하늘에서도 받아들여지는 줄로 알고 오직 하나님의 말씀과 사랑에 근거하여 교회의 중요 사항을 논의해야 한다. 교회 직원에게는 큰 권세가 영광과 함께 주어진 것이고, 동시에 하나님 앞에 올바로 서야 하는 큰 책무도 주어진 것이다. 이런 큰 권세를 인하여 신자가 교회의 직분자가 되는 것은 이 세상의 그 어떤 영광보다 크다.235)

4. 노회의 직무

총회헌법에 규정된 노회의 직무에 대하여 하나씩 연구해봄으로써 노회가 어떤 직무를 하는지를 살펴보고, 그리고 현재 백석교단을 비롯해 여러 교단의 노회 직무를 살펴보아 노회 행정 조직의 특성과 헌신과의 관계를 파악해 보려고 한다. 노회의 직무에 대해서는 교단의 헌법과 노회규칙에 규정되어 있다. 그러므로 총회 헌법과 규칙, 장로교 노회의 역사와 더불어 장로교 주요 교단의 헌법 등을 종합적으로 검토해서 직무 특성을 통한 조직 헌신도와 연관성을 살펴보고자 한다.

제83조 노회의 직무(백석 헌법 제 83조 ①-⑨)

① 행정적 지도·감독

구역 안에 있는 모든 지 교회와 목사, 강도사, 전도사, 목사 후보생 등을 지도·감독한다.236)

② 청원 안건

각 당회가 규정대로 제출하는 헌의, 청원, 문의건 등을 접수 처리한다.

③ 인사

1. 목사, 장로, 전도사 고시(세칙 제2장 제64조)
2. 목사 후보생 지원자를 고시하여 신학대학원에 추천하고 지도, 육성하며 그 교육 경력 및 이명, 권징을 관리한다.

---

235) 정요석, "한국 교회의 위기," 2022, 7-8.
236) 대한예수교장로회총회(백석),「헌법」, 203.

3. 신학대학원 졸업자를 강도사고시에 응시할 수 있도록 추천하며, 합격자에게 강도권을 인허하고 그 교역경력 및 전출입, 권징을 관리한다.
4. 목사 고시를 거쳐 목사의 임직, 취임, 사임, 전출입 및 경력, 권징을 관리한다.

④ 사업

노회는 지교회의 설립, 분립, 합병, 폐지하는 일과 당회의 조직 및 폐지 등 안건을 심의 결정하며 전도, 교육, 봉사, 재정 관리 등 일체 상황을 지도하며 그러한 사업을 직영도 한다. 이의 효율적 운영을 위한 시찰회를 둘 수 있다.[237]

⑤ 검열

연 1차씩 노회 비치 서류와 지 교회 당회록을 검사하되 처리 안건에 대하여 착오가 없도록 지도하고 필요할 때는 교정을 지시한다.

⑥ 재판

지교회가 제출하는 소송, 상소, 소원, 위탁 판결에 관한 일들을 처리하며, 교회 권징에 관한 문의에 대하여 답변한다.

⑦ 재산 관리

지교회와 산하 기관의 재산 관리 사항을 지도하고, 부동산 문제로 사건이 발생하면 노회가 이에 협력한다.

⑧ 시찰회

노회는 효율적인 운영을 위하여 시찰회를 두며, 지교회 및 미조직 교회를 순찰하고 노회 치리를 보조한다. 시찰회는 치리회가 아니므로 당회나 지교회의 내정을 침해할 수 없으며, 시찰 경유 문서는 거부할 수 없다.

---

237) 대한예수교장로회총회(백석), 「헌법」, 203.

⑨ 노회는 총회에 제출하는 청원, 헌의, 문의, 진정, 상소, 위탁 판결에 관한 사건을 상정하고 노회 상황을 보고하며 총회 총대를 선정, 파송하고 총회의 지시를 실행한다.

노회는 총회와 지교회의 허리 역할을 하게 된다. 장로교회에 있어 노회는 핵심적인 위치에 있다. 그러므로 노회를 통해 건강한 교단으로 목회생태계를 복원할 수 있을 것이다. 노회의 직무 중 교육에 대한 개혁주의생명신학이 노회라는 혈관을 통해서 지교회에서 실천되고 열매로 나타나야 하는 것이다.

아무리 강한 심장을 가지고 있다고 해도 혈관이 건강하지 않거나 허리가 제 기능을 발휘하지 못하면 신체는 기능의 장애가 생긴 것이다. 허리와 혈관에 해당하는 노회가 건강해야 건강한 목회 생태계가 유지되는 것이다.

서울강남노회 조직도238) 백석총회 조직도239)

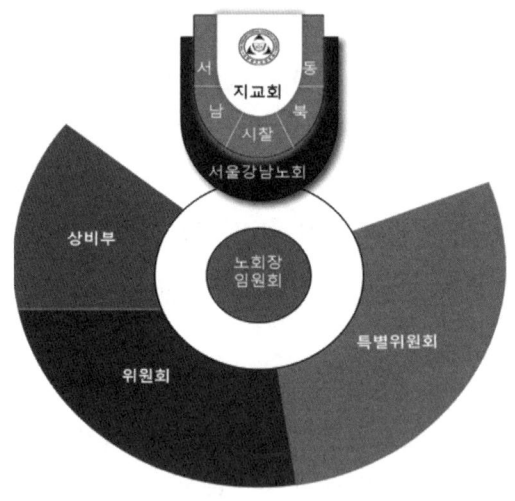

---

238) 서울동노회 www.pckdong.or.kr 인용·재정리
239) 대한예수교장로회총회 (pck.or.kr) 통합.

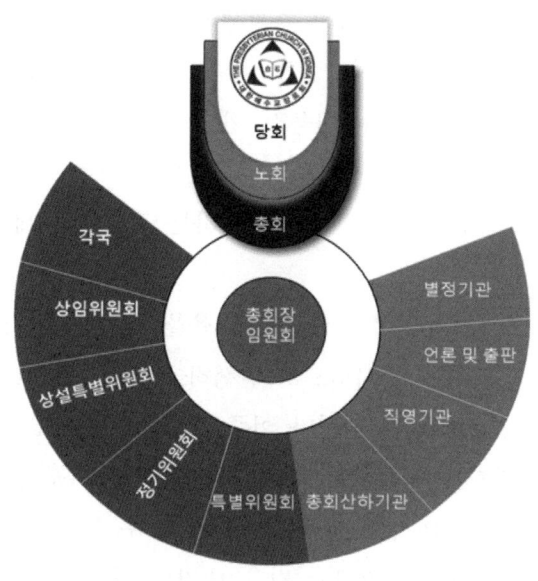

　노회의 역사적 기원에서 살펴보았을 때에 노회가 필요한 이유는 (1) 목사를 임직하고, (2) 이단으로부터 교회를 보호하며, (3) 교리적 순결 및 도덕적 기강을 지키고, (4) 교회 행정과 권징을 통일하며, (5) 지교회 및 선교를 지원하기 위한 필요성 때문에서 조직된 것을 알 수 있다.

　이러한 노회의 역사를 기초로 하고 백석헌법 제85조의 노회의 직무를 참조하면, 노회의 직무를 크게 (1) 목사 및 장로와 관련한 직무, (2) 개체 교회 및 당회와 관련한 직무, (3) 총회와 관련한 직무로 나누어 볼 수 있다.

1) 목사 및 장로와 관련한 직무
　노회의 목사 및 장로 관리는 신학생 선발, 교육, 안수, 목사 및 장로의 임직, 재교육, 개척, 선교사 파송 등으로 나눠진다. 이 중에서 노회의 가장 중요한 직무는 (1) 목사 후보생의 고시, 교육, 전출입 및 권징의 처리, (2) 목사의 자격 시, 임직, 위임, 해임, 전출, 전입 및 권징의 관리와 처리라고 할 수 있다. 아울러, 개체 교회 장로의 선택, 임직 및 자격 고시 관장도 역시 중요하다.

노회가 목사 및 장로와 관련한 역할이라는 측면에서 세 가지를 제안하고자 한다.

첫째, 노회는 정기적으로 신학적인 교육을 실시하는 기관이 되어야 한다. 요즘은 두 가지가 동시적으로 발생하고 있다. 한편으로 목회자는 신학 강좌를 들을 수 있는 기회가 아주 많다. 책들도 많다. 하지만 다른 한편으로 목회자는 적절한 신학 강좌를 선별할 기준이 없으며, 동시에 그것을 통해 여러 의사를 교환하고 토론할 수 있는 기회가 적다. 목회에 너무 바쁘기 때문에 따로 시간을 내기도 쉽지 않다. 따라서 노회는 목사 및 장로가 신학적으로 성숙할 수 있는 기회를 제공하기 위하여 정기적 신학 교육을 제공함이 바람직하다.

둘째, 노회는 신학생 발굴과 관리를 위해 협력해야 한다. 특별히 요즘처럼 신학생 지원이 적은 시대에는 노회가 앞장서서 지교회의 우수한 재원을 신학생으로 선발할 수 있도록 하는 노력이 필요하다. 그렇지 않고서는 얼마가지 않아 교회는 좋은 목사와 함께 하기가 매우 어렵게 될 것이다.

셋째, 노회는 목사와 장로의 아름다운 동역을 돕기 위해서 늘 노력해야 한다. 지교회에서 목사와 장로 사이의 갈등이 생기지 않도록 미연에 방지하며, 목사와 장로의 신뢰를 높이기 위해서 각종 행사를 마련하고 제공해야 한다. 당회가 건강하면 교회가 건강하기 때문이다.

2) 지교회 및 당회와 관련한 직무

교회 관리는 지교회가 성경적 원리와 교단법에 따라 잘 세워져가고 있는지 살펴보는 일이다. 아울러 노회는 지교회의 설립, 분립, 합병, 폐지 및 당회조직을 관장한다.

구체적으로 노회는 (1) 각 당회에서 제출한 건의, 청원, 문의(질의) 및 진정의 접수 처리, (2) 각 당회에서 제출한 소원, 상소 및 위탁 판결의 접수 처리, (3) 각 당회의 당회록 및 미조직 교회의 행정록의 검사와 그 합법 여부 표시, (4) 진리와 권징에 관한 해석, (5) 교회의 신성과 화평을 위한 지교회 시찰, (6) 지교회 및 미조직 교회의 목사 청빙 관장, (7) 지교회와 미조직 교회의 전도사업의 지도 권장과 교육 강화로 인한 영적 유익 도모, (8) 지교회 및 미조직 교회의 재정 및 관리의 방침 지도 등이 있다.

노회가 지교회 및 당회와 관련한 역할이라는 측면에서 세 가지를 제안하고자 한다.

첫째, 노회는 교회 질서와 관련한 중요한 지침서나 사례 연구서 등을 제시함이 좋다. 특별히 평교인들은 교회의 질서에 대해 매우 무지하므로, 관련된 책자가 있을 경우에 큰 도움을 받을 수 있을 것이다. 예를 들어 목회자에 대한 불만 표출, 은퇴 목회자의 사례에 대한 경우이다.

둘째, 노회는 개척 교회와 미자립 교회와 선교지 교회를 위해서 특별히 관심을 가지고 지원해야 한다. 경제적으로 어려운 목회자의 경우 최저 생계비에도 못 미치는 사례로 겨우 살아가는 경우가 많다. 노회는 이런 상황들을 잘 살펴서 경제적으로 힘든 시대에 함께 살아가도록 노력해야 한다.

셋째, 노회는 이단들로부터 지교회를 보호하기 위해 노력해야 한다. 그렇기 하기 위하여 지침서나 강좌나 기준이 되는 동영상 강의 등을 제시함이 바람직하다.

3) 총회와 관련한 직무

노회와 총회와의 관계는 총회 총대를 파송하고 총회에 안건을 건의하며 총회의 결의 사항을 전달하고 시행, 감독하는 일이다. 구체적으로 (1) 총회 제출의 청원, 건의, 문의, 진정, 소원, 상소 및 위탁 판결의 처리, (2) 총회 제출의 노회 상황 보고, (3) 총회 총대 선출, (4) 총회 지시 실행, (5) 개체 교회와 산하 기관의 재산권 문제 처리 등이다.

노회가 총회와 관련한 역할이라는 측면에서 두 가지를 제안하고자 한다. 첫째, 노회의 임원들은 총회에 다양한 의견들이 전달되도록 신경 쓸 필요가 있다. 매번 같은 총대가 나가는 것은 장점도 있지만 단점도 있다. 이를 보완하기 위해서 노회가 노력해야 한다.

둘째, 총회에서 상정할 수 있는 중요한 교회적, 신학적 문제들을 고민해야한다. 노회가 그런 것들이 무엇인지 점검할 필요가 있다. 아울러 노회는 총회의 신학적 결정들을 개체교회의 평교인들에게까지도 잘 전달하도록 노력해야 한다.[240]

4) 노회의 직무 특성에 대한 학문적 고찰
- 개혁주의생명신학의 시각에서 본 장로교 노회의 역할

(1) 노회 직무의 신학적 기초

장로교 정치의 핵심 구성 요소인 노회는 단순한 행정 기구가 아니라, 교회의 본질적 사명에 봉사하는 중간 구조로서의 신학적 의의를 지닌다. 헤르만 바빙크(Herman Bavinck)는 교회의 권세가 그리스도의 말씀에서 유래하며, 이 권세는 억압적이거나 지배적인 것이 아니라 섬김과 봉사의 권세임을 분명히 했다. 이러한 관점은 노회의 존재와 활동의

---
[240] 우병훈, op. cit., 160-163.

성격을 규정하는 출발점이 된다.

노회는 곧 교회의 생명력을 전달하는 중추 기관이며, 각 지교회 및 총회와의 연결 구조 속에서 교회의 정체성과 사명을 보존하고 실현하는 도구로 기능한다. 이 글에서는 노회의 직무적 특성을 신학적, 행정적, 생태학적 측면에서 종합적으로 고찰하고자 한다.

(2) 노회의 직무적 특성

① 지교회를 섬기기 위한 존재

노회의 첫 번째 직무는 지교회의 섬김과 지원이다. 개척교회와 선교지 교회를 포함한 각 지교회의 통일, 화목, 협력을 도모하고, 복음 전파와 교회 확장을 위해 헌신하는 것이다. 이는 단순한 행정 감독이 아니라, 교회적 사명의 지속을 위한 영적 협력의 장으로서 기능한다.

백석총회의 노회규칙 제3조에 따르면 "노회의 목적은, 성경과 총회 헌법 정치 제11장에 의하여 교회를 육성하며 진리를 보수하고 전파하는 데 있다." 이는 노회가 지교회를 위하여 존재함을 법적으로도 명확히 한다.

② 하나님의 말씀에 따른 지도

노회는 개체 교회를 하나님의 말씀에 따라 바르게 인도하는 사명을 가진다. 특히 이단 사상이나 비복음적 신학 흐름으로부터 교회를 보호하고, 교리적 순결성과 윤리적 정결함을 유지하도록 지도한다. 이는 교리적 감시자(dogmatic guardian)로서의 기능이다.

③ 목회자 및 장로의 관리와 사역 배치

노회는 목사를 안수하고 임지에 추천하며, 선교사를 파송하고 후원하는 일에 중심적인 역할을 한다. 더불어 장로의 임직, 목사와 장로 간의 협력 증진, 영적 회복과 성장을 위한 지도까지 포함한다. 즉, 성직자 양성과 보호, 협력의 매개체로서의 기능이다.

④ 신학 교육과 목회 효능의 증진
노회는 소속 목회자들에게 지속적인 신학적 교육과 영적 재충전의 기회를 제공함으로써, 건강한 목회가 이루어지도록 돕는다. 이는 단지 정보 전달에 그치지 않고, 교회의 신앙적 생태계 형성에 기여하는 신학적 플랫폼으로서의 역할을 포함한다.

⑤ 총회와 지역 교회를 연결하는 중간 구조
노회는 지역 교회와 총회 간의 수직적 연결고리(hierarchical mediator)로 작동한다. 총회의 결의사항을 지역 교회에 전달하고, 지역 교회의 현실적 필요를 총회에 상향 전달함으로써 양자 간의 소통과 순환을 담당한다. 이는 노회가 교단 정치의 허리 역할을 수행하고 있음을 상징한다.

(3) 노회의 직무 수행과 '건강한 교회 생태계' 형성
노회는 단순한 행정기구가 아니라, 교회 생태계의 중추 조직이다. '교회 생태계'란 기존의 지교회들이 서로 연합하고 상호작용하는 유기적 관계망을 의미하며, 이를 통해 실질적인 목회 효과와 지역 사회 내 신앙의 실천이 강화된다. 예장 백석 헌법 제1편 교단 선언문(개혁주의생명신학 선언문)은 교단의 영적·신학적 정체성을 천명하는 근본 토대이며, 노회는 이를 실제 목회 현장에 구현하는 핵심적 매개체로 기능한다. 노회는 헌법과 총회의 결의에 근거한 지침을 지역 교회에 적용하고 실행하는 실천적 치리 기관으로서, 각 지교회의 목회적·행정적 상황을 점

검하고 그에 따른 협력과 대응을 도모한다. 이로써 노회는 총회와 지교회를 유기적으로 연결하는 중간 치리회로서, 교회의 공공성과 질서를 유지하는 행정적 사명을 충실히 수행한다.

따라서 백석총회의 신학적 정체성인 개혁주의생명신학은 노회를 통하여 지교회와 산하 교육기관, 선교기관, 복지기관 등 모든 소속 조직에 동일하게 적용되며, 이는 곧 백석총회의 조직적 일체성과 교단 정체성의 통일성을 실현하는 통로가 된다. 즉, 개혁주의생명신학은 단지 선언문에 그치지 않고, 노회의 행정과 지도, 교육과 치리를 통해 교단 전체 생태계에 실제적이고 유기적으로 적용된다.

(4) 교육과 신학의 매개로서의 노회

노회는 단순히 교리적 감독이나 행정적 집행에만 머무르지 않고, 교육과 신학의 전달자로서의 중대한 역할을 수행한다. 노회는 기독교 교육기관(신학교, 기독대학 등)과의 긴밀한 연계를 통해 목회자 재교육, 평신도 신학훈련, 장로 및 교회지도자 양성에 기여하며, 상위 조직으로부터 전달된 보편적 교리와 신학적 정보를 지역 교회에 적용하는 신학적 허브로 기능한다.

특히 개혁주의생명신학이 천명하는 신학적 중심축인 5대 솔라(Sola)인 오직 성경(Sola Scriptura), 오직 그리스도(Solus Christus), 오직 믿음(Sola Fide), 오직 은혜(Sola Gratia), 오직 하나님께 영광(Soli Deo Gloria)과, 이를 삶과 목회 현장에 적용하기 위한 7대 실천운동인 신앙운동, 신학회복운동, 회개용서운동, 영적생명운동, 하나님 나라운동, 나눔운동, 기도성령운동은 노회를 통해 지역 교회와 성도들에게 실제적으로 전달되고 구현된다. 노회는 이러한 생명신학의 내용을 체계적으로 교육하고, 지역 교회 현장에서 정착될 수 있도록 조력함으로써, 개혁주의생명신학의 신앙 원리를 구현하는 실천적 매개체로 기능한다.

이러한 점에서 노회는 단순한 행정 단위가 아니라, 개혁주의생명신학의 현장 적용과 신학적 재생산이 이루어지는 중심축이며, 교단 신학의 동일성과 정체성을 지역 교회와 산하 기관에까지 확산시키는 교회교육 생태계의 핵심 노드(node)라 할 수 있다.

(5) 노회의 실천적 사명과 신학적 가치

노회는 장로교 정치 체계의 심장부이며, 동시에 그 질서의 꽃이라 할 수 있다. 노회는 단순한 행정 단위를 넘어, 교회의 거룩성과 질서를 보호하고, 직임자들의 정당한 사역을 감독하며, 하나님의 말씀에 근거한 바른 교회 치리를 실현하는 중심 기관이다. 역사적으로 장로교회는 노회의 제도적 성숙과 함께 교회의 연합성과 정체성을 확립해왔으며, 이는 곧 교단 정치의 필수적인 기반으로서 노회의 존재 이유를 뒷받침한다.

노회는 마치 어머니와 같이 지교회를 사랑으로 돌보고, 아버지와 같이 공의로 지도하며, 교회의 성장을 위해 양육과 책무를 감당한다. 이는 단순한 비유가 아니라, 신약 교회가 보여준 사도적 공의회(행 15장)와 각 지역 교회 간의 상호 책임 구조에 근거한 것이다.

그러므로 노회의 구성원들은 자신들의 직무를 단지 행정적 책임이나 회의 절차의 수행으로만 인식해서는 안 된다. 오히려 그들은 하나님의 교회를 세우고, 복음을 확장하며, 질서를 지키는 성경적 치리권의 담당자로서, 그 직무를 성경적 권위와 신학적 통찰, 교회법적 정당성위에 서 있는 거룩한 사명으로 인식해야 한다.

특히 바울 사도는 고린도전서 3장 10-14절에서 교회를 세우는 자를 '지혜로운 건축자'로 묘사하며, 각 사람이 그리스도의 터 위에 무엇을 세우는지 반드시 점검을 받을 것이라 경고한다. 이는 곧 교회의 제도와 질서를 세우는 사역이 하나님의 심판대 앞에서 평가받을 사명임을 일깨운다.

따라서 노회는 하나님의 영광을 위한 질서의 도구이자, 교회를 교회되게 하는 생명력의 통로로서 기능하며, 그 구성원들은 자부심과 소명의식을 가지고 자신의 직무를 신실하게 감당해야 한다. 이럴 때에 비로소 그들은 '주의 일에 수고한 자'로 기억되며, 교회사(노회 역사)는 그들을 '주의 교회를 아름답게 세운 신실한 청지기'로 기록할 것이다.

결론

장로교회에서 노회는 단순한 행정 단위가 아니라, 교회의 질서와 생명력을 지탱하는 성경적이며 신학적으로 정당화된 치리 공동체이다. 그 기원은 사도행전에서 보이는 사도적 공의회와 신약 교회 간의 협력 구조에서 유래하며, 교회사의 흐름 속에서는 존 칼빈(John Calvin), 존 녹스(John Knox), 앤드류 멜빌(Andrew Melville) 등 개혁자들에 의해 성경적 교회론의 실천 구조로 제도화되었다.

이러한 개혁주의 전통 위에서, 백석총회는 2017년 9월 14일 제40회 총회에서 종교개혁 500주년을 기념하며 「개혁주의생명신학 선언문」을 총회의 신앙고백서로 공식 채택하였다.[241] 이는 단순한 회고적 선언이 아니라, 16세기 종교개혁의 신학을 오늘날의 교회 현실 속에 생명력 있게 계승·적용하고자 한 신학적·목회적 결단이었다.

이 선언문은 오직 성경(Sola Scriptura), 오직 그리스도(Solus Christus), 오직 은혜(Sola Gratia), 오직 믿음(Sola Fide), 오직 하나님께 영광(Soli Deo Gloria)의 5대 솔라(Sola)를 핵심 교리로 삼고, 이를 교회 공동체에 실천적으로 적용하기 위한 신앙운동, 신학회복운동, 회개용서운동, 영적생명운동, 하나님 나라운동, 나눔운동, 기도성령운동

---

241) 장종현, 「개혁주의생명신학」, (서울 : 기독교연합신문사, 2023), 24.

등 7대 실천운동을 제시하고 있다. 노회는 바로 이 개혁주의생명신학의 정신을 구체적으로 전달하고, 목회 현장에서 실현하는 영적 실천 기구로 기능한다.242)

오늘날 개혁주의 교회의 생명성과 공공성이 위협받는 시대에, 노회는 더 이상 과거의 제도나 형식에 머무를 수 없다. 하나님 나라를 실제로 구현하는 현장 중심의 영적 거점으로 새롭게 자리매김해야 한다. 백석 교단은 이를 위해 말씀, 신학, 교회법이 유기적으로 작동하는 삼위일체적 질서 안에서, 노회를 교단 전체의 영적 허리이자 실행 기관으로 구조화해왔다.

따라서 노회의 구성원들은 자신의 직무를 단지 행정 책임자로 이해하지 말고, 하나님 나라의 대사(ambassador), 교회를 세우는 건축자(builder), 성령의 흐름을 따라가는 청지기(steward)로 자각해야 한다. 이 사명을 신실하게 감당할 때, 하나님께서 "충성되고 지혜 있는 종이로다"(눅 12:42)라 칭찬하실 것이다.

이와 같은 신학적 자각과 실천적 충실함이 살아 있을 때, 노회는 단지 전통의 유산을 계승하는 조직을 넘어서, 미래의 교회를 살리고 백석 총회와 한국교회 전체에 거룩한 영향력을 미치는 "백석, 예수 생명 공동체"로 빛나게 될 것이다.

---

242) 장종현, 「개혁주의생명신학」, 24-26.

참고 문헌

1. 국내서적

곽안련. "조선예수교장로회신경론." 「신학지남」 2/2 (1919) : 71-83.
_____. 「한국교회와 네비우스선교정책」, 박용규 역. 서울 : 대한기독교서회, 1994.
_____. 「장로교회사전휘집(長老敎會史典彙集)」, 조선야소교서회, 1918.
권의석. "차별적인 시선들 : 일본의 3·1운동 탄압과 잔학행위에 대한 영국의 반응." 「역사와 실학」 77 (2022) : 331-365.
권호덕. 「교회 : 예수 그리스도를 실현하는 공동체」. 서울 : 도서출판 Th & E, 2011. 기독지혜사 편. 「교회사 대사전」, 전3권. 서울 : 기독지혜사, 1994. "교회재건운동" 항.
김경빈. "19세기 서구 기독교 선교에 있어서 국가적인 사업과 복음 전파 사이의 혼동." 「신학 논단」 27 (1999) : 207-232.
김남식. "신사 참배 수난 후 한국교회 재건 양태 연구." 「신학지남」 70/2 (2003) : 325-367.
김동주. 「기독교로 보는 세계 역사」, 용인 : 킹덤북스, 2024
김명구. 「한국 기독교사 : 복음주의자의 시각으로 보는 한국의 기독교 역사. 1, 1945년 까지」, 서울 : 예영커뮤니케이션, 2018.
김양선. 「한국 기독교사 연구」, 서울 : 기독교문사, 1971.
_____. 「한국 기독교 해방 십년사 연구」, 서울 : 대한예수교장로회총회교육국, 1956.
김영숙. "일본제국주의의 3·1운동 탄압과 제암리사건." 「일본학」 49 (2019) : 1-30.
김영재. "개혁신학 전통에서 본 한국교회." 「갱신과 부흥」 11 (2012) : 5-36.
_____. 「교회와 신앙고백」, 수원 : 합동신학대학원출판부, 2002.
_____. 「한국교회사」, 수원 : 합신대학원출판부, 2019.
_____. "한국 교회의 문제점과 그 쇄신에 대한 제언." 김영한 편, 「한국 기독교와 기독 지성 인」, 24-33. 서울 : 풍만, 1987.
김은수. 「개혁주의 신앙의 기초 2」, 서울 : SFC, 2010.
김인수. 「(섭리 사관의 입장에서 본) 한국교회의 역사」, 서울 : 쿰란출판사, 2017.
김준삼 박사 추모기념집 출판위원회 편. 「김준삼 박사의 생애와 사상」, 서울 : 김준삼 박사 추모기념집 출판위원회, 2009.

김중락, 「스코틀랜드 종교개혁사」, 안산 : 흑곰북스, 2017.
김홍만. "한국장로교회의 신학적 뿌리에 대한 논쟁들." 「개혁논총」 22 (2012) : 197-232.
김준호. 「민법강의-이론과 사례-」, 서울 : 법문사, 2002.
김학성, 「헌법개론」, 고양시 : 피앤시미디어, 2020.
김해마루, 「법학 입문 : 공법·헌법·행정법」, 서울 : 을현출판사, 2019.
대한예수교장로회 대신-백석총회. 「의사자료」, 2016. 9. 5-8.
대한예수교장로회 백석총회. 「제34회 총회 촬요」, 2011. 9. 19-22.
_____. 「제35회 총회 의사자료」, 2012. 9. 17-20.
_____. 「제36회 총회 의사자료」, 2013. 9. 9-10.
_____. 「제37회 총회 촬요」, 2014. 9. 22-25.
_____. 「제95회(백석 33차) 총회 촬요」, 2010. 9. 13-16.
대한예수교장로회총회 역사편찬위원회. 「대한예수교장로회(합동정통) 총회 역사(1978-2002)」, 서울 : 총회출판위원회, 2005.
대한예수교장로회 합동정통총회. 「제72회 총회 촬요」, 1987. 9. 22-24.
_____. 「제76회 총회 촬요」 1991. 9. 9-12.
_____. 「제81회 총회 촬요」. 1996. 9. 16-19.
_____. 「제94회 총회 촬요」. 2009. 9. 21-24
대한예수교장로회총회(백석). 「한국교회사 : 백석총회 45주년 기념」. 서울 : 기독교연합신문사, 2023.
_____. 「헌법」. 서울 : 대한예수교장로회 총회, 2023.
류대영. 「한국 기독교의 역사」, 서울 : 한국기독교역사연구소.

라은성, 「이것이 교회사다」, 서울 : 페텔, 2015.
_____. 「이것이 개혁신앙이다」, 서울 : 페텔, 2020.
민경배. 「교회와 민족」, 서울 : 연세대학교 출판부, 2007.
_____. 「한국기독교회사 : 한국 민족교회 형성과정사」, 서울 : 연세대학교 대학출판문화원, 2017.
_____. 「한국 민족교회 형성사론」, 서울 : 연세대학교 출판부, 2008.
박경수. "초기 한국 개신교 부흥운동과 교회연합운동." 「장신논단」 26 (2006) : 129-166.

_____. "한국 개신교 초기 교회 연합 운동의 유산." 「장로교회와 신학」 8 (2011) : 201-228.
박용규. 「초대교회사」, 서울 : 총신대학교출판부, 1998.
_____. 「한국기독교회사 2」. 서울 : 생명의말씀사, 2004
_____. "미국과 한국 개혁주의운동, 그 역사적 개관." 「신학지남」 76/4 (2009) : 93-129.
_____. "개혁주의 역사 신학적 입장에서 본 12신조." 「신학지남」 76/1 (2009) : 81-139.
_____. "로버트 토마스(Robert J. Thomas) 선교사, 역사적 평가." 「신학지남」 83/3(2016) : 41-139.
_____. 「기독교역사와 역사의식」, 서울 : 한국기독교사연구소, 2019
_____. "총신 120년의 역사, 신앙, 평가(1) : 평양장로회신학교 설립, 발전, 폐교 (1901-1940)." 「신학지남」 88/2 (2021) : 153-235.
박윤선. 「개혁주의 교리학」, 서울 : 영음사, 2003.
박진만. "칼빈과 개혁주의생명신학의 성령론 비교 연구 : 성경, 구원의 적용 및 교회를 위한 은사를 중심으로." 박사 학위 논문, 백석대학교 대학원, 2025.
서철원. 「성령신학」. 서울 : 총신대학교출판부, 1998.
설충환. "교회 행정조직에서 집단 효능감이 조직 헌신도에 미치는 영향 : 조직 동일시와 조직응집력의 이중 매개를 중심으로." 박사 학위 논문, 백석대학교 대학원, 2025.
신국원. 「포스트모더니즘」. 서울 : 한국기독학생회출판부, 1999.
신현복. 「교회를 위한 신학자 칼 바르트의 신학과 실천」. 서울 : 아침영성지도연구원, 1999.
심동섭. 「세계화와 법의 교류」. 서울 : 해든디엔피, 2006.
우병훈. 「교회를 아는 지식」, 서울 : 복 있는 사람, 2024.
유정동. 「기독교 영성과 윤리, 초대교부로부터 마틴 루터까지」. 서울 : 한국문화사, 2014.
윤은수. 「'권징'에 대한 역사적 고찰」. 계명대학교, 2009.
은준관. 「신학적 교회론」. 서울 : 대한기독교서회, 2000.
이상규. 「해방 전후 한국장로교회의 역사와 신학」. 서울 : 한국기독교역사연구소, 2015
이성희. 「교회행정학」. 서울 : 한국장로교출판사, 2015.

임경근, 「세계교회사 걷기」, 서울 : 두란로서원, 2024.
_____. 「한국교회사 걷기」, 서울 : 두란노서원, 2021.
용환규. "개혁주의생명신학의 토대인 백석총회의 신앙고백 연구." 「생명과 말씀」 7 (2013) :119-174.
_____. 「한국 장로교회와 신앙고백」. 서울 : 대서, 2013.
장종현. 「백석학원의 설립 정신」, 서울 : 기독교연합신문사, 2014.
_____. 「교회를 살리는 신학」, 서울 : 기독교연합신문사, 2014.
_____. 「웨스트민스터 소요리문답 강해」, 기독교연합신문사, 2015.
_____. 「개혁주의생명신학 선언문」, 천안 : 백석정신아카데미, 2017.
_____. 「개혁주의생명신학 7대 실천운동」. 천안 : 백석정신아카데미, 2018
_____. 「백석 : 이기는 자에게는 흰돌을 주리라」, 서울 : 기독교연합신문사, 2019.
_____. 「생명을 살리는 교리 : 조직신학개론」, 서울 : 기독교연합신문사, 2019.
_____. 「세상을 살리는 교회」, 서울 : 기독교연합신문사, 2019.
_____. 「신학은 학문이 아닙니다」, 서울 : 기독교연합신문사, 2023.
_____. 「개혁주의생명신학」, 서울 : 기독교연합신문사, 2024.
_____. 「개혁주의생명신학 설교 안내서」, 서울 : 기독교연합신문사, 2024.
전용득. 「교회와 법」, 서울 : 청록출판사, 2013.
정재영. 「교회 안 나가는 그리스도인」, 서울 : 한국기독학생출판부, 2015.
조병하. 「세계역사 속의 그리스도교 역사」, 서울 : 도서출판 대서, 2016.
주도홍. 「새로 쓴 세계 교회사」, 서울 : 개혁주의신행협회, 2006.
최윤배. "정암 박윤선의 성령신학." 「한국개혁신학」 25 (2009) : 34-83.
최윤식. 「한국교회 미래지도」, 서울 : 생명의말씀사, 2013.
한국기독교역사학회. 「한국 기독교의 역사 II」, 서울 : 기독교문사, 2012.
황규학, 「교회법이란 무엇인가?」, 서울 : 에클레시안, 2007.
황교안, 「교회가 알아야 할 법 이야기」, 서울 : 요단출판사, 2012.
한철하, 「고대 기독교 사상」, 서울 : 기독교서회, 1985.
황희상, 「특강 종교개혁사」, 안산 : 흑곰북스, 2021.
허영, 「한국헌법론」, 서울 : 박영사, 2020.

2. 번역 서적

Allegertti, Joseph. 「법조인의 소명」, 심동섭·전재중 역. 서울 : IVP, 1999.
Banks, Robert. 「바울의 공동체 사상」, 장동수 역. 서울 : IVP, 2007.
Barth, Karl. 「교회교의학 IV/2」, 최종호 역. 서울 : 대한기독교서회, 2012.
Bavinck, Herman. 「개혁교의학 4」, 박태현 역. 서울 : 부흥과 개혁사, 2011.
_____. 「개혁교의학 개요」, 원광연 역. 고양 : 크리스챤다이제스트, 2004.
Beeke, Joel R. 「개혁주의 청교도 영성」. 김귀탁 역. 서울 : 부흥과 개혁사, 2009.
Beeke, Joel R. · Pederson, Randall J. 「청교도를 만나다」. 이상웅 · 이한상 역. 서울 : 부흥 과개혁사, 2010.
Bonhoeffer, Dietrich. 「윤리학」. 손규태 · 이신건 · 오성현 역. 서울 : 대한기독교서회, 2010.
_____. 「신도의 공동생활/ 성서의 기도서」, 정지련 · 손규태 역. 서울 : 대한기독교서회, 2010.
_____. 「나를 따르라-그리스도의 제자직-」, 손규태 · 이건신 공역. 서울 : 대한기독교서회, 2010.
_____. 「성도의 교제-교회사회학에 대한 교의학적 연구-」. 유석성 · 이신건 역. 서울 : 대한기독교서회, 2010.
Calvin, John. 「성경주석16 공관복음 II」, 존 칼빈 성경주석 출판위원회 편역. 서울 : 성서연구원, 2012.
_____. 「성경주석9, 고린도후서, 에베소서, 디모데전서, 디모데후서」, 존 칼빈 성경주석 출판위원회 편역. 서울 : 성서연구원, 1999.
_____. 「기독교 강요(최종판) 하」, 원광연 역. 서울 : 크리스챤다이제스트, 2003.
_____. 「신약성경주석8 고린도전서, 갈라디아서」, 존 칼빈 성경주석 출판위원회 편역. 서울 : 성서연구원, 2012.
_____. 「존 칼빈 원저 신약성경주석 4」, 존 칼빈 성경주석 출판위원회 편역. 서울 : 성서연구원, 1999.
_____. 「칼뱅 : 신학논문들」, 황정욱 · 박경수 역. 서울 : 두란노, 2011.
Dallimore, A. Arnold. 「조지 윗필드」, 오현미 역. 서울 : 두란노, 1991.

Edwards, Jonathan. 「부흥론」, 양낙홍 역. 서울 : 부흥과 개혁사, 2005.
Elldul, Jacques. 「법의 신학적 기초」, 한상범 · 장인석 공역. 서울 : 현대사상사, 1985.
Erickson, Millard J. 「복음주의 조직신학(하)」, 신경수 역. 서울 : 크리스챤다이제스트, 2000.
Frame, John M. 「기독교 윤리학」, 이경직 · 김진운 · 박성관 · 박예일 · 이진영 옮김. 서울 : 개혁주의신학사, 2015.
Grudem, Wayne. 「웨인 그루뎀의 조직신학(하)」, 노진준 역. 서울 : 은성출판사, 2009.
Henry, Matthew. 「디모데전서 ~ 계시록 : 매튜 헨리 주석」, 김영배 역. 서울 : 크리스챤다이제 소트, 2007.
J. H. Wright, Christopher. 「현대를 위한 구약윤리」. 김재영 역. 서울 : IVP, 2006.
Johnson, Paul. 「기독교의 역사」, 김주한 역. 서울 : 포이에마, 2013.
MacArthur, John. 「목회론」, 박성창 역. 서울 : 부흥과개혁사, 2001.

_____. 「양심 실종」, 송용자 역. 서울 : 부흥과 개혁사, 2009.

3. 국외서

Bavinck, Herman. Reformed Dogmatics, vol. 3, Sin and Salvation in Christ, ed. John Bolt, trans. John Vriend. Grand Rapids :
Bolt, John. "The Work of the Holy Spirit." Calvin Theological Seminary Forum Fall(2007) : 5-8.
Calvin, John, Institutes of the Christian Religion. tr. Henry Beveridge Huston : VSolas Press, 2021.
_____. Commentary on the Epistles of Paul the Apostle to the Corinthian,London : for John Harifon and George Byfhop. 1573.

4. 정기 간행물과 연구논문

김요섭 "'철저함과 온건함' (Severitas et Clementia) : 칼빈의 교회 권징 (Church Discipline)의 두 원리와 교회론적 배경 연구". 「개혁논총」 제12권 (2009) : 37-72.

배광식. "장로교 정치 원리와 치리제도 형성에 관한 역사적 연구". 미간행 박사
학위논문 : 계명대학교대학원, 2005.
소재열. "교회 정관에 관한 민사법적 연구-교회 분쟁 해결을 중심으로". 미간
행박사학위논문 : 조선대학교 대학원, 2013.
서헌제. "교회 재판의 분석- 예장통합 총회재판국 제95, 제96회기 사건을 중심으
로".「교회와 법」제1권 1호 (2014) : 1-53.
_____. "교회 재판과 국가재판 - 강북제일교회 사건을 중심으로-".「교회와 법」제1권 1
호 (2014).- 206
오시영. "비법인 사단으로서의 교회의 실체에 대한 고찰"「민사법학」제40호 (2008) :
299-345.
_____. "지교회와 유지재단의 재산 관계에 대한 고찰"「토지법학」제24-1(2008) :
225-256.
윤은수. "개혁신학에 나타난 '권징'에 대한 역사적 고찰". 미간행 박사학위논문 :
계명대학교, 2009.
윤철홍. "기독교 유지재단의 운영 현황과 문제점"「민사법학」제43집 1호 (2008) :
3-42.
장우건. "한국기독교화해중재원-기독교적 조정/화해 및 중재 판정을 하는 교회 법정-".
「교회와 법」창간호 (2014).

5. 신문 기사

국민일보, 2015. 6. 3.자 종교란
국민일보, 2015. 11. 11.자 30면

6. 웹사이트

Alliance Defence Freedom(ADF) : http ://www.adflegal.org/
Christian Concern for Our Nation(CCFON) :- 207
http ://www.christianconcern.com/
Institute for Nouthetic Studies : http ://www.nouthetic.org
미국의 피스메이커 기구(Peacemaker Ministry) : http ://peacemaker.net/

사단법인 한국피스메이커 : http://www.koreapeacemaker.net/
한국기독교화해중재원 : http://www.peacecenter.kr/
대한예수교장로회(통합) 헌법 : http://www.pck.or.kr/
대한예수교장로회(합동) 헌법 : http://www.gapck.org/
대한예수교수교장로회(통합) 서울동노회 www.pckdong.or.kr
PCUSA의 동성애에 관한 동향자료 :
https://www.pcusa.org/news/2015/3/17/presbyterian-church-us-approves-marriage-amendment/
http://www.christianpost.com/news/pcusa-church-ordains-first-married-lesbian-couple-as-ministers-days-after-denominations-marriage-amendment-136111/
미국성공회동성애자료 :
 http://www.patriotledger.com/article/20110104/NEWS/301049

개혁주의생명신학 선언문(일부)

― 종교개혁 500주년을 맞이하여 ―

하나님은 거룩하고 보편적인 하나의 교회를 세우셨다. 교회의 토대인 하나님의 말씀은 변함이 없지만, 세상 속의 교회는 시대의 흐름에 따라 변화되어 왔다. 중세 가톨릭교회가 예수 그리스도의 복음을 왜곡하였을 때 성령께서는 종교개혁자들을 일으켜 교회를 바른 길로 돌아오게 하셨다. 종교개혁 이후의 교회도 위기마다 성경을 재발견함으로 개혁되어 왔다. 개혁된 교회는 성령과 말씀의 인도하심에 따라 항상 개혁되어야 한다.

어둡고 공허하던 한반도에 복음의 빛이 비추인 지 130여 년이 흘렀다. 하나님의 은혜로 한국교회는 부흥과 성장을 경험하며 국가 발전과 세계 선교에 공헌했다. 그러나 우리는 죄와 허물로 인해 후손들에게 영광스러운 교회를 물려줄 수 없게 되었다. 우상숭배와 분열, 교권주의와 세속화에 빠져 교회의 본질이 흐려지고 영적 능력을 상실했다. 하나님께서는 위기의 시대를 살아가는 우리를 새로운 사명으로 부르신다.

개혁주의 생명신학 선언문

지금은 성경을 통해 말씀하시는 성령의 음성을 듣고 우리의 신앙과 교회를 새롭게 해야 할 때다. 만일 우리가 현실에 안주하여 회개하지 않는다면 주께서 슬퍼하며 탄식하실 것이다.

한국교회의 근본 문제는 영적 생명을 잃어버린 데 있다. 일부 목회자들의 영적 타락으로 인해 사회적 지탄을 받고 있으며, 생명을 살리는 복음적 설교가 사라지고 있다. 또한 성도들도 십자가와 부활, 그리고 내세 소망이 없는 세속적 설교에 길들여져 회개와 변화를 잃어버렸다. 이 모든 문제의 출발점에 잘못된 신학이 있다. 헬라 철학자들은 신학을 '인간이 신에 관하여 말하는 학문'으로 정의했다. 이는 유한한 인간이 창조주 하나님에 관해 성경을 따르지 않고 자신의 방식으로 말한 것이다. 피조물인 인간이 영이신 창조주 하나님을 학문의 대상으로 삼을 수 없다. 신학자들이 성령의 음성에 순종하기보다 학문만을 추구한 결과, 교회를 섬겨야 할 신학이 사변화(思辨化)되고 말았다.

참된 신학은 성령의 도우심으로 하나님과 예수 그리스도를 인격적으로 아는 것이다. 성령의 인도하심을 받지 않는 신학에는 예수 그리스도의 생명이 없다. 신학은 학문이 아니다. 예수 그리스도의 생명의 복음이다.

개혁주의생명신학 선언문

500년 전 중세 가톨릭교회는 교황의 권위와 교회의 전통을 성경 위에 두는 죄를 범했다. 종교개혁자들은 이러한 잘못된 가르침에 맞서 '5대 솔라'의 신앙원리를 정립했다. '5대 솔라'는 '오직 성경', '오직 그리스도', '오직 믿음', '오직 은혜', '오직 하나님께 영광'이다. 이는 성경에 근거한 가르침으로, 개혁주의신학(Reformed Theology)의 핵심이다. 그러나 오늘의 개혁주의신학은 종교개혁의 정신을 잃어버렸다. 학문과 교리는 붙들면서도 말씀에 순종하는 삶은 소홀히 함으로써 복음의 생명력을 약화시켰다.

개혁주의신학이 예수 그리스도의 생명을 회복하도록 우리는 '개혁주의생명신학'(Reformed Life Theology)을 주창하고 실천해왔다. 이는 새로운 신학이 아니다. 개혁주의생명신학은 자신과 교회와 세상을 하나님의 말씀에 비추어 그릇된 것은 바로잡고 올바른 것은 계승하는 개혁주의신학을 따른다. 개혁주의생명신학은 하나님의 말씀 가운데 나타나는 예수 그리스도의 생명의 역사가 회복되기를 소망한다. 이를 위해 성령의 인도하심을 따라 먼저 자신을 말씀과 기도 가운데 개혁하고, 교회를 예수 그리스도의 생명으로 새롭게 하며, 세상을 예수 그리스도의 복음과 사랑으로 변화시키려 한다.

개혁주의생명신학 선언문

우리는 예수 그리스도의 생명이 개혁주의생명신학을 통하여 한국교회에 다시 약동하게 되기를 소망한다. 하나님의 영이 마른 뼈에 들어가서 큰 군대가 된 것처럼 성도들이 살아나기를 기도한다. 성전에서 흘러나오는 성령의 생수가 광야에 꽃을 피우고 죽음의 바다를 살린 것처럼, 강단에서 흘러나오는 생명의 말씀이 세상을 살리기를 원한다. 두 막대기가 예언자의 손에서 하나 된 것처럼, 그리스도의 찢긴 몸이 연합하고, 갈라진 한반도가 하나 되기를 소망한다. 성령이여, 오셔서 교회를 살리소서!

오직 성경 : 성경을 통하여 말씀하시는 성령

오직 그리스도 : 십자가와 부활의 삶

오직 믿음 : 순종하는 믿음과 기도

오직 은혜 : 용서와 화해의 복음

오직 하나님께 영광 : 희생과 봉사의 삶

개혁주의생명신학 선언문

〈개혁주의생명신학 7대 실천운동〉

우리는 16세기 종교개혁자들로부터 물려받은 개혁주의신학이 가장 성경적인 신학이라고 믿는다. 개혁주의생명신학은 그리스도께서 내 안에 사시고 내가 그리스도 안에 사는 영적 삶을 통해 개혁주의신학을 실천하는 운동이다.

첫째, 성경만이 우리의 신앙과 삶의 유일한 표준임을 믿고, 개혁주의신학을 계승하는 신앙운동이다.

둘째, 사변화 된 신학을 반성하고, 하나님의 말씀으로 돌아가기 위하여, 신학은 학문이 아니라 예수 그리스도의 생명의 복음임을 고백하는 신학회복운동이다.

셋째, 하나님 앞에서 자신을 돌아보고 회개하며, 서로를 용납하여 하나 됨을 추구하는 회개용서운동이다.

넷째, 우리 속에 예수 그리스도의 영을 회복하여 복음으로 사람을 변화시키는 영적생명운동이다.

개혁주의생명신학 선언문

　다섯째, 성령의 도우심으로 우리의 신앙과 삶의 모든 영역에서 예수 그리스도의 주 되심을 실현하는 하나님나라운동이다.

　여섯째, 예수 그리스도께서 세상을 위하여 자신을 희생하신 것같이 우리가 받은 모든 것을 세상과 이웃을 위하여 나누고 섬기는 나눔운동이다.

　일곱째, 오직 성령만이 개혁주의생명신학 실천운동을 가능하게 하심을 고백하며, 모든 일에 성령의 인도하심과 역사하심을 구하는 기도성령운동이다.

2017년 9월 14일